浙江省哲学社会科学规划重点课题研究成果（项目编号：07WHZT026Z）
本书获金华职业技术学院专著出版基金资助

浙中地区
传统宗祠研究

◎ 邵建东 著

浙江大学出版社
ZHEJIANG UNIVERSITY PRESS

浙江文化研究工程成果文库总序

有人将文化比作一条来自老祖宗而又流向未来的河,这是说文化的传统,通过纵向传承和横向传递,生生不息地影响和引领着人们的生存与发展;有人说文化是人类的思想、智慧、信仰、情感和生活的载体、方式和方法,这是将文化当作了人们代代相传的生活方式的整体。我们说,文化为群体生活提供规范、方式与环境,文化通过传承为社会进步发挥基础作用,文化会促进或制约经济乃至整个社会的发展。文化的力量,已经深深熔铸在民族的生命力、创造力和凝聚力之中。

在人类文化演化的进程中,各种文化都在其内部生成众多的元素、层次与类型,由此决定了文化的多样性与复杂性。

中国文化的博大精深,来源于其内部生成的多姿多彩;中国文化的历久弥新,取决于其变迁过程中各种元素、层次、类型在内容和结构上通过碰撞、解构、融合而产生的革故鼎新的强大动力。

中国土地广袤、疆域辽阔,不同区域间因自然环境、经济环境、社会环境等诸多方面的差异,建构了不同的区域文化。区域文化如同百川归海,共同汇聚成中国文化的大传统,这种大传统如同春风化雨,渗透于各种区域文化之中。在这个过程中,区域文化如同清溪山泉潺潺不息,在中国文化的共同价值取向下,以自己的独特个性支撑着、引领着本地经济社会的发展。

从区域文化入手,对一地文化的历史与现状展开全面、系统、扎实、有序的研究,一方面可以借此梳理和弘扬当地的历史传统和文化资源,繁荣和丰富当代的先进文化建设活动,规划和指导未来的文化发展蓝图,增强文化软实力,为全面建设小康社会、加快推进社会主义现代化提供思想保证、精神动力、智力支持和舆论力量;另一方面,这也是深入了解中国文化、研究中国文化、发展中国文化、创新中国文化的重要途径之一。如今,区域文化研究日益受到各地重视,成为我国文化研究走向深入的一个重要标志。我们今天实施浙江文化研究工程,其目的和意义也在于此。

千百年来,浙江人民积淀和传承了一个底蕴深厚的文化传统。这种文化传统的独特性,正在于它令人惊叹的富于创造力的智慧和力量。

浙江文化中富于创造力的基因,早早地出现在其历史的源头。在浙江新石器时代最为著名的跨湖桥、河姆渡、马家浜和良渚的考古文化中,浙江先民们都以不同凡响的作为,在中华民族的文明之源留下了创造和进步的印记。

浙江人民在与时俱进的历史轨迹上一路走来,秉承富于创造力的文化传统,这深深地融汇在一代代浙江人民的血液中,体现在浙江人民的行为上,也在浙江历史上众多杰出人物身上得到充分展示。从大禹的因势利导、敬业治水,到勾践的卧薪尝胆、励精图治;从钱氏的保境安民、纳土归宋,到胡则的为官一任、造福一方;从岳飞、于谦的精忠报国、清白一生,到方孝孺、张苍水的刚正不阿、以身殉国;从沈括的博学多识、精研深究,到竺可桢的科学救国、求是一生;无论是陈亮、叶适的经世致用,还是黄宗羲的工商皆本;无论是王充、王阳明的批判、自觉,还是龚自珍、蔡元培的开明、开放,等等,都展示了浙江深厚的文化底蕴,凝聚了浙江人民求真务实的创造精神。

代代相传的文化创造的作为和精神,从观念、态度、行为方式和价值取向上,孕育、形成和发展了渊源有自的浙江地域文化传统和与时俱进的浙江文化精神,她滋育着浙江的生命力、催生着浙江的凝聚力、激发着浙江的创造力、培植着浙江的竞争力,激励着浙江人民永不自满、永不停息,在各个不同的历史时期不断地超越自我、创业奋进。

悠久深厚、意韵丰富的浙江文化传统，是历史赐予我们的宝贵财富，也是我们开拓未来的丰富资源和不竭动力。党的十六大以来推进浙江新发展的实践，使我们越来越深刻地认识到，与国家实施改革开放大政方针相伴随的浙江经济社会持续快速健康发展的深层原因，就在于浙江深厚的文化底蕴和文化传统与当今时代精神的有机结合，就在于发展先进生产力与发展先进文化的有机结合。今后一个时期浙江能否在全面建设小康社会、加快社会主义现代化建设进程中继续走在前列，很大程度上取决于我们对文化力量的深刻认识、对发展先进文化的高度自觉和对加快建设文化大省的工作力度。我们应该看到，文化的力量最终可以转化为物质的力量，文化的软实力最终可以转化为经济的硬实力。文化要素是综合竞争力的核心要素，文化资源是经济社会发展的重要资源，文化素质是领导者和劳动者的首要素质。因此，研究浙江文化的历史与现状，增强文化软实力，为浙江的现代化建设服务，是浙江人民的共同事业，也是浙江各级党委、政府的重要使命和责任。

2005年7月召开的中共浙江省委十一届八次全会，作出《关于加快建设文化大省的决定》，提出要从增强先进文化凝聚力、解放和发展生产力、增强社会公共服务能力入手，大力实施文明素质工程、文化精品工程、文化研究工程、文化保护工程、文化产业促进工程、文化阵地工程、文化传播工程、文化人才工程等"八项工程"，实施科教兴国和人才强国战略，加快建设教育、科技、卫生、体育等"四个强省"。作为文化建设"八项工程"之一的文化研究工程，其任务就是系统研究浙江文化的历史成就和当代发展，深入挖掘浙江文化底蕴、研究浙江现象、总结浙江经验、指导浙江未来的发展。

浙江文化研究工程将重点研究"今、古、人、文"四个方面，即围绕浙江当代发展问题研究、浙江历史文化专题研究、浙江名人研究、浙江历史文献整理四大板块，开展系统研究，出版系列丛书。在研究内容上，深入挖掘浙江文化底蕴，系统梳理和分析浙江历史文化的内部结构、变化规律和地域特色，坚持和发展浙江精神；研究浙江文化与其他地域文化的异同，厘清浙江文化在中国文化中的地位和相互影响的关系；围绕浙江生动的当代实践，深入解读浙江现象，总结浙江经验，指导浙江发展。在研究力量上，通过课题组织、出版资助、重点研究基地建设、加强省内外大院名校合作、整合各地各部门力量等途径，形成上下联动、学界互动的整体合力。在成果运用上，注重研究成果的学术价值和应用价值，充分发挥其认识世界、传承文明、创新理论、咨政育人、服务社会的重要作用。

我们希望通过实施浙江文化研究工程，努力用浙江历史教育浙江人民、用浙江文化熏陶浙江人民、用浙江精神鼓舞浙江人民、用浙江经验引领浙江人民，进一步激发浙江人民的无穷智慧和伟大创造能力，推动浙江实现又快又好发展。

今天，我们踏着来自历史的河流，受着一方百姓的期许，理应负起使命，至诚奉献，让我们的文化绵延不绝，让我们的创造生生不息。

2006 年 5 月 30 日于杭州

《浙江文化研究工程》序

赵洪祝

　　浙江是中国古代文明的发祥地之一,历史悠久、人文荟萃,素称"文物之邦",从史前文化到古代文明,从近代变革到当代发展,都为中华民族留下了众多弥足珍贵的文化遗产。勤劳智慧的浙江人民历经千百年的传承与创新,在保留自身文化特质的基础上,兼收并蓄外来文化的精华,形成了具有鲜明浙江特色、深厚历史底蕴、丰富思想内涵的地域文化,这是浙江人民共同创造的物质财富和精神财富的结晶,是中华文化中的一朵奇葩。如何更好地使这一文化瑰宝为我们所用、为时代服务,既是历史传承给我们的一项艰巨任务,也是时代赋予我们的一项神圣使命。深入挖掘、整理、探究,不断丰富、发展、创新浙江地域文化,对于进一步充实浙江文化的内涵和拓展浙江文化的外延,进一步增强浙江文化的创新能力、整体实力、综合竞争力,进一步发挥文化在促进浙江经济、政治和社会建设中的作用,具有重要的现实意义和深远的历史意义。

　　改革开放以来,历届浙江省委始终高度重视社会主义文化建设。早在1999年,浙江省委就提出了建设文化大省的目标;2000年,制定了《浙江省建设文化大省纲要》;2005年,作出了《关于加快建设文化大省的决定》,经过全省上下的共同努力,浙江文化大省建设取得了显著成效。

　　浙江文化研究工程是浙江文化建设"八项工程"的重要内容之一,也是迄今为止国内最大的地方文化研究项目之一。该工程旨在以浙江人文社会科学优势学科为基础,以浙江改革开放与现代化建设中的重大理论、现实课题和浙江历史文化为研究重点，着重从"今、古、人、文"四个方面，梳理浙江文明的传承脉络，挖掘浙江文化的深厚底蕴，丰富与时俱进的浙江精神，推出一批在研究浙江和宣传浙江方面具有重大学术影响和良好社会效益的学术成果，培养一支拥有高水平学科带头人的学术梯队，建设一批具有浙江特色的"当代浙江学术"品牌，进一步繁荣和发展哲学社会科学，提升浙江的文化软实力，为浙江全面建设惠及全省人民的小康社会和实现社会主义现代化，提供强大的精神动力、正确的价值导向和有力的智力支持，为提升浙江文化影响力、丰富中华文化宝库作出贡献。

浙江文化研究工程开展三年来，专家学者们潜心研究，善于思考，勇于创新，在浙江当代发展问题研究、浙江历史文化专题研究、浙江名人研究、浙江历史文献整理等诸多研究领域都取得了重要成果，已设立 10 余个系列 400 余项研究课题，完成 230 项课题研究，出版 200 余部学术专著，发表大量的学术论文，产生了广泛而深远的社会影响。这些阶段性成果，对于加快建设文化大省提供了新的支撑力和推动力。

党的十七大突出强调了加强文化建设、提高国家文化软实力的重要性，并对兴起社会主义文化建设新高潮、推动社会主义文化大发展大繁荣作出了全面部署。为深入贯彻落实党的十七大精神，浙江省第十二次党代会提出"创业富民、创新强省"总战略，并坚持把建设先进文化作为推进创业创新的重要支撑。2008 年 6 月，省委召开工作会议，对兴起文化大省建设新高潮、推动浙江社会主义文化大发展大繁荣进行专题部署，制定实施了《浙江省推动文化大发展大繁荣纲要(2008—2012)》，明确提出：今后一个时期我省兴起文化大省建设新高潮、推动文化大发展大繁荣的主要任务是，在加快建设教育强省、科技强省、卫生强省、体育强省的同时，继续深入实施文明素质工程、文化精品工程、文化研究工程、文化保护工程、文化产业促进工程、文化阵地工程、文化传播工程、文化人才工程等文化建设"八项工程",着力建设社会主义核心价值体系、公共文化服务体系、文化产业发展体系等"三大体系",努力使我省文化发展水平与经济社会发展水平相适应,在文化建设方面继续走在前列。

当前,浙江文化建设正站在一个新的历史起点上,既面临千载难逢的机遇,也面对十分严峻的挑战。如何抓住机遇,迎接挑战,始终保持浙江文化旺盛的生命力,更好地发挥文化软实力的重要作用,是需要我们认真研究、不断探索的重大新课题。我们要按照科学发展观的要求,全面实施"创业富民、创新强省"总战略,以更深刻的认识、更开阔的思路、更得力的措施,大力推进浙江文化研究工程,努力回答浙江经济、政治、文化、社会建设和党的建设遇到的各种新问题,努力回答干部群众普遍关心的热点问题,努力形成一批有较高学术价值和社会效益的研究成果。

继续推进浙江文化研究工程,是一件功在当代、利在千秋的事业。我们热切地期待有更多的优秀成果问世,以展示浙江文化的实力,增强浙江文化的竞争力,扩大浙江文化的影响力。

2008 年 9 月 10 日于杭州

目 录

绪　言

一、宗法、宗族、宗祠

宗祠是中国传统社会中很独特的，并具有广泛影响的社会文化形态。传统宗祠不仅仅只是家族祭祀的场所，它的历史演变与乡村社会的发展有着密切的关系，反映了区域经济、社会、文化、伦理道德、社会组织等地域特色，是了解区域文化传统的重要窗口，对现在新农村建设和地方文化发展也有着重要的影响。不同地区的传统宗祠具有不同的特色，但无一例外都产生于宗族社会，是中国宗法制遗留的产物。

"宗法"是以宗族血缘关系为纽带调整家族内部关系，维护家长、族长统治地位和世袭特权的行为规范，是一种宗族之法。宗法制是按照血统远近以区别亲疏的制度。宗法制最核心的内容是严嫡庶之辨，实行嫡长子继承制，传嫡不传庶，传长不传贤，依靠自然形成的血缘亲疏关系划定族人的等级地位，从而防止族人间对于权位和财产的争夺。它与国家制度相结合，维护贵族的世袭统治。班固在《白虎通义》卷八《宗族》中说：

> 宗者，何谓也？宗尊也，为先祖主也，宗人之所尊也。《礼》曰：宗人将有事，族人皆侍。古者所以必有宗，何也？所以长和睦也。大宗能率小宗；小宗能率群弟，通其有无，所以

纪理族人者也。宗其为始祖后者,为大宗,此百世之所宗也。宗其为高祖后者,五世而迁者也。高祖迁于上,宗则易于下。宗其为曾祖后者,为曾祖宗。宗其为祖后者,为祖宗。宗其为父后者,为父宗。以上至高祖,皆为小宗,以其转迁,别于大宗也。别子者,自为其子孙为祖,继别也,各自为宗。小宗有四,大宗有一,凡有五。宗人之亲,所以备矣。诸侯夺宗,明尊者宜之。大夫不得夺宗何? 曰:诸侯世世传子孙,故夺宗;大夫不传子孙,故不宗也。[①]

宗法制源于父系氏族公社时期的家长制家庭。殷商末期,嫡长继承制初步确立。周灭商后,大力推行嫡长继承制,并把原有的宗族之法系统化,制定出一套完整的宗法制度。周王朝规定:只有嫡长子才是继承王位或爵位的唯一合法者,庶子即使比嫡长子年长或更有才能,也无权继承王位,但他们可以得到次于王位的其他爵位。周王朝依据宗法制度的基本原则,又创设了"分封制",王畿以外的全国所有土地,划分为大小不等无数块,分封给各路诸侯。周王朝分封诸侯国之后,上古长期存在的"部落"自此逐渐消失,为封国所代替。周初封国地位平等,直属中央管辖,但国君的爵位各有高低,故封国的面积也大小不一。周王朝将封国国君的爵位分为"公、侯、伯、子、男"五级,五级以下还有第六级"附庸"。爵位根据宗法制的嫡、庶关系而定,所有封国的国君总称"诸侯"。自此,宗法制度被作为立国的原则世世代代延续了下来,对后世产生极大的影响。在宗法制度下,"天子建国,诸侯立家,卿置侧室,大夫有贰宗,士有隶子弟,庶人工商各有分亲、皆有等衰,是以民服事其上,而下无觊觎"[②],形成了系统而完整的社会体系。在宗法社会里,从始祖的嫡长子开始传宗继统,并且世代

---

① 班　固.白虎通义:文渊阁·四库全书电子版·子部·杂家类·杂考之属[CD].上海:上海人民出版社,1999.

　② 何宗旺译.左传[M].乌鲁木齐:新疆人民出版社,2002:28.

均由嫡长子承继。这个系统称为大宗，嫡长子称为宗子，又称宗主，为族人共尊。宗子有祭祀祖先的权利。若宗子有故而不能致祭，那么庶子可代为祭祀。在一般情况下，天子以嫡长子继统，众庶子封为诸侯，历代的天子为大宗，诸侯就是小宗。诸侯也以嫡长子继位，众庶子封为大夫，这些大夫为小宗，而诸侯则为其大宗。大夫也以嫡长子继位，为大宗；众庶子为士，即小宗。如此，按照血缘关系的亲疏远近就形成了"天子—诸侯—卿大夫—士"的宗法等级。在宗法系统里，诸侯和大夫具有大宗与小宗双重身份。大宗和小宗的区别与贵族等级里的层层封建完全吻合。

西周初期，宗法制首先在周天子和诸侯间实施，之后逐渐及于中、小贵族，以至士与庶民之间，具有普遍性质。周王为周族之王，自称天子，奉祀周族的始祖，称"大宗"，由嫡长子继承王位。其余庶子和庶兄弟大多分封为诸侯，对天子是"小宗"，在其本国则是大宗。诸侯也由嫡长子继位，其余庶子和庶兄弟大多被分封为卿或大夫，对诸侯是"小宗"，在本家则为"大宗"，其职位也由嫡长子继承。从卿大夫到士，其"大宗"、"小宗"的关系与上同。世袭的嫡长子即是宗子，地位最尊。如此层层分封，大宗率小宗，小宗率群弟。大宗、小宗的宗法关系，同时也是政治隶属关系。对于异姓有功的贵族，则通过联姻，成为甥舅，分封为诸侯，也纳入宗法关系。于是，在全体贵族内部、举国上下形成了以周天子为核心，由血缘亲疏不同的众诸侯国竞相拱卫的等级森严的体制，使政权不但得到族权而且得到神权的配合。"亲亲"、"尊尊"在这里获得完备的、严格的体现，成了宗法制的精神支柱，从而也是周礼的根本原则。

分封制和宗法制从政治结构和宗族传统观念两方面为周王朝建立了稳定的等级秩序，同时，对中国的姓氏产生根本的影响。由于诸侯国、采邑（邑、关）、禄田（乡、亭）的地名直接转变成了"氏"（以国为氏、以邑为氏、以关为氏、以乡为氏、以亭为氏），于是，中国姓氏宗族开始发展。所谓宗族就是同宗同族之人，《尔雅·释亲》云:"父之党为宗族。"

总的来说,中国古代的社会结构是一种典型的宗族结构。宗族是中国传统乡村社会的基本组织形式。在许多地方,宗族聚族而居,形成单姓村或主姓村,甚至邻近几个村落都是相同的姓氏。毛泽东在《湖南农民运动考察报告》中指出:中国传统社会存在三种权力支配系统,即:(一)由一国、一省、一县以至一乡的国家系统(政权);(二)由宗祠、支祠以至家长的家族系统(族权);(三)由阎罗天子、城隍庙王以至土地菩萨的阴间系统以及由玉皇上帝以至各种神怪的神仙系统——总称之为鬼神系统(神权)。政权、族权、神权、夫权,代表了全部封建宗法的思想和制度。①

宗族作为一种社会组织,在几千年的历史发展中,不断演变和再生。冯尔康等认为,从殷周到现代,宗族制度经历了五个阶段的变化:先秦典型宗族制,秦唐间世族、士族宗族制,宋元间大官僚宗族制,明清绅衿富人宗族制,近现代宗族变异时代。② 李文治则把中国封建社会时期宗法宗族制的发展变化分为三个不同的历史时期:一是上古西周时期,实行爵位与地权合一的宗子制类型的宗法宗族制;二是中古时期,包括东汉魏晋南北朝至唐代中期,在门阀世族地主经济制约下出现的严格等级性宗法宗族制;三是封建社会后期主要是明清时期,伴随封建土地关系的变化,宗法宗族制逐步推行于庶民之家,宗族组织成为封建社会的基层社会组织,宋代则是由前者向后者过渡的时期。③

在各个历史时期和不同的地域,宗族在社会生活中的存在形态、发展路径、活动方式及社会作用都各具特色。

商周时期,以血缘为纽带的宗族普遍存在于社会。商周时期的宗族组织是典型的宗法宗族形态,具有共同的始祖和祭祀祖先

---

① 毛泽东.毛泽东选集[M].北京:人民出版社,1991:31.
② 冯尔康等.中国宗族社会[M].杭州:浙江人民出版社,1994.
③ 李文治.中国封建社会土地关系与宗法宗族制[J].历史研究,1989,(5).

的宗庙;各宗族有作为宗族统治者的族长,谓之"宗子"、"宗主";具有宗族成员共同拥有的姓氏;拥有宗族共同的经济基础,保持着"同宗共财"的原始遗风;还有宗族共同的墓地,宗族聚族而居、聚族而葬,形成一个以父系血缘关系为基础的父权组织。这种父权组织不仅是构成商周社会结构的基础,也是当时国家政治结构的基础。①

两汉时期,中国宗族社会形态的恢复与重建与豪族势力的发展紧密联系、充分整合,可以说,两汉的宗族就是豪族宗族。② 东汉宗族组织有共同尊奉、祭祀祖先的仪式,有族人的会议,族长支配族人,有明确的亲族范围,族人间有经济上的相互赈恤、血亲复仇、收养孤弱族人、相互武装扶助和法律方面的连带责任等联系。东汉宗族组织作为社会力量的代表对社会秩序在地方政府行使权力、地方选举等方面都产生极大的影响,宗族武装的发展更是具有显著的地方独立趋势。③

魏晋南北朝时期,选官注重门第,高等士族往往世代都有人当高官,从而形成高等士族子弟布列朝廷、居于要职的局面。同时,由于政权分裂社会动荡,宗族迁徙流亡甚至举族而迁是这一时期特有的历史现象,一些巨宗大族迁移散居,开始出现较多异姓杂居的情形。

隋唐时期,旧的士族遭到打击而进一步衰落。唐朝政府通过修纂《氏族志》和《姓氏录》,压制斥退旧士族,扶植新士族,使社会上仍然存在一个数量庞大的士族宗族集团。但士族宗族成员的社会身份大大降低,平民甚至半贱民家族,可以凭借出仕或军功步入士族宗族行列。

宋元时期,民间的宗族活动有所发展,其中宗族成员对共同

---

① 赵　沛.两汉宗族研究[M].济南:山东大学出版社,2002:27.

② 赵　沛.两汉宗族研究[M].济南:山东大学出版社,2002:10.

③ 张鹤泉.东汉宗族组织试探[J].中国史研究,1993,(1).

祖先的祭祀是宗族组织最主要的社会活动。宋元间宗族具有一些时代特点：一是官僚组建宗族较多，受到社会尊重，并出现冒认的现象；二是平民也建设宗族，有些还被官府表彰为义门；三是许多宗族有经济力量资助族人，开办宗族义塾，教育族人；四是在宋元官民家庙、祭祀扩展的同时，庙祭与寝祭之间的过渡形态家祠堂开始出现。

明中叶以后，在《家礼》逐渐普及和士大夫推动的背景下，宗祠建设和祠祭祖先开始成为宗族建设的重要内容。另外，明朝在治理乡村社会的过程中，借助乡约推行教化，宗族则在内部直接推行乡约或依据乡约的理念制定宗族规范（祠规或祠约）、设立宗族管理人员约束族人，发生宗族乡约化的转变，在一定程度上标志着宗族的组织化和宗族的普及。①

清朝政府继续实行传统的"以孝治天下"的方针，从律例、基础社会建设诸方面支持亲权和保护宗族公共财产，有条件地支持宗族对族人的治理，以期由宗族的团结和睦达到国家的安定、天下的大治。清代聚族而居的人们建立宗祠、祭祀祖先，已是一种普遍的社会现象，宗族组织也已成为绅衿平民的组织。这一时期，南方的安徽、福建、广东、江西、浙江、台湾等地的宗族活动非常频繁，宗族势力在民间社会异常活跃。冯尔康把清代宗族制的特点概括为三条：即宗族的绅衿平民化和民众性，宗族与政权紧密结合，宗法制度不断完善与不能成功实行的矛盾。②

19 世纪中叶到 20 世纪 70 年代，西方资本主义的进入和商品经济的发展以及新思想新文化传播，动摇了宗族血缘关系赖以存在的基础，而不断发生的社会变革和政治革命，特别是持续不断的战争和农民运动，更是强烈地冲击了传统的宗法观念，宗族明

---

① 　常建华.明代宗族研究[M].上海：上海人民出版社,2005：186、258.

② 　冯尔康.18 世纪以来中国家族的现代转向[M].上海：上海人民出版社, 2005：30.

显地呈现衰败的景象。宗族作为对立面遭到无情的批判与打击，大量的宗祠被毁坏或改作公用，宗谱被烧毁，宗族原有秩序难以维持，活动大为减少，甚至祭祖活动也逐渐从简。"文化大革命"时期，中国乡村更是发生了深刻而巨大的变化，宗族遭到毁灭性的打击。

近年来，社会各界普遍意识到，无论国家对宗族采取何种控制措施，包括现代国家对宗族的摧毁，宗族却始终存在于国家之中。宗族在各地悄悄复苏，修建或重建宗祠、续修宗谱、开展联宗活动等等，它与上层特权阶级具有严格等级制度的宗法制宗族以及宋代以来的具有祠堂、族田、族谱、族长、族规族训等要素的庶民化宗族不同，是一种新的宗族形态——礼俗化宗族。这种新的宗族形态并不随着传统到现代的转型而逐步消亡，而是与现代国家共存，适应现代国家的变迁，在传统乡村社会向现代社会转型过程中，特别是在乡村自治中发挥着重要的文化功能。[①]

二、中国传统宗祠概况

1. 中国的祠堂

在《辞海》里，"宗"的意思为祖庙、祖先、同祖、同族等；"祠"意为春祭、秋祭、祭祀、祖庙、祠堂；"宗庙"是古代帝王、诸侯或大夫、士祭祀祖宗的处所；"祠堂"的意思为祭祀祖宗或先贤的庙堂，后世宗族宗祠亦通称祠堂；"祠庙"即祠堂；"宗祠"是祠堂、家庙，旧时同族子孙供奉并祭祀祖先的处所。[②]

中国的祠堂，是祭祀神仙、祖宗或先贤的庙堂，主要可分为神祠、先贤祠、宗祠三种。

所谓神祠，就是以某个神仙形象为祭祀对象的祠庙，如山西

---

① 朱炳祥. 村民自治与宗族关系研究[M]. 武汉：武汉大学出版社，2007：24.
② 辞海编辑委员会. 辞海[M]. 上海：上海辞书出版社，1989：2638、2639、2640、4164.

万荣后土祠、山西平顺县阳高乡侯壁村夏禹神祠、陕西宝鸡神农祠、河北邢台晋神祠、山东济南大明湖藕神祠、河南濮阳市台前县夹河乡八里庙村大河神祠、江苏苏州盛泽先蚕祠、浙江宁海箬岙村的镇宁神祠、四川乐山龙神祠、云南丽江市古城区的龙神祠、大理古城之东的龙凤村的洱海神祠(内祀除蟒英雄段赤诚)、大理古城西面的苍山神祠、北京市大兴县定福庄乡赵村南的永定河神祠、辽宁省北宁市城西岗峦上的北镇神祠(全国四大镇山庙中唯一保存完好的山神庙)、广州小谷围岛穗石村南海神祠、香港黄大仙祠等。浙中地区的神祠有赤松宫和胡公祠。

所谓先贤祠,就是以某个先贤人物为祭祀对象的祠庙,有时称名宦祠或乡贤祠。中国古代的先贤祠数量较多,按照不同的性质又可分为文臣祠、武将祠、清官祠、孝女祠等。[1] 如丞相祠堂(成都,金华兰溪等地)、山西晋祠、三立祠、萧相国祠、文中子祠、包孝肃公祠、包公祠、毕将军祠、毕文胡公祠、李宗伯祠、魏少司马祠、魏允贞于公祠、朱文公祠、张宣公祠、葛仙翁祠、洪忠宣公祠、申公祠、武侯祠(成都、南阳、勉县等地)、秭归屈原祠、绍兴王右军祠、九江陶靖节祠、韩城司马迁祠、文丞相祠、江油太白祠、马鞍山青莲祠、代县杨业祠、成都杜甫草堂(工部祠)、潮州韩文公祠、柳州柳侯祠、眉山三苏祠、崇州陆游祠、贵阳阳明祠、北京西总布胡同27号的李鸿章祠堂、江苏苏州范文正公祠、江苏扬州阮元家庙、北京文天祥祠、韩文公祠、米公祠、雷祖祠、扬州史公祠、海口五公祠、合肥包公祠、台南延平郡王祠、徽州罗东舒祠(呈坎、棠樾、昌溪等地都有)、两浙名贤祠、陆宣公祠、周元公祠、钱王祠等。另外,有许多祭祀先贤的处所称为庙[2]。如黄陵轩辕庙、天水伏羲庙、临汾尧庙、绍兴舜王庙、绍兴禹王庙、曲阜孔庙、安顺文庙、邹

---

① 蔡丰明,窦昌荣. 中国祠堂[M]. 重庆:重庆出版社,2003:8.
② 我国古代有王室祀祖的宗庙、士大夫祀祖的家庙。庙不单祭祖,也可敬神。

县孟庙、卫辉比干庙、都江堰二王庙、留坝张良庙、运城解州关帝庙、周口关帝庙、云阳张飞庙、杭州岳王庙、汤阴岳飞庙等。浙中地区的先贤祠有兰溪诸葛村丞相祠堂、永康徐震二公祠、三苏祠、三忠祠、郑忠愍公祠、吕成公祠、越国胡公祠、宋公祠、唐文襄公祠、赵清献公祠、范香溪祠、陆鹤山先生祠、章文懿公祠、冲素处士祠、李正节侯祠、忠勋祠、宗忠简公祠、徐文清公祠、黄文献公祠、王忠文公祠、龚忠愍公祠、崇德褒功祠、丽泽祠、吕成公祠、五贤祠、二贤祠、宋学士祠、陶忠烈公祠、恩德祠等。

　　宗祠是最普遍的一种祠堂形式，被视为宗族的象征，是族权与神权交织的中心。宗祠有大宗祠（统宗祠）、宗祠、房祠、支祠、家祠等（前两种就是民间所说的所谓大祠堂，后三种即小祠堂），有时直接称为祠堂或家庙。在中国封建社会里，家族观念相当深刻，许多聚族而居的村落都建立自己的姓氏宗祠，有的则在城市建立统宗祠（亦称合族祠）。

　　宗祠具有多种功能，一切有关宗族的重要事务都可能在宗祠里处理。首先，宗祠最基本的功能是祭祖，是中国人供奉祖先神主、进行祭祀的最常见的场所。祖先崇拜的思想渗透到宗祠建筑的门楼、楹联、匾额、绘画、雕塑等，以及祭祀制度和宗祠条规等方方面面。建宗祠以溯本源，通过每年春秋二季同宗举行规模巨大的追念先祖的祭祀活动，强化宗族观念和宗族凝聚力，达到聚宗合族的目的。其次，是议决族内重大事务。当与外村人因土地、山林、水利等纠纷而产生重大冲突事件时，或面对来自政权、军队及其他外来冲击力量时，族长通常会召集族人在宗祠里郑重其事地商议应对办法。第三，是编撰宗谱（又称统宗谱、族谱、家谱、家乘、支谱、世谱等）。自古以来，国有史，乡有志，家有谱。但凡有能力建造宗祠的宗族，一般都编有宗谱，而且约30年左右就要重修一次。宗谱是一个家族繁衍的历史见证，记录该族的起源、发展、繁衍生息、世系演变、支脉迁徙、辈序字派、祖家业绩、家规家训等。修宗谱主要为了追根溯源、继承祖宗遗愿、尊宗敬族，以及明世次、序昭穆、严冒宗、悉来自、联疏亲、厚伦谊、晓辈分、别亲疏、备遗忘等。第四,是制定和执行祠规或族规。宗祠规范是一种调节手段和机制,用于调整和规范族人的生活和行为。在缺乏法制治理的传统乡村社会,祠规往往起到法律的作用。宗祠的功能之一就是制订和执行族规。祠规的制订程序一般是由宗祠管理人员提出草案,然后在宗祠内讨论、修改并表决通过,最后再由宗祠管理人员形成文字,公布于宗祠内并在修谱时编入宗谱。祠规一般涉及伦理准则和道德行为规范、异族的防范措施和族人对祠堂应承担的义务及其权限范围等。宗祠是族长行使族权的地方,凡族人违反祠规,则在宗祠里接受教育或受到处理,直至驱逐出宗祠。第五,作为宗族"生聚教训"的场所。宗祠的建筑规模、格式、匾额、堂联、始祖碑文和旗杆等都彰显先祖的功名、业绩和地位,向后代灌输一种"登科举,有选拔"的文化意识。有的宗祠就是学校,族人子弟在里面读书。如广东的陈家祠堂又称陈氏书院,是广东全省的陈姓家族的"统宗祠",由广东72县的陈姓名人集资建立,为同族人读书提供了一个很好的场所。第六,是宗族的活动中心和社交场所。宗族子孙平时有办理婚、丧、寿、喜等事时,就利用宽大的宗祠作为举行各种礼仪的场所。一些有戏台的宗祠,每逢年节或祭祀时,演出戏剧,娱乐先祖和生活中的族人。重要宾客来访或族人荣归故里,也在宗祠里隆重招待。林耀华先生认为,宗祠是宗族中宗教的、社会的、政治的和经济的中心,也就是整族整乡的"集合表象"。[①]

大多数宗祠都有堂号。堂号是宗族和宗祠的标志。历来每个姓氏宗族都有自己的堂号。堂号的意义主要在于区别姓氏、区分宗派、劝善惩恶、教育族人等。宗祠堂号由族人或外姓书法高手所写,制成金字牌匾悬挂在享堂前檐下或楣板上方,有的直接挂在正门上方,作为宗祠的名称。每个宗祠堂号都有非常深刻的

---

① 林耀华.义序的宗族研究[M].北京:三联书店,2000.

含意。根据取名的依据和其用意不同,堂号可以分为如下四种类型:一是以宗族的发源地名作堂号,如刘氏的"中山堂"、"彭城堂",王氏的"太原堂"、"琅邪堂",李氏的"陇西堂"等;二是以宗族典故作堂号,如王氏的"三槐堂"、刘氏的"藜照堂"、吴氏的"三让堂"、赵氏"半部堂";三是以道德伦理作堂号,如"敦伦堂"、"敦厚堂"、"进德堂"、"世德堂"、"崇本堂"、"敦睦堂"、"敬本堂"等;四是以祖先名号作为堂号,如"伏波堂"、"香山堂"、"屏山堂"等。①

2. 中国传统宗祠现状

传统宗祠广泛存在于全国各地,但分布很不均衡。中国北方的大部分地区和四川省,因久经战乱,宗族关系遭到很大破坏,农村大多为杂姓聚落,所以一般只有很小的宗祠,甚至没有宗祠。而在北方的山西和南方的湖北、湖南、广东、福建、台湾、江西、安徽、浙江等地,宗族组织较为发达,曾经建立较多的宗祠。②

山西各地的祠堂数量众多,据《山西通志》记载,明清之际,山西各地神有神祠,山有山祠,水有水祠,县县有名人先贤祠,村村有宗祠支祠,祭祀的对象从自然崇拜时的山神、水神、天神、地神和祖先崇拜时期的英烈先贤,直到普通的家族尊长。祠堂建筑从宏伟的宫殿式到普通的民居式,从楼阁到窑洞,从唐宋元明清建筑形式到现代建筑风格,无所不有。③ 现在仍然保存比较完好的宗祠有榆次车辋常氏宗祠、灵石王氏宗祠、晋城皇城相府陈氏宗祠、临县碛口镇西湾村陈家祠堂、临县寺反底杨家家庙、定襄河边阎家祠堂、临猗潘西村刘家祠堂、襄汾县丁村丁氏宗祠、祁县乔氏家祠、太谷县孔氏家祠等。值得注意的是,山西的宗祠往往是富

① 佚名.中国的姓氏宗祠和郡望堂号[EB/OL].[2007—9—28] http://www.zxtang.com/article/2007—9—28/253—1.htm.

② 江苏省有大量祠堂,仅无锡惠山古镇的祠堂建筑群,历史上自唐、宋至民国末期,有记载的祠堂总数就在 120 处以上,但绝大多数为名人先贤祠。

③ 韩振远.山西古祠堂:矗立在人神之间[M].沈阳:辽宁人民出版社,2004:2.

商大贾或军阀高官为了在同姓族人面前展示自己的财力和权威而兴建的,与乡村中同族人共同集资建立的宗祠有些差别。①

湖北省有鄂南的徐氏祠堂、余氏祠堂、李氏宗祠、贾氏宗祠、洪氏宗祠、陈氏祠堂、刘氏祠堂、张氏祠堂、林氏祠堂、梁氏宗祠、李氏祠堂、肖氏宗祠、伍氏宗祠、隙氏宗祠、陆氏宗祠等,英山县金氏祠堂、陈氏宗祠、卫氏宗祠,大冶市邹氏宗祠、竹溪县甘氏宗祠、兴山县王家祠堂、枣阳市郭营祠堂、鄂州市鄂城区吴氏祠堂、麻城市王氏祠堂、麻城市雷氏祠堂、团风县漆氏宗祠、通山县谭氏宗祠、利川市柏杨坝镇水井村李氏宗祠、红安县八里湾镇陡山村吴氏祠堂、咸丰县尖山大水坪严家祠堂、宜昌县太坪溪镇伍厢庙村望家祠堂、浠水县绿杨乡查山村程氏祠堂、鹤峰县走马镇金刚坡的李家祠堂、孝感市杨店镇杨氏裕祖支祠、吴氏祠堂等。

湖南省有凤凰古城的杨家祠堂、韶山毛氏宗祠、沱江北岸老营哨街的田家祠堂、怀化市洪江区贺家祠堂、怀化市夏氏宗祠、桃源县木塘垸乡马鞍坡文氏祠堂、临湘白荆桥梅氏祠堂、长沙市曹家祠堂、安化县洞市村贺家祠堂、衡南县隆市乡大渔村的王家祠堂(楚南第一祠)、洞口县高沙镇曾家祠堂、郴州市临武县城关镇西城村邓家祠堂、郴州市汝城县城郊乡津江村朱氏祠堂、湖南桂阳州泗洲寨陈氏大宗祠、桂东县寨前乡的清朝乾隆年间的扶氏祠堂,邵阳市的杨氏宗祠、蓝氏宗祠、刘氏宗祠,郴州市的刘氏宗祠、欧阳氏宗祠、颜氏宗祠、谭氏宗祠,湘西州的谢家祠堂、杨家祠堂、田氏宗祠、彭姓祠堂等。②

广东省有广州陈家祠堂、深圳市曾氏大宗祠、深圳市巫氏宗祠、珠海市杨氏大宗祠、潮州市宋氏宗祠、茂名市华山李氏大宗

---

① 何兆兴. 老祠堂[M]. 北京：人民美术出版社,2003：193.

② 以上仅是见诸网络的较有名的宗祠,湖南省传统宗祠的数量有待调查统计。其中,汝城县保存完整或比较完整的古代祠堂就有范氏宗祠等70多座。

祠、中山市陈氏宗祠、韶关市邓氏宗祠、云浮市李氏宗祠、饶平县海山镇八氏宗祠、乐昌县谢家村谢氏宗祠、黄埔张氏大祠堂、乐平大旗头村郑氏宗祠、东莞市南社村谢氏家庙、东莞市南社村谢氏大宗祠、东莞市黎氏宗祠、东莞市麦氏宗祠、阳江市刘氏宗祠、梅州市彭氏宗祠、惠州市廖氏宗祠、肇庆市蔡氏宗祠、汕头市郑氏宗祠、官洲岛陈氏大宗祠、越秀区王圣堂村何氏大宗祠、开平市沙冈开锋村何氏祖祠等。另外,从化市现有95个旧祠堂,市政府准备把它们改造成农家书屋,既抢救文物,也可解决公益文化设施修建难题。① 顺德现存较好的祠堂有89座,其中60余座是家族宗祠。②

福建省有连氏宗祠、福州市义序村黄氏宗祠、福州闽侯王氏宗祠、长乐市陈氏祠堂、永定县书洋镇下坂村东倒西歪楼(裕昌楼)内的祠堂、永安市贡川村陈氏大宗祠、永安市小陶村罗氏宗祠、永安市西坪福庄邢氏大宗祠、永定市塔下村张氏宗祠、连城市培田村衍庆堂、连城市升星村炎德公祠、福安市穆阳村缪氏宗祠、福安县楼下村刘氏宗祠、福安黄氏祠堂、周宁浦源郑氏宗祠、林浦济斋林公家庙、南靖县书洋镇塔下村张氏宗祠(德远堂)、南靖县石桥村东山祠堂,龙岩市黄氏宗祠、廖氏宗祠、李氏大宗祠,漳州市韩氏宗祠、蒋氏宗祠、赵氏宗祠、林氏宗祠、吕氏宗祠、杨氏宗祠、海云家庙,福清市港头镇后叶村的叶氏宗祠、江阴浔头翁氏祠堂、港头芦华余氏祠堂、龙田上一村施氏大宗、龙田二村张氏祠堂、龙田三村何氏祠堂、江阴田头严氏祠堂、海口镇牛宅村林氏宗祠等。比较特别的是,元末明初才开始建村的连城芷溪有74座家庙祠堂,除了邱氏总祠、杨氏家庙、黄氏家庙外,其余均为先祖的公祠。③

---

① 何雪华.从化95间旧祠堂明年变书屋[N].广州日报,2008—11—06 (A2).

② 凌　建.顺德祠堂文化初探[M].北京:科学出版社,2008:36.

③ 政协连城县委员会.芷溪古宗祠文化初探[J].连城客家情,2003(8):2.

　　台湾有台北陈氏大宗祠、李氏宗祠、谢氏宗祠,金门县琼林蔡氏祠堂、东溪郑氏家庙、西山前李氏家庙,新竹市关西郑氏祠堂、新竹郑氏家庙、林家祠堂,台中市张家祖庙、林氏宗祠、西屯张廖家庙,基隆市余姓宗祠、云林县廖家祠堂、龙门县嘉义庄祠堂、彰化阮氏祠堂、詹氏大宗祠、全台吴姓大宗祠、杜姓宗祠、黄姓宗祠、佳冬杨氏宗祠等。

　　江西省有婺源县黄村黄氏宗祠、婺源县汪口村俞氏宗祠、婺源县阳春村方氏宗祠、赣县谢氏宗祠、赣县湖江乡夏府村戚氏宗祠、吉安县唐贤坊村萧氏祠堂、吉安县梁氏祠堂、九江市李氏宗祠、九江修水市余氏祠堂、贵溪县曾氏宗祠、东乡王氏宗祠、乐安县流坑村董氏大宗祠(1927年被毁,至今未修复)、南丰县石邮村吴氏宗祠、宁都胡氏家庙等。据乾隆二十九年(1764)江西巡抚辅德统计,江西省同姓合建的祠堂有89处,各州县村镇各姓所建分祠有8994处。[①] 其中,仅宁都县黄陂镇杨依古村就建有58座大小不一的祠堂,至今仍有29座相对完整的祠堂伫立在村中。[②]

　　安徽省有旌德县白地镇江村江氏总祠、绩溪县坑口村胡氏宗祠、绩溪县宣城周氏宗祠、歙县棠樾鲍氏宗祠、歙县大阜潘氏宗祠、歙县雄村曹氏宗祠、歙县昌溪周氏宗祠、歙县西郊郑村郑氏宗祠、歙县北岸镇北岸村吴氏宗祠、歙县三阳乡叶村洪氏祠堂、歙县黄备张氏宗祠、歙县韶坑徐氏宗祠、歙县潜口汪氏宗祠、歙县昌溪吴氏太湖祠、歙县石潭吴氏宗祠、黟县南屏叶氏宗祠、黟县宏村汪氏宗祠、黟县西递胡氏宗祠(敬爱堂)、泾县翟氏大宗祠(被罗哲文先生誉为"中华第一祠"),池州市的汪氏宗祠、严氏宗祠、李氏宗祠、曹氏宗祠、宁氏宗祠等。黟县西递村在民国期间有宗祠、支

---

①　车文明,郭文顺.江西东部宗祠剧场举隅[J].中华戏曲,2003(29).

②　刘念海.赣南杨依古村祠堂:穿越岁月沧桑[EB/OL].[2008—10—29], http://jx.cnr.cn/gdfq/gdzl/200810/t20081029_505137045.html.

祠、家祠 30 余幢。[①] 另外，安庆市岳西县有孙氏宗祠等 62 座。[②]

浙江省有建德市新叶村叶氏总祠、桐庐县江南镇的申屠氏宗祠、长兴县雉城镇白溪朱氏宗祠、宁海市岔胡镇胡氏宗祠、宁海市前童村童氏宗祠、宁海县城关镇胡氏宗祠、诸暨边氏祠堂、诸暨丁氏家祠、嵊州市华堂王氏宗祠和玉山公祠、永嘉县岩龙村季氏宗祠、永嘉县苍坡村李氏大宗祠、永嘉县豫章村胡氏宗祠、永嘉县芙蓉村陈氏大宗祠、泰顺县四溪镇汤氏宗祠、泰顺县泗溪镇玉岩包氏宗祠、缙云县河阳村文瀚公祠、平阳顺溪镇陈氏宗祠、衢州衢江区云溪乡吴氏宗祠、衢县航埠镇北淤村篮氏宗祠、常山金源乡上源贤良宗祠、常山招贤镇五里乡樊村樊氏宗祠、江山市茅坂乡杨氏宗祠、江山市大陈乡大陈汪氏宗祠、江山市城关镇溪东村王氏宗祠、开化县霞山乡霞山汪氏宗祠、开化苏庄乡苏庄村姜氏宗祠、龙游县高顶村张氏宗祠、龙游县志棠镇村杨氏宗祠、龙游县三门源村叶氏宗祠、龙游县席家村席家祠堂、龙游县马叶乡马一村马氏宗祠、龙游县雅村乡雅村方氏宗祠、遂昌县独山村叶氏宗祠、庆元县举水吴氏宗祠等。

浙中地区乡村更是保存了大量传统宗祠（详见附录二），其中保存较好且比较有特色的有永康市厚吴村吴氏宗祠、永康市芝英街道陈大宗祠、武义俞源村俞氏宗祠、武义郭洞村何氏宗祠、兰溪诸葛八卦村的丞相祠堂、兰溪水亭乡西姜村姜氏宗祠、兰溪市女埠街道渡渎余庆堂及章氏家庙、兰溪市水亭乡生塘胡氏宗祠、兰溪姚村大宗祠、金东区曹宅曹氏宗祠、金东区龙山村张氏宗祠、金东区横店村项氏宗祠、金东区东关村姚氏宗祠、金东区午塘头村邢氏宗祠、金东区孝顺镇严氏宗祠、婺城区琅琊镇的滕氏宗祠、浦江县浦阳镇张氏宗祠、浦江县郑宅镇郑家祠、磐安县榉溪孔氏家

① 　胡祖育，胡时宾.古黟西递祠堂楹联诠释[J].徽州师专学报，1997(2).

② 　舒寒冰.岳西古祠知多少[EB/OL].[2008—6—23].http://www.ahyx.gov.cn/news/jiuwen/200806/1391.html.

庙、磐安县蔡氏宗祠等。浙中地区的传统宗祠形式多样，体现了不同时期、各种类型宗祠的发展形态，较完整地反映了中国（特别是江南）传统宗祠的特色，颇具代表性。

三、学术史回顾与本课题研究思路

长期以来，学术界在研究家族或宗族问题时，都或多或少论及祠堂。20世纪90年代，伴随着地方文化研究和新农村建设的开展，中国祠堂研究更是日益引起中外学术界的关注，人们从不同的角度出发，对各地影响较大的祠堂展开多方面的讨论，取得了不少成果。[①]

（一）全国性或总体的祠堂研究

刘黎明的《祠堂·灵牌·家谱：中国传统血缘亲族习俗》（四川人民出版社1993年版，中华民俗文化丛书之一），首次以专著的形式围绕"血族习俗"探讨了中国祠堂的相关问题。该书着重对天子宗庙、民间祠堂、古代民间祠堂建筑、介于天子与庶民之间的孔庙、祠堂的物质依托——祭田以及与祠堂相关的祭祖、家谱等进行了研究。

冯尔康的《中国古代的宗族与祠堂》（商务印书馆国际有限公司1998年版，中国古代生活丛书之一）是冯先生从古代社会生活

[①] 1990年以前中国祠堂研究的成果不多，可参阅吕思勉《中国宗族制度小史》（上海中山书局1929年版）、高达观《中国家族社会之演变》（中正书局1944年版）、内田智雄《中国农村的家族与信仰》（岩波1956年版）、加藤常贤《支那古代家族制度研究》（岩波1940年版）、清水盛光《支那家族的构造》（岩波1942年版）、多贺秋五郎《宗谱的研究（资料篇）》（东洋文库1960年）、牧野巽《近世中国宗族研究》（日光书院1949年版）、中根千枝《家族的构造》（东京大学出版会1970年版）、左云鹏《祠堂族长族权的形成及其作用试说》（《历史研究》1964年第5、6期）、王玉波《历史上的家长制》（人民出版社1984年版）等著作的相关章节。

状况角度研究宗族问题的一部力作。该书从宗族的结构与演变切入，考察研究了祠堂建立、祠堂祭祖、祠堂教化、族人生活和谱牒编纂等问题。

吴英才和郭隽杰主编的《中国的祠堂与故居》（天津人民出版社1997年版），对全国25个省区的90多个典型祠庙分别进行综合介绍，列出歌咏诗文并加以赏析，提供了较为系统和集中的资料，多侧面展示了祠堂文化的具体面貌，为进一步研究祠堂文化提供了一定的基础。

蔡丰明和窦昌荣的《中国祠堂》（重庆出版社2003年版，中国历代人文景观丛书之一），把中国祠堂分为贤臣名士祠、文人学子祠、忠勇将士祠、义人侠士祠、先祖列宗祠、实业人物祠、孝女节妇祠、宗族祠堂、合祠与群祠等类型，并作简要概述；另外还介绍了与祠堂相关的传说故事、楹联与碑文、塑像与壁画、特殊陈列物、建筑风格和装饰工艺等文化现象。

巫纪光《会馆建筑·祠堂建筑》（中国建筑工业出版社，2003年版）以精辟的论文和精美的图片集中介绍了全国各地有代表性的祠堂建筑的艺术成就，认为祠堂的形制和艺术表现具有强烈的地方性和民俗性。

何兆兴编的《老祠堂》（人民美术出版社2003年版，古风：中国古代建筑艺术丛书之一）从社会功能、民俗文化、艺术欣赏等角度切入，图文互动，以散文笔法诠释中国祠堂建筑文化。该书注意展示地域的多元、历史的多变、人文的多样，匠人与艺人手法与技术的不同，以及文化的差异造就的审美的缤绘，从而使读者感受到中国祠堂文化浩无际涯的宽度。透过330多帧照片，摄影师们着力从景象中摄取内在的意境，又刻意用细节放大历史的辉煌，使读者了解到中国祠堂建筑艺术极致般的高度。而精练的文字阐述，进而发掘出祠堂建筑文化的深度。

罗哲文等著的《中国名祠》（百花文艺出版社2006年版，中华古建名胜丛书之一）在概要讨论我国古代祠庙诞生、发展、古今功能等内容后,从我国数以千万计的祠庙中选出 49 个现存的著名古代祠庙作通俗性介绍,全书附 80 余帧照片。

李秋香的《宗祠》(建筑工业出版社 2006 年版,乡土瑰宝系列之一)在历时 15 年乡土建筑调查的基础上按专题编写而成,探讨了宗祠的历史和性质、形制、建造、风水以及中国民间传统的祭祀仪式,着重剖析了山西、浙江、江西、福建和广东等省农村社会中一些较有代表性的宗祠,文字凝练、平实,并配有丰富的手工绘图和精美的照片,具有历史档案价值和极强的观赏性。

王静的《祠堂中的宗亲神主》(重庆出版社 2008 年版)分析了祠堂的变迁、功能、家谱编撰、祠堂建筑与风水、文化艺术和祠堂的演变与未来展望。

孙建华的《漫步祖祠》(中国社会科学出版社 2008 年版,中国宗教旅游丛书之一),该书主要由三部分构成:中国祖祠宗庙总体概述、远古三皇五帝祖祠介绍、中国分省主要祖祠及其他著名祖祠宗庙综合指南,引领读者通览遍布在中国山水间的历代祖祠宗庙,触摸与透视这些珍贵的宗教文化遗产,感悟和领会中国古老文明历史及传统文化的神奇魅力,是对中国祖祠宗庙旅游观光资源系统完整的简明图文实用指南。

另外,冯尔康在《清人的宗族社会生活》(《清人社会生活》第五章,天津人民出版社 1990 年版)中论述了祠堂及其管理下的族人生活、宗祠和政府的相互关系。常建华《元代墓祠祭祖问题初探》(赵清主编《社会问题的历史考察》,成都出版社 1992 年版)论述了墓祠祭祖习俗、墓祠祭祖观念、墓祠祭祖与宗族制度的关系。冯尔康《族规所反映的清人祠堂和祭祀生活》(《清王朝的建立、阶层及其他》,天津人民出版社 1994 年版)论述了宗约确定祠堂组织法、祭祀及其方法的族规、祠堂维护宗族等级制等问题。谢长法《祠堂:家族文化的中心》(《华夏文化》1994 年第 4 期)简要介绍了作为家族文化中心的祠堂的历史演变和教化、敦宗睦族等作用。常建华《明代宗族祠庙祭祖礼制及其演变》(《南开学报》2001

年第 3 期)指出明代宗祠的建设与发展,是以《家礼》的普及和士大夫的推动为背景的;"议大礼"的推恩令导致的嘉靖十五年家庙及祭祖制度的改革,特别是允许庶民祭祀始祖,更在客观上为宗祠的普及提供了契机,强化了宗祠的普及。他的《明代墓祠祭祖述论》(《天津师范大学学报(社会科学版)》2003 年第 4 期)根据明人文集及明代族谱等文献所载安徽、江苏、浙江三省的墓祠事例,指出明代嘉靖、万历年间,墓祠作为宗族形态的重要形式在南方地区修建较多,与宗祠的普遍化以及宗族组织化是同步的,都具有组织族人的作用。明代墓祠祭祖形态,证明宗族制度进一步深入社会生活,进一步普及。科大卫《祠堂与家庙——从宋末到明中叶宗族礼仪的演变》(《历史人类学学刊》2003 年第 2 期)透过地方社会建筑象征——祠堂与家庙,审视宗族礼仪的运作与演变,探讨宗族在维系社会和推进经济方面的功能。罗艳春《祠堂与宗族社会》(《史林》2004 年第 5 期)将祠堂置于结构化的地域社会中,通过长时段、历时性与共时性相结合的考察,揭示祠堂与宗族、社会与国家间的演变关系,指出自明中后期以来的前祠堂期、祠堂初备期、泛祠堂期、后祠堂期的演变,与宗族组织化过程大致吻合,反映了明清时期地域社会中宗族发展的礼教下渗与地域化的特点。李新才《中国家族文化博物馆——祠堂》(《南方文物》2005 年第 2 期)指出祠堂是中国封建社会宗法、习俗、娱乐、礼仪、教育等家族文化的载体,相当于中国家族文化的博物馆。苗运长《祠堂的重建》(中央民族大学 2006 年硕士论文)通过对中原腹地苗氏祠堂重建过程的描述与分析,反映当代农村传统文化的继承与创造,透析当代家族重建的意义,进而检验与评论当前宗族研究的若干问题。游彪《宋代的宗族祠堂、祭祀及其它》(《安徽师范大学学报(人文社科版)》2006 年第 3 期)分析了宋代宗族祠堂的成立及其相关规范,并指出这些规范在元朝以后得到民间的认同,使祠堂得以普遍化,成为民间家族活动的重要场所。傅谨《祠堂与庙宇:民间演剧的空间阐释》(《民族艺术》2006 年第 2 期)阐释了民间演剧所依托的精神空间——祠堂与庙宇,指出民间戏剧活动的繁荣与衰落与这类空间的存废高度关联。刘汉杰《宗祠:神圣的纪念堂》(《百科知识》2007 年第 6 期)简要介绍了宗祠的历史源流、建造和管理等情况。

(二) 区域性的祠堂研究

安徽、湖北、广东、江西、浙江、福建等地宗族组织较为发达,曾经建立较多的祠堂,相关的区域性祠堂研究较为活跃。而山西、湖南等地虽然也有众多祠堂,但相关研究还较少。

1. 安徽祠堂

在区域性的祠堂研究中,徽州地区是最典型的。据不完全统计,徽州祠堂相关研究论著约有 60 篇(部)。赵华富从祠堂切入对徽州农村宗族制度进行了多项研究。《论徽州宗族祠堂》(《安徽大学学报(哲学社会科学版)》1996 年第 2 期)和《徽州宗族祠堂的几个问题》(周绍泉、赵华富主编《95 国际徽州学术讨论会论文集》,安徽大学出版社 1997 年版)两文,对徽州宗族祠堂兴起的时代、背景、祠堂的建造、社会作用等作了介绍,指出宗族祠堂的兴建强化了宗法思想和宗族观念;缓和了宗族内部矛盾,加强了宗族团结;强化了宗族管理,维护了宗族组织;巩固了宗族统治和宗族制度。《徽州宗族祠堂三论》(《安徽大学学报(哲学社会科学版)》1998 年第 4 期)通过实地调查证明,徽州宗族祠堂(包括宗祠、支祠、男祠、女祠等)的朝向绝大多数与男阳女阴、男乾女坤、男尊女卑无关,主要是受祠堂所在村落的朝向、布局、地势、环境和在村落中所处的位置的制约;徽州绝大多数宗族祠堂都忠实地执行《家礼》,男女祖先共"享祀",建造女祠也是为了"报本",报慈母养育教诲之恩,它既不表明"社会文明进步"和"妇女抗争与觉醒",也不说明"封建伦理观念对妇女的束缚和压迫"的加重;庶母神主入祠堂和修建庶母祠的实质是社会和宗族重权、重钱,并没有改变庶母的社会地位。《关于徽州宗族制度的三个问题》(《安徽史学》2003 年第 2 期)通过历史文献和社会调查证明：一、明清时期徽州宗祠神龛中，始祖及以下四世祖先神主、爵德兼隆神主、有功祠祖神主"百世不迁"，其他支丁(不论长辈或晚辈)的祖先均高、曾、祖、考四世设主"五世则迁"，这与朱熹《家礼》祠堂规制的基本精神是一致的；二、徽州宗族祭祖，从时令看主要有春祭、秋祭、冬祭，从祭祀场所讲有祠祭、墓祭和家祭，许多宗族成立的"会"是各种祭祀组织，不是"会祭"；三、徽州女祠是为男女生则异室、死应异寝而建，不是专为贞节妇女而设，除少数被剥夺入祠权利者，一般妇女的神主均可以进入女祠。

常建华《宋元时期徽州祠庙祭祖的形式及其变化》(《徽学(2000 年卷)》，安徽大学出版社 2001 年版)、《明代宗族祠庙祭祖的发展——以明代地方志资料和徽州地区为中心》(《中国社会历史评论》2000 年第 2 期)两文考察宋元明时期徽州祠庙祭祖的形式、变化和发展情况，提出宋元时期墓祠祭祖是祠祭的主要形式，而明代宗族祠庙祭祖得到长足发展。《明代徽州宗祠的特点》(《南开学报(哲学社会科学版)》)2003 年第 5 期)认为明代徽州宗族建祠祭祖的特点是宗祠的发展，即以祭祀始迁祖统宗合族。明代徽州的宗祠是以始迁祖为"宗"的宗族祠堂，不同于朱熹《家礼》设计的祭祀四代近祖的祠堂，也不同于以《家礼》祠堂之制为蓝图的家庙。《明代宗族研究》(上海人民出版社 2005 年版)第二章系统论述了明代以前徽州祠庙祭祖的形式及其变化、明代徽州宗祠的发展与特点等问题。

张小平《徽州古祠堂：聚族而居柏森森》(辽宁人民出版社 2002 年版)以文化大散文笔触，对徽州历史文化中的古宗祠进行全景式的文化扫描，配以全景、个景或局部景观的图片，全面展示留存着世家大族宗阀权杖的柏森森的庄严宗祠、支祠。

张和敬《徽州访古》(九州出版社 2007 年版)第三章以详实的资料，配以精美图片，概要介绍了徽州棠樾村祠堂、西递村敬爱堂、呈坎村罗东舒祠、龙川胡氏宗祠、潜口汪氏宗祠、大阜潘氏宗祠、北岸吴氏宗祠、祁门贞一堂等著名古祠堂。

林济《长江流域的宗族与宗族生活》（湖北教育出版社 2004 年版）第三章《徽州宗族与宗族生活》论述了徽州祠庙的发展演变、祠堂会的形成及以祠堂会为基础的村落宗族结构和徽州祠庙保存历史悠久的原因等问题。

卞利《徽州的古祠堂》（《寻根》2004 年第 2 期）、潘小平《龙川胡氏宗祠》（《江淮文史》2005 年第 1 期）、王国键《徽州宗族立祠修谱活动及其文书》（《中国典籍与文化》2004 年第 3 期）、王韡《权力空间的象征——徽州的宗族、宗祠与牌坊》（《城市建筑》2006 年第 4 期）等概括性地描述了徽州的祠堂情况。

陈柯云在《明清徽州的修谱建祠活动》（《徽州社会科学》1993 年第 4 期）中论述了明中期以后修谱建祠的普遍化问题。姚光钰《古徽祠堂建筑风格浅谈》（《古建园林技术》1998 年第 2 期）指出，徽州祠堂建筑脱胎于地方民居，布局与民宅"三间五架"式极为相似；其平面布局大致相仿，分门厅、天井、享堂和寝殿；多以规整严谨手法，取中轴线对成布局，各进建筑由前向后逐渐增高。姚邦藻和每文《徽州古祠堂特色初探》（《黄山学院学报》2005 年第 1 期）认为徽州古祠堂有如下特点：建构较早，数目特多；种类丰富，品种齐全，共性、个性兼备；具有中华儒学文化的化石意义，是了解中国宗族社会民间实态的最重要物态现存；在建筑学上具有特殊价值，是徽州古建三绝之一；在儒学的世俗化方面有重要作用；与族谱家谱紧密结合，严密地组构起徽州农村的宗族血缘网络，强固了中国封建宗法制度在徽州民间的统治。臧丽娜《论徽州宗祠的遗存情况与民俗文化特征》（《民俗研究》2007 年第 3 期）考释了徽州宗祠沿革、徽州目前保存较好的 36 座明清宗祠的留存地点、徽州宗祠的营造民俗和民俗文化特征等问题。

季欣《"礼"——徽州祠堂之"伦理"理性》（《美与时代》2006 年第 1 期）认为徽州祠堂作为中国特有的宗法文化的载体，体现着"礼"的伦理理性精神：以血缘为纽带、以等级制度为核心、以伦理道德为本位。陈瑞《明清时期徽州宗族祠堂的控制功能》(《中国社会经济史研究》2007 年第 1 期)以社会控制为视角,探讨明清时期徽州宗族祠堂控制功能的实现途径,并指出在明清时期的徽州社会中,宗族对族人实施控制的途径较多,但以祠堂为物质手段或关键设施对族人进行控制似乎更具特色。

韩国学者朴元熇《明清时代徽州真应庙之统宗祠转化与宗族组织》(《中国史研究》1998 年第 3 期),指出柳山真应庙在北宋初年与清初曾两次修建,以此为契机,前一次修庙由专祠转化为宗祠,后一次则从宗祠转化为统宗祠。

2. 湖北祠堂

袁登春《湖北宜昌夷陵区望家祠堂》(《江汉考古》2002 第 3 期)简要介绍了望家祠堂建造、特点和迁建情况。

陈博《利川大水井李氏宗祠及城堡的由来》(《湖北民族学院学报(哲学社会科学版)》2003 年第 1 期)根据 1977 年 6 月的实地调查材料,考证了李氏宗祠及城堡的由来。1846 年李祖泽祖盛等开始修建李氏宗祠"魁山堂",1849 年建成,1900 年李开远绪远等加修围墙,1920 年前后李绪远瑞年加高围墙建成城堡,1930 年李盖五再圈水井于城堡之内。

张枫《湖北利川市大水井古建筑群——李氏宗祠》(《文物春秋》2007 年第 3 期)介绍了李氏宗祠的历史沿革、布局与形制,认为其无论在建筑形式、结构布局、营造技巧还是装饰手法上都反映出了鄂西地区宗祠建筑的特性,具有鲜明的地方特色,对于研究西南地区民居及宗祠建筑有着重要的学术价值。

陈飞和方国剑《鄂西地域宗法中枢堡垒——大水井李氏宗祠》(《文博》2006 年第 5 期)介绍了李氏宗祠的历史沿革、概况、建筑艺术特点和性质等,认为李氏宗祠有风水形胜、景观和谐,排水消防设施二为一体自成体系,装饰丰富、工艺精湛等特点。

李晓峰和邓晓红《鄂东祠堂》(《室内设计与装修》2005 年第 9 期)简要介绍了鄂东祠堂的三种类型:独立型、混合型和附属型;

认为有最佳风水，纵向延伸、步步升高，仪式化场所及娱乐中心、村落最高规格建筑等特征；指出功能转型可能是乡村祠堂得以持续保存的必然之路。

张飞《鄂东南家族祠堂研究》（华中科技大学 2005 年硕士论文）通过大量的乡土考察和调研，从产生背景、类型和功能等方面对鄂东南传统血缘村落和祠堂进行较具体而深入的分析，揭示传统祠堂及村落的形成原因和发展脉络，认为祠堂类型与布局对血缘村落的形成与发展具有支配性的作用，为传统村落的保护与更新和现阶段的建设现代农村工作提供有价值的启示与建议。

杨国安《空间与秩序：明清以来鄂东南地区的村落、祠堂与家族社会》（《中国社会历史评论》2008 年第 1 期）指出鄂东南地区聚族而居的村落形态既受当地山区丘陵自然环境的影响，更是宋元以来外来移民不断迁入定居、繁衍的结果。因移入先后的不同，在一定区域内形成"一姓数村、团状聚居"和"一姓一村，分散聚居"等多种聚居模式。来自江西等宗法文化较浓厚地区的移民的迁入，以及不同族群为了生存空间的竞争，导致鄂东南地区在清代前期进入普遍的移民家族的组织化和制度化进程。以宗祠—支祠—家祠为层级的祠堂建筑格局与家族聚居区—自然村落—单个家庭的聚落形态相对应，体现出建筑格局与家族结构在某种程度上的契合。其中与自然村落相关联的支祠（鄂东南称之为"祖堂"、"宗屋"、"公屋"）更是构成所在村落的公共空间，并成为族人祭祀、娱乐、教育、生产等公共生活的核心，地理空间与血缘家族空间的重叠、建筑的象征功能与宗法组织的实际运作共同维系着清代以来鄂东南地区以家族为特征的乡村生产、生活秩序。

王炎松等《鄂东杰构——阳新县祠堂建筑及文化特征初探》（《华中建筑》2006 年第 11 期）、徐靓《湖北阳新祠堂建筑及文化特征初探》（《中南论坛：综合版》2008 第 1 期）和王炎松与何滔的《中国老村：阳新民居》（湖北人民出版社 2008 年版）通过对湖北省阳新县祠堂的分析研究，阐述了阳新当地祠堂的形成过程、历史文脉、空间布局形态和装饰特征，并提出了对鄂东南阳新祠堂加以保护和发展的一些思考。

3. 广东祠堂

关溪莹《民俗变迁与族群发展——广州世居满族的宗祠祭祀》(《华南农业大学学报(社会科学版)》2006年第1期)指出广州世居满族受岭南地域"大兴宗祠"的民间社会风俗影响，曾在广州城内修建了八座满族宗祠，但其特征、功能均与汉族宗祠存在较大差异。八旗官员修筑宗祠是希望通过强化满族官兵的祖先观念和族群意识，将之作为八旗军营中的军事、行政管理体系的一种有益补充；辛亥革命后，满族民众利用宗祠祭祀建构关于落广祖的历史记忆，增强族群的认同和凝聚力，宗祠祭祀成为他们在广州社会进行文化重构的重要手段。

黄海妍《在城市与乡村之间：清代以来广州合族祠研究》(生活·读书·新知三联书店2008年版)分析了自明清之际到20世纪中期广州城中合族祠的演变过程；讨论了社会变迁、国家制度的更替、意识形态的变化以及城乡关系的发展对合族祠所产生的影响；指出在国家观念和地域认同的建构过程中，合族祠所使用的语言及其表现形式也随着社会的复杂变迁、士大夫认知的改变而不断发生变化；并把广州合族祠分为扩大的宗族：试馆、书室，以联宗方式建立的合族祠和并非基于"宗族"的观念而建立的合族祠三类。

凌建《顺德祠堂文化初探》(科学出版社2008年版)以多年的实地调查材料为基础，结合相关研究成果，对顺德祠堂进行了全景式的文化扫描，从历史与现实两个层面对顺德祠堂文化进行梳理：历史方面论及顺德祠堂兴盛的两大因素、顺德祠堂建筑的地方特色、传统文化功能以及顺德宗族文化发展的独特性；现实方面涉及顺德祠堂在现当代社会生活中的状况，主要关于顺德祠堂的保护与利用问题。另外，还论述了中国祠堂制度的发展脉络。

黄海妍《论广州陈氏书院的性质与功能》(《广东史志》1998年

第 4 期)通过考察清代广州城中众多姓氏书院出现的历史背景，指出陈氏书院只是广东 72 县陈姓族人捐建的合族大宗祠，而并不具备传统书院让人读书受教育的功能。但陈氏书院除了具备祭祀功能外，可以为陈姓各房子弟到广州城应考科举提供居住场所，还有一定的教化功能。

邹鹏煌《东莞黎氏大宗祠修缮施工方案》(《广东土木与建筑》2006 年第 4 期)介绍了修缮施工方案，包括对受损构件和建筑外观的修复等，强调这类文物建筑的修缮设计和施工应遵循保持建筑物原貌的原则，慎重选择建筑材料并进行适当的外部处理，取得"修旧如旧"的效果。

赖瑛和杨星星《珠三角广客民系祠堂建筑特色比较分析》(《华中建筑》2008 年第 8 期)比较了广府和客家祠堂建筑在祠宅规划、建筑形制、装饰装修等宏、中、微观三层面的差异，指出广府民系祠堂建筑丰富多彩、活泼轻松，客家民系祠堂建筑朴实无华、庄重肃穆。但两大民系唇齿相邻，建筑上必然相互影响，不排除特殊个例之不同。

4. 江西祠堂

车文明和郭文顺《江西东部宗祠剧场举隅》(《中华戏曲》2003 年第 29 期)详细介绍了赣东五座明清宗祠剧场(主要是戏台、看楼)的建造、结构、装饰情况。

黄爱华《明清宗族演剧活动特征简论》(《江西社会科学》2007 年第 3 期)认为，明清时期，各地方宗族热衷演剧，纷纷在宗祠内或宗祠旁建立戏台，形成"有宗必有祠，有祠必有台"之势。宗族用演剧来表达他们对祖先的追思、对神灵的敬畏、对喜事的欢庆。与瓦舍勾栏、会馆戏园以谋取经济利益为目的而进行的戏剧活动相比，宗族演剧活动更多的用于祭祀神灵与宗法教化，具有神灵祭祀性、封建宗法性、劝世教化性等特点。

殷剑和吴娜《试论乐安流坑祠堂祭祖风俗中的宗法问题》(《江西教育学院学报》2003 年第 4 期)以江西乐安流坑村的祠堂

祭祀风俗为例,探讨其中所体现的宗法性特征及影响,认为祭祀活动体现了中国古代社会敬宗收族的宗法思想以及政权与族权相结合的宗法特征,对巩固家族组织和宗族制度起到了一定的促进作用。

江西省文物考古研究所等《江西乐安县流坑大宗祠发掘简报》(《南方文物》2005 第 1 期)介绍了 2004 年 10 月至 12 月,江西省文物考古研究与流坑管理局联合对流坑大宗祠进行展示性考古发掘的情况。

赵奕《消失的宗祠》(《小康》2004 年 3 期)介绍了江西瑞金市密溪村宗祠群因为修旧如新、自然倒塌、建新房拆毁等而逐渐消失的窘境。

5. 浙江祠堂

松冈俊裕《鲁迅故家的宗祠——鱼化桥周氏宗祠考》(《绍兴文理学院学报(社科版)》1991 年第 3 期)根据《绍兴县志姓氏编》、《濂溪故里周氏族谱》、《越城周氏支谱》等资料,考证绍兴鱼化桥周氏的世系源流、宗祠的建造等。

汪燕鸣《浙江明、清宗祠的构造特点及雕饰艺术——浙江宗祠建筑文化初探》(《华中建筑》1997 年第 1 期)探讨了浙江明清宗祠的类型、功能、形制及雕刻艺术,详细地阐述了宗祠的平面布局与构造特点,认为宗祠是研究村落民居与传统文化关系的一个重要的课题。

永康市文物管理委员会《文化厚吴:厚吴的宗祠与老宅》(机械工业出版社 2003 年版)详细介绍了永康厚吴村的吴氏宗祠、澄一公祠、丽山公祠、向阳公祠、吴仪庭公祠的建造、人文历史和细部装饰等。

冯宝英《浙西宗族祠堂之探析》(《东方博物》2006 年第 1 期)通过对浙西宗族祠堂建筑的实例分析,探讨其共性、发展轨迹及各个时期的建筑特征。

陈凌广《浙西古民居人文特色——霞山祠堂建筑文化略论》

（《家具与室内装饰》2006 年第 12 期）着重围绕浙西霞山"汪氏宗祠"、"郑氏宗祠"、"爱敬堂"、支祠"永锡堂"、"裕昆堂"等建筑的历史溯源、建筑内涵及装饰寓意风格展开论述，进一步阐述霞山独特的历史人文特征和丰富的内蕴文化积淀。

楼庆西《郭洞村》（清华大学出版社 2007 年版）描述郭洞村何氏宗祠的历史与功能，并以总测绘图和建筑的平面、立面、剖面图展示祠堂建筑的布局、结构和精美雕饰。

刘淑婷《泰顺祠堂宫庙遍布的景观特色分析》（《华中建筑》2007 年第 8 期）从泰顺祠堂宫庙建筑的环境、意境、屋顶、门楼、质感、肌理、色彩等要素入手，分析其具有的景观特色，并阐释"士"、民间信仰、宗族意识与祠堂、宫庙遍布的人文背景关系，从而得出泰顺祠堂宫庙遍布特色具有景观价值的结论。

李士明《苍南：给宗祠加点文化娱乐》（《浙江画报》2007 年第 5 期）介绍了苍南县利用宗祠建阵地，繁荣文化改乡风的成功做法。

章立和章海君《浙中的祠堂建筑》（《寻根》2007 年第 2 期）简要介绍了浙中地区七个典型祠堂建筑的相关情况。

薛林平《浙江传统祠堂戏场建筑研究》（《华中建筑》2008 年第 6 期）在实地调查的基础上，重点分析和研究浙江祠堂戏场建筑的文化背景、总体情况、建筑形式、典型实例、空间特征、艺术成就等。浙江现存的传统祠堂戏场建筑有数以百计。这些戏场建筑空间合理，装饰精美，有很高的历史、科学和艺术价值，是中华民族宝贵的建筑遗产。

陈凌广《浙西祠堂门楼的建筑装饰艺术》（《文艺研究》2008 年第 6 期）从建筑艺术角度介绍了浙西祠堂门楼的建筑特性、样式、结构与类型、装饰布局的审美特性，指出浙西祠堂门楼以其古朴浑厚的建筑艺术造型，巧思多变的设计手法，充分显示了浙西人民的聪明才智和创造精神，有厚重的人文艺术价值。

6. 福建祠堂

福建省文化厅《八闽祠堂大全》(海潮摄影艺术出版社 2002年版)采编了福建省 300 多所有代表性的各类祠堂,以历史发展为主绳,追述先贤事迹,缅怀烈士义举,对姓氏源流、信仰传播、民风流俗等进行了有益的探讨。政协连城县委员会《芷溪古宗祠文化初探》(《连城客家情》2003 年第 8 册)全面介绍了芷溪邱、华、黄、杨四姓的 74 座宗祠、宗祠典故、宗祠楹联、宗祠与教育、宗祠诸事、历代先贤等。池晗《从符号学视角探寻廉村陈氏支祠装饰图案的观察模式》(福建师范大学 2007 年硕士论文)在证明祠堂类型的建筑装饰图案具有典型符号性质的基础之上,以现代符号学为基本理论依据,以福建福安地区廉村古群落中的陈氏支祠装饰图案为研究文本,从考察其在建筑及宗族文化等方面的各种符号性质表现入手,发掘其各层次的意义形态以及在其所涉及的种种宗族观念。

另外,尹文撰《江南祠堂》(上海书店出版社 2004 年版)把江南地区的祠堂分为纪念先贤的圣祠、维系血缘关系的氏族宗祠、膜拜行业鼻祖的神祠、孝子与烈女的祭祠、淫祠与生祠等几种类型,并分别考察源流、形制和相关文化意义。许碧晏的《清末民初滇南宗祠建筑的历史文化考略》以云南第一个历史文化名村郑营的陈氏宗祠建筑为例,指出滇南宗祠建筑是中国古典式回廊四合院建筑与民间吊脚楼建筑的完美结合;布局结构中透着智慧的灵气与精湛的技艺;雕饰与结构简约、精当、色彩协调,建筑主题是儒家思想观念与滇南侨民、本土民族建筑文化的紧密结合、体现与发扬。梁颖《广西壮族民间宗祠述论》(《桂林市教育学院学报》1996 年第 1 期)初步探讨了广西壮族民间宗祠的四种主要功用、祠田的几种来源与作用。梁宝渭《广西宗祠救济探微》(《广西右江民族师专学报》1997 年第 4 期)论述了广西宗祠救济的实质、经济基础和现实意义。宗祠救济主要体现在三方面:办学校、兴教化,救济贫困的孩子读书;扶老济幼、团结互助;修桥筑路、挖掘水井、植树造林、护林防火、兴修水利、建堡修渡等公益事业。它一定程度上有促使社会稳定、文化繁荣、经济发展等积极作用。谢惠钧《复苏的洞口民间祠堂文化》(《艺海》2005年第3期)论述了湖南民间祠堂建筑的地域特征、祖先崇拜、戏曲文化现象,指出洞口民间祠堂的复苏得到政府行为、物质保护和精神上的支持,人们以一种难能可贵的热情进行自发性的保护和修复,并且以新的眼光和新的观念去拓展民间祠堂的文化内涵,使民间祠堂文化在去尘灰、存精华、保留优秀传统文化的同时,又融入文物保护、地域文化的收藏与陈列、旅游观光、教育与文艺娱乐等诸多内容。

(三)祠堂相关专题或个案研究

专题或个案研究是中国祠堂研究的重点,已发表的成果很多,主要体现在祠堂建筑、祠产、堂联、女祠、客家祠堂、宗祠旅游等方面。

1. 祠堂建筑 吴惠良《惠山古镇祠堂建筑图录》(《上海科学技术出版社》2004年版)和过伟敏等《惠山祠堂建筑的装饰艺术》(《美术大观》2005年第9期)以文图形式介绍位于江苏省无锡市的惠山祠堂古建筑的区位、祠堂建筑分布、祠堂建筑群及装饰艺术情况等,指出该祠堂群之数量庞大、分布密集、类型丰富在国内显得非常罕见。装饰作为传统建筑重要的组成部分,反映出一个城市建筑的历史演变和文化积淀。孙红梅和赵彤梅《从闵氏宗祠看豫南穿斗建筑特点》(《中原文物》2004年第1期)通过考察闵氏宗祠的布局、形制、结构和特点,指出清代豫南的穿斗式建筑与江南、西南地区穿斗式建筑有相同和不同之处,同时又受北方抬梁式建筑影响,建筑有其鲜明的地方特征。陈东有和曹雪稚《中国传统建筑文化中的规定与通变——以江西景德镇瑶里镇程氏宗祠为例》(《江西财经大学学报》2004年第3期),以程氏宗祠为例指出中国传统建筑文化对典范性建筑的规定遵循伦理原则,注重风水的动机在于建筑物自身的适用,也在于更好地实施伦理原则，但当伦理规定与风水规定发生冲突时，采取通变的办法往往可以调和这种冲突，看似伦理让步于风水，但风水最终还是为伦理服务。方力军《潜山杨氏宗祠的传统建筑理念》(《安徽建筑工业学院学报(自然科学版)》2004年第6期)指出杨氏宗祠"借形蓄势"、选址涧西、座西面东，虽未构"四灵佳境"，却具"负山、抱水、面屏"之状，是古代建筑选址中的上流作品；构架选用"穿斗"法，地面板直接铺设于横枋上，不用"抟木、荷敦"诸物，一改"古地棚之制"，手法简捷明了；布局"对称"与"择中"，是古代建筑匠师智慧的结晶。建筑理念对现代建筑设计有借鉴价值。赖瑛和郭焕宇《珠江三角洲地区祠堂建筑审美属性分析》(《艺术百家》2008年第2期)分析了珠江三角洲地区祠堂建筑鲜明的地域性、突出的历时性、浓郁的文化追求以及由此反映出来的与众不同的审美属性，认为符合地域性、文化性、时代性三者的统一的"建筑美的最高标准"。

2. 祠产 刘淼《清代徽州祠产土地关系——以徽州歙县棠樾鲍氏、唐模许氏为中心》(《中国经济史研究》1991年第1期)和《清代徽州歙县棠樾鲍氏祠产土地关系——以徽州棠樾、新馆鲍氏为中心》(《清代区域社会经济研究》上册，中华书局1992年版)通过考察徽商购置土地——宗祠公有地产的内部构造，探讨了徽州祠产的来源、设置、结构、租佃关系、地权形态和地租分配等问题，并将不同地域的宗族祠产关系进行比较研究。祠户产业是宗祠产业的一个单元，若干祠户单元构成宗祠共有财产整体结构。祠户既是土地占有单位，又是吸取地租、上缴田赋的基本单位。祠产地权形态主要以占有大买田(田骨)、或大小买田(田皮、田骨合一)为主，小买田(田皮)占有较少。清代徽州祠产租佃关系的主要形式是庄仆制，另外，祠产法人还与佃户签定租批，确定租佃关系。祠租形态，一般来说，祠田主要缴纳实物租，同时也有少量缴纳货币租，而宗祠房产几乎全为租金形式；劳役租则仅限于庄仆。祠产地租分配主要有三个方面：缴纳田赋、宗祠祭祀活动开支、分粜义谷,支付手段则为祠银钱和祠租谷。

3. 堂联 王泉根《中国民间姓氏堂号堂联的文化透视》(《中国文化研究》1994年第4期)论述了堂号堂联的由来、类型、文化内涵和意义。胡祖育和胡时宾《古黟西递祠堂楹联诠释》(《徽州师专学报》1997年第2期)考订、注释了黟县西递村祠堂门联、堂联、楹联、阶柱联数十则。李文放《从堂号、堂联看客家人的祖宗情结》(《寻根》2007年第5期)结合对广西客家祠堂的调查,指出客家人以堂号、堂联的形式,宣扬和怀念历史上本族祖先中的著名人物,以提高本族在社会上的地位,同时通过对祖先德、行的赞美来教育后人,期望子孙能发扬本族先人的优良传统,在社会上光宗耀祖。堂号、堂联体现了客家人尊祖敬贤、爱国爱乡、勤恳创业、重视文化教育、重人品、重家风等优良品德。同时,客家的堂号堂联也有其消极的成分。

4. 祠堂礼俗音乐 齐琨《徽州乡村祠堂礼俗音乐——古筑村和彭龙村的个案调查与研究》(中央艺术研究院2001年硕士论文)通过田野调查,探讨祠堂礼俗音乐与宗族秩序、仪式、传承等关系。

5. 女祠 李忆南《徽州女仆棠樾女祠》(《妇女研究论丛》1995年第2期)、毕民智《徽州女祠初考》(《安徽大学学报》1996第2期)和王传满《徽州女祠与节烈妇女》(《阿坝师范高等专科学校学报》2008年第3期)讨论了徽州女祠的诞生以及女祠的建构和运作等问题,认为徽州女祠出现于明末清初,是中国封建社会末期政治松散、徽商兴盛和中国传统文化尊老爱幼思想的产物;徽州女祠以其建构形式和运作内容体现了封建社会末期女性的觉醒和社会变革时期的特点,是记载中国妇女抗争与觉醒的早期珍贵资料。

6. 客家祠堂 赖雨桐《客家堂号溯源》(《岭南文史》1995年第1期)认为客家祠堂名号多取自祖先的发祥地、望出地,称郡号;另一种为纪念祖先的官衔、业绩、德行等而自立的堂号。林晓

平《客家祠堂与客家文化》(《赣南师范学院学报》1997 年第 4 期)、
《赣南的客家祠堂——以赣县夏府戚氏祠堂为例》(《赣南师范学
院学报》1997 年第 5 期)、《客家祠堂楹联的文化内涵探析》(《赣南
师范学院学报》1999 年第 5 期)论述了客家祠堂的历史、现状、结
构、祠产管理和文化内涵,探讨了客家祠堂与崇祖观念、教育、民
俗等客家文化的关系。徐和达《略述客家祠堂的文化特征》(《岭
南文史》1997 年第 1 期)、丘桓兴《祖先崇拜和客家公祠》(《人民中
国》2001 年第 7 期)、李小燕《客家祠堂文化》(《嘉应大学学报》
2003 年第 2 期)介绍了客家祠堂的建筑、祭祖、堂号、堂联、风水等
文化现象。

7. 龙川胡氏宗祠　洪树林《绩溪龙川胡氏宗祠的审美价值》
(《徽州社会科学》1996 年第 4 期)、《胡氏宗祠木雕构件的艺术特
色》(《徽州社会科学》2002 年第 6 期)、《"国保"古祠龙川》(《徽州
社会科学》2003 年 4 期)、徐子超《绩溪龙川祠宇牌坊文化漫话》
(《安徽档案》2003 年第 4 期)、潘小平《龙川胡氏宗祠》(《文化时
空》2003 年第 1 期)、汪嘉健和汪东欣《中国古祠一绝——龙川古
祠木雕》(《工程建设与档案》2001 年第 1 期)、志成《古祠一绝——
绩溪龙川胡氏宗祠》(《安徽税务》1997 年第 6 期)、方玉良《龙川胡
氏宗祠的建筑艺术》(《规划师》1995 年第 1 期)等文章从建筑、木
雕、祠宇牌坊、审美价值等方面对龙川胡氏宗祠进行了多角度的
研究。

8. 宗祠旅游　黄英和陈男《中山市陈家祠旅游开发的 SWOT
分析及对策》(《特区经济》2005 年第 2 期)在分析中山市陈家祠旅游
开发优势、劣势、机会和挑战的基础上,提出通过卖点挖掘、文化移
植、生境改造、旅游时空规模扩展等途径将陈家祠开发为"伟人故
里"系列产品之立体中山民俗博物馆。王兆燕《四川省宗祠旅游资
源分析及其开发利用研究》(《资源开发与市场》2007 年第 3 期)认为
四川省宗祠旅游资源类型丰富,拥有以文庙、三国蜀汉文臣武将专
祠、文化名人专祠、祭祀同族祖先的祠堂等为代表的资源体系,具有

文化内涵深厚、专祠品位高、文物价值大等显著特征,有良好的开发前景,是当今旅游业中的重要支撑资源,并从规划、宣传、线路开发等多维角度提出了开发利用的建议。

（四）关于祠堂研究中若干问题的反思

从总体看,有关中国祠堂的研究无论是在广度还是深度上都已有明显的成效,为人们了解各地祠堂的概况、祠堂文化和祠堂建筑艺术等提供了详细资料与参考。但还有几个方面值得进一步深化或拓展:（1）已有的研究成果大都把神祠、先贤祠和宗族祠堂等合在一起研究,专门研究宗族祠堂的成果也较多,而专门研究神祠或先贤祠的成果还没发现。（2）祠堂相关物质形态(如祠堂建筑形制、装饰、戏台等)的研究已取得较丰硕的成果,但把祠堂与传统经济、社会、文化等结合起来,深层探讨祠堂在乡村社会演进中的作用和地位的研究还不多见。（3）现有的研究大多围绕全国或某个地区较为出名或有特色的祠堂展开,学者们对各地一些祠堂群和较小村落或家族的祠堂关注不够。这两类祠堂有什么特殊性、在乡村变迁中有什么影响和地位、与大宗族的祠堂有什么关系,等等,显然都需要进一步深入研究。（4）如前所述,中国祠堂研究在空间上很不平衡,由于实地田野调查、访谈、资料收集等客观因素,研究者大都选择本区域的祠堂作为研究对象。因此,对不同区域、不同类型祠堂的比较研究还有待加强。另外,在研究思路上,注意透过祠堂看区域文化和社会发展的趋势;在研究方法上,注重多学科结合,将传统祠堂放在社会发展的历史过程中,分析祠堂的发展变化以及与之密切相关的各种现象,从整体上加以系统的考察,并与当代的实际结合起来,能够深入了解传统祠堂演变与发展的全貌,认识其地域特征及社会影响,进一步深入对传统祠堂和社会形态的认识。

基于对上述学术史的认识,笔者一方面尽可能挖掘一些宗祠相关资料,另一方面借鉴有关社会整体史研究的方法,希望对浙中地区的宗祠以及与乡村社会变迁的相互关系作一个全面和系统的研究。在全面梳理浙中地区传统宗祠的基础上,将浙中地区传统宗祠放在社会发展的历史过程中,从整体上加以系统的考察,并与当代的实际结合起来,系统分析宗祠、宗族和村落之间的内在关系,深入了解传统宗祠演变与发展的全貌,认识其地域特征及社会影响,进一步深化对传统宗祠和家族形态的认识,以期从一个侧面探寻浙中地区乡村社会的变迁,为当前的新农村建设和地方文化建设提供依据。

本课题的研究内容涉及社会领域的诸多方面。因此,笔者采用跨学科的研究方法,把历史学、社会学、文化学、人文地理学等学科的相关理论与思维方式结合起来,对浙中地区传统宗祠展开全方位的考察和系统分析,如主要从历史学的角度描述宗祠的历史演变;从人文地理学的角度分析宗祠的主要类型和特征;从社会学的角度介绍宗祠的活动与管理,并分析宗祠与社会的关系;从文化学的角度探讨宗祠建筑的文化内涵等。另外,在充分利用与吸收已有相关文献资料和研究成果的同时,笔者还到各地重要的宗祠进行社会调查和实地考察访谈,获得第一手资料,特别注意收集整理和利用地方文献,尤其是家谱、族谱和村志等原始资料。

本课题的研究,主要围绕浙中地区传统宗祠的历史演变与现状,综合分析宗祠的类型、地域特征、社会活动、管理、社会影响和建筑文化等各方面情况,探讨宗祠、宗族、村落的内在关系及其演变,总结宗祠发展变化对农村社会发展的影响。在分析相关文献资料、吸收已有研究成果和实地调查的基础上,课题组着重从以下方面展开研究:(1)结合各个时期的时代背景,考察和分析浙中地区传统宗祠的历史演变;(2)从宗祠的主要形成原因等方面出发,分析浙中地区传统宗祠的主要类型和特征;(3)从发生在宗祠内的主要事件入手,分析祠务会议、宗族公共事务、祭祀、修谱、演戏、义庄赈济、教育等活动以及宗祠的组织与管理;(4)总结宗祠发展变化对浙中乡村社会发展的影响;(5)从宗祠的物态存在出发,分析浙中地区传统宗祠的建造活动、建筑形制以及宗祠所蕴含的各种文化艺术现象;(6)重点考察与分析浙中地区 8—10 个不同文化类型和不同区域代表性宗祠。(7)基于现实的调查,讨论传统宗祠与当代新农村建设的相关问题。本课题研究的重点是分析浙中传统宗祠的特征以及传统宗祠与农村社会发展的关系。

第一章
浙中地区传统宗祠的历史演变

第一节　浙中地区的地理与人文

一、浙中地区的地形与地貌

浙江地形复杂,以山地和丘陵为主,有"七山一水两分田"之说,地势由西南向东北倾斜。本书所指的浙中地区大致处于金衢盆地东段,为丘陵盆地结合地形,地势南北高、中部低。"三面环山夹一川,盆地错落涵三江"是浙中地区地貌的基本特征。浙中地区的东面有大盘山,东北是会稽山,南属仙霞岭,北接龙门山,西北接千里岗山脉。境内千米以上的山峰有 208 座,以 500—1000 米低山为主,分布在南北两侧,位于武义与遂昌交界处的牛头山主峰为最高峰,海拔 1560.2 米。山地内侧散布起伏相对和缓的丘陵,以江山—绍兴断裂带为界分为北部丘陵和南部丘陵,中部以金衢盆地东段为主体,整个大盆地大致呈东北—西南走向,西面开口,由盆周向盆地中心呈现出中山、低山、丘陵岗地、河谷平原阶梯式层状分布的特点。四周镶嵌着武义盆地、永康盆地等山间小盆地,大小盆地内浅丘起伏,海拔在 50—250 米之间,相对高度不到 100 米。盆地底部是宽阔不一的冲积平原,地势低平。金衢盆地为浙江省内最大的中生代陆相盆地,形成于晚燕山期,边缘受断裂控制,基底为前震旦系——上古生界,盖层为白垩系河湖相沉积岩及火山岩。海浸对金衢盆地影响不大。所以,原始先民的活动,金衢盆地比宁绍平原还要早,还要丰富。金衢盆地还是浙江省粮食、棉花、柑橘、花卉和生猪等生产的重要基地,向有"浙江聚宝盆"之称。盆地四周有丘陵围绕,是木材产区。东阳江自东而西流经东阳、义乌、金东区,在婺江汇合武义江而成金华江,然后北流至兰溪城区汇入兰江。兰江继续北流至将军岩入杭州境内的富春江及钱塘江。

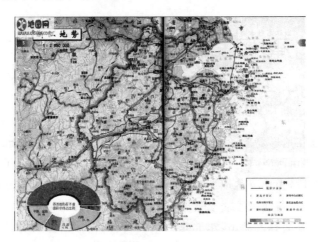

浙江地势图(引自地图网)

二、浙中地区的区位与气候

浙中地区位于东经 119°14′—120°46′,北纬 28°32′—29°41′之间,东西直线距离为 151 公里,南北直线距离为 129 公里,面积 10918 平方公里,东邻台州、南毗丽水、西连衢州、北接绍兴和杭州,地理位置优越。"陆路关隘,水上通衢"一说以及宋代女词人李清照的词句"水通南国三千里,气压江城十四州",形象而生动地道出了浙中地区和金华城突出的区域优势和重要的地理位置。

浙中地区属中亚热带季风气候,总的特点是四季分明,年温适中,热量丰富,雨量丰沛,干湿两季明显。春早秋短,夏季长而炎热,冬季光温互补。盆地小气候多样,有一定垂直差异。由于光温水要素分布不均,灾害性天气较频繁,冬季冻害、大雪,春秋低温阴雨,梅汛期洪涝,盛夏高温、伏秋干旱等,是主要气候灾害。

三、浙中地区的历史与沿革

浙中地区春秋时属越国。秦、汉为乌伤县,属会稽郡。三国吴宝鼎元年(266)置郡名东阳,以郡在瀫水(即衢江)之东、长山之阳得名。区域内设立郡府建置自此始。东阳郡属扬州,领长山(今婺城区、金东区、兰溪市)、乌伤(今义乌)、永康、吴宁(今东阳)、丰安(今浦江)、太末(今龙游)、新安(今柯城、衢县)、定阳(今常山)、平昌(今遂昌)九县,治设长山。南朝梁绍泰二年(556)置缙州,陈天嘉三年(562)撤州,东阳郡改名金华郡,郡名金华自此始。隋开皇十三年(593)改置婺州。大业三年(607)复置东阳郡。唐武德四年(621)改东阳郡置婺州,并于信安(新安)县分置衢州。唐天宝元年(742)改婺州为东阳郡,乾元元年(758)复为婺州,一直沿续到宋元。元至元十三年(1276)改为婺州路,至正十八年(1358)朱元璋攻取婺州路,改名宁越府,至正二十年改为金华府。明成化七年(1471)金华府领金华、兰溪、东阳、义乌、永康、武义、浦江、汤溪八县,故有"八婺"之称。1912年废府实行省、县两级制。1914年置金华道,辖区扩及原衢州、严州府。1927年废道,各县仍直属于省。1932年6月设浙江省县政督察专员办事处第八区,驻金华。同年9月,改设浙江省特区行政督察专员办事处第六特区。民国期间,行政督察区序号、辖县、专署驻地时有变换。1949年5月7日,金华解放,设立浙江省第八行政区。10月,改名金华专区。11月金华专区辖两市九县。1955年3月,衢州专区撤销并入。嗣后,金华专区辖县(市)续有撤并、复置,并与杭州、丽水等毗邻市地互有调整。1968年4月,改金华专区为金华地区。1985 年 5 月,撤销金华地区,原金华、衢州两县级市分别升为地级市,实行市管县体制,并于金华城区设立婺城区,郊区设立金华县,同时撤销兰溪县,设立兰溪市(县级)。金华市辖婺城区、兰溪市和金华、永康、武义、东阳、磐安、义乌、浦江七县。原金华地区的龙游、开化、常山、江山县划归衢州市管辖。1988 年 5 月,撤销义乌县设立义乌市(县级),撤销东阳县设立东阳市(县级)。1992 年 10 月,撤销永康县设立永康市(县级)。2000 年 12 月,撤销金华县,设立金华市金东区。

四、浙中地区的经济与社会

早在距今约一万年前的新石器时代,浙中地区的先民们就已经初步掌握了水稻耕种技术,创造了较成熟的原始稻作文明。近年来,考古人员在浦阳江上游的浦江县黄宅镇渠南、渠北和三友村之间的小山谷发现了一种新型考古学文化——上山文化。作为世界农业文明最早起源地之一的上山遗址,是迄今已经发现的、保存丰富栽培稻遗存的、年代最早的新石器时代遗址,比河姆渡遗址早 3000 年,比跨湖桥遗址早 2000 年。上山遗址第三至七文化层发现了一百多个圆石球、不规则扁方长体的石磨棒、形体较大的石磨盘和外形单调的大口盘、侈口釜、直口罐等厚胎夹炭红陶器;夹炭陶片表面发现了较多的稻壳印痕,胎土中夹杂着大量的稻壳;另外,发现了结构比较完整的木构建筑遗址,有规整的圆形和正方形灰坑、干栏式房基以及沟槽形式的房基建筑遗迹,遗迹的第三层下发现的 1 号房址,还具有明确的结构单元,总长 14 米,总宽约 6 米,西北—东南向,柱洞分三列,基本平行分布,每列间的柱洞一一对应,这种类型的建筑布局与河姆渡遗址的干栏建筑有相似之处,2 号房址发现在第七层下,初步确定为基槽式房址。以上组合性砸器、刮削器、尖状器、小石器和石核石器等打磨石器及陶器的出土及发现结构比较完整的木构建筑基址,充分反映了浙中地区在新石器时代早期的生产、生活模式。

据有关专家考证,5000 年前黄帝曾到浙中地区的永康石城山炼铜铸鼎,并游历浙江的金华山、仙华山、仙都山等地。晋代郭璞注释的《山海经·海内南经》说:"三天子鄣山……张氏《土地记》曰:东阳永康县南四里有石城山,上有小石城,云:'黄帝曾游此,即三天子都也'。"清康熙《金华府志》、《古今图书集成》,清乾隆《钦定四库全书》收集的南朝陈虞荔所著《鼎录》以及清光绪《永康县志》等都录有石城山的山貌和黄帝采铜山之铜在石城山铸鼎的故事。现在,永康石城山上尚有铸鼎的遗迹——石鼎炉;山内腹地的"千户人家十八井"相传为氏族公社时代的部落聚居地,已发掘出古井一口,并留有一条被当地人称为"帝道"的古山道。

2000 年秋,考古人员在浦江县黄宅镇渠南村塘山背发现了一个距今约 4500 年的氏族公共墓地,清理出古墓 44 座,出土了近 200 件鼎、豆、罐、釜、瓯、壶等随葬器物。这表明上山的先民们已经过着较为稳定的定居生活,生产力水平有了较大提高,并形成了一定规模的聚落。

夏商周时代,浙中地区社会经济缓慢发展,并开始受到中原经济文化的影响,但与同时期的中原地区相比较,其经济社会发展水平相对要落后一些。根据文献记载和近年来的考古资料,可以大致推断浙中地区东北部(东阳江以北与会稽山以南区域)是古越国早期的重要活动区域,甚至很可能是区域性的政治、经济、文化中心。[①]

春秋战国时期,浙中地区在与吴、楚的交流和碰撞中继续发展,青铜器、玉器和原始青瓷制作技术较为发达,尤其是原始青瓷的制作技术,处于同期全国的领先水平。如 2003 年义乌市江东

---

① 据《越绝记》云:"无余都,会稽山南故越城是也。"宋《舆地纪胜·绍兴府》注"勾乘山"条:"在诸暨南五十里,旧经云,勾践所都也。"另外,近年来,在义乌市江东街道和东阳巍山镇、歌山镇和六石镇等地发现了近百处商周大型墓葬。

街道狗尾巴山古墓里发掘的两个原始青瓷碗在地底下沉睡了近3000年,还保持原有的光泽度。

汉唐两宋时期,原有越族居民流散和北人不断迁入,大大改变了浙中地区社会发展格局。一方面,南徙的北方移民多以宗族、籍贯相聚而居,奠定了浙中地区单姓乡村聚落为主的基础;另一方面,北方大量移民迁入,带来了较高素质的劳动力、先进的生产工具和生产技术、先进的文化,促进了浙中地区大规模的社会开发和经济发展。

元明清时期,浙中地区社会经济快速发展,农业、手工业、商业、建筑业等都有突出的成就,成为经济社会发展水平相对较好的区域,婺瓷、金华火腿、金华酒、婺罗、东阳木雕和乡村建筑等独具地方特色,并形成一定的规模。[①] 明清之际,许多徽商沿新安江顺流而下,在兰溪、金华一带定居,带动了当地商业的繁荣、手工业的发展以及人口的增长。营造奢华的建筑来显示村落宗族和家族的兴盛,在当时已蔚然成风。村落建筑功能由简单的实用居住向实用与审美相结合转变,木雕、砖雕、石雕工艺等开始普遍地应用于建筑之中,建筑营造耗工极大。

新中国成立以后近 30 年,金华的发展一直定位为浙江的第一粮仓和菜园。长期深受洪涝旱台灾害之苦的金华人民,从兴建小型水库、电站入手,兴建了湖海塘、金兰、安地、横锦、南江等一大批水利工程,为农业发展、农村稳定以及国民经济和社会事业的发展奠定了坚实的基础。改革开放后,金华各地乡镇企业快速发展,工业化浪潮席卷许多乡村。义乌的小商品、永康的五金、东阳的建筑等名扬海内外。"十一五"期间,金华实施"工业强市"战略,着力构建金义、义东浦磐、金兰、永武东四大产业带,重点培育

---

① 宋室南迁后,金华被称为陪都,浙中的地位大大提升,大量北方人因战乱南迁后客居浙中地区,该地的发展环境明显改善,水利设施建设尤其突出,仅洪边知婺州期间,就修造了公私塘堰及湖泊 837 所。

以"一基地(即浙中汽车产业基地)、两中心(即中国小商品制造中心和中国五金机械制造中心)和五大产业区"为主体的八大优势产业集群,全力推进城乡统筹发展。

五、浙中地区的文化与风俗

浙中地区物华天宝,人杰地灵,钟灵毓秀,文化璀璨,名胜古迹众多,自古以来被誉为"江南邹鲁,仙游圣地"。区域内民风淳朴,倡文好学,崇文重教的社会风气浓厚,文脉悠长,历来为文化礼仪之邦。历史上讲学群起,书院迭兴,宋元时期的金华学派与永康学派名播四海。文坛巨匠、丹青大师、爱国志士、民族英雄、专家学者等名人辈出,如"初唐四杰"之一的骆宾王,"诗名画皆奇绝"的五代诗僧和书画家贯休,宋代抗金名将宗泽,南宋"浙东学派"代表人物吕祖谦、陈亮、唐仲友,"北山四先生"何基、王柏、金履祥、许谦,金元四大名医之一的朱丹溪,明朝"开国文臣之首"的宋濂,清代戏曲家、戏曲理论家李渔,近现代则有国画大师黄宾虹,一代报人邵飘萍,史学家吴晗,诗人潘漠华、艾青及作曲家施光南,文学批评家冯雪峰,杰出科学家严济慈、蔡希陶等,他们的事迹彪炳史册,光照千秋。

木雕牛腿　　　　　　　　　　金华佛手

浙中地区有金华火腿、东阳木雕、义乌南枣、婺州窑瓷、金丝蜜枣、金华佛手、宣平莲子等传统名优特产,有的甚至曾被列为贡品。山川秀丽奇绝，"洞中有洞洞中泉，欲觅泉源卧小船"的双龙洞、"浙中第一山"的永康方岩、拥有千米地下长河的兰溪六洞山、古称"天地间秀绝之区"的浦江仙华山、"山秀水幽石奇"的武义龙潭——郭洞、以"峭壁阴崖、飞瀑流泉"著称的东阳三都——屏岩、陶渊明雅爱隐居的金华南山九峰桃源以及八面山等或为山奇，或为水秀，可谓各擅胜场、蜚声在外。太平天国侍王府、宋代名刹天宁寺、八咏楼、诸葛亮后裔聚居地兰溪诸葛八卦村、凝聚刘伯温象纬智慧的武义俞源太极星象村、五峰书院等胜迹令游客流连忘返。

古婺风情多姿多彩，斗牛、板凳龙灯、道情、浦江抬阁、永康十八蝴蝶、磐安龙虎大旗等民俗风情各具特色，引人入胜。金华斗牛之风，习而成俗，相传始于北宋明道年间，现属金华市的义乌、浦江、兰溪、武义、永康等县市都有，尤以金华最为普遍。金华斗牛与西班牙斗牛不一样，是黄牛与黄牛相斗，整个过程充满着和谐欢乐，富有人情味，可谓"文明斗牛"。一般选择一丘广阔平坦而四周环有浅山的水田作为斗牛场地。斗牛开始，一对斗牛由牛亲家牵引，从对角的两座旌门缓步入场，低头翘尾，驼峰突起，红眼圆睁，只听裁判员一声令下，两牛就突奔过去斗起来，使用"架、挂、撞、抽、顶、落头"等战术，死命角架，互不相让。斗牛场面变幻莫测、惊险奇绝，常常吸引周边几十里的乡亲赶往观看。

迎板凳龙灯在金华民间也非常普遍。每年元宵前后，这项独具特色的民间艺术娱乐活动达到高潮，人们通过它以示驱邪除瘟、去灾祈福。板凳龙由龙头、龙身、龙尾和宫殿组成。龙头（俗称灯头）约长两米，用香樟树木雕刻而成，翘首曲身，含珠舞爪；龙头后面是一座木雕精细的翘角飞檐小宫殿；龙尾约长一米，与龙身分开，雕工精细、朱漆描金、神态活现。迎龙灯时，灯头红绸绣幕披挂于身，四周围绕琉璃，悬挂彩球，内点蜡烛。龙头、宫殿与龙尾之间，由一节节板凳龙串连而成，整条板凳龙状如江上长桥，长几百至上千米不等。桥灯木板每板长两米左右，由木楔、圆孔与相邻灯板相连,板上设有灯架,每桥灯板中段间距一米左右安装两盏灯笼。灯笼的中间统一插上一根小蜡烛,灯笼罩有四角灯、六角灯、八角灯、花篮灯、花钵灯、西瓜灯、铜锤灯等样式。迎灯一般会进行拉灯或盘灯表演,拉灯只能在较长的直道上表演,盘灯则需要在较大而空旷的场地上进行,可盘成凤凰展翅、剪刀绞、大圆盘、五梅花等形状。

第二节　浙中传统宗祠的产生

根据现有资料记载,浙中地区的宗祠建筑最早出现在唐朝贞观年间。宋代,浙中地区有一些村落的宗族开始营造祠堂,但还不广泛,宗祠建筑也较简单。

一、南宋以前的祭祀场所

作为祭祀祖先的场所,民间的宗祠与天子的宗庙等都是祖先崇拜的产物,对维护以家族为中心的宗法制度具有重要的作用。因此,历代统治者都非常重视宗庙祭祀,极力维护宗庙制度。

殷商时期,同姓者有共同的"宗庙",同宗者有共同的"祖庙",同族者有共同的"祢庙"。[1] 西周宗法制度建立后,宗庙制度逐步完善。《礼记·王制》记载:

> 天子七庙,三昭三穆,与太祖之庙而七。诸侯五庙,二昭二穆,与太祖之庙而五。大夫三庙,一昭一穆,与太祖之庙而三。士一庙,庶人祭于寝。
>
> 天子诸侯宗庙之祭,春日礿,夏日禘,秋日尝,冬日烝。天子祭天地,诸侯祭社稷,大夫祭五祀。天子祭天下名山大

---

① 刘黎明.祠堂·灵牌·家谱:中国传统血缘亲族习俗[M].成都:四川人民出版社,1993:3.

川：五岳视三公，四渎视诸侯。诸侯祭名山大川之在其地者。天子诸侯祭因国之在其地而无主后者。

天子社稷皆大牢，诸侯社稷皆少牢。大夫士宗庙之祭，有田则祭，无田则荐。庶人春荐韭，夏荐麦，秋荐黍，冬荐稻。韭以卵，麦以鱼，黍以豚，稻以雁。祭天地之牛角茧栗，宗庙之牛角握，宾客之牛角尺。诸侯无故不杀牛，大夫无故不杀羊，士无故不杀犬豕，庶人无故不食珍。庶羞不逾牲，燕衣不逾祭服，寝不逾庙。

显然，在先秦时期，按照《礼记》要求，不同阶层祭祀祖先的场所和方式都有很大差异。其中，庶人只能祭于寝。"凡家屋有前堂（前厅）、后室（内堂）两重者，以后室东一间藏先世神主其中，名曰家堂（影堂）；即无两重者，只以前堂栋北架柱间，立壁以分其半而藏神主于后半之西壁东向，置一庋阁以安之，其名同前。"①祭祀也比较简单，"春荐韭，夏荐麦，秋荐黍，冬荐稻"。

民间的祠堂至迟在汉代开始出现。汉代的祠堂主要建于墓前，多为石质，所以通常称为"墓祠"或"石祠"。《汉书·张禹传》记载："禹年老，自治冢茔，起祠室。"北宋司马光《文潞公家庙碑》："汉世多建祠堂于墓所。"②山东长清县孝堂山郭氏墓祠是目前已知中国保存完整的最早民间祠堂实物，大约建于公元1世纪前后，石祠室内面阔3.8米，进深2.08米，石柱高0.86米，石柱与后墙之间有一根三角形石梁。③

魏晋至唐宋期间，民间祠堂发展仍然相当缓慢，也没有相对固定的建筑风格。但唐代已有完善的家庙制度。朝廷分别于开

① 毛奇龄.经部，礼类，杂礼书之属，辨定祭礼通俗谱，卷一.

② （元）马端临.宗庙考[CD]// 马端临.文献通考：第104卷.上海：上海人民出版社，1999.

③ 刘黎明.祠堂·灵牌·家谱：中国传统血缘亲族习俗[M].成都：四川人民出版社，1993：21.

元七年(719)、十二年(722)对原来的家庙制度作了修改,开元二十年(732)颁布"开元礼",规定:"凡文武官二品以上,祠四庙;五品以上,祠三庙;……六品以下达于庶人,祭祖祢于寝。"(《大唐开元礼》卷三《序列下》)唐代后期进一步放宽官员立庙的标准。政府鼓励官僚士大夫建立祠堂,然而,当时建造祠庙的事例很少,《唐会要》中记载:贞观六年,侍中王珪立庙于永乐坊东北角,后移于唐安寺西;贞元十三年,敕赠太傅马燧祔庙;元和二年六月,淄青节度使李师道立私庙;七年十一月,太子少傅判太常卿事郑余庆建立私庙;宝历二年七月,前同州朝邑县尉韩约立先祖庙三室;大中五年四月,武昌军节度使检校户部尚书韦损奏请合立私庙;会昌五年二月一日敕旨,百官并不得京城内置庙;天佑三年十月,两浙节度使钱镠,请于本镇立三代私庙。[①]

司马光所作的《文潞公先庙碑记》,比较详细地描述了北宋以前中国祠堂缓慢发展的情况:

> 先王之制,自天子至于官师皆有庙。君子将营宫室,宗庙为先,居室为后。及秦,非笑圣人,荡灭典礼,务尊君卑臣,于是天子之外无敢营宗庙者。汉世,公卿贵人多建祠堂于墓,所在都邑则鲜焉。魏、晋以降,渐复庙制。其后遂著于令,以官品为所祀世数之差。唐侍中王珪不立私庙,为执法所纠,太宗命有司为之营构以耻之,是以唐世贵臣皆有庙。及五代荡析,士民求生有所未遑,礼颓教侈,庙制遂绝。宋兴,夷乱苏疲,久而未讲。仁宗皇帝闵群臣贵极公相祫食于寝,侪于庶人。庆历元年,因郊祀敕,听文武官依旧式立家庙。令虽下,有司莫之举,士大夫亦以耳目久不际,往往不知庙之可设于家也。皇佑二年,天子宗祀礼成,平章事宋公奏言,请下礼官儒臣议定制度。于是翰林承旨而下共奏请:"平

①　王　溥.百官家庙[CD]//王溥.唐会要:第19卷.上海:上海人民出版社,1999.

章事以上立四庙,东宫少保以上三庙,其余器服仪范俟更参酌以闻。"是岁十二月,诏如其请。既而在职者违慢相仗,迄今庙制卒不立,公卿亦安故习,常得诿以为辞,无肯唱众为之者,独平章事文公首奏乞立庙河南。明年七月有诏可之,然尚未知筑构之式,靡所循依。至和初,西镇长安,访唐朝之存者,得杜岐公遗迹,止余一堂四室及旁两翼。嘉祐元年,始仿而营之,三年增置前两庑及门东庑,以藏祭器,西庑以藏家谱,斋坊在中门之右,省牲、展馔、视涤濯在中门之左,庖厨在其东南,其外门再重,西折而南出。四年秋,庙成,公以入辅出藩未尝逾时,安处于洛。元丰三年秋,留守西都,始衅庙而祀焉。①

北宋时期,政府曾努力恢复家庙制度,但始终未能建立起符合实际的庙制。有关家庙的记载也很少。宋代洪迈《夷坚》甲志卷12《向氏家庙》记载,北宋徽宗年间,钦圣宪肃皇后侄向子謇的妻子周氏"尽孝家庙,行定省如事生,未尝一日废。政和间,随夫居开封里第,得疾……但默祷家庙求祐。数日后因服药大吐,始能进粥且肉食。既有间,梦仙官乘羽盖车,冉冉从空下,仪从甚盛。……周涣然寤,即履地复常,后享寿七十,仙官盖家庙神灵也"。据常建华统计,南宋时大臣被皇帝恩准建立家庙并购祭器者共计13人。②

两宋时期,社会变迁与家族消长速度加快,早期的宗庙制度已经不能适应社会发展。正如毛奇龄所说:"今则贵不长贵,贱不长贱,父贱而子贵则子立庙,子贵而孙贱则孙又毁庙,即一人而朝进其官则朝立庙,夕褫其爵则夕又毁庙,不转瞬间而骤立骤毁,岂可为制。是以汉唐以来俱无建庙之文,即南渡绍兴嘉泰诸年,每为秦太

---

① (元)马端临.宗庙考[CD]// 马端临.文献通考:第104卷.上海:上海人民出版社,1999.

② 常建华.中华文化通志·宗族志[M].上海:上海人民出版社,1998:86.

师韩平原郡王屡请立庙而制终未定，于是朱文公熹创为家礼一书，间取文潞公司马温公祠堂之制以为祭典，谓庙不可得则姑以祠堂代之，而不知祠堂似庙而实非庙，庙只一主而祠堂无限主，庙必有名（如祖庙、祢庙类）而祠堂无可名，其中所祭之主与主祭之人俱周章无理，即揆之于今准之于古而百不一当。"①宋仁宗时代，社会上已有兴建祭祖宗祠的事例。天圣六年（1028）官员任中师建"家祠堂"，庆历元年（1041）文人石介见"祭堂"。这两个家祭性质的祠堂既模仿前代家庙制度，又因碍于礼制而区别于家庙。②

朱熹（1130－1200）撰《家礼》，把《祠堂》置于首篇。朱熹说："今以报本反始之心、尊祖敬宗之意实有家名分之首，所以开业传世之本也。故特著此冠于篇端，使览者知所以先立乎其大者，而凡后篇所以周旋升降出入向背之曲折，亦有所据以考焉。然古之庙制不见于经，且今士庶人之贱亦有所不得为者。故特以祠堂名之，而其制度亦多用俗礼云。"③朱熹在《家礼》里，对祠堂进行了制度化设计，对祠堂的位置、神主的摆放、祭田、祭器、晨谒、参告、献时食等作了具体的规定，并把冠礼、婚礼等的一些活动纳入祠堂，试图确立祠堂在宗族中的中心地位。

此外，唐宋时期，开始出现一些以某个先贤人物为祭祀对象的先贤祠，如成都武侯祠（为纪念三国时期蜀汉丞相诸葛亮，始建年代无资料可详考，但从诗人杜甫的"丞相祠堂何处寻，锦官城外柏森森"的诗句推断，祠堂在唐代就建成了）、严先生祠堂（北宋范仲淹任睦州太守时，建造祠堂祭祀严子陵）、山谷祠（为纪念北宋诗人、书法家黄庭坚，建于宋代）和王通直祠④等。宋代浙中地区

---

① 毛奇龄撰.经部，礼类，杂礼书之属，辨定祭礼通俗谱，卷一.

② 常建华.中华文化通志·宗族志[M].上海：上海人民出版社，1998：39.

③ 朱子.家礼[M].文渊阁四库全书本，经部.

④ 宋代洪迈《夷坚乙志卷第三十四事》记载：福州人王纯，字良肱，以通直郎知建州崇安县。方治事，食炊饼未终，急还家，即仆地死。……邑中令为之立庙，曰王通直祠。

的部分先贤祠见下表。

表1-1　宋代浙中地区部分先贤祠一览表

祠　名	地　点	建造时间	建造者	备　注
三苏祠	金华县东景苏坊内	宋建炎二年		颖滨长子迟以右朝议大夫来知婺州，为民奏减罗额，父老德之，为立生祠并祀老泉东坡颖滨三先生。
郑忠愍公祠	金华县东北三十里			祀宋资政殿学士郑刚中。
吕成公祠	府治西光孝观内	宋端平年间		
兴孝祠	东阳县县西	宋端平二年	知县林嘉会	祀孝子斯敦许孜。
二孝子祠	东阳县西南三十步	宋政和二年	知县张述	祀斯敦许孜。
李正节侯祠	东阳县西			祀宋蕲州刺史李诚之。
孝冯祠	义乌县南四十里			唐冯子华孝亲庐墓，有灵芝白鹿之祥，朝廷表其门号孝冯立祠祀之。
二贤祠	浦江县	宋绍定年间	知县李知退	祀梅节愍吕成公李石。

资料来源：据《浙江通志》卷223《祠祀》编制。

二、唐宋时期浙中宗祠的出现

浙中地区目前已知最早的宗祠建筑是建于唐朝的义乌佛堂的贾大宗祠。①据《洋川贾氏宗谱》记载，洋川贾氏第九世谅，字邦

---

①　唐朝时期，浙中地区属婺州，下辖金华、义乌、永康、东阳、兰溪、武义、浦阳七个县，境内开始出现一些较大或比较有地位的家族。

信,唐贞观乙未年(635)进士,官御史,丙午年(646)回义乌佛堂镇梅林村探亲、祭祖时,建贾大宗祠于双林寺大殿右角,并在好友骆宾王协助下,首纂成义乌《洋川贾氏宗谱》。自此,定每年正月十八祖公县颖生日,洋川贾氏合族到双林寺内的贾大宗祠,祭祖拜佛,习惯成俗,称之为"洋川贾氏正月十八大会(庙会)"。作为唐朝进士的贾谅,在家乡著名的双林寺①大殿右角修建贾大宗祠,一方面不需要花费巨资和土地,利用双林寺的场所,既为家族准备了一个合族祭祖的场所,又迎合了政府鼓励官僚士大夫建立祠堂的政策,另一方面还可以借助双林寺的名声达到光宗耀祖的目的。当然严格而论,这还不是真正意义上的宗祠,主要还是一个祭祀的场所,而且没有独立的建筑。另外,据村民说,义乌廿三里镇李塘村的李大宗祠也始建于唐朝,然而该祠在"文化大革命"时期被毁坏,已无从考证。

后唐太尉鲍君福于清泰元年(935)阵亡乌伤,"唐主两嘉其忠,二年敕谴官员具葬乌伤西三十里蓬塘之原,谥忠庄侯,加封泰山郡公,建祠于墓侧,命有司春秋祀之。此鲍氏之祠之所由始,而亦鲍氏徙居义亭之所由始也。至宋仁宗朝,节度使公讳瀚,太尉九世孙也。复从而辑之庙宇,焕然遂甲于一乡,而太尉以下皆祔

---

① 双林寺又称宝林禅寺,位于义乌市佛堂镇东十里许、梅林村南约十里的云黄山下。据记载双林寺建于南梁,比天台国清寺还早56年,由高僧傅大士(497—569)开创,梁武帝赐名叫双林寺。历经15个世纪,以规模宏大、高僧辈出而名扬中外。北宋时有僧舍一千二百余间,僧尼两千余人,被誉为"震旦国中,庄严第一",又有"天下第三,江浙第一"的美称,是江南的佛国胜地。一千多年来,双林寺屡毁屡建。1958年,人民公社大修水利,双林寺被彻底拆毁,一代禅林被沉到了双林水库的水底。1997年,一座比杭州灵隐寺大雄宝殿还高1.6米的双林寺大雄宝殿屹立在云黄山麓。恢宏的建筑、庄严的殿堂、生动的佛像,又重现了双林寺昔日的神韵。

焉。逮南宋长兴年间,元兵入婺而祠在通衢,竟毁于兵"。① 四百余年后的大清康熙甲午年,在太尉墓西三里许铜山之南义亭之北重新建成鲍氏大宗祠。

宋代江浙地区信崇佛教的风气十分盛行。史称:"吴越旧俗,敬事鬼神。后千百年,争崇浮屠老子学,栋甍遍郡县。"②南宋人洪迈在《夷坚志》中有很多这方面的记载。如"饶州民郭端友,精意事佛,绍兴乙亥之冬,募众纸笔缘。自出力以清旦净念书《华严经》,期满六部乃止。癸未之夏五,染时疾,忽两目失光,翳膜障蔽,医巫救疗皆无功。自念惟佛力可救,次年四月晦,誓心一日三时礼拜观音,愿于梦中赐药或方书"。③"会稽士人范之纲居于城中,壮岁下世。有两子,能谨畏治生,日给以足,其母早夜焚香,敬祷天地百神,且诵经五十过,凡十余年,未尝少辍"。④ 临安城的王良佐"初为细民,负担贩油,后家到小康,启肆于门,称王五郎,夫妇好奉释氏,斋施无虚日"。⑤

同时,江浙地区敬事鬼神的风气也极为流行。洪迈说:"江浙之俗信巫鬼,相传人死则其魄复还,以其日测之,某日当至,则尽室出避于外,名为避煞。命壮仆或僧守其庐,布灰于地,明日视其迹,云受生为人为异物矣。"⑥

随着宗教活动与敬神之风的盛行,江浙地区出现了寺院、道观和祠庙并存的现象(见表1-2)。

---

① (清)鲍书田等.义乌龙溪鲍氏宗谱·清道光二十九年木活字本.

② 祝穆.浙西路·平江府[M].祝穆编,祝洙补订.宋本方舆胜览:第2卷.上海:古籍出版社,1986.

③ (宋)洪迈.郭端友[M].洪迈.夷坚丙志:第13卷.北京:中华书局,1981.

④ (宋)洪迈.范之纲妻[M].洪迈.夷坚支志丁:第2卷.北京:中华书局,1981.

⑤ (宋)洪迈.宝叔塔影[M].洪迈.夷坚支癸:第3卷.北京:中华书局,1981.

⑥ (宋)洪迈.韩氏放鬼[M].洪迈.夷坚志:第19卷.北京:中华书局,1981.

表1-2 宋代江浙部分城市寺观祠庙统计

城 市	时 间	寺院庵	道观	祠庙	备 注
临安府	咸淳年间	500余	39	88	《咸淳临安志》卷71—82
嘉兴府	南宋时期	10	8	14	《至元嘉禾志》卷10、12
湖州府	嘉泰年间	20	5	12	《嘉泰吴兴志》卷6、13
严州府	淳熙年间	10	不详	6	《淳熙严州图经》卷1、3
绍兴府	嘉泰年间	27	4	14	《嘉泰会稽志》卷6、7
台州府	嘉定年间	23	2	17	《嘉定赤城志》卷27、卷30—31

资料来源:陈国灿的《宋代江南城市研究》,中华书局2002年版,第248页。

根据家谱等资料记载,浙中地区至少有四十多座祠堂在这一时期开始建造,其中金华市和浦江县较多,各有11座,其次是兰溪市,有6座(详见表1-3)。这些祠堂后来经过续建、扩建、改建,成为当地较有影响的宗祠。

表1-3 宋代浙中地区部分宗祠一览表

时 间	宗祠名称	地 点
宋	郑氏宗祠	婺城区乾西乡坛里郑
宋	黄氏宗祠	婺城区乾西乡马淤
南宋绍兴年间	倪氏宗祠	婺城区苏孟乡石门村
宋	倪氏宗厅	婺城区长山乡东屏村
宋朝	杨氏宗祠	金东区多湖街道杨宅
南宋	施氏宗祠	金东区源东乡山下施村
宋代	黄氏宗祠	金东区塘镇镇楼下徐村
宋朝	方氏宗祠	金东区赤松镇桥里方村
宋朝	邢氏宗祠	金东区赤松镇山口村
宋朝	叶氏宗祠	金东区赤松镇山口村
南宋	章氏宗祠	金东区岭下镇下章

时 间	宗祠名称	地 点
南宋淳熙十四年	蒋氏宗祠	兰溪市诸葛镇上蒋村
宋代	陈氏宗祠	兰溪市云山街道陈家井村
南宋	徐氏宗祠	兰溪市永昌街道孟湖村
宋绍兴年间	方氏宗祠	兰溪市永昌街道下方村
宋朝	童氏宗祠	兰溪市女埠街道虹霓山村
宋朝	范氏宗祠	兰溪市黄店镇龙门村
南宋	于氏宗祠	浦江县浦南街道前于村
宋绍兴二十六年	徐氏宗祠	浦江县白马镇嵩溪村
宋代	王氏宗祠	浦江县郑宅镇前店村
宋代	徐氏宗祠	浦江县黄宅镇徐司村
宋代	叶氏宗祠	浦江县黄宅镇达塘村
1190—1194	黄氏宗祠	黄宅镇上宅村
宋代	蒋氏祠堂	浦江县黄宅镇蒋才文村
南宋	蒋氏祠堂	浦江县黄宅镇蒋宅村
宋	叶氏宗祠	浦江县岩头镇后叶村
宋	陈氏宗祠	浦江县檀溪镇寺前村
宋	周氏宗祠	浦江县中余乡周宅村
南宋	张氏宗祠	浦江县浦阳镇
宋宁宗嘉定年间	吴氏宗祠	义乌市义亭镇白塘村
南宋	延陵宗祠	义乌市稠江街道殿口商村
南宋	孝冯宗祠	义乌市赤岸镇赤岸村
宋	南岑吴大宗祠	东阳市吴宁街道大寺下
北宋	何氏宗祠	东阳市巍山镇桓松村
宋宝祐年间	孔氏家庙	磐安县盘峰乡榉溪村
宋朝	曹氏宗祠	磐安县冷水镇白岩村
南宋诏定五年	张氏宗祠	磐安县尖山镇楼下宅村

时　间	宗祠名称	地　点
宋朝	傅氏宗祠	磐安县双溪乡金鹅村
宋乾道元年	周氏宗祠	磐安县窈川乡依山下村
宋代乾道三年	应氏宗祠	永康市西城街道应宅村
宋代	安国公祠	永康市方岩镇岩后村
宋庆元六年	惟山公祠	永康市唐先镇里岭脚村
宋	颜氏宗祠	俞源乡俞源村

资料来源：笔者根据实地和资料调查统计。

金东区赤松镇山口村邢氏宗祠

兰溪市云山街道陈家井村陈氏家庙

兰溪市女埠街道虹霓山村童氏宗祠

第三节　浙中传统宗祠的发展

一、元代浙中宗祠的继续发展

　　蒙古贵族建立元朝后,在赵复、许衡、吴澄等人的努力下,程朱理学重新取得了理学史上的统治地位,成为元代的正统思想。元仁宗延祐二年(1315)会试进士于京师,以朱熹《四书集注》取士。从此以后,元代设科取士,非朱子之说者不用,并将其定为国是,使学者尊信,无敢疑贰。朱子学逐渐成为居统治地位的官方哲学。浙中地区有著名的北山四先生何基、王柏、金履祥和许谦。他们传朱熹大弟子黄幹之学,是当时著名的理学家。

　　元代,宗族的政治地位明显降低,但社会作用反而增强。汉族士大夫由于仕途不畅,把较多的精力投入宗族建设,而元朝轻徭薄赋和不抑兼并的土地赋税政策,使得他们的经济实力大增,为其宗族活动提供了经济条件。许多宗族有经济力量资助族人,开办宗族义塾,教育族人。如永康人吕文燧及其祖父设立义田,供给族人伙食,兴办义塾,教育族中子弟。有些宗族还被官府表彰为义门。浙中地区影响最大的就是浦江县郑宅镇郑宅村的郑氏家族。1311年,郑氏家族被朝廷旌表为"孝义门",1335年,再次被旌表为"孝义郑氏之门"。这些宗族在加强宗族建设的过程中,以朱熹的设计为蓝本,在正寝之东建祠堂,祭祀高、曾、祖、弥四世神主。如金华县东行45里苓唐(即现在金东区曹宅镇潘村)的张氏,其先祖张隆于南宋建炎年间自睦州而来落籍金华,生有三子,此后形成三个大族。元末至正二十五年(1365),府君之六世孙张荣等族人根据朱熹《家礼》的规定,建先祠,置祭田,"中奉府君,原其初迁也,旁以三子侑食,三族之所宗也,而又益之以制属君。府君之流光,及是始振,示不敢忘。……若夫朝夕汛启闭之职,择谨愿者为之主守。祭田若干亩,则俾三族之嗣人轮掌其租入,以供孝祀燕私之事"。宋濂为之作《金华张氏先祠记》。[1]

元代没有大臣建立家庙的正式制度,政府对家庙既不提倡也不限制。虽然,儒家礼书经典祭祖庙制的论述仍然是千古不变的金科玉律,但元代士大夫从礼制起源探寻理由,用礼以义起、礼以情起解释,开始在宗祠建设中突破"礼"的限制。同时,在现实中,当家族组织进一步扩大以后,原来建于正寝之东的祠堂,使人产生过于局促的感觉,无法容纳更多的族众,不能满足处理宗族事务的要求。因此,扩大祠堂的规模或在居家之外择地建造更大的宗祠,成为家族的迫切需要。如福建的叶兴祖"慨念先祠旧在所居之东偏,规制浅陋,无以展其孝思,乃即中堂分为龛室者四,以奉息庵而下神主;傍亲之无后者,以其班祔"。浦江县郑宅镇郑宅村郑氏家族在与居室相连的地方建造郑氏宗祠,而义乌市赤岸镇的朱氏家族则在朱丹溪故居建立朱氏宗祠。此外,浙中地区还出现了一种特殊的宗祠——义祠。义乌和溪的王垫招赘到梅溪竹山里的楼约家,生了两个儿子都夭折了,就留次女莹于左右,赘婿后生一子野仙。王垫在征得王楼二宗耆老成人同意后,将父母"捐嫁资所营"的房屋改为义祠,祭祀父母姑舅及野仙的先祖等。[2]

总体而言,元代民间的宗族祠堂发展较快,已经形成系统的祭祀远祖和近祖的祭祖制度。浙江、安徽、江西和福建等省区,开始出现大宗祠。如浙中地区金东区曹宅镇潘村的张氏大宗祠、兰溪市兰江街道上戴村的大宗祠、浦江县郑宅镇郑宅村郑氏宗祠等。然而,这一时期浙中地区的宗祠建造事件并不多,仅11例(见表1-4),与两宋时期的四十余例相距甚远。这可能与两宋时期浙中地区的主要宗族已经建立宗祠,而在元代新兴的家族不多有关。当然,毫无疑问,元代是浙中地区宗祠发展进程的一个重

---

① 罗月霞主编.宋濂全集[M].杭州:浙江古籍出版社,1999:534.
② 罗月霞主编.宋濂全集[M].杭州:浙江古籍出版社,1999:1278.

要时期。各个宗族比较全面地实践了朱熹祠堂之制,形成了较为完备的祭祀礼仪,加强了对宗祠的管理,体现了收宗敬族的效果,为明代宗祠的全面发展奠定了基础。

表 1-4　元代浙中地区部分宗祠一览表

时　间	宗祠名称	地　点	备　注
元　代	高氏宗祠	婺城区新狮乡高村	《高氏宗谱》,在筹办重修。
元　初	张氏宗祠	婺城区乾西乡石宅畈	已毁。
元　代	李氏宗祠	婺城区乾西乡李家	废弃。
元 1338 年	叶氏宗祠	金东区孝顺镇东上叶村	1980 年改建礼堂。
元 1365 年	张氏大宗祠	金东区曹宅镇潘村	2007 年重建了四进,前进及牌坊筹建中。
元延祐年间	戴氏宗祠	兰溪市兰江街道上戴村	至明嘉靖年间历时两百余年始建成,现在上戴校舍。
元　末	滕氏宗祠	兰溪市马涧镇大塘村	明万历年间扩建了门楼和中庭享堂。清雍正十三年重修中庭享堂,乾隆六年改为锡类堂,至今保存完好。梁上雕刻着的 100 只形态各异的鸟,寓意百凤朝阳。
元　初	郑氏宗祠	浦江县郑宅镇郑宅村	1997 年列为浙江省文物保护单位,2001 年修建。"浙江省爱国主义教育基地"、浙江省廉政文化教育基地。
元　朝	珠山王氏宗祠	浦江县岩头镇王店村	完好。
元　末	朱氏宗祠	义乌市赤岸镇赤街 68 号	"文革"时期被毁。

时 间	宗祠名称	地 点	备 注
元约 1300 年	施氏宗祠	永康市唐先镇长川村	坐落在永东两县处,一祠跨两县。石柱砖木结构,总间数 22 间,其中边厢 8 间,祠堂中央戏台一个,占地面积 1040 平方米。
元大德年间	苏氏宗祠	武义县柳城镇苏宅村	荒废。

资料来源:笔者根据实地和资料调查统计。

金东区曹宅镇潘村张氏大宗祠

兰溪市马涧镇大塘村滕氏宗祠

二、明代浙中宗祠建造的全面兴起

明代初期，社会上沿袭元代建立宗祠的传统，基本参照朱熹《家礼》中的祠堂之制。同时，朱熹《家礼》中有关祠堂的内容正式列入国家典制，成为明清以后宗祠建造的主要依据。徐一夔等人撰修的《明集礼》（于1370年即洪武三年修成）卷6《吉礼六·宗庙》，比较详细地概述了明代初期祠堂建设和祭祖的情况：

> 先儒朱子约前代之礼，创祠堂之制，为四龛以奉四世之祖，并以四仲月祭之，其冬至、立春、季秋、忌日之祭，则又不与乎四仲月之内，至今士大夫之家遵以为常。凡品官之家立祠堂于正寝之东，为屋三间，外为中门，中门为两阶，皆三级，东曰阼阶，西曰西阶，阶下随地广狭以屋覆之，令可容家众续立。又为遗书衣物祭器库及神厨于东缭，以外垣别为外门，常加扃闭。祠堂之内，以近北一架为四龛，每龛内置桌。高祖居西第一龛，高祖妣次之；曾祖居第二龛，曾祖妣次之；祖居第三龛，祖妣次之；考居第四龛，妣次之。神主皆藏于椟，置于桌上，南向。龛外各垂小帘，帘外设香桌。于堂中置香炉，香合于其上。旁亲之无后者，以其班祔设主椟，皆西向。

> 庶人无祠堂，惟以二代神主置于居室之中间，或以他室奉之，其主式与品官同而无椟。

> 国朝品官庙制未定，权仿朱子祠堂之制，奉高曾祖祢四世之主，亦以四仲之月祭之，又加腊日、忌日之祭，与夫岁时节日荐享。至若庶人得奉其祖父母、父母之祀，已有著令，而其时享以寝之，大概略同于品官焉。[①]

1373年（洪武六年），明朝政府公布家庙制度，定公侯以下家

[①] 徐一夔等.吉礼六·宗庙[CD]//.徐一夔等.明集礼：第6卷.上海：上海人民出版社,1999.

庙礼仪。凡公侯品官,别为祠屋三间于所居之东,以祀高、曾、祖、考,并祔位。祠堂未备,奉主于中堂享祭。二品以上,羊一豕一,五品以上,羊一,以下豕一,皆分四体熟荐。不能具牲者,设馔以享。所用器皿,随官品第,称家有无。前二日,主祭者闻于上,免朝参。凡祭,择四仲吉日,或春、秋分,冬、夏至。前期一日,斋沐更衣,宿外舍。质明,主祭者及妇率预祭者诣祠堂。主祭者捧正祔神主椟,置于盘,令子弟捧至祭所。主祭开椟。捧各祖考神主,主妇开椟,捧各祖妣神主,以序奉安。子弟捧祔主,置东西壁。执事者进馔,读祝者一人,就赞礼,以子弟亲族为之。陈设神位讫,各就位,主祭在东,伯叔诸兄立于其前稍东,诸亲立于其后,主妇在西,母及诸母立于其前稍西,妇女立于后。赞拜,皆再拜。主祭者诣香案前跪,三上香,献酒奠酒,执事酌酒于祔位前。读祝者跪读讫。赞拜,主祭者复位,与主妇皆再拜。再献、终献并如之,惟不读祝。每献,执事者亦献于祔位。礼毕,再拜,焚祝并纸钱于中庭,安神主于椟。[1] 但洪武六年令没有涉及庶人祭祀祖先的规定。

1384年(洪武十七年),明政府采纳行塘县胡秉中的建议,调整官民祭祖制度,将庶人祭祀二代祖先改为三代祖先,进一步放宽了祭祖的身份限制。

1475年(成化十一年),国子监祭酒周洪谟建议整顿祠堂之制,提出品官只立一庙,不许多建或扩建,神主的摆放顺序改"自西而东"为"左昭右穆"。他说:"臣庶祠堂神主,俱自西而东。古无神道尚右之说,惟我太祖庙制,合先王左昭右穆之义。宜令一品至九品,皆立一庙,以高卑广狭为杀。神主则高祖居左,曾祖居右,祖居次左,考居次右。"[2]不久,明政府刊行了典章制度《大明会典》(1497年

---

① (清)张廷玉等.礼六·群臣家庙[M].张廷玉等.明史:第52卷,第28志.北京:中华书局,1976.

② (清)张廷玉等.礼六·群臣家庙[M].张廷玉等.明史:第52卷,第28志.北京:中华书局,1976.

由徐溥奉敕撰，于1509年由李东阳等重校刊行），该书卷88《礼部·祭祀·品官家庙》继承了《大明集礼》祭祖原则，综合《家礼》卷1《通礼·祠堂》的主要内容，成为宗族建设宗祠的重要依据。

1536年（嘉靖十五年），礼部尚书夏言面对"人们建置祠堂及追祭远祖的违制事例既然纷纷出现"的现实，在皇室"九庙告成"的背景下，为了使宗庙祭祖礼制"著为一代全经，以告万世"，请求允许臣民祭其始祖、先祖，确立庙制的定则，将皇帝尊祖敬宗之心、奉先思孝之实推及臣民，以显示皇恩浩荡，从而革新礼制。他在《请定功臣配享及令臣民得祭始祖立家庙疏》的开篇陈述了自己的想法：

> 臣仰惟九庙告成，祀典明备，皇上尊祖敬宗之心，奉先思孝之实，可谓曲尽，而上下二千年间百王所不克行之典，我皇上一旦行兴，搜讲稽订，协于大中，真足以考诸三王而不谬，百世以俟，圣人不惑矣。斯礼也，自当著为一代全经，以告万世，岂臣一时所能扬厉而悉陈之。惟是本朝功臣配享，在太祖、太宗庙各有其人，自仁宗以下，五庙皆无，似为缺典。至于臣民不得祭其始祖、先祖，而庙制亦未有定则，天下之为孝子慈孙者，尚有未尽申之情。臣忝礼官，躬逢圣人在天子之位，又属当庙成，谨上三议，渎尘圣览，傥蒙采择，伏乞播之诏书，施行天下万世，不胜幸甚。

夏言又从礼仪的角度指出冬至祭始祖不同于禘礼，并无僭拟，他建议采纳程颐的主张，在节日祭祀始祖、先祖，同时又禁止百姓建家庙，以防"逾分"。这样既可以实现明世宗"推恩"臣民的意图，使臣民得以同皇室一样祭祀始祖，又不违反礼制，可谓两全其美。以下是夏言该疏中"三议"之一的"乞诏天下臣民冬至日得祭始祖"：

> 臣按宋儒程颐尝修六礼，大略家必有庙，庶人立影堂，庙必有主，月朔必荐新，时祭用仲月，冬至祭始祖，立春祭先祖。至朱熹纂集《家礼》，则以为始祖之祭近于逼上，乃删去之，自是士庶家无复有祭始祖者。臣愚以为愿深于礼学者司马光、

吕公著,皆称其有制礼作乐之具,则夫小记大传之说,不王不禘之议,彼岂有不知哉,而必尔为者意盖有所在也。夫自三代以下,礼教凋衰,风俗蛊弊,士大夫之家、衣冠之族尚忘族遗亲,忽于报本,况四庶乎?程颐为是缘亲而为制,权宜以设教,此所谓事逆而意顺者也。故曰人家能存得此等事,虽幼者可使渐知礼义,此其设礼之本意也。朱熹顾以为僭而去之,亦不及察之过也,且所谓禘者,盖五年一举,其礼最大,此所谓冬至祭始祖云者,乃一年一行,酌不过三物不过鱼黍羊豕,随力所及,特时享常礼焉尔。其礼初不与禘同,以为僭而废之,亦过矣。夫万物本乎天,人本乎族,豺獭莫不知报本,人惟万物之灵也。顾不知所自出,此有意于人纪者,不得不原情而权制也。

　　迩者平台召见,面奏前事,伏蒙圣谕:"人皆有所本之祖,情无不同,此礼当通于上下,惟礼乐名物不可僭拟,是为有嫌,奈何不令人各得报本追远耶。"大哉皇言,至哉皇心,非以父母天下为王道者不及此也。臣因是重有感焉。水木本源之意,恻然而不能自已,伏望皇上括推因心之孝,诏令天下臣民,许如程子所议,冬至祭始祖,立春祭始祖以下高祖以上之先祖,皆设两位于其席,但不许立庙以逾分,庶皇上广锡类之孝,子臣无禘祫之嫌,愚夫愚妇得以尽其报本追远之诚,溯源祖委,亦有以起其敦宗睦祖之宜,其于化民成俗未必无小补云。臣不胜惓惓。

接着,夏言在第三议"乞诏天下臣工建立家庙"中,考察了历代家庙制度与实行情况,指出各代"庙数虽有多寡,而祭皆及四亲则一也"。最后,夏言请求改变唐宋以来家庙祭祖"繁杂破碎多碍而少通"的旧制,诏令大小庶官以一庙五室、一庙四室分别建庙。他说:

　　乞诏令天下,使大小庶官皆得拟而为之,凡唐宋以来一切三庙、二庙、一庙、四世、三世、二世、一世之制,繁杂破碎多碍而少通者，一切除去之，一以五室、四室为率，庶几三代之制、程朱之义通融贯彻，并行不背。所谓不规规于往古之迹，而亦不失先王之意在是矣。惟圣明断而行之幸甚。①

根据常建华先生考证，嘉靖十五年曾经诏令天下臣民可以祭祀始祖。允许天下臣民祭祀始祖诏令使当时社会上存在的祠堂违制祭始祖的情况变为合法，家庙快速向联宗祭祖的大宗祠方向发展。于是嘉靖、万历年间形成大建宗祠祭祀始祖的普遍现象，并影响到明后期。

在《家礼》逐渐普及和士大夫推动的背景下，明代宗祠建设逐渐深入民间。明中叶以后，宗祠建设和祠祭祖先开始成为宗族建设的重要内容。另外，明朝在治理乡村社会的过程中，借助乡约推行教化，宗族则在内部直接推行乡约或依据乡约的理念制定宗族规范（祠规、祠约或族规）、设立宗族管理人员约束族人，发生宗族乡约化的转变，进一步强化了宗祠的普及。

明代，浙中地区社会经济发达，一些姓氏大族已经有人力和财力建造规模较大的宗祠；朱元璋、宋濂、刘伯温等人在浙中地区的广泛活动以及后来的影响更是极大地促进了该地区宗祠的全面发展。明太祖朱元璋亲赐浦江郑氏宗祠为"江南第一家"。据村民介绍，刘伯温（俞源文人俞涞的同窗好友）把武义俞源的村落布局设计为巨型太极图，俞氏宗祠正好位于星斗内。俞氏宗祠建于明代洪武七年，是俞涞的四个儿子所建，当时称"孝思庵"，后来叫做"流水堂"，宰相严讷还特赠送"壬林堂"大匾一块。祠堂三进五开间，前后左右各六大厅、二小厅，占地 3176 平方米，建有雕花古戏台，被誉为"婺处第一祠"、"处州十县第一祠"。现金东区曹宅镇潘村的张氏大宗祠始建于元末，于明朝初建成，规模宏大，五进五开间。据当地村民介绍，朱元璋在建立明朝前到过张氏大宗

① 王圻.宗庙考·大臣家庙[M].王圻.续文献通考：第 115 卷.北京：现代出版社 1991.

祠,还用手臂合围过中进永思堂中间的大柱子。后来,村民在修建时就正中间两根大柱子上雕上了两条龙。据不完全统计,浙中地区在明代已建有二百五十多个宗祠(具体分布见表1-5),其中兰溪最多,有70个。这与当时兰溪交通便利、经济发展较好、宗族组织发达的社会背景密切相关。

表1-5　明代浙中地区宗祠分布情况

县市	婺城	金东	兰溪	浦江	义乌	东阳	磐安	永康	武义	总计
数量	18	23	70	14	30	15	8	15	12	205

资料来源:笔者根据实地和资料调查统计。

三、清代浙中宗祠建造的鼎盛

清代宗族制度在明代的基础上继续发展,是宗族制度更加兴旺的时期。清朝政府实行传统的"以孝治天下"的方针,提倡建家庙,有条件地支持宗族对族人的治理,以期由宗族的团结和睦达到国家的安定、天下的大治。康熙帝颁布"上谕十六条",第一条是"敦孝弟以重人伦",第二条便是"笃宗族以昭雍睦"。当时,永康县"祭礼,士大夫家用四时,民间多用俗节,第如家人常馔者,盖犹古之荐也,近又多会其族人,立始祖祠,因以岁首会拜祠下,谓之合族会"(康熙《永康县志》卷六《风俗》)。雍正帝的《圣谕广训》提出,为了笃宗族要"立家庙以荐蒸尝",明确号召建家庙。成书于乾隆二十四年(1759)的《大清通礼》规定:品官于居室之东建家庙……奉高、曾、祖、祢四世,每年四季择吉祭祀。庶士、庶人于正寝之北为龛,也可以祭祀高、曾、祖、祢四世祖先。另外,士庶之家也可以合族人建立宗祠,允许家庙之礼行于宗祠。①

清代,家族活动比元明时期更为活跃,组织者希望实现"尊祖敬宗收族"的理想,团聚族人,实行自我管理。在聚族而居和家族

---

　① 常建华.中华文化通志·宗族志[M].上海:上海人民出版社,1998:104.

制度发达的地区,家族组织传承元明的祠堂族长制,建设祠堂,作为祭祀祖先和家族议事的场所。规模庞大的家族,下面还有分支,设立分祠、支祠。聚族而居的家族建立祠堂祭祖已是一种普遍的社会现象。福建、江西、湖南、安徽、浙江、湖北、四川等地"皆聚族而居,族皆有祠"。道光年间修纂的《休宁县志》详细罗列了徽州地区 297 个祠堂的名称、地点和建立时间。

相比较而言,浙中地区的宗祠建设更为普遍,绝大部分的宗族到清代都已经建造了宗祠,共有一千多个,平均约五个村庄建有一个宗祠(具体分布见表 1-6)。清光绪年间,"婺郡多聚族而居,皆有宗祠以祀其先祖"[①]。有些宗族在同一个村或邻近的几个村建有二到十几个祠堂。如姜氏宗族在竹马乡姜衙村(现婺城区)建了六个祠堂;俞氏宗族在孝顺镇浦口村(现金东区)建有俞氏祠堂、六分祠堂、前院祠堂等;永康胡氏宗族在古山镇一村建有胡氏祠堂、彦中公祠、志恩祠、虞庵公祠、褒功祠、察常祠堂、朝钦公祠、卿常祠等;永康吕氏宗族则在龙山镇吕南宅等村建造了青山吕氏大宗祠、西房祠堂、吕二祠堂等 25 个祠堂。(详见附录二浙中地区主要宗祠一览表)

表 1-6　清代浙中地区宗祠分布情况

县市	婺城	金东	兰溪	浦江	义乌	东阳	磐安	永康	武义	总计
数量	55	99	153	.94	65	95	50	157	54	822

资料来源:笔者等根据实地和资料调查统计。

由于早期的宗祠建筑主要是砖木结构,经过几十年或近百年的风吹雨打,已开始腐朽破败甚至倒塌;太平天国运动期间,一批宗祠毁于战火。因此,在清代,许多宗族再次动员全族的力量修建或重建宗祠,一些宗族借机在原址或另择地扩建宗祠。

---

① 　陈允字等.沙城陈氏宗谱.民国元年(1912)木活字本.

第四节　浙中传统宗祠的近代变迁

一、民国时期的浙中宗祠

五四运动以后,新思想新文化的传播动摇了中国传统宗族组织赖以存在的基础,持续不断的战争和农民运动以及"民主"、"平等"等观念,更是强烈地冲击了传统的宗法观念,传统宗族逐渐向近现代家族转型。宗族作为革命的对立面遭到无情的批判与打击,大量的宗祠被毁坏或改作公用,宗谱被烧毁,宗族原有秩序难以维持,活动大为减少,甚至祭祖活动也逐渐从简。

虽然农民的家族观念发生了巨大的变化,但是,由于传统的根深蒂固,乡村宗族文化并没有解体,加上宗族组织温情脉脉的庇护是乡村农民生存的重要保障,浙中地区有些宗族组织仍然在继续发展。原来没有宗祠的一些村落还在努力建造属于自己宗族的神圣殿堂。据不完全统计,浙中地区在民国时期大约建造了

浦江县梅石坞土氏家庙

近百个祠堂(具体见附录二浙中地区传统宗祠一览表)。这个时期的浙中宗祠有两个明显的特点:一、宗祠建筑规模不大,用材简单。因为这些宗族一般都是在较小的村落发展起来的,宗族成员不多,另外,民国时期社会动荡、经济相对发展缓慢,组织者很难集聚大量的人力和财力来修建宗祠。二、建筑风格出现了中西合璧的现象。如浦江县梅石坞王氏家庙,内部为传统形式,外观却融合西式做法,门面为欧式钟楼顶,刻有钟盘,钟面数字一边为罗马数字,一边是阿拉伯数字。兰溪梅江镇下祝宅村的祝氏宗祠,门窗配有花草树木、人物鸟兽等雕刻图饰;墙柱属西式风格。

在这一时期,许多有识之士纷纷利用宗祠建立新式学校,从事教育活动。这主要是因为宗祠建筑空间较大,每进都是透空的,面积一般有 100—500 平方米左右,而且宗祠建筑质量较好,采光也不错,同时,宗祠属于公共建筑。1922 年 9 月,浙江省立第七师范学校附属小学第二分部设在金华市区大洪山蒋氏祠堂;1925 年 5 月,金华市区石榴巷章氏祠堂作为浙江省第七中学小学部高级部校舍;1931 年,徐东潘出资把长山乡长山三村的徐氏大宗祠修建为长山乡秀峰小学,校舍一直沿用到 1983 年。1924 年,兰溪马涧镇东叶村叶氏宗祠始办寿溪私塾;1943 年,舒绍基在兰溪水阁乡舒村的舒氏宗祠创办嵩麓乡中心小学,学生最多时有三百多人;1947 年,兰溪县私立六山初级中学在柏社乡洪塘里的蒋氏宗祠内创办,在族中人士蒋山、蒋杰等的主持下,把祠产祀田五百四十多亩,山林杂地二百六十多亩及祠屋五十多间悉数奉献办学。磐安深泽乡深泽的陈氏宗祠在 20 世纪 30 年代拆除建小学。1919 年,湖溪镇罗青村申屠氏宗祠建立智源小学;1922 年,在东阳画水镇陆宅的陆氏宗祠设平原初级小学,1942 年转为保国民学校,1948 年 2 月设立高级班,改名陆宅小学;1930 年 2 月,东阳画水镇王坎头的陆氏宗祠改为画溪小学,有教职工 8 名、6 个班;1928 年,在东阳六石镇吴良吴大宗祠办乡村国民小学,后改为县立吴良中心小学;1935 年,卢民望在东阳上卢的卢氏宗祠创办上卢私立锦溪完全小学,有教师 10 名、7 个班级。1922 年,浦江中余乡中余村的王氏宗祠创办新民初级小学,办学经费主要由祠堂下田产租金和学生束脩解决。1947 年,义乌稠城镇中心国民学校校长黄国栋,将校址迁至后诸巷黄大宗祠内。

抗日战争对浙中地区的宗祠也产生了较大的影响。金华和兰溪一带,日寇活动频繁,很多宗祠毁于战火。日本侵略军驻长山乡石门村时,将倪氏宗祠拆除,木料用于建造炮台;白龙桥镇筱溪村的郑氏宗祠在抗日时被日本炸毁四分之三;白龙桥镇叶店村的叶氏宗祠第三间被日本人炸毁。兰溪游埠镇梅屏村的方氏宗祠于 1942 年 4 月 15 日被日本人烧掉;原中洲乡下叶村的叶氏宗祠,抗日战争时期被烧毁;原城关镇的戴香山公祠于 1941 年被日机炸毁;原殿山乡姚村的姚氏宗祠抗战期间被日寇焚毁。

此外,一些革命人士曾经借助宗祠开展革命活动。1927 年 10 月,中共永康县代表大会在芝英街道练结村章氏宗祠召开,正式成立了中国共产党永康县委员会。抗日时期浦江县首个县委会在的岩头镇三垄王店村的王氏宗祠成立。据《中共兰溪党史》记载,1942 年 5 月 24 日兰溪沦陷,5 月 29 日中共兰溪县委在黄店镇麻坪村的徐氏宗祠召开紧急会议,决定成立抗日武装。经过筹备,6 月 5 日,中共兰溪县委第一支抗日武装麻坪坞游击队在徐氏宗祠正式成立。

二、新中国成立以后的浙中宗祠

解放以后的近 30 年中,中国社会运动频繁,土地改革、农业合作化、人民公社运动、大跃进、"文化大革命"等等,无不深刻地影响着中国乡村的生活,进一步冲击了乡村的宗族组织,特别是土地改革与"文化大革命"。

1950 年 6 月 30 日公布的《中华人民共和国土地改革法》宣布,土地改革的目的是:"废除地主阶级封建剥削的土地所有制,实行农民的土地所有制,借以解决农村生产力,发展农业生产,为新中国的工业化开辟道路。"祠堂、宗族所有土地等"公共土地"则纳入地主阶级封建剥削的土地所有制范畴,采取没收重新分配的政策。在土地改革运动中,祠产包括族田、族山等被没收,划归国有或分配给贫困农民。祠堂房屋没收后主要有三种用途：一是分割后给无房的村民居住;二是作为生产队的队部、仓库、粮库等生产用房;三是稍作改造后作为人民大会堂。兰溪诸葛镇硕范村的胡氏宗祠,1958年分给农民居住;柏社乡下盛村的盛氏宗祠,因年久失修于1956年倒塌被拆,1968年"农业学大寨"时改田种植。永康芝英街道第三村的修伯公祠,1952年至1960年给芝英粮管所做过储粮库,1960年归村集体所有,用于集合的场所;湖溪镇湖溪村三角门堂的滕氏家庙,1951年作为粮库。金华长山乡长山四村的胡氏宗祠,于1969年拆建为长山大礼堂。浦江浦南街道前于村的于氏宗祠,在20世纪70年代成了拖拉机站。浦江仙华街道方宅的方大宗祠,新中国成立之后为供销社所用,称"姓方祠堂农具部"。

胡氏宗祠改建的长山大礼堂

　"文化大革命"时期,中国乡村更是发生了深刻而巨大的变化,宗族遭到毁灭性的打击。祠堂建筑以及其中的祖先牌位、牌匾、对联、雕刻等等,还有宗谱都作为封建糟粕被强行破坏,能烧的烧掉、该砸的砸掉,不能动的则用刀刮或用油漆、石灰刷。不过,有些宗族的人则冒着危险,采用较为机警的做法予以尽可能的保护。有的用草泥灰把木雕、石雕等涂盖起来,有的把大量领袖的语录刷在恰当的地方……

经过上述的运动以后,乡村的宗族受到沉重的打击,失去了收族以及开展宗族活动的条件。族产被没收,公共活动的主要场所——祠堂充公了,族众成了公社的社员,原来热心宗族事务的宗族骨干成员受到批判或管制,有组织的宗族组织在乡村基本消失了。当然,村民尊祖睦族的观念并没有因此而消失殆尽,宗族势力也处于一种潜存状态。

三、改革开放以来的浙中宗祠

十一届三中全会后,中国改变以阶级斗争为纲的方针,实行改革开放。农村实行家庭联产承包责任制,原来集体所有的耕牛、农具、粮库等生产资料以不同的方式逐渐地分给生产队的社员。在新的政治和经济环境下,潜存时间并不是很长的宗族在各地悄悄复苏,主要表现在"建设组织、修坟祭祖、续编家谱、修缮祠堂、族老调处族内和社区事务、宗族械斗等方面"[①]。

浙中地区的宗祠在经济快速发展的过程中面临着不同的命运。有些已经很破烂或已倒毁的宗祠,如果村民宗族意识不强或经济相对落后,就任由它自生自灭,甚至干脆在其地基上另建民房。而许多经济条件较好的村落,则千方百计动员各种力量修复或重建宗祠。后一种情况在浙中地区相当普遍,而且在陆续进行中。根据笔者调查,浙中地区目前仍保存有九百多个宗祠,其中有很大一部分在近些年曾花巨资维修过,基本保持原貌。保存较好的宗祠,重新发挥了它原有的一些功能。但总体而言,现存的宗祠不再只是某一个宗族的宗祠,而是作为村落的一个公共生活空间,并赋予了一些现代功能。有的作为旅游景点,有的作为老年活动中心,有的作为青少年校外活动场所,在当代新农村建设中发挥着重要的作用。

---

① 冯尔康.18世纪以来中国家族的现代转向[M].上海:上海人民出版社,2005:330.

第二章
浙中地区传统宗祠的类型与特征

第一节 浙中地区传统宗祠的文化类型

由于浙中地区各个宗族繁衍的时间和生活居住的范围有很大的差异,他们所建造的宗祠,不仅规模、大小、形制等方面有显著的不同,而且也有着不同的宗族属性。按不同的宗族属性,浙中地区的传统宗祠可以分为合族祠(联宗祠)、总祠、大宗祠(统宗祠、大祠堂)、宗祠、支祠、房祠等。[①]

所谓合族祠(联宗祠)是指由相互之间可以追溯到共同的世系关系的同姓宗族联合建成的宗祠。[②] 这种以祖祠、书院、试馆等为名的祠堂式建筑,一般是同姓宗族为祭祀始祖、始迁祖,或为应考、诉讼、输粮等的乡下同姓子弟提供居所而在省城、府城或县城

---

① 蔡丰明和窦昌荣把中国祠堂分为贤臣名士祠、文人学子祠、忠勇将士祠、义人侠士祠、先祖列宗祠、实业人物祠、孝女节妇祠、宗族祠堂、合祠与群祠等类型。李晓峰和邓晓红在研究鄂东祠堂时,根据形态把祠堂分为独立型、混合型与附属型三类。汪燕鸣则把浙江的宗祠大致分为两类:一是单纯的宗祠,二是与住宅连在一起的混合群体。

② 这类宗祠,牧野巽称"合族祠",弗里德曼称"higher-order lineage",郑振满说是"合同式宗族",钱杭认为是"联宗祠"。

建立的。根据黄海妍的研究，广州城建合族祠的情况较为普遍，明清时期建有近 40 个合族祠。[①] 这些合族祠的建立者尽力联络区域内同姓宗族，并按照在乡村建立宗祠的运作模式，建祠堂、编族谱、置尝产、举行祭祖。如广州西门外连元街的陈氏宗祠，联络了广东境内 74 个县的陈氏宗族，因此规模很大，占地 1.5 万平方米，主体建筑为 6400 平方米，由三进五间九堂六院大小 19 座建筑组成，以其精湛的装饰工艺著称于世，在它的建筑中广泛采用木雕、石雕、砖雕、陶塑、灰塑、壁画和铜铁铸等不同风格的工艺做装饰，号称"百粤冠祠"。

永康芝英街道郭山村的胡氏特祠

浙中地区建立合族祠的事例很少，根据实地调查和现有资料分析，浙中各县市的城区基本没有合族祠。这与浙中地区各县市的城市规模不大、集聚功能不强有关，更重要的是该地区缺少分布范围广泛的同姓宗族。但永康这类宗祠有两个，一个是芝英街

---

① 黄海妍.在城市与乡村之间：清代以来广州合族祠研究[M].北京：生活·读书·新知三联书店,2008：15.

道郭山村的胡氏特祠（郭山合族特祠）。该祠由永康东部芝英、龙山、四路、古山等乡镇的胡姓村民建立，规模较大。据《溪岸宗谱》记载，该祠"道光二十五年正月商议，咸丰十年八月兴工，同治八年扩建。寝室五楹，中厅三楹，东西厢十二楹；台门三楹，两边厢八楹，规模粗备，四周具有余基"。另一个是永康陈氏总祠。"陈氏族繁散处永康者百数十村，知名者惟大族，而族小各村往往寂寞无闻，有被异姓压迫几不能自存者。古代设宗法以固宗盟，近世尚合群以联团体。"任县自治办公处委员的陈毓棠和任县中校监学的陈齐鸿，"拟仿周礼宗法之制参近世合群之义，创造陈氏总祠以联宗谊"。孝义、义丰、承训、游仙、义和、长安、武平、太平和升平等区的陈姓"众心踊跃，或垫金钱，或任奔走，卜基于永城训化坊华溪之浒"。①

所谓大宗祠（统宗祠）是指由一定区域内相互之间有共同始祖的宗族联合建成的宗祠，一般建在始迁地。有些宗族如果发展得较大，还在各自的村落建立同姓的宗祠或支祠。大宗祠（统宗祠）在浙中地区较为常见。东阳防军镇南湖始祖胡神，世居湖州，北宋太平兴国七年（982）任仙居县令，便道过访因世乱流寓南湖的内舅燕恭懿王之子，怜其孤单无邻，并乐其地之胜，遂任满迁居于此。其兄胡远，亦从湖州迁居永康龙山。后来两地裔孙繁衍成两大望宗，于是共建总祠于永康市龙山镇桥下，称胡氏龙山总祠。方岩胡公（胡则）即系龙山一支。据《龙山胡氏总祠录》记载，该祠为永康第一大宗祠，三进五开间，面积约 1600 平方米。东西各翼以厢房，厢房也是二层楼。第一进为五上五下的高大楼房，设三扇门：中为大门，门框上方为砖雕"龙山总祠"四个大字；左侧为观德门；右侧是听彝门。朱漆梁柱，东西首是楼梯。两旁是楼厢，各有七楹，第二进为拜厅，屋脊上为一顶清朝的官帽式的装饰。重檐歇山式，飞檐高挑，檐下悬挂着"一本堂"巨额大匾，取"千枝一

---

① 陈焕章.永康陈氏总祠主谱.民国 15 年木活字本.

本"之意。第三进享堂房檐下高悬"敬立"二字巨匾。

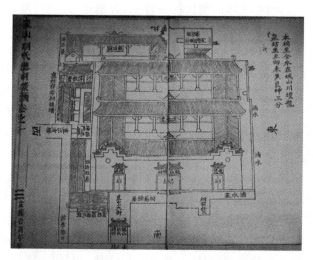

龙山总祠图（来源：《龙山胡氏总祠录》）

宋初，方氏从鉴湖迁睦州白云源，再迁浦江仙华山下，后迁后郑（今仙华街道方宅）。天启乙丑年（1625），方氏开始赎庙基，命工集材，构成寝三楹；顺治乙未年（1655），捐钱捐粮，约计白银二百余两，重修宗祠；咸丰辛酉年（1861），洪杨扰浦，方氏宗祠门头一座皆成瓦砾，惟中庭寝室尚在。后来，四派稽老会议重修，各派踊跃输将，费金二千有奇。民国十八年（1929）阳历四月十日，阴历三月初一乙酉四点钟时，横街起火，延烧宗祠。裔孙赶往营救时，宗祠头门已成焦土，正厅、甬道、寝室三出赖营救得保。初二日招集西圹、古圹稽老会议，急谋救济之法。大宗祠自宋至今，曾多次遭受兵乱火灾之害，又多次重修。新中国成立之后，为供销社所用，称"姓方祠堂农具部"。现在已成为危房。此外，婺城境内的竹马乡里梅村的梅大祠堂、雅畈镇石南塘村永清徐氏宗祠、长山乡长山三村徐氏大宗祠，金东境内的孝顺镇浦口村俞氏大宗祠、傅村镇傅村傅大宗祠、曹宅镇潘村张氏大宗祠、赤松镇牌塘村邵氏大宗祠，兰溪境内的诸葛镇长乐村金氏大宗祠、童氏宗祠、蒋氏宗祠，义乌境内的黄大宗祠、方大宗祠（三个）、邵大宗祠、张大宗祠、应大宗祠、虞大宗祠、李大宗祠、童大宗祠、余大宗祠、陈大宗祠（两个）、叶大宗祠，东阳境内的赵氏大宗祠、南岑吴大宗祠、卢氏大宗祠、李氏大宗祠、吴大宗祠、厉大宗祠、程大宗祠、蔡氏大宗祠、陈大宗祠、史大宗祠，磐安境内的羊氏大宗祠，永康境内的李氏总祠、陈大宗祠、应氏大祠堂、虎山傅氏大宗祠、青山吕氏大宗祠、金城川朱氏宗祠、施氏总祠、胡大宗祠、吕五宗祠等都属于这种类型。

所谓宗祠是指某一姓氏宗族在某一村落定居繁衍发展到一定规模，成为单姓或主姓村落后，由族众共同建立的祠堂。这类宗祠在浙中地区数量最多。建立这类宗祠的姓氏宗族往往人数不多，一般比较集中地居住在同一个规模并不大的村落里。或者宗族已经有所发展，其成员已经分别居住在邻近若干个小村，但除了主村外，其余小村都还无力建立独自的宗祠。如金东区赤松镇上钱村建有钱氏忠孝祠，而从上钱村分迁出去后建村的洪村、下钱村、下新屋、官沿头、岩塘和尘不染等，村民主要都姓钱，但都没有建立本村的宗祠。不过，有趣的是，这些村基本都建有一个小庙，供奉本村的本保老爷。这种现象在浙中地区也为数不少，待以后专门撰文研究。

所谓支祠是指由一定区域内相互之间有共同始祖的宗族分别建成的宗祠，有些是兄弟两个同时期从祖籍地迁来后分居在邻近的两个地方，有些是迁居浙中后过一段时间，其中一支迁居到别处。这类宗祠在浙中地区为数也不少。浦江罗姓于明洪武年间由淳安迁到石香（今杭坪镇）。其五代孙殷四于明天顺年间（1457—1465）从石香迁到圭溪源后称罗家。殷四子廷富，孙守高，三代单丁。守高四子（文显、文正、文秀、文通），三房文秀子伯森兄弟于清康熙三十一年倡修谱牒，靖溪与圭溪两支并一，称《浦江靖溪罗氏宗谱》，后乾隆十五年、乾隆四十年、嘉庆四年三次续修。凡 1799 年浦江罗姓二支子裔生息，皆汇于《靖溪宗谱》。

1799 年后圭溪与靖溪分支,各修祠堂建谱。檀溪镇罗家村的宗祠宗谱分别称为圭溪罗氏宗祠(1948 年因年久失修被迫拆迁)和《浦江圭溪罗氏宗谱》。兰溪张坑乡的应氏宗族曾经分别在路塘村东和塘外建立路塘应氏宗祠和塘外应氏宗祠。

据《巍山赵氏宗谱》记载,南宋末年,成三公赵若恢(宋咸淳乙丑年即 1265 年进士)隐姓埋名新昌桂山书院,后迁居东阳巍山潼塘,生五子。四子端六公赵嗣隆"少任侠,好游览,浪迹江淮间。闻金华有赤松仙洞,因来游,见其山川佳丽,遂卜筑于赤松之南名马鞍山家焉",是赤松赵氏始祖。据《赤松赵氏宗谱》记载,赤松赵氏宗祠于道光二十年(1840)始建,道光二十三年(1843)建成。赵氏宗祠依山而建,上下两进,共六间,共占地 100 平方米左右。门首悬"赵氏宗祠"匾额,两旁有"支分天水,派衍巍山"对联,中堂为敦睦堂。

赤松赵氏宗祠图(来源:《赤松赵氏宗谱》)

所谓房祠是指一些较大宗族中的各房发展壮大，并在同一个大型村落中有相对固定的居住区域和活动场所后，分别建立祭祀各房祖先的祠堂。这些村落最早建立的宗祠某种程度上说具有总祠的性质。如金东孝顺镇浦口村建有俞氏祠堂（顺备堂），面积近1700平方米，三进五开间，中堂顶高五丈，八株堂柱非两人合抱，难以为周，四根直径米余的大梁，横卧于大柱之上，沿天井二丈多高的石柱一周围转，以避雨水侵蚀，整座祠堂虽不见精工细鉴，但全宇轩昂，为一方之最，令人叹而观止。该村另建有六分祠堂（叙仁堂）和前院祠堂（崇本堂）。磐安县双峰乡大皿村建有羊氏大宗祠、孟十二祠、希宠祠堂和希揖公祠等。东阳市湖溪镇湖溪村建有张氏宗祠、大二宗祠、大七宗祠、会川公祠、养性公祠、廷建公祠、永清公祠等7座。

这类祠堂在永康境内最多。芝英街道芝英村建有应氏大祠堂（徵德堂）、仪庭公祠、云常祠堂和三常祠堂等4座，江南街道永祥村建有朱氏宗祠（义阳宗祠）、信三五公祠、信十二公祠、暹十六公祠等4座，江南街道永祥乡傅店村建有傅氏特祠（虎山傅氏大宗祠）、茂和公特祠（五家祠）、泽十二公祠（八家祠）、北薇公祠堂、乾四十四公祠（荣常祠）、希四十六公祠（左常祠）等6座，古山镇一村建有胡氏祠堂、彦中公祠（俗称五六常祠堂）、志恩祠（俗称外太公祠）、虞庵公祠（俗称亨常祠堂）、褒功祠、察常祠堂、朝钦公祠和卿常祠等8座，古山镇坑口村建有金城川朱氏宗祠、叔贤公祠、凤儓公和睦祠堂、升六公祠、民派下祠堂、德常祠堂、孟祠、恩睦祠堂、天常祠、人常祠、仲常祠、高祠、义常祠、大海公祠和金门口祠等15座，古山镇胡库下村建有仲常祠堂、若唐公祠、旌常祠堂和绍衣祠堂等4座，唐先镇大祠堂村建有施氏总祠、孟宗祠堂、孟容祠堂、孟起祠堂、百龄祠堂和小祠堂等6座，唐先镇上考村建有甘五公祠（2005年冬重建后改名为徐氏宗庙）、继泉祠堂、裕庵公祠和华峰公祠等4座，前仓镇后吴村建有吴氏宗祠、澄一公祠、德杰祠堂、丽山公祠、向阳公祠和仪庭公

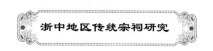
祠等6座,舟山镇舟山二村建有公份祠堂、印若公祠、精斋公祠、允献公祠、世后公祠和石章记祠等6座。龙山镇的青山吕氏更是在吕南宅二村、西溪、西山村、桐塘村、下宅口、寺口、石江等村建立了包括青山吕氏大宗祠、西房祠堂、鲞谭特祠、吕二祠堂、景陵公祠、吕氏祠堂、吕氏宗祠、吕五宗祠、崇圣祠、上西山和公特祠、禄西山特祠、季川公特祠、寿石江特祠、石渠特祠、石江小宗祠、信二公特祠、大通寺百九公特祠、西泽公特祠、仍一公特祠、仍六公祠、吕华公祠、屏山公特祠、世泽公特祠、福山公祠等的吕氏祠堂群。

总之,浙中地区的传统宗祠不仅数量众多,而且形式多样,体现了不同时期、各种类型宗祠的发展形态,较完整地反映了中国江南一带传统宗祠的特色。

第二节　浙中地区传统宗祠的地域特征

中国各地的传统宗祠在建造原因、建筑整体布局、功能、活动以及管理等方面具有很多相同的地方。但由于各地社会经济发展水平、文化环境、地形地貌以及宗族发展都存在较大的差异,不同地区的传统宗祠又具有不同的地域特征。总体而言,浙中地区传统宗祠除了上述形式多样、体现多种发展形态的特点外,还具有如下特征。

首先,浙中地区传统宗祠建造时间早、数量多。如前文所述,山西、湖北、湖南、广东、福建、台湾、江西、安徽、浙江等地,曾经建有较多的宗祠。但具体到更小范围的府或州,则婺州和徽州尤为突出。学界普遍认为徽州祠堂是非常典型的。在徽州,几乎每个村落都可以看到巍峨高大的祠堂。根据姚邦藻的研究,徽州"在宋代,休宁黄氏宗族曾建古林黄氏宗祠,休宁率口程氏宗族建有率口程氏宗祠,休宁臧溪汪氏宗族建有臧溪汪氏祠堂;元代,徽州建有汪氏'知本堂'等祠堂 5 座；明代，徽州建有祠堂 39 座"。[1] 根据我们的调查，浙中地区宗祠的数量接近 1200 座，可能比徽州要少些，[2]但基本也是聚族皆建祠堂，而且清代以前建造的宗祠远远多于徽州，其中唐代 1 座、宋代 42 座、元代 12 座、明代 204 座，是徽州的五倍多。

其次，多个姓氏宗祠在同一个村落并存的现象较为突出。聚族而居在江南地区（更确切的说法是皖浙赣丘陵地区）是很常见的人文现象。两晋之际的永嘉之乱，唐朝的安史之乱、黄巢起义、两宋之际的靖康之乱以及宋室南迁等事件发生后，大批中原士族举家辗转南迁，来到山清水秀、兵燹较少的江南地区。他们在南迁的过程中一路考察，待找到一个相对比较宜居的地方后，就定居下来（有些在暂时居住一段时间后，还会继续迁徙），然后慢慢经营家族新的居所。一些宗族甚至一开始就规划整个村落的布局，因地制宜开发村落的风景。比较普遍的做法是以姓氏给村落命名、建立属于自己的宗祠，一方面在宗族内部营造起一种信念、一种归属感和凝聚力，另一方面则对外告之，这是本宗族的地盘，如同一道无形的围墙，把其他姓氏的徙居者挡在了村外。因此，江南地区大部分聚族而居的村落都是单姓的，具有明显的排他性。然而，浙中地区二十多个村落有多个姓氏宗祠并存的现象，大约占总数的 2% 左右（见表 2-1）。虽然所占比例并不是很大，但却是一种值得注意的情况。在调查过程中，我们发现在浙中地区除了这些多个姓氏宗祠并存的村落外，还较多存在几个姓氏宗族共同居住的村落，有些以其中某个姓氏为主还建有宗祠，有些

---

[1] 姚邦藻，每文.徽州古祠堂特色初探[J].黄山学院学报,2005,(1).

[2] 唐力行曾在《商人与文化的双重变奏——徽商与徽州宗族社会的历史考察》一书中指出，土地改革前仅歙县就有 6000 所祠堂。这个判断可能有些失实，歙县总共几百个村庄，虽然有些村庄确也存在多个祠堂，但平均每个村庄十多个祠堂显然是不现实的。当然，徽州宗祠总量多是毫无疑问的。

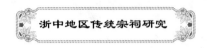

则杂居在一起没有宗祠。

表 2-1　浙中地区多个宗祠并存情况统计表

序　号	村　名	宗祠名称
1	婺城区乾西乡栅川	郑氏宗祠、于氏宗祠
2	婺城区乾西乡马淤	吴氏宗祠、黄氏宗祠
3	婺城区长山乡长山	徐氏大宗祠、胡氏宗祠、程氏宗祠
4	婺城区白龙桥镇天姆山	李氏宗祠、徐氏宗祠
5	金东区东孝街道陶朱路	潘氏宗祠、赵氏宗祠、李氏宗祠
6	金东区多湖街道社坛头	陈氏宗祠、何氏宗祠
7	金东区傅村镇杨家村	杨氏宗祠、李氏宗祠、金氏宗祠
8	金东区傅村镇徐家村	徐氏宗祠、朱氏宗祠
9	金东区塘雅镇含香村	曹氏宗祠、王氏宗祠
10	金东区赤松镇山口村	邢氏宗祠、叶氏宗祠
11	金东区塘雅镇桥头陆村	陆氏中央宗祠、毛氏宗祠、朱氏宗祠
12	兰溪市游埠镇梅屏村	方氏宗祠、关氏宗祠
13	兰溪市云山街道蒋宅村	蒋氏宗祠、张氏宗祠
14	兰溪市云山街道陈家井村	陈氏宗祠、翁氏宗祠
15	浦江县檀溪镇潘周家	潘氏宗祠、周氏宗祠
16	东阳市六石镇六石口	许氏宗祠、洪氏宗祠、叶氏宗祠
17	东阳市北江镇大里	倪氏宗祠、蒋氏宗祠、俞氏宗祠、钟氏宗祠
18	磐安县冷水镇大溪村	方氏宗祠、蒋氏宗祠、李氏宗祠
19	磐安县新渥镇麻车下	蒋氏宗祠、胡氏宗祠、卢氏宗祠
20	永康市象珠镇清渭街	马氏宗祠、何氏宗祠、李氏宗祠、吕氏宗祠
21	武义县熟溪街道塘里村	林氏宗祠、唐氏宗祠
22	武义县桐琴镇上马坞村	颜氏宗祠、汤氏宗祠
23	武义县俞源乡俞源村	俞氏宗祠、颜氏宗祠、李氏宗祠

　　　　资料来源：笔者根据实地和资料调查统计。

第三，合族祠少。如前所述，浙中地区建立合族祠的事例很少，特别是，金华城区也没有合族祠。明清时期，广州城内有四十多个冠以"书院"、"试馆"、"书室"等名称的合族祠，它们的主要建造目的是为到广州城应考、诉讼、输粮、晋省的乡下同姓子弟提供居所。如叶氏清介书院"原为应试居住及合族受屈讼事与输粮往来暂寓"；谭氏宏帙公祖祠"直深三大座，另两边建有试馆五十四间，为科举时各县子孙赴省应试之集处地"；甘氏敦半书院"建祠原以妥先灵，亦为各房应大小两试及候补、候委晋省暂住而设。遇大科小试，各房以应考者先居，因公晋省者后居，即先到住者亦须让回应试以免争执"。[1] 清代以前，金华古子城是州治所在，清代后成为金华地区的试院，是考生考取功名的地方。在金华府院试前的一两个月，府属的义乌、东阳、永康、浦江等八县的考生跋山涉水集中到金华，有的住客栈，有的租房，这样不仅费用昂贵，

金华试士院北面的永康考寓

① 黄海妍.在城市与乡村之间：清代以来广州合族祠研究［M］.北京：生活·读书·新知三联书店,2008：14.

而且还有环境骚扰之虞。有识之士为此想方设法以宗族或邑人名义，联手在金华"试士院"的周围建造房屋，以供本县或本族的子弟考前寄住复习，如兰溪考寓、东阳会馆、永康考寓、永邑吴家试馆、汤溪考寓、义乌考寓、浦阳公所、滋兰书院等。但这些建筑主要以县域为单位建造，并主要为本县的人服务，没有也不可能发展成广州城那样普遍的合族祠。

第四，朴素简洁不张扬。在传统社会里，宗祠既是一个宗族的精神中心，也是村落中多功能的公共建筑。因此，宗祠往往是村落中最高规格的建筑，无论是建筑规模、建筑装饰，还是建筑用材都是一般的民居建筑所无法企及的。特别是广东和徽州的许多宗祠，完全可以用气势恢弘和精美绝伦来形容。徽州祠堂因为建构精美，被视为徽派建筑三绝之一。如安徽绩溪的胡氏宗祠，前进七开间，面宽22米，进深8米，高9米。门楼为重檐歇山式，屋顶上所筑的八大戗角，气势雄伟壮观。这门楼又俗称"五凤楼"，取"丹凤来仪"之意。门楣上大小额枋全部精镂细雕，内容有人物、麒麟、走兽，额枋边雕以荷花瓣。额枋与檐口之间

安徽绩溪的胡氏宗祠（来源：http://www.cjb2008.com/bbs/read）

设斗拱 16 个，底座为云纹雕刻，使整个门楼成为一个木雕画面。还有广东的陈氏书院（俗称陈家祠），是典型的岭南祠堂式建筑，坐北朝南，占地面积 15000 平方米。主体建筑由大小 19 座单体建筑组成，呈正方形，面积为 6400 平方米，以中路为主线，两边厅堂、厢房围合，青云巷相隔；中间以长廊相连，庭院穿插。建筑分布主次分明，纵横规整，严谨对称，厅堂轩昂，空间宽敞，廊庑秀美，庭院幽雅，是广东规模最大、装饰最华丽、保存最完好的传统建筑，被誉为岭南艺术建筑的明珠。陈氏书院集中了广东民

广东陈家祠（来源：www.viewf.com）

间建筑装饰艺术之大成，在建筑构件上巧妙地运用木雕、砖雕、石雕、铁铸和绘画等装饰艺术。其题材广泛、造型生动，色彩丰富，技艺精湛，是一座民间工艺的璀璨殿堂。郭沫若先生曾赋诗称赞："天工人可代，人工天不如。果然造世界，胜读十年书。"然而，综观浙中地区的宗祠，虽然也不乏规模宏大、雕刻精美的，但绝大部分是简洁不张扬的。尤其是宗祠门面的建造，有些甚至很明显是有意识地简单化了，如果不是门首悬挂的宗祠匾额，初看很容易误认为是哪户富人家的宅第。这主要是因为浙中地区

的宗族缺乏徽商那样强大的经济实力,也没有广州那种大范围集合同姓宗族共同建造的条件。当然,浙中地区宗族含蓄不彰显的特性应该也是一个很重要的因素,因为有些宗祠,外面看去很是一般,但内部却全然是另外一种景象。

金东区曹宅镇曹氏祠堂

第五,宗祠戏台比较普遍。一般而言,宗祠的主要功能是祭祖、议决族内重大事务、编修宗谱、制定和执行祠规、教育族人等,但明清以后宗祠的娱乐功能有所增强。特别是地方戏剧比较发达的江西乐平,浙江温州、绍兴、金华等地,不少宗祠内建有戏台,每逢年节或祭祀时演出戏剧,娱乐先祖和生活中的族人。大部分宗祠戏台建在大门的后面,面朝拜厅,有些宗祠还在左右两侧建有厢房(或回廊),人们可以在戏台前的天井、拜厅或回廊里观看演出。浙中地区宗祠戏台建造的事例较多,据不完全统计,浙中地区有三十多个宗祠建有戏台。其中,武义俞源村俞氏宗祠参照戏文《西厢记》建造的碧云天戏台,雕梁画栋、气宇轩昂,因其面积大、雕刻精致,曾被誉为"婺州八县第一台"。

俞氏宗祠碧云天戏台

　　第六，建造因地制宜。为满足冬季能争取较多的日照，夏季避免过多的日照，并有利于自然通风的要求，中国传统民居一般以朝南为较好的朝向。作为宗族最重要的建筑的宗祠，更是非常重视布局和朝向等方面的设计。然而，浙中宗祠在建造实践中，比较注意因地制宜。就朝向而言，除了大部分朝南以外，朝东、朝西、朝北都有，体现了一种灵活性。如朝东的有兰溪市诸葛村的丞相祠堂、东阳市湖溪镇南塘村张氏宗祠、永康市芝英街道荆山陈村陈氏宗祠，朝北的有长乐村的金大宗祠、金东区江东镇横店村项氏宗祠、金东区多湖街道杨宅杨氏宗祠、金东区赤松镇郭村郭氏宗祠、浦江县檀溪镇罗家村罗氏宗祠，朝西的有金东区东孝街道凤凰庵周氏宗祠、金东区多湖街道十二里姜氏宗祠、兰溪市马涧镇严宅严氏家庙、兰溪市女埠街道虹霓山村童氏宗祠、武义县柳城镇丁鸟丁氏宗祠、武义县柳城镇新塘村周氏宗祠等。或者是为了祭祀时对祖先的崇敬，或者是为了保证观看戏剧演出的视觉效果，抑或是步步高升的寓意，很多宗祠的门屋、享堂、寝室三进的地基是逐级上升的，享堂比门屋高二至五级，寝室则比享堂高三至九级。浙中许多宗族，根据丘陵地区的地形特点，因地制宜地在小山坡边建造宗祠。这不仅可以少占耕地(在耕地紧缺的浙中地区非常重要),而且可以大大降低建造成本,最重要的是这样可以自然地、更明显地体现宗族"步步高升"的愿景。如义乌市义亭镇何店村何氏祠堂,依山就势,层层递进,有层楼叠院、错落有致的效果。东阳城东街道李宅二村李氏大宗祠,因地势而建,前低后高,厅堂两旁有厢房和廊庑,穿堂相连,天井相接。站在后堂中檐,视线可穿越前厅、门楼、尚书坊、月塘。东阳市三联镇西阳马氏宗祠,三进五开间,门楼、正厅、后堂三进之间由穿堂相连,并且依地势次第上升。兰溪赤溪街道后龚村的龚氏宗祠,第二进基高出 15 厘米,第三进基高出 85 厘米。金东区赤松镇钟头村的赵氏宗祠,上下两进,坐西朝东,依山而建。

第七,石材使用情况较多。江南传统乡村建筑主要是砖木结构,保存时间一般是几十年。因此,一些重要建筑若要继续保存和使用就必须适时地加以维修或重建。浙中许多宗族为了防止雨淋、虫蛀,使自己的宗祠更加牢固以便保存更长的时间,纷纷采用当地的青条石作为石柱,有些甚至梁架也用石料。如兰溪诸葛八卦村丞相祠堂,为了防止雨水对柱子的侵蚀,中庭及廊沿用了44 根青石方柱。此外,金东区江东镇上王的王氏宗祠、莲塘的范氏宗祠、横店村的项氏宗祠,兰溪市水亭畲族乡水亭坞水氏宗祠、水亭畲族乡古塘村饶氏宗祠、游埠镇下叶村叶氏宗祠、永昌街道下方村方氏宗祠、赤溪街道后龚村龚氏宗祠、马涧镇下盘山叶氏宗祠,义乌市义亭镇何店村何氏祠堂,永康市唐先镇长川村施氏宗祠、唐先镇长川村施氏宗祠、唐先镇长川村孙氏公祠、石柱镇后项村陈氏宗祠,浦江县仙华街道冯村冯氏宗祠、郑家坞镇皂结坑村楼氏祠堂、白马镇严店村严氏宗祠、黄宅镇梅石坞村王氏家庙、虞宅乡朱宅朱氏宗祠等都有许多重达千余斤的石柱。金东区多湖街道十二里姜氏宗祠、塘雅镇马头方村方氏宗祠、曹宅镇龙山村龙山张氏宗祠、澧浦镇方山村方氏宗祠、澧浦镇山南村孙氏宗祠等甚全全部采用石柱。金东区雅畈镇石南塘村永清徐氏宗祠更是包括梁、栋、柱、脚、架及雀替等雕花构件都是石头制作的，而且保存得非常完整，是金华市目前发现的石构架建筑中规模最大的。

丞相祠堂中庭及廊沿的青石方柱

金东区澧浦镇山南村孙氏宗祠的石柱、石梁

第三章
浙中地区传统宗祠的建筑与文化

"风格古雅、气势宏大、带有一定神秘色彩的祠堂建筑,是中华民族历时数千年之久的伟大创造,也是中国传统文化深层内涵的一种重要表征。在独特的祠堂建筑文化形式上,集中地体现了中国古代的宗教观念、宗族制度、伦理道德,以及人们在社会生活和审美趣味方面的许多特点与个性。"[①]宗祠一般都是该宗族所在村落规模最大、最为宏伟的建筑。宗祠建造不仅需要大量的劳力,更要有较强的经济作为支撑。浙中地区的传统宗祠是各个宗族在当地繁衍发展到一定阶段后的产物。其中大部分宗祠都经历了始建、扩建、改建、维修(重建)的过程,在这个较长的建设过程中,宗祠建筑吸收并承载了很多传统文化成分,糅合了当地民居建筑的精华,凝聚了乡村社会经济发展中积淀的文化要素,一定程度上真实反映了浙中地区宗族发展的历史脉络和乡村社会变迁的历史进程。

第一节　浙中地区传统宗祠的建造概况

一、宗族发展与宗祠建设

唐代以前,金衢地区(浙中为其东半部分)人口稀少,主要是

---

　① 蔡丰明,窦昌荣.中国祠堂[M].重庆:重庆出版社,2003:1.

山越人。唐贞观以后,金衢地区人口快速增长(见下表),北方移民陆续迁移到浙中地区一些地广人稀、便于生产的地方定居。两宋时期,人口迁移继续,比如浦江现在的 1005 个村中大约有 84 个从宋代开始建村。随着人口的不断增长,一些宗族逐步繁衍发展,开始形成部分聚族而居的姓氏村落。元明清时期,其中一些较强的姓氏村落通过扩散发展,在相对比较集中的区域内,出现了宗族村落群。而后来的迁移者,一般只有在空间比较狭小、土地相对贫瘠的地方落脚,这些宗族发展就异常艰难。以金东区赤松镇为例,该镇现有 40 个行政村,其中上钱村、仙桥、桥东、下钱村、下新屋、岩塘、尘不染、新屋头、洪村和官沿头等主要姓钱,中联(中牌塘、上牌塘、沈祖、长山)、下牌塘、石牌、石下、西前路、下塔山和潘村等主要姓邵,桥里方和石耕背主要姓方,棉塘和月塘主要姓金,山口冯主要姓冯,黄泥垄主要姓薛和王,西余主要姓余,山口主要姓邢,郭村主要姓郭,下潘主要姓郑,钟头、岗上、双门等主要姓赵,东塘主要姓张,高塘主要姓曹,下陈主要姓叶,下杨主要姓蒋,上项村主要姓项,双塘主要姓朱,王宅主要姓王,上汪主要姓汪。至今,东塘、下陈、下杨、双塘、上汪等村的户数和人口都还是比较少的。

表 3-1　金衢地区历代人口变动

年　代	公元年	人口总数(万)	间隔年份	年平均增长率
西晋太康三年	282	6.00		
宋大明八年	464	10.79	182	3.23‰
隋大业五年	609	9.90	145	-0.59‰
唐贞观十四年	640	22.89	31	27.41‰
唐天宝十一年	752	114.76	112	14.49‰
宋元丰元年	1708	112.45	326	-0.06‰

年　代	公元年	人口总数（万）	间隔年份	年平均增长率
宋崇宁元年	1102	120.99	24	3.05‰
元至元二十七年	1290	162.12	188	1.56‰
明洪武二十四年	1391	181.69	101	1.13‰
清乾隆四十一年	1776	306.80	385	1.36‰
清嘉庆二十五年	1820	369.10	44	4.21‰

资料来源：王一胜《宋代以来金衢地区经济史研究》，社会科学文献出版社 2007 年版。

随着宗族的发展，浙中地区的宗祠建设逐步展开，前文已述宋元明清各个时期宗祠建设的总体情况。浙中地区各个时期建造宗祠的材料显示，宗族聚落建造宗祠主要是为了祭祀祖先、敦睦族众等。华墙潘氏大宗祠（建于乾隆年间）《华墙潘氏建造大宗祠记》认为："今夫家庙之设，幽以妥先灵，明以联支派，至钜殿也。故春秋修其祖庙，古圣王恒，殷殷念之良以庙貌新，诚仁人孝子所当自尽耳。试思凡有生者，莫不各有所自出，知其所自出，当即展其报本之思也。故礼莫重于祭古者，食焉而祭先饭，饮焉而祭先酒，一食一饮，犹不忘其所自始也。矧吾身之所自出其可忘乎，则夫家之建祠，正所以报水源木本于勿替焉者也。向使一祖所遗子孙千亿无大宗以统于一族，将散而且离。是以世家巨族必建造宗祠以主春秋之祭。俾合族子姓兄弟莫不司祝灌献助祭。庙中皇皇焉各执其事，各申其敬，则昭穆序而长幼分，伦纪聿修，神灵妥侑。此祠庙之建良亟亟也。"[1]于氏宗祠（建于嘉庆己卯年）在《十三都创建祠堂记》中指出："夫族之有宗祠所以报本追远，序昭穆，

---

　① 浦江县华墙潘氏宗谱（2004 年重修本）。

安灵爽,睦亲族,联本支,诚重事也。"①赤松赵氏宗祠(建于道光年间)《祠堂记》提到:"思赵氏自端六公迁居以来,谱牒虽修,家庙未建,非族中一缺事乎。今三宝与远翁等黾勉赴功,创兹盛举,使数百余年来宗祐得所凭依奕,禩云仍有所率属,尊卑以序,昭穆以分,不自为大有功于宗祀,尽可告无罪于先灵也。"②永康市花街镇项氏宗祠(民国期间)《下宅项氏新祠记》也指出:"古者君子将营宫室,宗庙为先。盖宗庙者,祖宗神灵所凭依,百世子孙所瞻仰者也。故子孙有事必告,岁时必饷,所以明其生之有自来,而敦其本之所始礼也。故入其室也,莫不肃然起敬,秩然有序,其慎终追远、尊祖敬宗之思油然以生者,亦情也。"③

　　然而,明末清初以后宗祠建造的动力发生了微妙的变化,绝非仅仅为了祭祀祖先、敦睦族众。浙中地区由于地处东南内陆丘陵地带,资源贫乏,农田水利落后,交通不便,尤其是水上交通不发达,严重制约了乡村社会经济的发展。明清以来,浙中地区人口压力长期存在,加上自然灾害和战争等影响,人民生活水平普遍低下。据《康熙金华府志》卷24《祥异》及所附《历朝变乱》载:万历十五(1587)、十六、十七年金华八县连旱,饿殍载道。万历二十三年金华、兰溪、东阳、义乌四县大雪四十余日,山谷中有饿死者。万历二十六年立夏日金华有飞雪,是年金华八县大旱,颗粒无收,民多饿死。崇祯九年(1636)大旱,金华各县人民多食观音粉充饥。崇祯十六年东阳许都作乱,攻占金华七县,并围攻金华府城,同年十二月才平定。顺治三年(1646)六月,清军围攻金华,朱大典抗守至七月,破城之后,朱大典自焚,全城居民悉遭杀戮,是年大旱,次年春斗米八钱。顺治十二年金华、东阳、永康、武义、汤溪五县大旱。康熙十年(1671)金华、东阳、永康、浦江、武义、汤溪六县大旱。康熙十三年"三藩之乱"延

---

① 　浦江县于氏宗谱(2006 年重修本)。

② 　赤松赵氏宗谱(民国庚午年重修本)。

③ 　淦川项氏重修宗谱(2007 年重修本)。

及金华,民多逃亡,各地民居烧毁无数。康熙二十一年五月大雨三十余日,禾苗淹死,继而虫灾虎患。《光绪兰溪县志》卷8《祥异》载:"同治元年(1862),正月复大雪。去年十二月雨雪大冻,正月复连日雨雪,冻更甚。溪涧冰厚尺余,平地雪深六、七尺,人不得行。时贼盘踞邑境,百姓东搬西徙,多栖止山谷间。值此久雪,无处觅食,饥寒交迫,辗转致死者不堪言状。甫晴霁,贼四出剽掠,百姓闻风又欲避徙,而山雪未消,妇女倾跌岩壑者甚众。吁,可叹矣!二年夏大旱,饥民食草木,饿殍满途。复大疫,死亡枕藉。"光绪《浦江县志》卷15《灾祥》有相同的记载:"同治元年,正月又大雪。去年十二月雨雪大冻,正月复连日雨雪,冻更甚,冰厚尺余,平地雪深五六尺,人不得行。时贼盘踞邑境,百姓避匿山谷间,以饥寒死者甚众。二年春夏间,饥疫并作,死亡枕藉。"《康熙永康县志》卷首《序》云:"地无城堞,田不常稔,户鲜宿粮,市缺百货,民生期间,盖亦难矣。"《光绪永康县志》卷11《祥异》载永康县经历战乱以后,"阖邑之众已损十之七,所余者又是饥民。房屋几毁五之三,获免者亦只破屋,村墟零落,鸣吠无闻,粒米珠珍,炊烟罕举"。

在这样的环境中,宗族内部的团结互助是必要的,其中宗祠建设是非常重要而有效的载体。显示宗族的势力,创造宗族的活动空间,凝聚宗族的力量以便获得更多的水源、土地和山林等资源,甚至宗族间的攀比心理等等,促使宗族尽可能集聚全族的力量建设对每个宗族而言都是巨大的工程。义乌龙溪鲍氏于清泰二年(935)在乌伤西30里蓬塘之原泰山郡公墓侧建祠,并由有司春秋祀之。南宋长兴年间,元兵入婺时,祠毁于兵。此后四百余年,尚未有人起而后再建之者,合族之有心人才咸悼惜之。康熙年间,"乃会一族之人共议再建之举。立□□输立成千金,爰度地于太尉墓西三里许铜山之南义亭之北,鸠工庀材不四年而告竣"。[①] 武义官桥杨氏从始祖仲五公迁居以后,几百年没有建造宗

---

① (清)鲍书田等.义乌龙溪鲍氏宗谱.清道光二十九年木活字本.

祠,每年春秋在家举行简单的仪式祭祀祖先。至十四世孙行林五兆成公倡议建宗祠,尊长耆老觉得花费巨大不能造,但兆成公"上念祖宗下观孙子,此心终勃匕不可遏"。于是,他慨然出金百余两,为倡时董事,发动族众建造宗祠。三年后(乾隆二十九年至三十二年腊月),宗祠建成,从此"寝堂立而庙制严,尊祖者于斯,敬宗者于斯,收族合食者亦于斯,以亲从前先灵未妥、肆祀未明、宗支未有序而尊匕亲匕若缺如者不其一慰乎"[①]。金华赤松赵氏"自端六公迁居以来,谱牒虽修,家庙未建,非族中一缺事乎"。道光年间,三宝与阿远等人"黾勉赴功,创兹盛举,使数百余年来宗祐得所凭依奕,禩云仍有所率属,尊卑以序,昭穆以分,不自为大有功于宗祀,尽可告无罪于先灵也"[②]。……在清朝二百六十多年的时间里,浙中地区建祠之风盛行,大部分宗族出于各种动因,举全族之力修建宗祠,总共修建了一千多个规模不一的宗祠。

二、村落布局与宗祠选址

浙中地区大致处于金衢盆地东段,为丘陵盆地结合地形。村落建筑既要考虑水源,尽量依着溪水或池塘,又要尽可能少地占用耕地。因此,许多村落的布局都尽可能与地形紧密结合起来,想方设法在山麓阳面的山地、山脚、山坡边或山间的平坦谷地建造民居。明代万历年间编的《永昌赵氏宗谱·序》这样描述永昌镇的地理环境:"前有耸峙,后有屏障,左趋右绕,四山回环。地无旷土,田连阡陌,坦坦平夷;泗泽交流,滔滔不绝。村成市镇,商贾往来。山可樵、水可渔、岩可登、泉可汲、寺可游、亭可观、田可耕、市可易,四时之景备也。"这是当地农村聚落选址普遍遵循的基本原则。而建造宗祠的位置则是在村落合理布局的基础上,着重考虑其特殊功能和地位,再作出适当的选择。

---

① 　武义官桥杨氏宗谱(道光辛巳重修本)。

② 　赤松赵氏宗谱(民国庚午年重修本)。

浙中地区宗祠在村落中的选址主要有两种情况：第一是建在村口的路边，村民进出村庄都要经过宗祠的门前。如兰溪市诸葛镇诸葛村的丞相祠堂、金东区赤松镇郭村的郭氏宗祠、傅村镇傅村傅大宗祠、塘雅镇横塘朱氏宗祠、曹宅镇龙山村龙山张氏宗祠、赤松镇下潘村郑氏宗祠、澧浦镇蒲塘村王氏宗祠、江东镇前贾村贾氏宗祠、永康市象珠镇杏里村陈氏宗祠等。第二是建在村落的中心，如金东区赤松镇山口冯村冯氏宗祠、曹宅镇曹宅村曹氏宗祠、塘雅镇含香乡马头方村方氏宗祠、赤松镇上钱村钱氏忠孝祠、赤松镇东塘村张氏宗祠、江东镇横店村项氏宗祠、永康市龙山镇桥下胡氏宗祠、前仓镇后吴村吴氏宗祠、兰溪市云山街道陈家井村陈氏家庙、女埠街道渡渎村章氏家庙等。值得注意的是，无论建在村口还是村中心，大多数宗祠前面或边上都有一口较大池塘。以下分别举几个例子进行简要的论述。

（一）金东区江东镇雅胡村胡氏宗祠

雅湖村地处金华市区东南面的江东镇，武义江东岸、八仙溪北面，坐落在丘陵缓坡边。古代，雅湖村民外出，主要是往西经过

江东镇雅胡村胡氏宗祠远景

姜村,再上武义通往金华的大路,或者走武义江水路,往南可到武义,往西北顺江而下可到金华城区、兰溪甚至杭州。胡氏宗祠属清代建筑,就建在整个村落西侧的村口,坐北朝南守望着胡氏子孙世代耕作的土地。该祠占地约 640 平方米,坐北朝南,平面呈长方形,前后三进,每进面阔均为五间,紧贴明间后檐有歇山顶戏台;二进中厅,硬山两坡顶,柱头置斗拱,建筑木构件牛腿、雀替、斗拱雕刻禽兽、花草等,规模较大中厅用材较好。

现在,330 国道从村子北面经过,村民外出非常方便,但平时生产劳作或是到江东镇办事一般还是走往西的老路。近几年经过新农村改造后,雅湖村已经面貌一新,明厅、花厅、十八间等清代古建筑进行了修复,得到了有效保护,村口的湖经过清理并做了护栏,明厅街、花厅街、古井巷、古湖路、通天巷、堂楼巷、碓房巷、狮岩街等都做成水泥路,修建了儒雅亭等休闲场所。其中明厅属清代建筑,建于咸丰年间,是雅湖村面积最大的古建筑,占地约 750 平方米,坐西朝东,呈长方形,建筑前后二进,面阔均为三开间。明厅保存完好,整个建筑木构件牛腿、斗拱、雀替、花板雕刻人物、禽兽、回纹、水纹等,雕刻工艺精致,砖雕、磨砖工艺精细,建筑木构架用材粗大。据传以前明厅前面还有旗杆,并且很高,

江东镇雅胡村胡氏宗祠大门

文官经过必须下轿、武官必须下马,足见当时主人的地位。2004年,胡氏宗祠被列为金华市首批文物保护点,但宗祠至今仍没有得到较好的保护,宗祠的外观依旧是矮小、破旧的,里面已经损坏严重,后进大部分已经坍塌,早已失去了以前宗祠的辉煌。不过,有一点是值得雅胡村人庆幸的,胡氏宗祠就像一道屏障挡住了村民占用良田建造民房的欲望。村民尽量改造原有旧房子,或者在村落东面和北面的山坡上建房子,这样就避免了空心村的情况,也保护了基本良田。

（二）永康市龙山镇玉川村卢氏宗祠

玉川村位于永康东部与东阳接壤的龙山镇,位置比较偏僻,农田较少,村子周边都是小山坡,山清水秀,人杰地灵。玉川村民外出往西北经过石江村和东溪后,向东可到东阳防军,向西经西山后西溪。卢氏宗祠坐落于村西北角的村口,后面是小山丘,前面隔着一大片明堂,与玉川村相对,像一位忠实的长者关注着卢氏村民。该祠建于清乾隆八年,占地约850多平方米,坐北朝南,面阔五间,前后三进,中间大门上方书"卢氏宗祠"四个大字,左右各开一个小门,中厅用材较好,牛腿、雀替、斗拱等雕刻精美,甚至檩木上都有精细的雕刻。

新中国成立后卢氏宗祠保存完好,即使在"文革"期间也没有遭到很大破坏。这一方面可能是玉川村较为偏僻,受外界关注少;而另一方面从中厅横梁上现在依稀可见的"一心为革命"、"一心为人民"等字样,我们也能够想象到当年卢氏村民为保护宗祠的良苦用心。改革开放后,宗祠曾经出租给村民办厂。现在,玉川村建成了有"永康金三角"美名的玉川工业区,有永康市福安德工艺有限公司、永康市浙永五金工具有限公司、永康市玉川升丰铝材五金工具厂、永康市明利园林工具厂、永康市健鸿绣品厂、永康市泰丰五金工具厂、永康市弘利工具厂、永康市凯宇五金工具厂、永康市明胜五金工具厂、永康市星利工量具厂和永康市龙玉工具厂等多家企业;卢氏宗祠也被列为市级文物保护单位。2009年,富裕起来的卢氏村民购买了一批粗大的木材,再次对宗祠进行维修。

龙山镇玉川村卢氏宗祠(正在维修)

卢氏宗祠中厅的柱、梁、檩及斗拱

(三)东阳市湖溪镇湖溪村张氏宗祠

湖溪村位于东阳市湖溪镇东南中部,距城区26公里,东阳南江穿村而过。唐代,湖溪一带已产东绸、花绸、素幅,是东阳丝绸的主要产地。张氏祖先原是河南汴县人,后唐先迁城内托塘。明代张康任粮房总书,到湖溪见大塘姚氏面貌异常,娶以为妻,生七子。明永乐七年(1409),第七子孟昭首迁东宅,次子孟举迁西宅,长子孟升迁下宅。宋末已有村落,宣姓住马午山脚,曹姓住坑下,叶姓住坑顶,何姓住螺峰山脚,张氏兴而四姓均外迁。明景泰三年(1452),张济在湖溪建张氏书塾。清道光《东阳县志》载,湖溪源出梅枝岭,清潭下流循禹山(即八面山)之麓,盘旋曲折,潴而为湖,流则为溪,故名。湖溪村历来是乡、都、区、镇人民政府驻地,交通方便,明末建集市,逢农历一、四、七为市。湖溪耕地面积1473亩,每人平均0.47亩,人均耕地少,且历来易涝易旱。解放后,建成姚坞、车盘塘、木坑坞、泉头坞水库和湖溪电灌站,水利条件初步改善。湖溪村亭、台、楼、阁齐全,原有湖堤新柳、泉坞高松、塔岭飞云、东山积雪、鹤塘夜月、禹东朝烟、虹锁清川、鱼吹春浪八景。明末建的镇湖亭,有书床笔架之称,二层称得月楼,1982年建信用社时拆除。明后期建的临川阁,三层亭阁式,格局颇为得体,气势雄伟,艺术甚精;螺峰山脚有清波门,1942年被洪水冲毁。螺峰尖有螺峰阁,1986年毁。螺峰尖现存三间殿堂。清光绪三十一年菊月建造、1980年冬重修山公殿,石柱上有楹联:"莺笙喧闹日双下,螺峰缥缈云旗扬。"1939年,张云松在湖溪大石桥南头西边0.5公里处建八字院,1942年被洪水冲毁。

　　张氏宗祠(大一宗祠)位于禹山东麓,湖溪村"镇湖亭"西北,据《湖溪村志》和《张氏宗谱》记载,该祠建于清朝乾隆二十七年(1762),有三进六楹,前进为门楼,额其祠曰"大一宗祠",两厢有六间厢房,共占地约1750平方米。1921年,张氏第一次修《张氏宗谱》,2006年重修宗谱。张氏宗祠1951年因湖溪粮营所征用办米厂,1975年被湖溪公社建为绸厂——东阳丝织厂,1995年办鲁班工艺家具厂,其后因无人管理就被荒废,如今已多处倒塌。另外,七房祠堂、大祠堂、滕姓祠堂、大房祠堂、新厅祠堂、敦伦堂、花墙里祠堂、后坑祠堂等都已被拆除。

（四）兰溪市女埠街道虹霓山村童氏宗祠

虹霓山村位于兰溪北部女埠街道,距兰城15公里,村落后枕白露山,前临甘溪,属丘陵地带,村前有大片良田,环境优美。该地早在唐代以前就有许多小村落散居,据女埠《雁门童氏宗谱》载,北宋太宗太平兴轩年间,该村始迁祖童德十一公讳微者自睦州寿昌八鼓桥迁来。初名黄冈,又名蟠龙,后因青山雨雾天晴阳光返照如虹霓,故据山之形易名为虹霓山村。该村历史悠久,古建筑众多,街巷分布合理,道路为棋盘形格局,随山势高低起伏,街巷多为鹅卵石路面,村形如龟,南头北尾。童氏宗祠（世美堂）坐落在村落中心,始建于宋代,明万历丙子年修建成形,清代重建。清末,童醒庵曾经创办世美堂义塾。民国初重修,坐东朝西大三开间三进,前厅和中厅全部用青石柱,雕刻精美,规模宏伟。

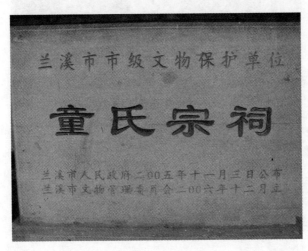

女埠街道虹霓山村童氏宗祠

该村传统民居、村落传统格局及风貌保存完好,民居、宗祠多为白墙灰瓦马头墙,建筑平面类型以对合楼、三间西搭厢,三进两明堂和前厅后堂楼为主。村内文物古迹丰富,村内现存清及民国时期的宗祠、民居四百余幢(清咸丰间,该村建筑大都毁于太平天国兵火,现存建筑多为同治、光绪年间重建),其他重要建筑如亦政堂、积庆堂、崇本堂、景福堂、童进银民居等,此外,还有大井、红石井圈等文物古迹,建筑古朴,且连绵成片。2004年,村民对宗祠进行修缮。

童氏宗祠内景

现在,全村有人口2700余人,860多户,绝大部分为童姓;黄店至女埠公路从村前经过,交通便利;1500亩枇杷生产基地的品牌也已经在市场上一炮打响。2009年5月7日,虹霓山历史文化名村保护规划通过论证。

(五)东阳市虎鹿镇蔡宅村蔡氏大宗祠

蔡宅村位于东阳市东北部虎鹿镇,距城区33.5公里。蔡宅以蔡氏居住为主。北宋年间,蔡襄胞弟蔡齐自福建迁居浙江平阳。政和四年(1114)蔡齐六世孙蔡季远举解元,任东阳主簿,遂举家落籍东阳,卜居南新塘边,元至元二十一年(1284)因居宅被兵燹所焚,遂迁居十六都永安里上场头,"有官副使者,有乡举进士者……同炊可十年,食指百余,人称永宁巨族",始号蔡宅,至今已有708年历史。清咸丰初年有任氏落籍,光绪年间有诸暨善溪何氏迁居,民国初又有胡氏、王氏迁入。蔡宅村历为东阳、诸暨、嵊县边界重要集镇。蔡宅地处东白山脉缓坡台田之中,"东有鹿峰为屏,西依虎峰为枕",东阳江支流白溪傍村而过,整个村庄形似卧龟,俗有大龟孵子之说,旧区居宅布局紧密,大户人家多为13间头、24间头或走马楼、穿堂式居室,原有长堤古松、双峰聚秀、蓬莱山麓、流洞九桥、无名古树、乌岩宿雾等胜景8处。

蔡氏大宗祠(聚奎堂)位于正大街中心东侧,明嘉靖二十五年(1546)建,清康熙二年(1663)修葺,前厅和后堂均为二跨三开间,中有穿堂,两侧各有天井,祠前有广坪一方,围有高大照壁屏藩,照壁上檐的砖雕工艺和宗祠内的木雕装饰精湛,"理学名宗"匾额和"鸿庆遐昌"题词均出自清代名家之手。自宗祠照壁北侧洞门,溯玉川而上至半月塘有三开间大台门一座,上有"文林第"匾额一块,两旁有石鼓、柱凳,今尚存。宗祠融木雕、石雕、砖雕、彩绘艺术于一炉,玲珑精致,不可多得。蔡氏大宗祠前有一特殊的照壁,是五层牌楼式的高大屏风,一字排开,多处施砖雕,每层有翘角,压栋砖、瓦当上的线条雕饰精美,有飞龙、行云、花卉等。

目前,全村以蔡姓为主,共有16个姓氏和谐共居,有1300户村民,4000多人口,是东阳市最大的村庄之一。蔡宅现保留着明清时期古建筑200余幢,其中名人故居5幢,规模较大的古民居30余幢,宗祠厅堂18幢,颇有名气者有建于清康熙十九年的涵玉堂,建于道光二十年(1840)的永贞堂,及玉树堂、华萼堂、润德堂、盛元堂、四维堂、梅房厅、竹房厅、永慎堂等,是东阳最大的古建筑群之一。无论是正大街还是后街,都古貌犹存,古色古香的巷道与粉墙黛瓦的民居交相辉映。

三、宗祠祠基及经费来源

建造宗祠是很多宗族的共同愿望,但现实中并不是每一个宗族聚落都建有宗祠。因为修建宗祠需要花费大量的人力、物力和财力。有些村落长期以来经济状况不好,至今没有能够建成宗祠;有些村落直到清朝后期甚至民国时期,宗族发展到较大规模,经济积累到一定程度后,才开始建造宗祠;有些宗族始建宗祠较早,经历一段时间由于某种原因毁掉后,如果经济实力不强,往往经过几百年也不能重建;当然,也有部分宗祠,由于宗族稳定发展、宗祠管理比较有序,能够适时地加以维护和修复而始终保存得比较完好。修建宗祠一般都需要动员全村的力量,耗费几年甚至几十年的时间。那么,修建宗祠的地基、材料、经费等如何准备和筹措呢?

在传统社会里土地是最为重要的资源。浙中地区山多,土地尤其珍贵,而宗祠地基少则几百平方米多则上千平方米。因此,祠基是建造宗祠首先要解决的一个重要问题。通常情况下,祠基是由宗族成员无偿捐助的。当经过慎重选择确定宗祠建造地点后①,建祠董事往往就会带头并号召有志于此的族人捐田作为祠基。如前文《宗祠碑阴捐田捐银及各派丁银记》所述,浦阳建溪戴氏十二房共捐田三十一亩五分五厘五毫,其中十亩八分(九灵公房捐四亩五分、君良公房捐六亩三分)作为祠基,其余的作为祭田。② 元末,莲塘张氏府君的六世孙张荣,时为一宗之长,慨然叹曰:"吾侪承藉其先祉,以克至于今日,有阖庐以御风雨,有丝枲膏粱以为之羞服,而先祖妥灵之无其所,不亦惧乎?"于是,张荣和族弟张琰谋划建造宗祠。族人张留、张镇、张琮、张似等"捐所居之

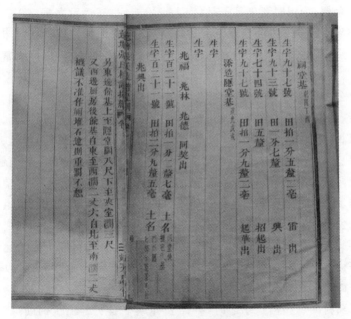

厅事三楹间以为之倡"。① 乾隆丁酉年，张氏宗祠扩建时，宗族成员张雷、张兴、张招起、张起华等人捐田五分六厘四毫。道光戊戌年，张氏宗祠添造隐堂，宗族成员张兆福、张兆林、张兆德、张同契、张兆兴等捐田五分多。民国癸亥年，项宅村（现永康市花街镇）项树发倡议建造项氏特祠，除寝室外，均由村人量力输将，正厅为金荣三十田，台门为德时十八田，兴福常助台门下厢一间并灶房之基，明德助明堂之地。民国壬戌，下宅建项氏新祠，祠之基祯明常助寝食一间外，为七三公捐输。②

莲塘张氏祠堂基捐助情况（部分）

修建宗祠的经费由于数目巨大，通常也是由宗族成员根据自

---

① 张心田等.莲塘张氏枝谱提纲（民国十五年木活字本）.

② 永康渼川项氏重修宗谱（2007年重修本）。

己的能力捐助,有些宗族也会定出每人或每户捐助的数额标准,但一般不会勉强。龙溪鲍氏的墓祠在南宋末年毁于兵火,四百余年间未再建,族中有心之人都感到遗憾。康熙甲午秋,族人共议再建,很快"输立成千金,爰度地于太尉墓西三里许铜山之南义亭之北,鸠工庀材不四年而告竣"①。清康熙年间,东阳南马镇绕川许氏族长惟盛、惟茂和惟鼎等人谋划择基建祠,发动族众捐资,在丁亥(1707)冬终于将气势伟严、装饰华丽的祠堂建成。乾隆二十九年,武义官桥杨氏十四世孙行林五兆成公首议建祠,慨然出金百余两,为倡时董事。于是,族人纷纷响应,三年后宗祠完工。浦阳华墙潘氏是浙东望族,原来在城内湖塘有旧祠,"因遭兵燹未获继造,实缺典也。凡我宗同有志追远者,各有缔造之心,因无常资难以成事。爰于雍正十三年乙卯之春,士宪等数十人公同创意与立公一派名下子孙建造宗祠。鼎新堂构,会同族长宗汉、尚柏、景茂、志电、志松、志亭、志泰、志禄、志杰、志让、志修、志道、志忠、志嘉、松年、柏年、祝年、显臣、显顺、显安、士沂、士宪、显儒、士元、士召、士致、士发、士年、光耀等照丁照粮捐助成功。或则收贮银钱、或则执薄清记、或则科敛财物、或则鸠工庀材,各有所司、殚精竭虑、不辞劳瘁。于乙卯夏月起工,丙辰冬月告竣,轮奂维新、俎豆生色"②。嘉庆丁卯年,十三都樟树下于氏御天公讳德文承兄之志将父俊八公地六斗田二斗作祠基址,又出己资九百四十余贯建造宗祠寝室五间。后来,以乾房松轩公舍出己资三百廿五两,以坤房御天公舍出己资三百六十五两。③ 光绪二十二年(1897),兰溪诸葛村的丞相祠堂重建时,棠斋公等族中殷实者踊跃捐助,加上男丁捐额与公帑余积,共得白银四千余两。赤松赵氏建成宗祠后,财力俱匮,没有多余的资金用于祭祀。云尚、盛满、三宝、鸿基

---

① （清）鲍书田等.义乌龙溪鲍氏宗谱(清道光二十九年木活字本).

② 浦江县华墙潘氏宗谱(2004年重修本)。

③ 浦江县于氏宗谱(2006年重修本)。

等人捐田八斗多作为祭田,其所得以及利息用于祭祀还略有盈余。民国癸亥年至丁卯年,永康项宅建造项氏特祠,计自兴工以迄完成,共需工料银一千六百余元,后来因为缺少四时祭祀的费用,又由村人量力输将,捐助田产。民国壬戌,下宅建项氏新祠,总计需工料除材木外,共国币四千四百余元。华川派输百七十五元,森塘输五十六元。夫以人丁不满百五之村,于六年之间,成兹寝庙,妥其先灵,征集丁工竟逾一千两百之巨。当其创议也,一唱百和,询谋金同,于是输资有人,输里者毕至,老成督其工事,少壮集其材木,工师麇集,栋桷潮来,高其门闾,宏其规制,柱石则主坚固,所以乘久远也,堂楹则求轩厂,所以壮观瞻也。[①]

　　如果修建的是同一宗族的总祠,就需要发动周边村落同姓宗族成员的力量。陈氏散处永康百数十村,民国六年,毓棠等协商建造陈氏总祠,"议定先购基地,均一致赞同。凤辉君慨允垫款千元,一时众心踊跃,或垫金钱,或任奔走,卜基于永城训化坊华溪之浒,其址宜坐东朝西。厥既得卜,则逐渐经营分村筹款。公推凤辉为总理,进熊为会计,实辉为庶务。先于祠基北边隙地构造事务所五楹,然后鸠工饬材,巨楹杰栋、文梁赤石水运陆驰纷沓毕集,土木并营丁丁橐橐,窬岁成正寝七间为栖神之所。……是役也先后共费两万余金,皆附主于祠者任之。正寝分设七龛,中龛每主一楼,捐洋五拾元,左右以次递降(左一龛三十元、右一龛廿五元、左二龛二十元、右二龛十五元、左三龛十二元、右三龛十元)"[②]。

　　此外,作为一种比较特殊的个例,有些宗祠是由个人单独建造的。如东阳南马镇上安恬村马氏宗祠由该村财主马樟树独资兴建,这在农村罕见。马樟树还在村里兴建了前后五进的大型古建筑,其中后两进毁于 20 世纪 60 年代一场大火,残存建筑有花

①　永康市渎川项氏重修宗谱(2007 年重修本)。

②　陈焕章.永康陈氏总祠主谱(民国十五年木活字本).

厅、堂楼等,其建筑也豪华之极。马氏宗祠前后三进,原先门楼后有戏台,最后一进采用大量石柱,整个建筑雕梁画栋、牛腿精美,堪称清末古建典范之作。

浙中地区的宗祠由于建造比较简洁,所花费的资金并不是太多。兰溪诸葛村的丞相祠堂在浙中地区是属于规模较大、修建较好的一类,1897年重建时仅花了白银四千余两。其他很多宗祠花费大约几百至几千两。相对来说,徽州的许多宗祠耗费银两要多得多。如歙县昉溪许姓修建祠堂,历时七年,用去一万多两银子。桂溪项氏宗祠从清代康熙十八年至乾隆十九年共维修、扩建了四次,其中康熙四十二年一次维修就耗银六千余两。休宁汪氏宗祠从清代乾隆二十六年开工,到乾隆三十二年竣工,历时六年,总计耗银三万八千二百三十两零五分四厘。绩溪城西周氏宗祠从乾隆三十四年四月朔日动工到四十一年十月落成,花费银子一万六千八百余两。歙县潭渡黄氏宗族建享妣专祠就花了白金三万两。① 当然,浙中地区巨富较少,也很少有徽商那样的巨额资金,所以宗祠营造经费的筹集尤其显得困难。

四、宗祠损坏与维修重建

宗祠是各个宗族精心建造的重要建筑,而且都采取一系列的措施严加保护。但宗祠既是有生命的,也是有寿命的。在几百或者近千年的历史长河中,由于各种自然或人为的因素,宗祠不可避免地遭到损坏甚至消逝。

首先最常见的原因是雨水的侵袭。宗祠主要以砖木结构为主,而且内部一般都没有墙体(天井周边),多年的风雨会逐渐地使柱子、斗拱、椽木、窗户等木构件糟朽变形,或者地基下沉、墙体开裂。如果经历几百年,则砖、石构件也会风化并出现残损。这样,宗祠的局部就会倒塌,然后漫漫荒废。浙中地处亚热带地区,

---

　① 尹文撰,张锡昌摄. 江南祠堂[M].上海:上海书店出版社,2004:49.

春夏之交的雨季经常会出现水涝灾害。很多宗祠都因为这种原因逐渐地从人们的视野中消失。

金东区赤松镇下潘的郑氏宗祠①

其次是火灾。传统砖木古建筑最忌火，因为火对传统建筑是毁灭性的，火灾后往往就是一片焦土。而宗祠祭祀等活动又是必须有火烛的，而且很多时候要点长明灯，所以火灾的风险是很大的。如磐安县双溪乡梓誉村蔡氏宗祠（1559）、兰溪游埠镇（原中洲乡）伍家圩村伍氏宗祠（1771）、磐安县仁川镇泊公村杨氏宗祠（1974）、金东区赤松镇下潘的郑氏宗祠（1985）、永康市唐先镇唐先四村的施氏宗祠、武义县白姆乡西田村朱氏宗祠等都是毁于火灾。

第三是台风。浙中地区处于东南沿海，每年都会不同程度地遭遇台风的袭击。在台风中，一些宗祠的屋顶瓦片被风刮走，原本摇摇欲坠的墙体轰然倒塌。1955年，兰溪上华街道（原上华乡）

---

① 郑氏宗祠于1985年被烧毁，仅剩后进和宗祠门前的照壁，柱础散落在周边。

下余村的余氏宗祠和云山街道（原岩山乡）徐尚源村徐氏宗祠被台风洪水冲毁；1973 年，兰溪上华街道（原张坑乡）路塘村的应氏宗祠被台风刮倒后进。

第四是战争。历史上，浙中地区是相对比较太平的区域，受战争的影响不大，所以，现在的居民绝大部分是各个历史时期陆陆续续从外地迁来的。但浙中地区在太平天国运动和抗日战争时期受到的破坏较为严重。清咸丰十一年（1861）四月二十三日，太平军侍王李世贤部下谭星率军攻克兰溪县城，因信奉拜上帝教，学宫、书院、寺观、庙宇、宗祠等，焚毁殆尽。云山街道（原岩山乡）徐尚源村徐氏宗祠、上华街道（原上华乡）石港塘村江氏祠堂、永昌街道（原永昌镇）梨塘下村叶氏宗祠、灵洞乡（原板桥乡）潘坞张氏祠堂、永昌街道（原孟湖乡）夏李村李氏宗祠、赤溪街道（原杨塘乡）杨家村下吴杨氏宗祠、女埠街道（原女埠镇）渡渎村章氏家庙、女埠街道下潘村潘氏家庙、马涧镇西北角方氏祠堂、柏社乡（原水阁乡）蒋氏宗祠、水亭畲族乡（原水亭乡）下蒋村蒋氏宗祠、游埠镇（原中洲乡）黎家村黎氏宗祠、诸葛镇诸葛村丞相祠堂都曾经在这一时期被太平军烧毁或拆除。抗日战争时期，东阳湖溪镇湖溪村三角门堂滕氏家庙、婺城安地镇上干口村仙源申氏宗祠、长山乡东屏村倪氏宗祠、白龙桥镇叶店村叶氏宗祠、白龙桥镇筱溪村的郑氏宗祠、兰溪游埠镇梅屏村方氏宗祠、原中洲乡下叶村叶氏宗祠、原城关镇的戴香山公祠、原殿山乡姚村姚氏宗祠等遭到日本人毁坏。

第五是解放后的政治运动。在解放后的历次运动中，宗祠受到严重的影响，特别是"文化大革命"中，宗祠被看成封建糟粕的象征。有些宗祠被改造成大会堂、大食堂、小学、仓库等，有些分割改造后给住房紧张的村民居住，有些则直接改田种植，宗祠里的匾牌、画像、楹联、祭祀用品等则或烧或砸破坏殆尽。

此外，白蚁对宗祠的毁坏也较为普遍。宗祠的损坏是宗族成员（村民）尢法接受的，同时，随着宗族的发展、宗族成员的增加以及宗族经济实力的增强,有些宗祠会显得局促、狭小和简陋。当条件基本具备的情况下,宗族总是想方设法对宗祠进行维修、扩建或重建。

仙源申氏《重修并建祠堂碑记》(1809)和《重修祠堂记》(1909)[①]简要记载了该族宗祠维修、扩建和重建的总体情况。

> 族之有祠所以敬祖宗。族嗣世者先后继承,仔肩巨重焉。申氏自石晋寒公居婺南,寝庙畀隘未称其制。正德庚辰(1520),元轩诸公改构正堂四楹。丙午(1546)云昊诸公复作享堂及耳舍。更历数百年,旧物朽剥惧难支,尝议修而未能倡举。延至嘉庆乙丑(1805)享堂倾,举族惊惶。吾先君模三百五十府君,时年八十岁,忧戚特甚,扶杖□匕,嘱有(注:人名)曰,世室屋坏春秋为大灾异。今祖庙坏,吾属之罪大矣。予老无能,为尔等勉之。有不才,且上多尊属,虑不胜任。然遵父命无容诿。遂邀诸董首于家,设筵会议,每灶出钱六百文,继劝殷裔捐助。为久计,柱易以石,其碑坊亦并建,石柱而高大。之始考恐有怠事,时时至祠监饬,见诸董首交勉则喜。……戊辰(1808)规模粗就,共事者分值谱事,势难兼营。因委有以油漆做地及移砌照墙,并于厨房侧,建更衣四楹。无成有终,亦子弟分内事也。及己巳(1809)竣工,群主入庙。
>
> 忆夫族之有祠,上为敬祖宗安神灵,下为使子孙设祭享,所以祠之关系甚大也。然予族之祠在于道光年间,规模广大,堂构峥嵘,在婺州之南莫不称美者矣。后至咸丰庚申(1860)之岁,被发匪之乱,寝庙倾圮,焚毁殆尽,无几留存。后至同治甲子(1864),始有数人兴修祖堂,再建中厅,复造孝悌坊,虽屡次兴修皆被中阻,未能完竣。予等视祖宗之灵无所凭依,子孙祭祀无处设享,诚乃为子孙者之大罪也。故在

---

① 金华仙源申氏宗谱(民国戊辰年重修木活字本)。

于宣统己酉（1909）之年，勉邀同族祠首绅耆面议其事，喜众人皆仔肩其任，乐助劝捐，予等方敢倡首其事。故于四月兴修，至于葭月朔后，无数月之间，即时告诉竣，以安神灵。如此则寝庙享堂以及门面牌坊，虽不能继先人之旧业，亦可以彰目下之光辉。如此则祖宗之神灵有依，子孙之设享有地。虽予等兴修之力，亦为子孙者分内之事也。

综合以上宗谱资料，我们可以知道，仙源申氏宗祠从正德庚辰（1520）开始，陆续扩建了正堂四楹、享堂、耳舍、碑坊、照墙、更衣四楹等，到道光年间，已经成为"规模广大，堂构峥嵘，在婺州之南莫不称羡"的祠堂。嘉庆乙丑（1805）享堂倾，己巳（1809）修复竣工，群主入庙。但不久，于咸丰庚申（1860），又遭发匪之乱，寝庙倾圮，焚毁殆尽，无几留存。同治甲子（1864），开始有数人兴修祖堂，再建中厅，复造孝悌坊，但都未能完竣。直到宣统己酉（1909），宗祠完全修复。但在抗日战争时期，仙源申氏宗祠再次被毁坏，至今没有能够重建。

吴立梅在华夏吴氏网详细介绍了东阳南岑吴氏大宗祠的修建始末。东阳南岑吴氏大宗祠始建于洪武年间。元房始祖吴伯修（1327—1396）偕次子西庄居士吴德（1346—1415）建祠于孝顺乡西庄，即今湖溪之擎天坵，时在1380年前后。1433年，礼房世祖、兵科给事中吴泽（1384—1437）回乡祭扫，见祠宇倾圮，命从侄、吴德之孙吴昉（1401—1494）修治。吴昉认为西庄地偏路遥，担忧子孙祭祀不能按时进行，乃择于祖居地之南（大寺下），按照西庄祠堂的规制建祠。1434年秋动工，第二年春落成。三边总督卢睿作《吴氏重修祠堂记》。经历八十来年，祠宇又呈颓败之像。1513年，由礼房世祖吴宋（1467—1550）倡导，会集吴杲、吴桐、吴集、吴檠、吴滋等相阴阳、度原隰，择地（即今双岘路与和平路交叉口一带）建造新祠。其时族众已逾700，人力物力较前丰裕。新祠于1519年春落成，建造时间长达六年半。新祠规模较前扩大了数倍，前堂后寝，隆庆年间建御书阁于最后。门面7间，左库右仓,左右两厢各有 10 间,分祀各派之祖。左厢外为庶母祠,右厢外为义塾及斋宿之所。这一规制历五百来年不变。南京礼部尚书枫山先生兰溪章懋有《吴氏重建祠堂记》。1674 年"三藩之乱",福建耿精忠叛军由永康入东阳,除御书阁外,大宗祠均遭焚毁。1709 年修复,共有屋 32 间,堂前左右设钟亭鼓阁。大门外东西空地建广孝堂和庶母祠。吴从煌(1655—1708)董其事。进士、邑人赵衍有《吴氏祠堂重建记》。1752 年七月,遭狂风暴雨,后寝倒塌,中堂也倾斜危殆。义房岘畈吴承鸿(1700—1774)及弟吴承洋(1714—1793)、吴承淇(1718—1792)三人承担中堂的修理。1745 年,义房里仁吴学垓(1867—1745)曾建造宗祠大门,此时其子彝孙(1726—1784)等捐田助款以完成后寝的修复,董事者义房里仁吴学埏(1697—1772),工程于 1755 年秋告竣。1797 年,堂寝尚存,而御书阁被白蚁蠹坏。吴承缙(1748—1821)、吴应棠(1747—1823)、吴国濂(1744—1800)、吴应梁(1754—1830)等人捐资监工,历时七载,1803 年,御书阁竣工。接着升正寝造两庑,又一年,全部工程完成。裔孙吴国鸿有《重建大宗祠碑记》。1825 年宗祠圮于白蚁之蠹,于是中厅及川堂用石柱替换,修葺两楹门楼及御书阁,1829 年完成,吴国洋(1767—1834)董其事。1862 年冬,祠遭太平军焚毁。义房里仁吴国经(1810—1876)等鸠工庀材,1867 年春动工,1869 年冬竣工,历时整三年。大门五间,中为中堂,后为川堂,再其后为正寝,最后为御书阁。两厢各七间,堂前东西钟亭鼓阁两间。又东三间为广孝祠,西三间为庶母祠。修职郎卢正珩有《南岑吴氏重建祠堂记》。1892 年重修,重造后进和厢房,易以石柱。1897 年,吴应琳(1846—1911)等主持修理宗庙。1941 年,日寇盘踞东阳,宗祠成为日军的大本营。抗战胜利,东阳中学迁于祠内。1949 年 5 月,东阳解放,作解放军的营房。土改后,作东阳汽车修配厂的厂房。1998 年,旧城改造,宗祠彻底拆毁,自此,东阳境内最为宏伟壮观、设施最为齐全的宗祠不复存在,东阳南岑吴氏宗祠也成为一个历史名词。①

咸丰年间，兰溪诸葛村的丞相祠堂被太平军烧毁。光绪十九年(1894)诸葛枚发起重建，未果。光绪二十二年(1897)，季分的棠斋公从上海归来，再次呼吁重建宗祠，"乐输以倡其首，而族中之殷实者亦各踊跃捐助，爰并男丁捐额与公帑余积……共得白银四千余两，自是诹吉兴作，去其瓦砾，仍其旧址加高尺许，重建寝室七楹，头门五楹，钟鼓楼两楹，东西庑十四楹，门台及厢房七楹，外则缭以周垣，内则屏以绣闼。堂构轮奂，巍然焕然。虽中庭一时未复其原，而外观固已有耀也"。1925年，诸葛瑞标组织重建中庭，于1930年完工。②

浦阳合溪黄氏《重建大宗祠记》(康熙三十五年)、《修葺大宗祠记》(康熙四十一年)、《续葺大宗祠记》(雍正五年)、《重修大宗祠记》(嘉庆岁次丙寅)、《重修大宗祠记》(嘉庆癸亥)等记载了黄氏大宗祠(虁肃堂)在宋元兵燹、大风倒毁、蛀腐之虞等损坏后的修建情况。③ 义乌前洪吴氏宗祠肇建于明万历庚戌年，《重修祠堂记》(顺治戊子)、《重修祠堂记》(康熙乙未)、《丁卯重修祠堂记》、《重建大宗祠记》(光绪任寅)等记录了历次修建重建情况。④ 浦江县岩头镇岩头陈村沙城陈氏宗祠始建于清顺治五年(1648)，"是年冬竖寝室，越明年门庑室奥焕然落成"。顺治十七年(1660)增建门廊、明厅、拜厅、寝室、五间平列一进，共计四进，益以土地、贤功、节孝绝诸祠。康熙六十年(1721)岁大荒。陈英九公以济等开厂于宗祠赈济。浙督赐给匾旌奖曰："泽普乡邻"，巡抚督察院旌之曰"惠济一方"。雍正十一年(1733)沙城陈氏宗祠倾圮颓坏，承

① http://www. chwu. com. cn/Article/ShowArticle. asp? ArticleID = 4097.

② 陈志华等.诸葛村[M].石家庄：河北教育出版社,2003：70.

③ (清)黄学海等.浦阳合溪黄氏宗谱(清咸丰六年木活字本).

④ 吴镜元.义乌前洪吴氏宗谱(民国二十六年木活字本).

珘公率重修。乾隆五十一年(1786)陈荆山公捐金若干重修宗祠。
道光十八年(1838)沙城陈氏宗祠重修。光绪十八年(1892)沙城
陈氏宗祠被毁,唯门廊岿然独存。次岁合族重修。1895年,寝室
拜厅竣工。越四年,全祠竣工。此外,有资料记载的重建事件还
有:嘉庆年间,兰溪游埠镇(原中洲乡)伍家圩村伍氏宗祠在原址
重建;同治丁卯年,浦阳建溪戴氏宗祠重建(《同治丁卯重建宗祠
记》);同治年间,兰溪女埠街道(原女埠镇)渡渎村章氏家庙重建;
光绪十七年,兰溪女埠街道下潘村潘氏家庙重建并完成;兰溪柏

东孝街道东关姚氏宗祠

赤松镇黄坭垅村重建薛氏宗祠经费

社乡(原水阁乡)蒋氏宗祠于同治十年在废墟上重建,民国四年再
次重建;光绪戊子年,兰溪游埠镇(原中洲乡)黎家村黎氏宗祠重
修;清代,兰溪马涧镇严宅村清风祠堂重建;同治年间,兰溪女埠
镇焦石村邵氏家庙重建;1912年,云山街道(原岩山乡)徐尚源村
徐氏宗祠重建;1952年,磐安双溪乡梓誉村蔡氏宗祠重建;2006
年,东阳画水高平村民筹资50万元重建蒋氏宗祠;2007年,东阳
虎鹿镇下程村在前白步岭山腰重建程大宗祠;2007年,金东东孝
街道东关筹资50多万元移建姚氏宗祠,金东赤松镇黄坭垅村重
建薛氏宗祠;2008年,义乌义亭镇上胡村重建胡氏宗祠;2009年,
金东傅村蒋田畈筹资200多万元重建蒋氏宗祠……

第二节　浙中地区传统宗祠的建筑形制^①

　　宗祠属于礼制建筑,具有一定的格局。正如蔡丰明等所说,中国祠堂的主要形制与建构,一方面体现了鲜明的祠庙特点,另一方面又有着一定的家宅风格。根据朱熹《家礼》中的描述,祠堂必须位于正寝之东,总为三间,正寝之外为东中门,中门外为两阶,阶各三级。两阶之下,随地之广狭,以屋复之,使可容众家众亲立为度。又另为遗书、衣物、祭器及神厨等室于其东。又于具东缭,以周垣别为外门,常加扃闭。祠堂之内,以近北一架为四龛,每龛之内,置神主于桌上,主皆藏于柜中,置于桌上南向,各龛垂小帘,帘外置香桌于堂中,香炉、香盒桌于其上,两阶之间,也要设置香桌。从这种建构的布置上可以看出,中国的祠堂是一种具有鲜明的世俗宗教特点的文化形式。^②浙中地区宗祠分布广泛,建造时间跨度较长,建筑形制复杂多样。

一、整体形制

　　浙中地区宗祠建造总体上遵循《家礼》的规定,但在实际建造过程中,由于宗族经济实力的差异、不同时期社会观念的变化以及建造技术的发展等因素的影响,宗祠形制存在较大的差别。宋元时期,宗祠建筑一般比较简单、面积较小。随着宗族的发展壮大,宗祠在一次次的扩建、重建后,规模越来越大,功能也越来越完备。浙中地区最为常见的宗祠主要有三进,从前到后,一是前厅,即门楼或门屋;二是中厅,或者叫享堂、祀厅、明厅、拜殿,是举行祭拜仪式的地方;三是后厅,又叫寝室、后寝、隐堂,专门用于供

---

① 主要指宗祠的形状与构造。

② 蔡丰明,窦昌荣.中国祠堂[M].重庆:重庆出版社,2003:4.

奉祖先神位。但也有二进（赤松赵氏宗祠）、四进（义乌梅陇朱氏宗祠）、五进（莲塘张氏宗祠）的宗祠存在。

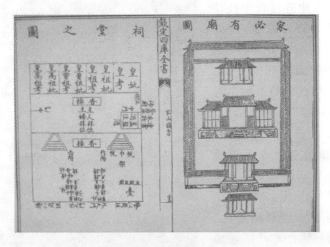

四库全书所载祠堂图

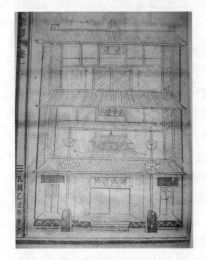

义乌梅陇朱氏宗祠（三进）

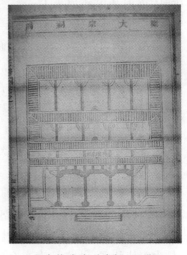

义乌梅陇朱氏宗祠（四进）

宗祠是礼制建筑，有严格的等级规定。但民间在建造过程中往往会千方百计逾制，主要体现在两个方面，一是宗祠正面的开间数，二是台基石级的级数。有些宗祠通过"明三暗五"的方式进行巧妙的处理，如金东区东孝街道东关姚氏宗祠、江东镇上王村王氏宗祠、江东镇姜家王氏宗祠等；兰溪马涧镇严宅严氏家庙和永康芝英街道郭山村胡氏特祠甚至建成七开间。宗祠台基石级一般

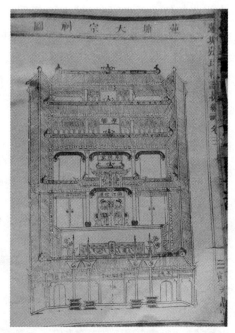

莲塘张氏宗祠（五进）

是 1 至 3 级，但有些宗祠依山而建，大大抬高后进，石阶达五级以上。兰溪马涧镇严宅严氏家庙后进有 7 级石阶；金东多湖街道十二里姜氏宗祠后进两侧各有 8 级石阶；兰溪女埠街道渡渎村章氏家庙后进两侧也各有 8 级石阶；兰溪诸葛镇诸葛村丞相祠堂月台两侧各有 15 级台阶，后寝中间还有 10 级台阶，后寝比中庭高出 5.1 米。

宗祠不论规模大小，其中大部分的平面布局是方正的。但有些宗祠为了祭祀、管理等方便，或者扩展宗祠的其他社会功能，有时会在不影响宗祠总体布局的前提下，添建一些附属建筑，如牌坊、守祠房、礼门、后花园、义塾、义仓、义厝，甚至孤儿院、养老院等。如东阳南岑吴氏宗祠经过多次扩建、添建后，成为东阳境内最为宏伟壮观、设施最为齐全的宗祠。该祠坐北朝南，前为门楼七间，左库右仓；中为厅，五开间，两侧又有小厅，堂前左右设钟亭

鼓阁两间;后为寝五开间,左有"推本堂",为义塾及斋宿之所,右有"庶祠";寝与厅之间,以中堂、川堂相联。宗祠主轴左右两厢各有 13 间,分祀各派之祖,祠内还建有"御书阁"、"内阁"和"经筵"。祠之边隅有屋、池、井为守祠者居焉。祠内寝、厅、堂、门、阁之梁楣上,有匾额八十余块,柱上有对联 13 幅,中厅二侧墙上有"东序"、"西序","御书阁"藏书万卷。大门外有广场,约三亩多,东西空地建广孝祠和庶母祠。① 东阳城东街道李宅二村李氏大宗祠因地势而建,前低后高,前有门楼 11 间,左右伴厢房 32 间,从大宗祠后进登 15 级台阶为九间楼,中三间称映台楼,东三间为三德堂,西三间称四美堂,是全村的制高点。每逢佳节,层层大门洞开,登映台楼视线可穿越前厅、门楼、尚书坊,透过重门俯瞰月塘,犹如一面明镜,全村高低起伏的亭、台、楼、阁之恢弘气势,尽收眼底,其结构、布局和体量为省内少见。

义乌龙溪鲍氏宗祠

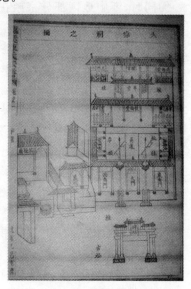

义乌龙溪陈氏宗祠

---

① 东阳南岑吴氏增禄宗谱(2007 年续修本)。

白麟溪义门郑氏宗祠　　　　　　兰溪郑氏宗祠（回字形）

　　同时，浙中地区部分宗族在建造宗祠时，除了保证宗祠基本功能的主要空间和庄重、整齐的格调外，结合地理环境、宗族愿景等，对宗祠格局进行适当的调整，形成了"回"、"吉"、"品"、"凹"、"王"、"工"字形和鸡形等比较特殊的平面形制。如兰溪诸葛镇诸葛村丞相祠堂、诸葛镇长乐村金氏大宗祠、马涧镇（原姚塘下乡）严宅严氏家庙、东阳横店街道琴堂村何氏宗祠等有独立的中厅，四面不与其他建筑相连，呈"回"字型的平面布局；浦阳街道新华东路 68 号的张氏宗祠，中轴线上依次为门厅、中厅、穿厅、拜厅、寝堂，与两侧耳房构成"吉"字形布局；义乌赤岸镇雅治街朱氏宗祠主屋 25 间，一个大天井和两个小天井，呈"品"字形结构；义乌佛堂镇塘下洋村金氏宗祠，正屋三间，左右厢房各三间，呈"凹"字型前廊式天井院结构；东阳南市街道高城村吴大宗祠，前中后三进都有川堂相联，呈"王"字形；金东区孝顺镇山头下村陈氏宗祠呈八卦状；东阳吴宁街道卢宅村卢氏大宗祠，正厅三间带左右挟屋，进深十檩，进深过大，采用勾连搭处理，形成正堂与后楼用廊连成的"工"字形建筑；义乌佛堂镇雅樟村丁氏宗祠建在蜈蚣山对面，呈鸡形。

二、门面形制

如前文所述,浙中地区宗祠的门面总体来说比较朴素简洁不张扬,但这并不是说浙中地区宗祠的门面是简单而呆板的。考察浙中各地的宗祠,大致上可以分为五种门面形制。首先,最为常见的门面是在与民居建筑非常相似的前厅中间开一大门,在大门的上方题写宗祠名称,屋面为硬山两坡顶,大门左右两侧或封闭、或开窗户、或开小门,如金东区赤松镇东塘村张氏宗祠、曹宅镇曹宅村曹氏宗祠、永康市龙山镇玉川村卢氏宗祠等。

赤松镇东塘村张氏宗祠

第二种较多的门面是在一进开间前檐做八字墙,大门内缩,左右置抱鼓石,大门上方悬挂宗祠牌匾,这是明清时期江南地区比较通行的宗祠建筑形制,具有鲜明的庙宇特点。这种形制通过简单的处理(大门内缩),不仅可以使宗祠与民居明显地区别开来,增强宗祠的神圣地位,还能够减轻雨水的影响,有效地保护宗祠大门。如金东区傅村镇傅村傅大宗祠、曹宅镇龙山村张氏宗祠、岭下镇后溪汤氏宗祠、澧浦镇方山村方氏宗祠、澧浦镇山南村孙氏宗祠、江东镇横店村项氏宗祠、江东镇雅湖村胡氏宗祠、永康市象珠镇杏里村陈氏宗祠等。

象珠镇杏里村陈氏宗祠

傅村镇傅村傅大宗祠

第三种是具有徽派雕刻的磨砖门面,三层楼高,大门上方石雕宗祠名称,另有"追远"、"福禄寿喜"以及吉祥图案等砖雕,简约而不失华贵,如金东区曹宅镇午塘头邢氏宗祠、塘雅镇含香乡含香村曹氏宗祠等。

曹宅镇午塘头邢氏宗祠

邢氏宗祠门面砖雕（追远）

　　第四种是牌楼与大门有机结合的门面形制。这种情况比较少见，两柱三楼、高约七八米的青石楼门（石坊）刚好竖立在大门位置，宗祠大门向内退一至三米，宗祠名称或者雕刻在牌楼中间的石板上，或者悬挂在里面的宗祠大门上方。如兰溪女埠街道渡渎村章氏家庙、云山街道陈家井村陈氏家庙、江东镇前贾村贾氏宗祠等。

江东镇前贾村贾氏宗祠

女埠街道渡渎村章氏家庙

　　第五种是具有欧式建筑风格的门面。这种宗祠主要建在民国时期。"自清末季,外侮凌夷,民气沮丧,国人鄙视国粹,万事以洋式为尚,其影响遂立即反映于建筑。凡公私营造,莫不趋向洋式。"①宗祠本为宗法性建筑,但也免不了受社会风气的影响,当然

　　① 梁思成.中国建筑史[M].天津:白花文艺出版社,1998:353.

这种情况极其稀少。如浦江县梅石坞王氏家庙，门面为欧式钟楼顶，刻有钟盘，钟面数字一边为罗马数字，一边是阿拉伯数字（图见第一章第四节）。建于1940年的兰溪梅江镇下祝宅村的祝氏宗祠，也颇具西式风格。

丞相祠堂右侧小门

江东镇上王村王氏宗祠大门

还有两个特殊的门面，一个是兰溪诸葛镇诸葛村丞相祠堂的门面，门屋三间开敞，金柱间开板门，每间四扇，门前因风水关系砌围墙,在左右两侧各开一小门出入,门前围墙内比较局促。另一个是金东区江东镇上王村的王氏宗祠,大门开在前进的右侧,这在全国都是不多见的,其中原因还有待考证。

三、局部形制

1. 戏台

浙中地区宗祠戏台比较普遍,建在宗祠大门的后面,面朝拜厅,主要有三种情况。第一种全部都在门屋的明间里面。如江东镇上王村王氏宗祠的戏台全部在明间里面。这样有效利用了明间的空间,节约了建造成本,同时扩大了戏台前天井的面积,可以容纳更多的人观看。第二种有一半凸出于明间之外。如金东塘雅镇横塘朱氏宗祠、江东镇雅湖村胡氏宗祠等前进明间一半兼做戏台。第三种是全部凸出,后面与明间相连。这种结构较为普遍,戏台基本呈正方形,戏台屋顶以歇山式为主,明间突出,次间稍低,翼以两角,呈重檐之势,屋角飞翘、线条优美。戏台上方为拢音而多用藻井。武义俞源村俞氏宗祠、金东江东镇横店村项氏宗祠、澧浦镇方山村方氏宗祠、永康市芝英街道下柏石村陈大宗

永康市芝英街道下柏石村陈大宗祠戏台

祠等戏台都属于这种类型。金东澧浦镇山南村孙氏宗祠,借凸出的戏台,顺势继续向后延伸与中厅连接。

2. 屋顶

中国古代建筑屋顶千变万化,瑰丽多姿。在封建社会中,对于屋顶的形制及其装饰都有许多等级化的规定。屋顶的形式、高度,脊饰的形象、尺寸、数目、颜色均须根据建筑的等级而定,不得超越。屋顶有五种基本形式,即悬山顶、硬山顶、庑殿顶、歇山顶、

丞相祠堂歇山顶

王氏宗祠的重檐庑殿顶

攒尖顶。浙中地区宗祠的屋顶以硬山顶为主,五脊二坡,屋顶左右屋檐不出山墙,两侧山墙从下到上把檩头全部封住,有些还做各种形式的风火墙。但兰溪诸葛镇诸葛村丞相祠堂的门楼和中庭是单檐歇山顶(又称九脊顶),除一条正脊、四条垂脊外,还有四条戗脊,正脊的前后两坡是整坡,左右两坡是半坡。明清时期,五品以上官吏的住宅正堂才能用歇山式顶。最特别的是金东区东孝街道经堂头王氏宗祠的屋顶。王氏宗祠建于清末,用材简单,但屋顶形制特别,采用的是五脊四坡式的庑殿顶(又称四阿顶),而且是重檐的,前后两坡相交处是正脊,左右两坡有四条垂脊,分别交于正脊的一端,在庑殿顶之下,又有短檐,四角各有一条短垂脊,共九脊。重檐庑殿顶是清代所有殿顶中最高等级,只有皇帝和孔子的殿堂可以使用。

3. 钟楼

钟楼是支承或庇护钟的塔楼,独立或建在民用或宗教建筑上较多。明洪武十七年(1384),明太祖朱元璋下令在全国各城市兴建钟楼,以镇天下。宗祠里建造钟楼的情况很少,根据我们的调查,浙中地区仅兰溪诸葛镇诸葛村丞相祠堂、金东区傅村镇傅村傅大宗祠和东阳南岑吴氏宗祠等建有钟楼。丞相祠堂把七楹寝室的左右两间作为钟楼,吴氏宗祠则在中厅堂前左右设钟亭鼓阁两间;傅大宗祠的钟楼独立地建在前厅后面的两侧。

傅村镇傅村傅大宗祠钟楼

4. 旗杆

明清时期,参加科举考试取得举人、进士等功名,官府不仅授予爵禄,还赐予旗帜,竖立在精工建造的石夹上,其作用有二:一是考取一定功名后,社会地位提高,花钱竖立旗杆可以光耀门楣;二是旗杆竖立后,作为后人学习榜样,激励后人积极进取。建有宗祠的宗族就把功名旗杆竖在宗祠的门口,外人从宗祠面前经过,一眼便可见到,这是光宗耀祖的象征。若是进士出身的旗杆上半部将做两个四方斗,举人做一个四方斗,贡生没有斗。旗杆的顶部因文武功名不同而不同,文功名顶部多雕成笔锋,武功名的旗杆顶部多雕刀戟或镂座狮。功名旗杆的主人署名则在旗杆夹的正面体现,左边条石上雕刻主人得功名的时间,右边条石上凿刻主人获得的具体功名。功名高低除了在旗杆上端有区别外,还与旗杆底部的础石有关。一般旗杆底部都有磐石垫底,举人、进士无需再垫础石,而贡生等则需在磐石上加一块圆础石。如果是状元旗杆,基石上还可刻龙、凤、麟、鱼、鹤等吉祥物。广州等地的旗杆通常插在两块旗杆夹(长 2 米左右、宽 50—60 厘米、厚 20—30 厘米)间。徽州祠堂前的通常置八菱形旗杆石托。根据笔者的调查,浙中地区的旗杆大多插在方形的旗杆石(俗称旗杆墩,分三层叠起,中间有一直径 20 厘米左右的圆孔)里,比较牢固。如东阳六石镇吴良吴大宗祠门前分列 4 个青石狮子和 4 个旗杆平台,每台中间一孔,竖立 5 米高旗杆;金东区赤松镇上钱村钱氏忠孝祠门前有石马头两座、旗杆石二方;傅村镇傅村傅大宗祠立有 6 根旗杆;江东镇前贾村贾氏宗祠有 6 个旗杆石;江东镇上王王氏宗祠门前有两个石狮,立有旗杆;武义俞源乡俞源村俞氏祠门前排列 10 根旗杆;白洋街道下邵村邵氏宗祠大门口有两个旗墩;履坦镇范村范氏宗祠门前有旗杆石;婺城区白龙桥镇筱溪村郑氏宗祠有两个旗杆台。这些旗杆是浙中地区各宗族耕读传家、倡导儒学、注重教化的集中体现。明清两代俞源村共出进士、举人、贡生 60 余名,秀才 140 余名,当地有"无俞不开榜"的谚语。①

江东镇前贾村贾氏宗祠旗杆石

俞源村俞氏宗祠旗杆

① 朱连法. 太极俞源[M]. 上海:上海人民出版社,2006:106.

傅村傅大宗祠旗杆

5. 照墙

很多宗祠门前都有较大的空间，或是一块平坦的空地，或是一口较大的池塘，或是蜿蜒流过的小溪，或是直接面对宗族的耕地。但也有一些宗祠门前空间比较局促，甚至对面有其他建筑物，这样就会想办法在宗祠大门对面建一面照墙（又称照壁或屏风）。金东区赤松镇下潘郑氏宗祠、赤松镇上钱村钱氏忠孝祠、武义履坦镇范村范氏宗祠、女埠街道虹霓山村童氏宗祠大门对面都有照壁，东阳虎鹿镇蔡宅蔡氏宗祠前则是极其少见的五级屏风。

虎鹿镇蔡宅蔡氏宗祠前的五级屏风

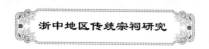

第三节　浙中地区传统宗祠的文化内涵

　　文化内涵是指某种承载文化的物体所反映出的人类精神和思想方面的内容。传统宗祠作为乡村最高规格的礼制建筑和宗族活动的中心，其建筑风格、平面布局以及细部构件都蕴含着深刻的文化内涵，是区域文明的重要载体和物化。传统宗祠是宗族教育的圣殿、区域艺术的厅堂、民风民俗的表征，它的发展变迁映衬着乡村社会的发展、文化的更新。

一、宗族发展的见证

　　现在，浙中地区各个乡村聚落的村民的祖先大多是在历史上的某个时期从北方迁来的，或者是在南方某个地方繁衍发展后再迁移到浙中定居的。聚族而居的血缘村落需要依靠宗族的关系来建立良好的社会秩序。这些宗族发展到一定人口规模和经济实力后，就开始想方设法，合一族之力，倾其所有，毕其功于一役，营造宗族的殿堂——宗祠。宗祠是宗族发展的历史记忆和见证。

　　宗祠见证了宗族起源与繁衍发展的历史。宗祠是尊祖敬宗的联结点，也是祖先灵位的安息地。浙中地区的宗祠一般都祭祀最早迁到该居住地的始祖，或把其牌位安置在后寝的神橱里，或者把其遗像悬挂在后寝中间。许多宗祠的门联和柱联表明宗族的祖籍和来源。如赤松赵氏宗祠大门两侧的门联"支分天水、派衍巍山"，简要地说明了赵氏从北方天水迁到东阳巍山，然后再迁到赤松的历史；义乌龙溪鲍氏"庙成遥遡分上党，祭彻沉思步泰山"；东阳南岑吴氏则"由石井以分支义率祖仁率亲远绍西歧瓜瓞，自碧溪而作庙偶有遷奇有俎遥分国频繁"；金东区塘雅镇横塘朱氏"支承徽国为孝为忠恪遵文祖训，派衍黄堂唯耕唯读仰副野翁心"……宗祠内编纂的家谱更是详细记载了宗族的郡望、迁徙、分布、派系、世系、人物(包括遗像并赞)、事迹、艺文、祠图、阳宅图等内容,比较系统地展现了宗族发展的概貌和人口繁衍的完整资料。宗祠后寝"追远"的匾额寄托了后世子孙对先祖的怀念,也时刻提醒着后世子孙不忘宗族的发展,特别是曾经有过的辉煌。

严宅严氏宗祠后寝匾额

　　宗祠以物化的形态真实反映了宗族的经济状况。浙中地区的宗祠在规模、用材、细部构件等方面都存在较大的差异,这种差异是由各个宗族的经济实力所决定的。聚居地范围狭小、宗族成员不多、经济状况相对较弱的宗族所营建的宗祠一般都不是很大,柱梁等所用材料也很节省。如金东区东孝街道下于村于氏宗祠、东孝街道陶朱路村潘氏宗祠、源东乡洞井村曹氏宗祠、赤松镇钟头村赵氏宗祠、赤松镇东塘村张氏宗祠。这些宗祠的保存非常困难,难以久存很容易因为某种原因而倒塌。相反,较早在浙中地区相对比较开阔的地方定居、宗族成员发展较多(有些甚至分散在邻近的多个居住点)、经济实力相对较强的宗族,往往会花费巨额的资金,建造在乡村称得上比较宏伟的宗祠,规模盛大、用料考究、细部构件精雕细琢,如金东区赤松镇桥里方村方氏宗祠、赤松镇山口冯村冯氏宗祠、多湖街道牛皮塘盛氏宗祠、东孝街道东藕塘金氏宗祠、多湖街道十二里姜氏宗祠、江东镇横店村项氏宗祠等。祠堂记(包括创建、修建、重建宗祠的记录)真实记录了宗祠建造的背景、原由、过程和总体形制,从一个侧面反映了宗族的经济发展状况。

宗祠见证了宗族曾经有过的辉煌。每个宗族都或多或少有一些引以为自豪的名人祖先及其事迹,宗祠中的旗杆、圣旨牌、匾额、楹联等是宗族辉煌历史的永久见证。如东阳南岑吴氏宗祠的匾额"父子进士"(东阳宋绍兴壬子进士吴芾、宋乾道丙戌进士吴洪)、"中散大夫"、"翰林"、"登科"、"理学名儒"等,中厅对联"扶南宋之乾坤功同韩范官如己公如私亘古沿为家法,绍东莱之文献学汇周程义则宗仁则祖至今辈作孙谋"等,御书阁对联"恩赐御书兼诰勅,宠修玉牒侍经筵"、"传经已授东莱笔,登阁犹然大乙黎"等,[①]充分展现了吴氏人才辈出、宗族繁盛的景象。义乌龙溪鲍氏宗祠"俊逸才高同李杜,金兰义厚叹生知"、"雅推天下才到今受赐,祥发泰山郡亘古为昭"、"推位让能攸摄交殷声气,彻衮易乘刑于化洽唱髓"、"仰泰山而高望,俯蓬水以长思"、"望族杜公重,威名汉帝钦"、"三世著功名孝义双全于大汉,单身临劲敌忠壮独显于皇唐"等 38 幅对联道尽了鲍氏悠久而辉煌的历史。[②] 义乌前洪吴氏宗祠"至德兴邦宗祖第,延陵让国子孙家"、"宏兹卉为中兴良佐,辅台德宝大宋元勋"、"扈驾南迁名光青史,秉□西镇节著丹心"、"周秦汉东西王侯继世,晋唐宋南北将相传家"、"百粤隶版图进爵为王荣封采地三千里,八龄通经史称童曰圣安享光天九十年"、"礼洽南邦一时雅化,乐观东国千古知音"等 19 幅对联则再现了吴氏祖先的丰功伟绩。[③] 浦江郑氏宗祠"江南第一家"、"江南首族"、"三朝旌表恩荣第,九世同居孝义家"、"文章空冀北,孝义

---

① 东阳南岑吴氏增禄宗谱(2007 年续修本)。

② (清)鲍书田等.龙溪鲍氏宗谱(清道光二十九年木活字本).

③ 吴镜元.义乌前洪吴氏宗谱(民国二十六年木活字本).

冠江南"、"史官不用春秋笔,天子亲书孝义家"、"一门尚义,九世同居"、"宋元明三朝赐命,忠孝义百世流芳"、"孝义振家声江南第一,凤麟挥睿藻朝右无双"等联匾彰显了郑氏家族绵延三百三十多年十五世同居的"东方奇迹"。

金东区江东镇横店项氏宗祠尚书匾

宗祠也见证了宗族的兴衰与苦难。浙中地区各个宗族的发展不是一帆风顺的,家族矛盾、自然灾害、民族战争和政治运动等都深深地影响着宗族的发展进程,又以各种特殊的形式刻画在宗祠之中。如前文所述,太平天国运动和抗日战争时期,大量的宗

玉川卢氏宗祠内的标语

严宅严氏宗祠内的标语

祠被烧毁、破坏，有些在若干年后得以重建，有些则只能记载在宗谱、村志等文献资料里，留在人们的记忆里，成为宗族的遗憾。但建于道光年间的义乌大陈镇凰升塘村陈氏宗祠却全今保存完好，门口的石门上"天国同胜"（太平天国时期的标语）四个大字，使我们很容易理解其中的原由。新民主主义时期的历次政治运动中，特别是"文革"期间，宗祠遭到一次普遍性的破坏，其中的祖宗遗像、牌位、匾额、宗谱等作为封建宗法社会的标志物被清理殆尽。宗祠被当作村小、仓库、牛栏等集体用房，墙壁上多出了一些具有鲜明时代烙印的标语。

二、区域艺术的厅堂

宗祠是集建筑、书法、绘画、雕刻等艺术于一体的综合体。它是浙中历代劳动人民建筑艺术和各种工艺艺术的精华标本。东阳素以建筑之乡、木雕之乡、白工之乡闻名遐迩，历史上土地资源少、人口多及人文地理等因素,使成千上万东阳人从事建筑业。自元代把东阳木雕应用于建筑装饰后,独树一帜的东阳建筑体系基本形成,至明清,随着"三雕"技艺,特别是木雕技艺的不断提高,东阳民居建筑很快影响了周边的宗祠建造。[①]洪铁城先生认为,浙中明清古建筑是我国古代建筑的一种体系,可称为儒家住宅体系或明清木雕住宅体系。其特征一是平面严谨,布局适法;二是型制规正,结构合理;三是空间多变,功能良好;四是设计精致,工艺超凡;五是装饰华美,风格独异;六是配套齐全,巨细无遗;七是选址认真,环境清楚;八是格调高雅,内容丰富;九是文化脉络,源远流长。王庸华、周江跃先生也认为,东阳民居是一方人文的物化标识;从文化和美学上说,每一座单体建筑在建筑美学、人文内涵上,特别是以东阳木雕为主的装饰,都极具社会价值和文物价值;在域内显争奇斗艳的态势;又被专家称为独具儒家文化特色的建筑文化。[②]而分布乡村各地的宗祠是浙中地区古建筑文化的重要组成部分。东阳卢氏宗祠集木雕、石雕、砖雕、壁画艺术于一体,建筑雄伟,装饰华美,风格独异,其木雕装饰表现了儒家思想与建筑艺术的完美结合。东阳城东街道案卢村安溪卢氏大宗祠用料昂贵,装饰精湛,融木雕、砖雕、石雕、彩绘于一炉,属清代建筑工艺不可多得之精品。兰溪诸葛镇吴太仁村吴氏宗祠门楼上的浮雕,神态逼真、栩栩如生。金东区傅村镇傅村傅大宗祠用材粗大、气势宏伟,牛腿、斗拱、雀替等木构件雕刻工艺精致、周密华美,具有很高的艺术价值。雅畈镇石南塘村永清徐氏宗祠的环境风貌非常完好,建筑与周围的自然环境完全融合,背山面水,充分体现了中国传统古建筑所追求的人与自然和谐统一的理念。义乌市义亭镇上胡村胡氏宗祠戏台之下有一水窖,近 20 平方米,

---

① 古建筑学家王仲奋在《东方住宅明珠——浙江东阳民居》一书中提出,"徽派建筑"(包括徽州祠堂)其母本实际上是东阳古民居。

② 马云鹿.东阳家谱与建筑文化[N].建筑时报,2005—11—8(3).

水深约半人高,有防火、调温和排水等功能。义亭镇何店村何氏祠堂于 1638 年 10 月始建,至 1719 年正式完工,整整建造了 81 年,整个宗祠依山就势,层层递进,层楼叠院,错落有致。上溪镇黄山村陈氏宗祠(黄山八面厅)以精湛绝伦的石雕、砖雕和木雕艺术著称,整个立面装饰具有徽州门头的装饰风格,其木雕为东阳木雕艺术发展至顶峰时期的典范之作,堪称古代雕刻艺术博物馆。宗祠到处布满了雕刻,题材广泛、构思立意娴熟,有主次地选择减地浅浮雕、高浮雕、镂空雕、圆雕、半圆雕、镂空双面雕、锯空雕、平雕、线刻等多种技法,进行恰到好处的雕饰,使整个画面显得完整、和谐与统一。① 浙中地区宗祠除了不断改进建造技术和形制,还因地制宜采用当地的青石做宗祠的石柱、石梁、栏杆、台阶以及石构件。

兰溪马涧滕氏宗祠精美雕刻

宗祠还曾集中展示了当地的书画艺术。各个宗族都尽可能请族内或当地享有盛名的书画家来书写宗祠内的匾额、对联、壁画等,所以其中的书画具有较高的艺术水准。东阳市马宅镇雅

---

① 黄每燕.浙江义乌黄山八面厅的建筑风格「J].东方博物,2006,(16).

坑村张氏宗祠内 68 根宋元明清四朝样式的圆石柱,近 30 副对联,出自同一位书法家的手笔,有行书、楷书、隶书等。曹宅镇龙山村龙山张氏宗祠 84 根柱子全是石柱,石柱上总计刻有 20 副楹联,字体各不相同,囊括小篆、大篆、金文、隶书、楷书、行书等多种字体,风格迥异,其中还有两副是用满文书写的,不失为书法艺术的宝库,具有很高的艺术欣赏价值和研究价值。永康石柱镇后吴村吴氏宗祠中厅左右砖壁上,书有"忠孝廉节"四个行书大字,刚劲有力,据传是村内举人吴荣宪所书。1893 年,吴氏宗祠重修竣工,吴荣宪直接用扫帚蘸墨,一气呵成把四个字写于宗祠砖墙上。至今已一百多年,当年的墨迹却仍没有任何改变。可以说,这几个字不仅是先人教诲后辈子孙之规训,也是当今罕见的书法艺术精品。[①]

三、民风民俗的表征

浙中地区乡村居民宗族(祖宗)观念浓厚。各个宗族通过定期的祭祀,表达对祖宗慎宗追远、感恩报德的情怀,学习祖先的仁德与智慧,并祈求祖宗的庇佑。建祠之风盛行、乡村各地宗祠遍布是其中一个重要的表现。佛教、道教和基督教都在浙中地区有一定的影响。赤松黄大仙擅长炼丹和医术,曾"治病救命,佑福保安",被尊为财神和吉祥之神。他不仅在家乡造福黎民,而且仙游各地"普济劝善,扶弱救贫,驱邪扶正,除暴安良"。宋代元符淳熙两位皇帝先后诰敕"崇其美名,褒其有求必应"。赤松山作为黄大仙成仙得道的宝地,吸引众多信徒前来寻找仙源,朝圣观光。曹宅有大佛寺(宋改名"石佛寺",清代称"赤松岩寺"),建于南朝梁武帝大同年间,距今已有近 1500。寺内曾有铁罗汉 518 尊,系宋元丰年间(1078—1085)郑刚中曾祖克允与弟克明冶铁铸造,原存

---

① 《建筑创作》杂志社,浙江省永康市文物管理委员会编.文化厚吴:厚吴的宗祠与老宅[M].北京:机械工业出版社,2003:10.

于罗汉寺,后改建"三学寺",移其像于西岩石佛寺,明时尚存,后毁于兵燹。民国七年(1918)仲夏,瑞龙向当地士绅募捐款项,重新修建,使整个寺院及诸佛像各适其名,一一重光。但是,浙中地区乡村居民宗教观念淡薄,很少有真正的宗教徒。他们偶尔会到寺庙或道观里去"烧香拜佛",然而在他们的生活中最为重视的是在冬至、过年等时候到宗祠或在家里或到墓地祭祀自己的祖先(当地俗称拜太公)。另外,浙中各地还建有许多小庙宇,如西新建庙等,主要是一些较大的宗族在某个核心居住点的周围散居地建立的,这些庙与名人庙宇不同,某种程度上具有房祠的功能,里面供奉的主要是比较模糊的祖先(当地人称本保老爷和本保奶奶),配祀财神、土地神等。①

浙中地区乡村居民崇尚忠孝仁义。宋明以来,吕祖谦、陈亮、唐仲友、何基、王柏、金履祥、许谦、吴莱、柳贯、黄溍、王炜、宋濂、章懋等,不仅在继承和发展浙东传统学术精华的基础上,形成了浙中地区以事功学说为核心的思想体系,而且注重结合社会现实,解决实际问题,进而努力推行和维护封建礼义纲常。由于这批人在浙中地区具有广泛的社会影响,他们所倡导的忠孝仁义思想逐渐成为当地一种普遍的社会心理,成为各个宗族长期坚守和传承的道德规范。一些宗祠的堂号就直接冠以忠孝仁义等字眼,如金东区岭下镇汪宅汪氏宗祠的正仁堂、兰溪市香溪镇施家埠施氏宗祠的登仁堂、兰溪市水亭畲族乡古塘村饶氏宗祠的礼义堂、兰溪市仙华街道戴宅戴氏宗祠的聚仁堂、浦江县浦南街道长春下杨村杨氏宗祠的礼和堂、浦江县郑宅镇郑宅村郑氏宗祠的孝友堂、浦江县前吴乡裘溪英坞坪村何氏宗祠的忠孝堂等。宗祠的布局也充分体现了传统的"礼"和"孝"的概念。永康石柱镇后吴村吴氏宗祠中厅砖壁上书有"忠孝廉节"四个一米多高的大字,非常显眼。最典型的是十五世同居的"江南第一家"郑氏宗祠,明太祖

---

① 另外有将军庙、关帝庙等,情况比较特殊。

朱元璋亲书"孝义家"巨匾，进士张奕槐题"敕旌孝义宗祠"，还有"忠信孝悌"、"礼义廉耻"大字以及"九世同居孝义家"、"孝义冠江南"、"天子亲书孝义家"、"一门尚义"、"忠孝义百世流芳"、"孝义振家声江南第一"等联匾。此外，许多宗族通过制定宗祠规范以及在宗祠内训诲子弟的时机，加强宗族成员的忠孝仁义思想教育。

浙中地区乡村具有崇文重教的优良传统。各个宗族从北方迁到浙中地区后，不仅带来了先进的生产技术和劳动工具，而且也带来了中原先进的文化和思想观念。同时，经历颠簸辗转来到一个完全陌生的生活环境，他们更加注重自己的生存发展，更加强调耕读传家的重要意义。南宋时期，浙中地区"中兴则为辅藩，德教所及，风化所被，俗变以文，三岁之举，至五六十人，豪杰相望，公辅踵出，足为东南之仪表"[①]。之后，该地区逐渐形成了倡文好学、崇文重教的良好社会风气，成为文化礼仪之邦，被誉为"小邹鲁"。宗祠作为宗族教育的圣殿，在文化传播和人才培养方面发挥了重要作用。宗族利用宗祠这一特殊的载体对宗族子弟进行归宗认同、伦理道德、尊崇儒学等方面的教育。宗祠的堂号、神位或遗像、匾额、祠联、祠规、祠祀以及宗祠建筑本身等构成了宗族教育的良好氛围。一些宗族千方百计利用宗祠兴办私塾或学校，选聘良师教育宗族子弟；有些宗祠用部分祠产按照一定的标准资助宗族子弟学习和参与科举考试，如果获得功名则通过给青衫银、在宗祠前竖旗杆、建坊等方式予以表彰，具体情况在下一章展开论述。

浙中地区乡村礼俗活动和戏剧演出异彩纷呈。浙中地区婚嫁、丧葬、祭祀等礼俗活动形式多样、内容丰富；在春节、元宵、春社、秋社、圆谱等期间举行迎灯、迎花烛、迎会、演戏等活动；甚至

---

① 转引自陈国灿，奚建华.浙江古代城镇史[M].合肥：安徽大学出版社，2003：157.

当族中不孝子弟犯了较大的错误被发现后，有时也要罚酒演戏以示惩戒。浙中地区建有宗祠的村落，上述活动都或多或少地与宗祠联系在一起，或者借助宗祠这一平台，或者以宗祠的名义来组织。如浦阳钱氏宗祠规定："婚姻之道，万化之原也。男有家而娶，女有室而嫁，古礼重之。凡为父兄者为子弟择配必于仁厚之家、门户相对，体其女之淑，慎者肃通媒约缔结良缘，切勿贪恋厚奁以至攀高附上失其佳偶，至有女妻人亦只择其佳婿，毋索重聘。盖婚姻论财夷虏之道也。以此行于族中，则内外无怨而家道无不正矣。倘不遵是训而贪爱便宜或聘取于贱户或买女于下流，告祠日定行斥革。"（正婚姻）"夫妇道为五伦之本，而子职居百行之先故。朝廷旌扬之典嘉予必及尽所以彰实行而维风化也。凡族中有孝子顺孙贞女节妇必加优待，使孝有所勉而节得以全。或贫弱不能自立者，亲族量行资给，祠中亦宜存恤，以广扶衰济困之仁。"（崇节孝）[1]而赤松赵氏宗祠规定："丧礼原有定制。如有居父母丧身，自嫁娶释服从吉，匿不闻丧等与，应作不孝论，拘祠重处。"[2]浦阳珠山张氏宗祠祠规条约规定："族中子侄如有不孝不弟，亲房邻佑当鸣族长家法处治；如恃顽不服，送官惩究；如房长两邻容隐不举，罚酒三席、演戏一本，以为讳纵之戒。"[3]

总之，宗祠以其特殊的建筑形态和在宗族发展中举足轻重的地位，见证了浙中地区各个宗族的发展历程，丰富并传承了区域文明。当然，宗祠在传承文明的过程中，也不可避免地沉积了一些封建糟粕，有些已经在历次政治运动受到洗涤，有些还需要进一步在乡村建设中扬弃。

---

① 项耀曾等.浦兰钱氏宗谱（民国17年木活字本）.

② 赤松赵氏宗谱（民国庚午年重修本）。

③ 浦阳珠山张氏宗谱（2006年丙戌重修本）。

第四章
浙中地区传统宗祠的活动与管理

如前文所述,宗祠具有多种功能,是宗族社会、政治、经济和文化的中心。宗祠不仅是宗族祭祀、编修家谱、教育族众、制定祠规(族规)、戏剧演出等活动的主要场所,也与宗族成员的个人生活密切相关。因此,大部分宗祠都有严密的组织和详细的管理制度。宗祠活动的正常开展和有效管理,是充分发挥宗祠功能的基础,也是宗族发展壮大的重要保障。在宗祠活动中,宗族精英充当了主要的角色,他们的能力和作为深刻影响宗族的发展。

第一节　宗祠祭祀

供奉祖先神位或遗像,定时举行祭拜仪式是宗祠最主要的功能之一。随着宗祠建设的发展,乡村宗族参照朱子家礼中有关祠堂祭祀的规定,不断加以改造、变通,开展基本符合礼制又各具特色的祭祀活动。

祀厅　又称享堂、拜殿。祀厅大部分都在宗祠的第二进,是宗族举行祭拜仪式的地方。这里是宗祠活动最主要的场所,所以也是宗祠中规模最大、用料最好、建造最精的部分。堂前一般悬挂堂名匾额,如世美堂、聚族堂、永思堂、务本堂、

聚奎堂、颉芳堂、敦叙堂、崇本堂、追远堂等。柱子上往往写或
刻有对联,表明宗族的渊源、祖先的功德以及宗族所秉承的一
些生活理念。

金东区曹宅镇潘村张氏大宗祠永思堂

寝室 是供奉祖宗木主(又称神主、牌位、木牌、神牌等)或神
灵偶像的地方,一般在宗祠的最后一进。寝室的地基往往比前面
几进要高,高出三至五级石阶的较普遍。在寝室中间悬挂祖先遗
像是最常见的,有些宗祠还专门在寝室里做神橱,安放祖宗木主。
据我们实地调查所见,有两处宗祠寝室较为特殊。兰溪市马涧镇
严宅严氏家庙的寝室,一是比前面祀厅高出七级石阶,二是有严
子陵的塑像。严氏家庙的逾礼之举(包括宗祠面阔七间)与严子
陵是天子故人有关。兰溪市女埠街道渡渎村章氏家庙的寝室比
前面祀厅高出八级石阶,章氏宗族还在建章氏家庙时有意识地把
章氏始祖墓坐落在寝室前面,为此还因为与西北角的进士第有冲
突,家庙寝室西面少了一间。如果宗祠规模不大,没有第三进,则
把祖宗木主或神灵偶像直接摆在享堂。

宗祠内的祖先遗像

祭期 通常祭祀有时祭、春祠、夏禘、秋尝、冬蒸等定期祭祀。在浙中地区,春秋两祭较为常见。为了崇本敬祖,金东区曹宅镇莲塘张氏三十三派于每年春秋合祭于莲塘大宗祠,"吾族十六府君以下春秋之祀,三十三派合祭于莲塘大宗,一以体先人不敢忘本之心,一以申子孙不敢忘祖之意。礼缘义起也"[①]。义乌龙溪鲍氏宗族在建祠之初就实行春秋两祭,"至清泰元年(鲍太尉)阵亡乌伤,唐主两嘉其忠,二年敕遣官员具葬乌伤西三十里蓬塘之原,谥忠庄侯,加封泰山郡公,建祠于墓侧,命有司春秋祀之。此鲍氏之祠之所由始而亦,鲍氏徙居义亭之所由始也"[②]。浦阳柳溪傅氏原先按《孟诜家仪》于每年二至二分举行祭祀,后来考虑便于族众会集,改为春秋仲月望日举行。"祭期按孟诜家仪,以二至二分举行,奈分至无定日,子姓散处难齐,祖祭酌于春秋仲月望日,业有常期,庶便子孙孔时会集斋沐行礼,从外出者亦可归候。"[③]此外,

---

① 张心田等.莲塘张氏枝谱提纲(民国十五年木活字本).

② (清)鲍书田等.义乌龙溪鲍氏宗谱(清道光二十九年木活字本).

③ 傅秋芳等.浦阳柳溪傅氏宗谱(民国二十一年木活字本).

还有一些特定或临时的祭祀,如朔望、大年初一、清明节、中元节、祖先冥旦及忌日等。遇有宗族子孙获得功名或者升官晋爵等荣耀之事,也要在宗祠举行隆重的祭祀仪式,一方面向本宗族甚至外人宣布好消息,另一方面则是告慰祖先、感谢祖先的庇佑。如果宗族中某个家庭娶妇、嫁女或生子,则自行到宗祠拜谒祖宗。《太原郡新安王氏宗祠规条》规定,"娶妇三日庙见,舅姑率新男妇诣祠焚香,遍拜四拜而退。女嫁辞庙礼同。生子七日取名,本父诣祠焚香再拜跪告"①。

祭品 政府对品官家庙供品有专门规定:二品以上官员可用羊、猪各一只,五品以上用羊一只,五品以下用猪一头,都要肢解四体,煮熟了上祭。民间宗祠祭祀实际上也用羊、猪,没有经济条件的宗族,不能宰牲,根据自身条件上供品。在牺牲之外,供品还有粮食及其制品、时鲜蔬菜、果品,并上酒、茶。② 义乌龙溪鲍氏宗族非常重视祭品,规定"享祀必须精洁,祭品定为五色,熟肉、鹅羊肉、鸭子肫掌。如遇到天暖,羊肉换以火腿。中三筵加鸡一色、乌食三色糕果八色。凡在管理上下,分班轮值,务须先期买办,毋锝失节废祭"③。浦阳嵩溪邵氏也有类似规定,"祭品遵循礼制。每举羊豕各一、鲜五、腊五、时果五、时蔬五、米食五、麦食五、海味五、茶食五,攒盒桌面。羹饭庶馐鸡鹅鱼脍炙肉脯醢时物醋盐茶酒楮烛等项,先薄正器,不供四方,合宜精洁竭诚"④。

祭仪 清代秦蕙田的《五礼通考》详细介绍了陈器、具馔、进馔、初献、亚献、终献、侑食、阖门、启门、受胙、辞神、纳主、彻、馂等祭祀基本要求。通常宗祠祭祀的大致程序是:(1)主祭人向祖宗

① 浦阳王氏宗谱(清咸丰十年木活字本)。

② 冯尔康.中国古代的宗族与祠堂[M].北京:商务印书馆国际有限公司,1996:70.

③ (清)鲍书田等.义乌龙溪鲍氏宗谱(清道光二十九年木活字本).

④ (清)邵兴瞒等.嵩溪邵氏宗谱(清光绪十三年木活字本).

神主行礼;(2) 族长离开享堂,迎接牺牲供品;(3) 初献,在供桌上摆筷子、匙勺及放上酱油、醋的碟子;(4) 宣读祝词;(5) 焚烧明器纸帛;(6) 奏乐;(7) 族人拜祖;(8) 二(亚)献,上羹饭肉;(9) 三献,上饼饵茶蔬,二献、三献之间都有礼拜;(10) 撤去供品;(11) 族人会餐(又称食馂余)。[①] 如果祭毕不会餐,就"颁胙肉",即把供品分给族人,让子孙得到祖宗的恩惠。宗祠祭祀既要隆重又要严肃诚敬,因此,要求参与祭祀的人员严格遵守相关礼仪。兰溪择基童氏宗族认为,宗庙祭典诚敬为主,规定主祭、执事者要沐浴、更衣、积忱、斋戒;"祭者俱衣冠肃立于左右,及祭唱赞,始入中堂,排序伦次以世代为先后编定。执事堂上击铛三声,皆恪恭肃静,礼拜务须起止整齐"[②]。

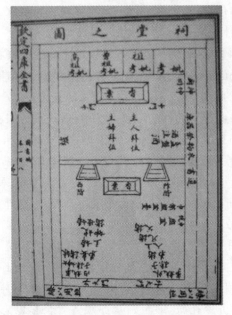

《家礼》祠堂行礼列序图

---

① 冯尔康.中国古代的宗族与祠堂[M].北京:商务印书馆国际有限公司,1996:70.

② (清)童瑞兰等.择基童氏宗谱(清同治十二年木活字本).

　　宗祠祭祀有很多程序,要做大量的准备工作,需要有人组织。一般而言,族长或宗子是祭祀的主持者,称为主祭。而发放告知、安排祭器、雇佣车夫、领唱祭仪、分发胙票、收支做账等环节,则需要相应的工作人员,如通赞(又称鸣赞、大赞)、引赞(又称陪赞、引礼)、司樽、司帛、司祝、司馔、司盥、司过(又称典仪、纠仪)、毛血、散胙、饮福等。这些人通称为"礼生",按照一定的要求各司其职。"礼生"根据每次祭祀的具体情况,临时安排,通常由举人、监生以及有头衔或能干的族人担任。浦阳嵩溪邵氏宗祠规定:与祭从事举贤能知礼之士二人(一大赞、一司礼),选子弟中明敏者二人为之;引赞合主祭三人,先期演习仪节,毋临祭差误;择恭肃谨凛者五人,一为督仪、四为执事,司樽举皿,择能事具修者六人为之,陈设祭器及省牲具馔事。①

　　同时,许多宗祠为了保证隆重而有序地举行祭祀,专门制定祠规,对族众的祭祀行为作出规范并进行约束。如浦阳珠山张氏宗祠祠规条约第十条规定:每房嫡派宗祖,既有祀产遗留例定祭期,则额祖宗血食不代不易。如家逆不肖,或减灭祭祀,或盗卖祀田,始不能防微杜渐,终必致忘本灭祭,争端不绝、伤残和气。如有此流预鸣族众公议处息,抑或不依本房子孙呈控,县主族中从实公结究治,追产入祠,以正盗卖之戒。② 赤松赵氏宗祠祠规第一条规定:宗庙以昭穆为序。每逢祭奠之日,除主祭外,凡与祭子孙皆以尊卑叙立,不得凌越。即祭毕,散胙亦如之,违者议罚。③ 钱氏宗祠祠规十则第一条规定:谨祭祀。礼有五经,莫重于祭,质明行事,日中礼成,盖其慎也。凡遇祭期,必须预先扫除祠宇,敬办品物牺牲粢盛必诚必洁,然后斋戒沐浴,黎明集祠拜献行礼。主祭与祭之人,务穿礼服,即至祠众亦须各着长衫以志精洁而正体

---

① 　(清)邵兴瞒等.浦阳嵩溪邵氏宗谱(清光绪十三年木活字本).
② 　浦阳珠山张氏宗谱(2006年丙戌重修本)。
③ 　赤松赵氏宗谱(民国庚午年重修本)。

统。如衣而安袭、行而后跛倚、言而喧哗,慢渎祖宗孰甚于此,其何以交神明致歆格乎?违者纠仪呈举以凭责罚。[①]义乌龙溪鲍氏宗谱中的《大宗祠并五常规例》共 23 条,详细规定了鲍氏宗祠祭祀的相关事宜。《莲塘张氏枝谱提纲》卷三《祠祀》记载了张氏大宗祠的祠图、祠记以及祭品、祭仪、祭期、散胙、给胙、杂祭等约定俗成的做法。《浦阳柳溪傅氏宗谱》卷四《祠规》详细介绍了傅氏宗祠内龛室、祭期、祭主、祭位、祭仪、祭品、福胙以及大祭仪式等规定。金华龙门倪氏甚至于清康熙三十年由倪正谊等特意纂修了《祠堂重定颁胙规例》五卷,卷首是颁胙规则和顺序、祭规,卷一至五皆为颁胙规例。

　　宗祠祭祀之所以受到普遍重视,既受根深蒂固的封建宗法思想的影响,也是宗族发展的需要。宗族研究专家冯尔康先生对祠堂祭祖有如下认识:(1)祠祭是祖先崇拜体现,起着凝聚宗族的作用;(2)祠堂祭祖体现了近古的宗法思想;(3)祭祀是祠堂活动的主要内容之一,也是巩固宗族组织的手段;(4)祠堂祭祖体现了封建等级制,是等级制与宗法制又一种结合形式。[②]明代"开国文臣之首"宋濂也非常重视宗祠祭祀,他为金华莲塘张氏撰写的宗祠记充分表明了他

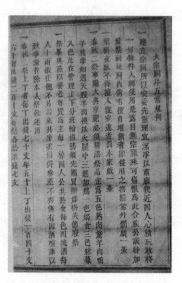

义乌龙溪鲍氏宗祠规例

①　浦兰钱氏宗谱(民国十七年木活字本)。

②　冯尔康.中国古代的宗族与祠堂[M].北京:商务印书馆国际有限公司,1996:77.

的这种思想："濂闻之,先王制为庙祭之礼,上下隆杀皆有常典,牲牢器币皆有常数,固非士庶人可得而行。然其亲亲之仁,处于物则民彝之懿者,初不以贱与贵而有异也。今荣乃能于服杀宗迁之后,以义起礼而远祀府君,非惟使子若孙不忘其所自出,而管摄人心,聚合宗族之意,实于是乎在,不亦孝子仁人之用心也哉?呜呼!人非空桑而生,孰不本之于祖者?方其封殖自厚,长虑却顾,无所不用其极。问其所从来,则曰:'吾不知也。'问其荐奠之礼,则有又曰:'我未之能行也。'所谓报本反始之道顾当是邪?视荣之为,殆将媿死矣,是不可以不书。三族之嗣人尚思是缵是承,栋宇之必葺也,毋使之震凌;黍稷之必获也,毋使之秽荒;牲牷之必脜也,毋使之瘯蠡:庶几濂之文为不徒作亦。呜呼!其懋敬之哉!其懋敬之哉!"①

第二节 编修家谱

家谱是关于一个以血缘关系为纽带的家族的得姓、形成、分布、迁徙、郡望、派系、世系、人物、事迹、艺文等的综合记录,是以特殊形式记载的家族发展史。② 根据记载族群的范围和属性不同,家谱又被称为宗谱、族谱、总谱、统宗世谱、统族谱、主谱、世谱、房谱、支谱、家乘、家牒等,此外还有清芬志、中表簿、辩宗录、遗芳集、传芳集、续香集、世思录、世典、先德传、血脉谱、遗珍录等各种家谱类文献。

在传统社会里,有些宗族编修家谱而没有建造宗祠,但建有宗祠的宗族无一例外都编有家谱。家谱编修过程中的议谱、纂谱、刻谱、祭谱、焚版、颁谱、收藏、查验等一系列程序都与宗祠密切相关。编修宗谱称得上是宗祠中最盛大的庆典。浙中地区近

---

① 张心田等.莲塘张氏枝谱提纲(民国十五年木活字本).

② 吴强华.家谱[M].重庆:重庆出版社,2006:6.

1200 个宗祠在历史上不定期地编修了大量的家谱,详细记录了各个宗族发展的脉络和重大事件。据笔者初步查阅统计,上海图书馆馆藏的浙中地区家谱绝大部分是由宗祠编修的。

表 4-1 上海图书馆藏浙中地区家谱统计表

县、市	金华	兰溪	浦江	义乌	东阳	永康	武义	总计
家谱数	323	95	705	555	853	187	57	1775

注:磐安的家谱未单列。

一般而言,大部分宗族在建造宗祠之前都已编修过家谱。因为,对于一个宗族来说,编修家谱比建造宗祠要容易些,特别是一些规模还不是很大的宗族。当然,等到这些宗族发展到一定程度,建造宗祠以后,将更加重视家谱的续修。宗祠是宗族序昭穆、辨长幼,上以奉祀祖宗、报本追远,下以联属亲疏、惇叙礼让的地方。然而,世事如烟云,为了使后代子孙了解家族的渊源、祖先的伟绩、宗法礼仪以及宗族世系等,最好的办法就是不间断地编修家谱,以文字图谱的形式传之后世。正如《浦阳潼塘朱氏宗谱》所记,修宗谱建宗祠都是为了敦宗睦族。"夫宗谱者所以联氏族也,宗祠者所以妥先灵也。宗谱修则亲疏不紊,宗祠建则昭穆有伦。世之动此举者,无非为子孙敦宗睦族计。此吾先祖所由谱以敦睦编号,祠以敦睦名堂也。"[①]

许多宗族把家谱与国史相提并论,看做是齐家的重要保障。《歙西溪南吴氏世谱》认为,国无史则无以治,家无谱则无以齐。

> 家之有谱,犹国之有史也。国而非史,则君臣之贤否、礼乐之污隆、刑政之臧否、兵机之得失、运祚之兴衰、统绪之绝续,无由以纪律;家而无谱,则得姓之源流、枝派之分别、昭穆之次序、生卒之年月、嫁娶之姓氏、出处之显晦,无由以见。

---

① (清)朱惟慎. 浦阳潼塘朱氏宗谱(清光绪十四年木活字本).

国何以治,而家何以齐哉?①

《仙源申氏宗谱》所载第 25 世孙申学修写的《重修宗谱记》(1837)着重说明了家谱的意义:

> 谱牒之传,佥谓前人之昭穆于此分,后人之支派于此辨,而不仅此也。凡记载所及,见前人之笃于孝友,则人纪未修者,将对之而知惧焉;见前人之敦夫朴俭,则奢华弗惜者,将对之而知愧焉;见前人之循于矩度,则恣肆自甘心者,将对之而知爽然若失焉。且有一言一行之善,皆可登之家乘,即碌碌无所短长者,亦将对之,而奋然向善焉。家之有谱,犹国之有史,实以辨宗系,而兼寓劝征之意,其所关岂浅鲜哉!

《金华固塘方氏宗谱》里第 23 世裔孙方锡祚写的《固塘方氏重修谱序》也有类似的描述:

> 尝闻国之所重者青史,家之所重者宗谱。国有史,记历代盛衰、参观得悉;家有谱牒,子孙世系昭穆綦。然而国家所重者史记与宗谱而无异也。

同时,家谱是睦族之本。编修家谱有助于宗族子弟追始崇本以建立尊卑秩序,有利于规范宗族子弟的道德行为。宋濂很重视家谱编修,为他族作谱序达 36 篇,他在《金华施氏宗谱序》中说:

> 古之世,聚巨族必有谱焉。谱者何为而作也? 盖尊祖敬宗、追始崇本之所作也。故宗法立则名分正,尊卑序则孝悌生焉。不然,而族无所统,将淆尔尊卑,紊尔名分,任尔气习,贵贱相凌,贫富相形,视宗人如途人矣。谱之所系顾本重哉! 尝闻先世遗言,谨谱牒,正伦理,敦孝悌,仁义之本,习诗书礼仪之风,以为子孙之盛传也。

---

① 转引自张小平.徽州古祠堂:聚族而居柏森森[M].沈阳:辽宁人民出版社,2002:162.

此外,随着宗族的发展繁衍,如果没有谱牒记载世系,几代之后,难免会出现"认别宗为上祖,视同族为路人"的尴尬现象。因此,编修家谱对宗族的发展关系重大。《仙源申氏宗谱序》(1889)这样强调:

> 从来根深者,叶必茂,源远者,流必长。自古鼻祖儿孙相传勿替,无非由先德之厚,以致后裔之繁衍绵延,累世不绝。然非有谱牒以联属之,将见上而溯之有不知所自出者亦,旁而推之,有不辨为何行者亦,甚至认别宗为上祖,视同族为路人。承平之世尚多难以稽考,况值乱难之际,干戈扰攘,烽火凭凌,其数典而忘祖者,不知凡几。所赖仁人孝子,蔼然动其不忍忘本之心,且有不忍漠视同宗之谊,则谱牒之修,所关甚巨。

伴随社会的发展变迁,宗族也总是在不断更新中发展。朝代在变化,社会环境和风俗在变化,宗族的成员在变化,宗祠在一次次倒塌后重建……家谱需要适时续修,避免因为时间太久而造成世系的紊乱和宗族成员的漏记、误记,确保宗族世系的准确无误。同时,在传统社会里,虽然各宗族在主观上极其重视保管,但长期完好保存家谱还是非常困难的。虫蛀、鼠咬、火焚以及纸张自身的腐烂等原因,严重影响家谱的长期完整保存。因此,各宗族在第一次编修家谱时,往往就会规定一个续修的时限。如浦阳柳溪傅氏规定15年修一次,违者被视为不孝。"修宗谱。十五年一续修,三十年再续修,四十五年重修,毋得数数则费冗,毋得疏疏则遗亡,违者作不孝论。"[①]当然,最常见的是隔代续修,即30年一修。对此,《渤海吴氏族谱》的解释是:"谱法当间世一修,故以三十年为率。盖父子相继为一世,三十年内

---

① 傅秋芳等.浦阳柳溪傅氏宗谱(民国二十一年木活字本).

所当增益者必多,如此则世无失次,人无遗亡,辑而续之无难也。"①然而,由于修家谱是一项很复杂的工程,除了要投入大量的人力财力,还受社会经济的影响,大部分家族都很难按时续修。若能不间断修谱至今,已属极其不易。东阳吴宁街道大寺下南岑吴氏宗族从 1317 年开始编修宗谱至 2007 年 7 月重修,690 年间一共修了 22 次,平均约 30 年修一次。(见右图表)从2004 年重修本《仙源申氏宗谱》记载的谱序可知,金华仙源申氏

东阳南岑吴氏历次编修宗谱时间

于 1337 年首次编家谱,后于 1359、1519、1577、1683、1732、1774、1808、1837、1857、1889、1909、1928、2004 年续修。在 660年左右的时间里,共修谱 14 次,平均间隔 51 年左右,其中间隔最长时约为 160 年,间隔最短时不到 20 年。据东阳横店《岘西杜氏宗谱》记载,杜氏宗族道善、道名、道宁等人于永乐二十二年(甲辰 1413)修杜氏总谱,后于正统十年、成化六年、弘治三年、嘉靖十九年、万历三十三年、天启三年、康熙十五年、康熙五十一年、乾隆三十二年、乾隆六十年、道光二十七年、同治十二年、光绪二十九年、民国十六年多次重修,之后因国事变迁,社会动荡,长达七十多年未修。1996 年,在杜氏 23 世孙杜志文、25 世孙杜云良、杜校俊主持下花两年时间修成《夏源村杜氏宗谱》,开当代东阳各宗族做谱先例。1999 年春,曾由后山店发起联合三十余房村重修岘西杜族宗谱,终因意见分歧,未能统一,只得各村分

---

① 转引自吴强华.家谱[M].重庆:重庆出版社,2006:38.

派自行修葺。东山傅氏是金华大族，该族在清朝雍正以后修谱之频繁非常少见，1729（九修）、1759（十修）、1787（十一修）、1810（十二修）、1829（十三修）、1847（十四修）、1869（十五修）、1887（十六修）、1901（十七修）、1912（十八修）、1921（十九修）、1948（二十修），在220年中平均20年修谱一次，最短间距不到十年，而且内容很多，其中《东山傅氏十九修宗谱》有文集15卷、世系17卷、行传40卷、首3卷。赤松赵氏宗族规模虽然不大，而且居住地分散在多个自然村，但该族于清雍正八年（1730）撰修了马鞍山赵氏总谱，后乾隆二十六年、嘉庆二年、咸丰十年、光绪元年、光绪二十三年、民国丙辰年（修辑）、民国庚午年几次重修宗谱。其总谱叙曰："水不可以无源，木不可以无本，家之有谱犹邑之有志。邑无志则忠孝廉洁之类其姓氏芳徽磨灭而勿彰，家无谱则先人之名号、生卒、坟墓且茫然无可稽，又何以尊祖，何以敬宗，何以睦族，而淳爱乎。"①

家谱的编修不仅需要大量的财力，还要有一批精干的人员。因此，宗祠为编修家谱会专门组织一个谱局，名称为"某某宗谱纂修理事会"、"某某宗谱重修委员会"、"某某宗谱编纂委员会"等。谱局一般包括倡修、主修、编修、监修、协修、校阅等成员，少则几人、几十人，多则数百人。如金华赤松赵氏在道光二十年重修宗谱时，包括监理和辅理总共只有5个人。而金华固塘方氏在中华民国十九年重修时，谱局规模就比较大，有总监谱首4人、助理谱首8人、归丁银谱首26人，其中有族人散居的西园、八分、西牌、西店、柏树下、前大门、东角、破塘、塔湖、井头塘、王古塘、官堰头、麻车、西盛、江滩和十里铺等村庄都安排1—3人。在正式编修前，谱局要先做好两件事情：筹集修谱经费和收集宗族的各种资料。大部分宗祠都有一些祠产可用于修谱，但修谱经费一般主要通过临时的摊派和劝捐解决。如金华固塘方氏谱局38人中有26

---

① 　赤松赵氏宗谱（民国庚午年重修本）。

人的主要工作就是"归丁银"。宗祠编修家谱基本都是续修,主要是在原有旧谱上补充新增前次修谱以来族人出生及婚、嫁、卒、葬等情况。如果宗祠内设有纪年簿,平时及时登记族人家庭情况的变化,即可作为修谱的依据。倘若没有纪年簿,就需要临时向族人征集,或逐家上门登记,或发放情况登记表。

家谱无论内容还是形式都要求极高,编修人员要严格遵循凡例里确定的宗旨和基本体例,确保内容和文字正确无误。特别是审核与校对工作,各宗族更是慎之又慎。

> 重修宗谱,一姓大事,不得草草,使有讹舛。前转重修有讹舛已甚者,因文墨之士不入局监修,故也。嗣后,公议选文理优长、立心公直者一人或二人为秉笔,专管文章笔墨之事,更立监修几人入局,每印一幅面谱,师磨勘校对,讹落之字即行捉正。……国有史,家有谱,信以传信,疑以传疑,三代之直道也。使每修一转,妄行改窃、恣意增删,必将有变本而加厉者,其何以取信于后嗣。后修谱,遇系图行传内或有长幼尊卑错误失序及名表生卒嫁取字面差讹者,自当改正。此外,不得擅自增减一字,如有但凭己意,不谋公论,妄自改易致失本来意义者,罚其照旧重修。[①]

家谱的名称通常由地名、郡望、堂号、派别、房号、几修、姓氏等几部分组成。如《金华东池黄氏宗谱》、《延陵椒山吴氏宗谱》、《浦阳仙华方氏宗谱》、《浦阳神堂陈氏续修宗谱》、《兰溪广陵盛氏东阳支谱》、《安徽宁国张氏东阳锦溪支谱》、《永康龙川陈氏东阳支谱》等。家谱前加地名是最普遍的,主要是为了标明是什么地方的姓氏家谱。比如浙中地区各县市都有陈氏家族,因此,各地编修的家谱就冠以地名,如《金华陈氏宗谱》、《浦阳陈氏宗谱》、《义乌陈氏宗谱》等,有些更具体的还标明宗族居住的村落,

---

① 浦阳王氏宗谱(清咸丰十年木活字本)。

如《金华虹路陈氏宗谱》、《金华午塘邢氏宗谱》、《吴宁草塔施氏宗谱》、《永康大山塔蒋氏宗谱》、《浦阳檀溪陈氏宗谱》、《续修兰溪纯孝乡白露潘氏家谱》、《义乌台门铜塘稠岩傅氏重修宗谱》、《华溪义丰乡三门郎氏宗谱》（永康）、《武义履坦徐氏宗谱》等。为了与同姓的不同宗派或支派相区别，就在地名后加上堂号、派别或房号，如《浦阳柳溪傅氏继绪堂宗谱》、《义乌云溪张氏孝思堂宗谱》、《东山傅氏先立堂家谱》（金华）、《萃兰堂郭氏谱略》（兰溪）、《松山陈氏思孝堂家谱》（东阳）、《三瑞堂何氏宗谱》、《酥溪蒋氏云六派宗谱》（义乌）、《程氏天房派家谱》（武义）、《云路施氏达行宠梅公派下四房家乘》（永康）、《龙溪张氏十甲人房宗谱》（浦江）、《花园徐氏下人房房谱》（永康）、《徐氏世承仁房宗谱》（永康）、《徐氏永昌智房宗谱》（永康）、《桐溪金氏上仁房

浦江《华墙潘氏宗谱》（2004 年重修本）

谱》(永康)、《朱氏仁三十六房谱》(武义)等。冠以郡望则是为了表明宗族源流与显赫的家世,借以光耀门第、抬高家族的声望,如《东夏王氏重修宗谱》、《天泉高氏宗谱》、《清河张氏宗谱》、《三槐堂王氏宗谱》、《鱼池颍川陈氏宗谱》、《永川舒氏宗谱》、《南阳赵氏家谱》、《鲁阳厚大范氏宗谱》、《太原三槐王氏宗谱》等。因为家谱的编修具有延续性,有些宗族为了明确各个时期所修家谱的传承关系,在家谱名称里注明几修,如《东山傅氏二十修宗谱》(金华)、《灵湖郭氏十修宗谱》(兰溪)等。此外,还有些名称比较特殊的家谱,如《张氏会修宗谱》(东阳、诸暨)是明崇祯末年东阳社姆、诸暨东演张氏合修的;《壶山倪氏亨一公重修宗谱》(永康)则注明由亨一公重修;《梅陇朱氏追远宗谱》(义乌)、《中山第一居刘金氏宗谱》(义乌)等。

　　明清时期,中国家谱体例在欧阳修、苏洵所创的"欧苏谱例"基础上又有了很大的突破,记事范围进一步扩大,特别到清末民国时期,宗祠编修的家谱记事范围几乎涉及宗族事务的各个方面,包括谱序、凡例、祠图、祠记、祠规、祠堂神位、祠联、祠产、遗像并赞、宗族轶事、墓志铭、世系图、行传等,被称为家族的百科全书。如金华傅以梯等主修的《东山傅氏十九修宗谱》(民国十年木活字本)共有75卷。其中卷首一载目录,卷首二新置祀产,卷首三修谱名目及纪事;文集卷1载阳宅全图、宗祠图、东山八景诗赋、建祠记、家训、祭仪、祠规、条例、各房房长列名,卷2祭田记、祀田助田引,卷3历年祀产,卷4义田记、义助新例,卷5历次修谱序、谱名、支派提纲、历世冠行字母、历世冠名字母、谱例、历次修谱记,卷6节孝书院碑记、创造节孝祠序记及捐助名目,卷7、卷8祠记、历年附主名次、议约、堂记、祀产,卷9至12像赞、墓志、传略、寿序、行状,卷13、卷14墓图,卷15新增缵主。世系卷一载世系引、世系提纲图、杨塘坞世系原纪、始祖万廿七公起至惟字行世系,卷2至17各派历代世系。行传卷一载

行传引、第1世至13世行传,卷2全40为第14世起至29世

行传。

　　在我们查阅的绝大部分家谱中,世系和行传是最主要的内容,所占篇幅也最多。世系分图和录两部分。图又称世表、世系表、世系图等,是以图表的形式记录家族成员的世系,反映家族成员的血缘关系。世系录又称为世表、齿录、世纪等,包括父名、行次、字号、生卒年月、享年、功名、官职、葬地、妻妾、子女等内容。[①]根据"书善不书恶"的原则,行传记载家族中有功名贤能、特殊事迹或丰功伟业的人。功业显赫的族人能光宗耀祖,但又不是很多,因此,往往写得比较详细具体。

《天泉高氏宗谱》世系图(金华)

《仙源申氏宗谱》圣旨图

　　为了抬高宗族的社会地位,各个宗祠在编修家谱时会尽可能加入一些显示宗族实力和广泛社会关系的内容。一是皇帝的圣旨。如金华《仙源申氏宗谱》卷首有六页圣旨图,内容涉及奉旨建总坊、钦褒悌弟、入祀忠义孝悌祠、春秋致祭、钦褒孝悌等。这种情况不是很多,一般是巨家大族才有。二是朱熹的手迹,主要是

---

①　吴强华.家谱[M].重庆:重庆出版社,2006:60.

"家"、"宝"两字。这在浙中地区的家谱中非常普遍。三是邀请地方官员或名人撰写的谱序、宗祠记、题词等。如《金华固塘方氏宗谱》里有金华四先生①之一许谦写的《固塘方氏谱序》。倪福华等纂修的金华《龙门倪氏七修族谱》（民国十四年刻本）有宋朝杨时、魏了翁的文章，元朝许谦的题词，明朝黄蟫、朱大典的谱序。义乌稠砩杨氏邀请元朝著名文学家、诗人黄溍撰写《杨氏祠堂记》，并编入家谱。金华仙源申氏在 1337 年首次编修家谱时，请赐进士第知遂安县事武义县门生赵崇节作《首建申氏家谱序》；1356 年请时为翰林侍讲学士的黄溍撰写《龙华院记》，后编入家谱；1359 年重修时又请宋濂作《仙源申氏宗谱序》。宋濂还为金华莲塘张氏撰写《莲塘张氏宗祠记》，为金华俞氏写《俞氏宗谱序》，为浦阳柳氏写《柳氏宗谱序》，为浦阳人峰杨氏写《杨氏家乘序》。王祎为义乌龚氏撰写了《义乌龚氏家乘序》。（见附录五浙中地区传统宗祠宗谱序）

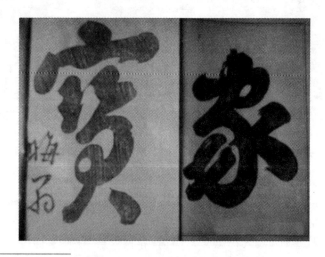

---

① 又称"北山四先生"，指金华人何基、王柏、金履祥、许谦，都传朱子之学，彰明朱学不遗余力，是朱熹道统的继承人。清黄宗羲为四人立《北山四先生学案》。

修家谱和建宗祠都是传统宗族的重大工程，也是喜庆之事，所以，家谱编修好后，一般都要举行庆典活动，包括祭祖、拜谱、领谱、演戏等环节。在选定的吉日，全族如过盛大节日，全体出动，敲锣打鼓，鞭炮齐鸣，用轿子将修好的新谱迎入祠堂，谱学上称为"出谱"。迎进祠堂的家谱被放入神龛，享受香火供奉。经过一段时间的香火供奉后，便要举行"拜谱"仪式。在又一个选定的吉日，全族的男丁不分老幼，都要沐浴更衣，穿戴一新，汇集到祠堂，依次虔诚地对家谱进行礼拜。"拜谱"结束后，由族长主持颁谱仪式，由各房的房长领回收藏。浙江东阳县的大族对家谱十分重视，每当新谱修成以后，族人都要按房、厅顺序及字辈大小，焚香提灯，在宗祠用八抬大轿把新谱迎回厅堂祭拜。[1] 宗谱一般都按照宗族内部规定的字号编排，明确记录每一部宗谱的领谱者。万一哪一部宗谱丢失或保管不善，一查便知。赤松赵氏宗谱记详细记载了咸丰十年、光绪二十三年、民国五年修谱后的领谱名次。

> 光绪廿三年岁次丁酉续修宗谱十六部，每部四本，编定字号，以"嫡、后、嗣、续、祭、祀、烝、尝、女、慕、贞、烈、男、效、才、良"十六字为部次，分给各房收领，务宜珍藏，毋得轻亵。
>
> 领谱名次开列于后：

嫡字部	锦聚领	后字部	锦基领
嗣字部	桂弟领	续字部	锦惟领
祭字部	小朝领	祀字部	惟威领
烝字部	开基领	尝字部	增基领
女字部	汝清 金贵领	慕字部	锦梭领
贞字部	连土领	烈字部	德雨 德江 阿坞领
男字部	康金领	效字部	奶奶领
才字部	九如领	良字部	学弟领[2]

---

① 吴强华.家谱[M].重庆：重庆出版社，2006：48.

② 赤松赵氏宗谱（民国庚午年重修本）。

　　各个宗族都非常重视家谱的保存。各房领回家谱后，千方百计寻找一个稳妥之处存放，每年夏伏天要拿出来检查翻晒，以防"虫伤湿腐"。为了及时掌握各房保存家谱的实际情况，每年清明祭祖或春秋二祭的时候，在宗祠里举行"验谱"活动。如果保存不善，要受到责罚。浦阳嵩溪邵氏人房大生公有专门的至诚遗训："别派尊宗重订校，子孙捧读须躬效。珍藏勿亵永传薪，鬻及于人为不孝。"规定"凡属同宗人等皆宜敬禀无违"。①

第三节　文化教育

　　浙中地区民风淳朴、倡文好学、文脉悠长，崇文重教的社会风气非常浓厚，南宋以来被誉为"小邹鲁"。因为文化教育在宗族生存、发展和强盛过程中有着极为重要的意义，有能力建造宗祠的宗族往往不遗余力地重视文化教育。他们把教育宗族子弟作为宗祠建设的重要事务，注重挑选那些所谓"器宇不凡"的族内子弟着力加以培养，并将其作为宗族规范书之于族规家训之中、张贴于祠堂祖屋之上，让其子孙时刻谨记、世世遵守。宗祠是宗族开展教育的重要场所。宗祠的堂号、神位或遗像、匾额、祠联、祠规、祠祀以及宗祠建筑本身等都赋予了宗族教育的丰富内涵，具有很强的敦宗睦族的教育功能。

　　首先是归宗认同教育。从血缘角度确认自身的本体意义，是中国传统伦理道德观的逻辑起点。长期以来，中国人的祖先崇拜意识发达而持久，宗族的祖先特别是始祖具有极高的地位。祖宗神圣的身影、名字以及他们在各个方面的事迹，都是族人形成、提高自尊心和荣誉感的历史基础，也是族人产生责任感的精神源泉之一。浙中地区的宗族通过传统宗祠这一载体，对族人进行归宗

　①　（清）邵兴瞒等.嵩溪邵氏宗谱（清光绪十三年木活字本）.

认同教育。前文所述的宗祠祭祀和编修家谱就是归宗认同教育的重要手段。在宗祠的寝室供奉祖先神位或遗像,定时举行隆重祭拜仪式,向族人强调同"宗"的观念,同时,保证子孙担当起维持和发展宗族血缘群体的责任,以保持宗族群体百世不衰、祭祀不断。家谱以图表的形式记录家族成员的世系,反映家族成员的长幼亲疏关系。每一个族人都和死去的祖先、活着的亲人以及未出世的子孙在一个同一的、永久的、持续的血缘圈里。在这个血缘圈内,出身、贫富、智力等各方面的差别都被血缘所掩盖,每个族人都源于共同的祖先,录于相同的谱系,大家在道义或物质方面相互支持。这种血缘圈为每一个族人提供了某种归属感和安全感,并延伸出个人对血缘群体的某种道德感和责任感,进而培养一种归宗认同的世界观。

表 4 - 2　浙中地区主要宗祠堂号一览表

堂 号	宗祠名称	地 址
种德堂	滕氏宗祠	婺城区琅琊镇杨塘下村
敦伦堂	盛氏宗祠	婺城区琅琊镇上盛村
敦伦堂	盛氏宗祠	婺城区莘畈乡学岭头村
百顺堂	戴氏宗祠	婺城区汤溪镇寺平
全德堂	丰氏宗祠	婺城区汤溪镇黄堂村
永思堂	傅大宗祠	婺城区傅村镇傅村
敦睦堂	赵氏宗祠	婺城区赤松镇钟头村
聚族堂	方氏宗祠	金东区澧浦镇方山村
敦睦堂	孙氏宗祠	金东区澧浦镇山南村
乐本堂	王氏宗祠	金东区澧浦镇蒲塘村
昭穆堂	项氏宗祠	金东区江东镇横店村
怀德堂	徐氏宗祠	兰溪市兰江街道东上徐村

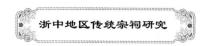

续 表

堂 号	宗祠名称	地 址
源本堂	何氏宗祠	兰溪市永昌街道桥下何村
主德堂	吴氏宗祠	兰溪市永昌街道两头门村
敦伦堂	阎氏宗祠	兰溪市永昌街道胜岗村
惇睦堂	章氏家庙	兰溪市女埠街道渡渎村
叙伦堂	刘氏宗祠	兰溪市香溪镇厚同村
端肃堂	官塘宗祠	兰溪市香溪镇官塘
存瑞堂	曾氏宗祠	兰溪市香溪镇官路边
清白堂	杨氏宗祠	兰溪市香溪镇杨村
秦穆堂	鲍氏宗祠	兰溪市香溪镇鲍村
明德堂	舒氏宗祠	兰溪市香溪镇西章
和瑞堂	章氏宗祠	兰溪市香溪镇下埠头
羽翼堂	杨氏宗祠	兰溪市香溪镇中宅基
集瑞堂	郭氏宗祠	兰溪市香溪镇郭宅
余庆堂	刘氏宗祠	兰溪市香溪镇祥于里
明德堂	汪氏宗祠	兰溪市梅江镇汪宅村北
树基堂	唐氏宗祠	兰溪市梅江镇唐店村
钟瑞堂	黄氏宗祠	兰溪市水亭畲族乡黄村坞
敦叙堂	方大宗祠	兰溪市仙华街道方宅
雍睦堂	黄氏宗祠	兰溪市仙华街道河山村
聚德堂	张氏宗祠	兰溪市仙华街道天仙村
清白堂	杨氏宗祠	浦江县浦南街道朱云杨里村
懋德堂	许氏宗祠	浦江县浦南街道七村东许村
至德堂	吴氏宗祠	浦江县郑家坞镇吴大路村
崇本堂	陈氏宗祠	浦江县岩头镇岩头陈村

堂 号	宗祠名称	地 址
种德堂	叶氏宗祠	浦江县虞宅乡下湾村
念祖堂	陈氏宗祠	浦江县大畈乡建光
世让堂	吴氏宗祠	义乌市北苑街道前洪村
至德堂	金氏宗祠	义乌市大陈镇红峰村
四和堂	楼氏宗祠	义乌市廿三里镇朱村
敦伦堂	胡氏宗祠	义乌市义亭镇上胡村
顺德祠	冯氏宗祠	义乌市赤岸镇老年协会处
敦厚堂	金氏宗祠	义乌市佛堂镇塘下洋村
义性堂	陈氏宗祠	义乌市佛堂镇倍磊村
敦伦堂	陈大宗祠	义乌市佛堂镇葛仙村
厚德堂	金氏宗祠	东阳市白云街道上南田畈村
永思堂	蒋氏宗祠	东阳市南市街道安儒村
聚奎堂	蔡氏大宗祠	东阳市虎鹿镇蔡宅村
敦叙堂	郭氏宗祠	东阳市湖溪镇郭宅
永思堂	陈氏宗祠	东阳市千祥镇后马村
爱敬堂	周氏宗祠	磐安县玉山镇铁店村
爱仪堂	张氏宗祠	磐安县尖山镇新宅村
崇本堂	张氏宗祠	磐安县尖山镇楼下宅村
追远堂	傅氏宗祠	磐安县窈川乡白岩头村
徽德堂	应氏大祠堂	永康市芝英镇
一本堂	胡氏宗祠	永康市龙山镇
敦伦堂	陈氏宗祠	永康市象珠镇杏里村
起敬堂	邵氏宗祠	武义县白洋街道下邵村
赞德堂	周氏宗祠	武义县履坦镇璇溪村中心
积德堂	詹氏宗祠	武义县三港乡石浦村

资料来源：笔者根据实地和资料调查统计。

浙中地区许多宗祠的堂号明白无误地告诉人们，宗祠是归宗认同的重要场所，源于共同的根的宗族成员聚集在宗祠里，追思祖先，如源本堂、一本堂、聚族堂、孝思堂、永思堂、追远堂、树基堂、崇本堂等。此外，宗祠祠联也有类似的教育功能。其中以宗族的姓氏源流、发祥望郡、先祖功名为题材的祠联最为常见。如义乌龙溪鲍氏宗祠内的祠联："派始忠壮及诚忠郎转忠训累数逮传自昔忠风现在，世居义邑号修义里曰义亭历时亘嬗于今义气常存"、"塘志深蓬溯雨水之渊源应叹前侯荣享，山分铜泰览双峰之耸崿还思上党洪烈"、"雅推天下才到今受赐，祥发泰山郡亘古为昭"等38幅；金东区曹宅镇潘村张氏大宗祠内有"登一本堂宜历笃亲之谊，书百忍字敢忘睦族之仁"；东阳吴宁街道大寺下南岑吴大宗祠内有"由石井以分支义率祖仁率亲远绍西岐瓜瓞，自碧溪而做庙偶有笾奇俎遥分国苹蘩"、"扶南宋之乾坤功同韩范官如己公如私亘古沿为家法，绍东莱之文献学汇周程义则宗仁则祖至今辈作孙谋"等。

兰溪市云山街道陈家井村陈氏家庙堂号

其次是伦理道德教育。儒家教育思想在中国古代长期占据主导地位，特别重视思想品质和伦理道德教育，一般文化知识的学习服从于道德教育的需要。其中"仁义"是道德修养中的根本，后世学者经过发展，提出三纲、五常、五伦等一系列的道德伦理教育思想。对于宗族来说，在伦理道德方面更具体、更易行的则是"孝"的教育。孔子认为："孝悌也者，其为仁之本与"，"夫孝，德之本也，教之所由生也"。"忠信孝悌"是中国传统伦理道德的核心内容，宗祠在形成和传播这些伦理道德过程中具有很大的影响。宋濂把宗祠作为教化族人的重要场所，并设计了每月一次在宗祠进行宗族教化的具体方案。宋濂说："吾尝损益周制可以教化同姓者：凡月之吉，少长咸会于先祠。拜谒毕，齿坐，命一人庭诵古训及拜法。诵已，长且贤者释其义而讽导之，书会者名于册。再会，使互陈其所为，其行有孝悌忠信者，俾卑且幼者旅拜之，而著于名之下。有悖戾之行者，命遍拜群坐之尊者以愧之，而亦著于其名之下。逾月而能改者如初，否则摈不使坐。逾年而不改者，斥勿齿同姓之人。疾相抚，患相拯，贫相周，死相葬，老弱癃残者相养，祭酺相召，婚嫁丧灾相助。不能然者，不使与会。"[1]《浦江郑氏义门规范》规定，朔望参拜祠堂完毕，举行训诲子弟的仪式，族长坐堂上，族众分立于堂下，击鼓 24 声，有一个子弟讲唱："听，听，听！凡为子弟者必孝其亲，为妻者必敬其夫，为兄者必爱其弟，为弟者必恭其兄。听，听，听！毋徇私以妨大义，毋怠惰以荒厥事，毋纵奢以干天刑，毋用妇言以间和气，毋为横非以扰门庭，毋耽麴蘖以乱厥性，有一与此，既损尔德，复隳尔允，睠兹祖训，实系废兴。言之再三，尔宜深戒！"众皆一揖，分东西行而坐。复令子弟敬诵孝弟故事一个，会揖而退。浦江郑氏宗族每月两次在郑

① 宋濂. 俞氏宗谱序[M]. 罗月霞. 宋濂全集：第 7 卷. 杭州：浙江古籍出版社, 1999.

氏宗祠对族中子弟进行伦理规范的教育。①

在宗族社会里,要保持一种稳定有序的状态,必须存在一定的规则,而"孝"正适应了这样的要求。宗族成员如果有不孝的言行举止,就会受到周围人群舆论上的谴责和排斥。同时,"孝"要求子女对父母长辈顺从尊敬,这一点与统治者要求臣民对他们的"忠"是一致的。宗族教育中的"孝"的思想正符合统治者管理国家和治理地方的需要。因此,浙中地区许多宗族在制定祠规时,都把"孝"摆在了非常突出的位置。义乌椒山吴氏宗祠规定:"孝为百行之首、人生之大节,而能尽是者鲜矣。如果有孝行克殚内外无间言者,给胙一斤,春祭一次以奖其孝。"②浦阳建溪戴氏宗祠祠规也明确指出:"宗祠规劝宜明。族内有孝友忠信志谊可称者,家长族长各加优礼,以示劝导;其有不率教训者,会众示罚,严为惩戒,惟期一志同风、敦仁讲让,以为久大之基,凡在族人当共凛之。"③《浦江郑氏义门规范》规定,"十六岁入大学,聘致明师训饬,必以孝悌忠信为主,期底于道。"赤松赵氏宗祠祠规规定:"宗族以族孝为本。子孙如有忤逆不孝者,当即拘祠,严加责戒,匕而不悛,送官治之,仍削其谱,不许入祠。其中或有他故,或屈于继母者须原情别论。"①浦江钱氏宗祠祠规更是详细规定了孝父母、敬

---

① 常建华.明代宗族研究[M].上海:上海人民出版社,2005:349.另外,浦阳嵩溪徐氏宗祠祠规也有类似规定:一四季仲月朔日,家长率众参谒祠堂毕,出坐燕诒堂,长者坐幼者侍立,擎鼓二十四声,令子弟一人唱云:"凡为子者必孝其亲,为妻者必敬其夫,为兄者必爱其弟,为弟者必恭其兄;勿徇私以害公,勿趋利以妨义,勿习惰以荒事,勿逞奢以违礼,勿嗜酒以乱性,勿纵欲以乱德,勿听妇言以伤和气,勿蹈横非以扰门庭,谆谆祖训饬我后昆,废兴之由,有耳共闻,身修家齐箴语垂经夙兴夜寐无忝两生。"众皆一揖分东西行而坐,复令子弟敬诵孝弟故宝一通,会揖而退。

② (清)吴惠深等.椒山吴氏宗谱(清道光十年木活字本).

③ (清)戴逢锦.浦阳建溪戴氏宗谱(清光绪三十四年木活字本).

④ 赤松赵氏宗谱(民国庚午年重修本)。

长上、重尊养等内容,加强对宗族成员的孝道教育。

一孝父母。父母之恩与天地并,报德所以罔极也。凡为人子者非独亲,能善作当竭力奉事。即或有不务家计、不训义方者,亦宜勤谨就养匡救承顺。盖天下无不是的父母,即亲有过,亦子之不能几谏陷亲不义使然。不观舜尽事亲之道,而鼓腹亦底豫乎?吾族中倘有此等不肖忤逆,即为天地之罪人,名议所不容,禀祠日训有此辈,会令族长共叱之,绯至祠下痛责毋纵。

一敬长上。长幼有序伦理森然。凡属吾祖父伯叔兄辈者,出接之时,即宜恭敬,行则必后、坐则必隔、见则必起、问则必拱而对。尊长会燕,子弟敛容奉侍。此礼在则然,不容亵也。即或有年属长上而行第次序反出于卑幼下者,虽不可概通以拜跪之礼,亦宜以敬长之心待之,所以重高年也。族中如有不遵名分、疾行端坐、肆称尔汝,甚或犯上忿争,不循子弟之分者,禀祠日定行严责。

永康市石柱镇厚吴村吴氏宗祠砖壁上的大字

一崇节孝。夫妇道为五伦之本,而子职居百行之先故。朝廷旌扬之典嘉予必及尽所以彰实行而维风化也。凡族中有孝子顺孙贞女节妇必加优待,使孝有所勉而节得以全。或贫弱不能自立者,亲族量行资给,祠中亦宜存恤,以广扶衰济困之仁。如实能完全节操克尽孝道者,年例既符之日,族内尊长务须会同亲友呈请有司申详旌奖,用表潜德以光大典,亦一门之望也。①

第三是尊崇儒学教育。儒家思想是中国传统社会的正统思想,因此,很多宗族为了适应社会形势都表现出强烈的崇儒心态,要求宗族成员以儒家的处事之道作为自己的立身原则,同时注重对宗族子弟的教育,希望造就知书识礼、忠孝两全的后代子孙,并全力支持族中子弟参加科举考试,以求得功名宦绩。儒家"内圣外王"的理想人格和不断进取的入世精神在宗祠有形和无形的空间中得到强烈的反映,跻身官场,仕途通达,从而兼济天下,成为宗族成员的人生终极目标。即使有些族人在农工商等领域取得非凡成就,但往往也会"贾而好儒",热衷于投资族中子弟的教育事业。浙中地区许多宗族以匾额、祠联、祠规等形式来表达尊崇儒学的传统。兰溪市女埠街道章氏家庙大门内侧上方就直接悬挂"崇儒"匾。金东区曹宅镇龙山村张氏宗祠的 20 副楹联中,有不少与教育有关,如"名教自有乐地,诗书是我良田"、"教子孙两行正路惟读惟耕,绍祖宗一脉真传克勤克俭"、"贫不卖书留教子,饥宁食粥省求人"等。浦江钱氏宗祠也非常重视教育,其祠规规定:

一训子弟。教家之道无过耕读两途。凡训子弟必先观其资质。如资质迟钝粗蠢者,送入蒙馆略识文字,即令其出习农田,毋入逸谚;如遇资质明敏清秀者,务使慎择名师从学举业以求上达尽仰事俯。畜端本农桑而扬名显亲断由诵读,二者不可缺一也。尝见嘻嗃之家不务训诫,少壮惰游、博弈饮酒、好勇斗狠无所不至而门户衰落者不可胜计,皆由父兄之教不先故耳。吾先祖遗训具在,慎之毋忽。

一重尊养。养老尊贤国之大典也,而治家之道亦然。盖乡党莫如齿,礼义本于贤,祠中所重端在是矣。如族内有年

① 项耀曾等.浦兰钱氏宗谱(民国十七年木活字本).

高七十者,给胙肉二觔;凡入泮者亦如之,外加乡试费银三两;有年高八十者,给胙肉四觔;凡登科选拔者亦如之,外加会试费银拾两;如捐监纳贡胙肉照上各减一半给与,余外不得混争。若有寿至期颐名登仕籍及旗干匾费等银,临时酌议另行破格优奖。[①]

为了使宗族子弟能接受比较正式的教育,许多宗族千方百计利用宗祠兴办私塾或学校,选聘良师开展教育活动。浦阳建溪戴氏规定:"宗祠垣墙之内存有余基以为建造家塾之地,祠内公资饶裕即当营建以课族人子弟。"[②]东阳市六石镇吴良村,明清以降仕宦辈出,登儒道者代不乏人。清庠生吴绍瞻,

兰溪市女埠街道章氏家庙"崇儒"匾

享年 95 岁,与五子二孙二曾孙为同堂十秀才。1928 年,该村以吴大宗祠为校舍办乡村国民小学,后改为县立吴良中心小学。1931 年,婺城区长山徐氏在徐氏宗祠创建"秀峰小学",有校产田 375 亩,由校董事会管理,作为办学经费,徐姓子女免费入学。同时,各宗族还积极采取措施优待读书人,资助学子们各种费用,激励宗族子弟们致力向学。椒山吴氏宗祠祠规规定:"优读书。祖制中进士者给花红银三两,举人贡士给银贰两,入泮者给银壹两。今议每祭春秋进士给胙三斤,举人贡士给胙贰斤,监生庠生给胙

---

① 　项耀曾等.浦兰钱氏宗谱(民国十七年木活字本).

② 　(清)戴逢锦等.浦阳建溪戴氏宗谱(清光绪三十四年木活字本).

壹斤,即本生没亦许其子孙领之。"①东阳市六石镇吴良村旧时按学历发养贤租谷,凡中秀才者(民国初改为高小毕业,1941年改初中毕业)以"绅缙"礼遇。浦阳建溪戴氏规定:"分给考费。进学者宗祠旧有襕衫钱三千文,今再加四千,共七千文,闻报即送至其家。进乡场者,每人给盘缠五千文,带至省城,场后分给中试者,闻报送去二十千文,又每人给盘缠三十千文;中进士者四十千文;优拔副贡生各二十千文。道光十八年议嗣后襕衫钱定为每人五千文,补廪者每人亦给钱五千文,乡试盘费无论人数多少每科给

徐姓明清两朝举人秀才名录(资料来源:《长山村志》)

---

① (清)吴惠深等.椒山吴氏宗谱(清道光十年木活字本).

钱廿一千文,带至省城,场后分给其,贡与乙榜两榜则仍照前议。"[①]义乌青岩傅氏宗祠祠规规定:"学费。肄业中外大学,每名每年津贴银廿八元至毕业为止,如有出仕受禄者照缺分大小、廉奉多寡,临时酌情交祠以为鼓舞。书香之资不得吝啬退却。"[②]浦阳文溪楼氏宗祠祠规规定:"童生府院二考每次给费银四钱,入泮者给蓝衫银二两。乡试者文武生监每人给路费二两。送行酒仪一席如因人少不设酒席,送钱一两,照依人数分派。发科者不论文武给青衫银三两。举人贡生给旗匾银十两。会试路费文武俱给二十两,发甲后建坊银另议。"[③]解放前,为奖励读书,金华长山徐姓设置贤田,初中毕业者可得一股,高中毕业可以得二股,大学毕业可得三股。每股 2—5 亩不等,不负担赋税,因而激发了大批就学者的进取精神。明清两朝,长山徐姓共有举人秀才 166 人。

此外,宗族还借助宗祠加强宗族子弟敦本勤俭、行为礼仪、经商理财、耕作习业等方面的教育,本书暂不展开论述。

第四节　组织管理

明朝在嘉靖以后大规模推行乡约制度,浙江是明代乡约与宗族结合明显的省份之一。宗族的组织化主要采用乡约化的形式展开,不仅有活动的场所"宗祠",还有规章"族约"或"祠规",设族长"约正"以及其他管理者。宗族把乡约推行到本族,行使对宗祠和族人的管理。[④] 为了加强异民族君主及王朝的统治,清朝实行以孝治天下的政策。清朝政府提倡修建祠堂;批准祠规的法律效

---

①　(清)戴逢锦等.浦阳建溪戴氏宗谱(清光绪三十四年木活字本).

②　傅典彝.义乌青岩傅氏宗谱(民国十四年木活字本).

③　(清)楼德森.浦阳文溪楼氏宗谱(清光绪十三年木活字本).

④　常建华.明代宗族研究[M].上海:上海人民出版社,2005:265.

力,承认祠堂对族众的管理与统治;倡设并保护祠田;支持设立宗族家塾;倡修家谱;旌表累世同居的大家庭;利用族正制推行孝治。[①] 浙中地区传统宗祠发达,几百年来能持续地发展,至今仍有不少宗祠保存完好,并且在新农村建设中发挥一定的作用,这与宗祠的有效管理密切相关。

宗祠一般由族长负责,下设房长(或支长、分长)分别管理宗族事物。很多宗祠还专门设置人员管理宗祠事务。各地宗祠管理人员的称谓各不相同。如江苏宜兴任氏大宗祠,"立宗子以主裸献,宗长以定名分,宗正以秉权衡,宗相以揆礼义,宗直以资风议,宗史以掌薄版,宗课以管钱名,宗干以充干办"。还有一些职员及守祠人等杂役。[②] 浙中地区各宗祠的管理人员设置也不尽相同。浦阳珠山张氏宗祠设总理祠长,总管宗祠事务,另有祠首十多名,分管祠中银租账簿等事。义乌青岩傅氏宗祠则设"总理一人由房长选举;理事每派二人由总理择铨;补铨房长先由该房按应铨名数加倍推荐再由祠铨选充任"。[③] 浦阳建溪戴氏宗祠设董事正副4人,司钱谷之出入,酌事宜之增减,伤祀事守祠规,择心公而才裕者为之。另外,遇到祭祀、修谱等大事时,临时选执事若干名。[④] 浦阳嵩溪徐氏宗祠则有祠中董理、监理祠事等职。赤松赵氏宗祠在民国初期有祠首12人、经理4人。浦阳嵩溪邵氏宗祠"于各房长内推廉能者三人为执事,以明达书算者为主计"掌管宗祠的月用。[⑤]

宗祠管理人员有较大的权力,但更多的是为宗族服务的义务,而且要受到祠规的约束,甚至惩罚。如浦阳珠山张氏宗祠规

① 常建华.清代的国家与社会[M].北京:人民出版社,2006:102.
② 常建华.清代的国家与社会[M].北京:人民出版社,2006:93.
③ 傅典彝.义乌青岩傅氏宗谱(民国十四年木活字本).
④ (清)戴逢锦等.浦阳建溪戴氏宗谱(清光绪三十四年木活字本).
⑤ (清)邵兴瞒等.浦阳嵩溪邵氏宗谱(清光绪十三年木活字本).

定,"管理祠中银租账簿者,务要公心料理,逐项销算无私。如有侵渔银谷、冒指滥费、背骗肥己、开销不明,诸人觉察鸣众、加倍追偿,仍罚戏酒。服禁追簿革胙,以为侵欺公资之戒"。[1] 浦阳建溪戴氏宗祠则规定,"既任董事,益当勤敏公慎,以有裨于宗族为大"、"董事倘或贻误公事,以致销用祠帑及侵食公项者公议坐罚,不得徇情"、"执事非有急务,毋得托故不到,其有推委者,公议罚"、"所有改田之钱值年者必须登账交代明白,不得遗漏",等等。[2] 浦阳嵩溪徐氏宗祠规定"祠中董理于春秋二祭前一日办羊豕果蔬等物及设几陈器之类,不得临事塞责以愄祭典。监理祠事须三年一换,监事内有端正公明者不必拘定年限听众议举留。监理祠事簿书不分明者不许交代,一应大小事务与钱谷出入须要先时逐项详注,于交代日分明条说,虽累更新管要如出一手,庶免匿欺藏私之弊。每转掌事交代须参谒祠堂,书祝致告,次拜家长,然后领事"。[3] 浦兰钱氏宗祠规定:"众事之成端赖贤能。凡祠内公举管事,须选族中有德有行至公无私素为众所心服者,方许签入承管。……倘怠惰不勤,侵吞肥己,一经察出,禀祠责罚,即时推出其人,另签公正者充管,如无确见侵蚀凭据而或假公济私,妄加人过以报私忿者亦议责罚。"[4]浦阳新安王氏宗祠规定:"立祠内总理诸人管理田租祀事及一切祠中公务,择公正贤明者为之。如或耽误祀事侵蚀公资,有不公不法等事,形迹昭著者,众白家长,从重坐罚,另立贤者。"[5]永康陈氏总祠不仅定了14条祠规,还专门制定了宗祠管理规则。

——本规则因建造总祠,集合同姓财产,为团体经理产

[1] 浦阳珠山张氏宗谱(2006年丙戌重修本)。
[2] (清)戴逢锦等.浦阳建溪戴氏宗谱(清光绪三十四年木活字本).
[3] (清)徐一茂.浦阳嵩溪徐氏宗谱(清光绪二十八年木活字本).
[4] 项耀曾等.浦兰钱氏宗谱(民国十七年木活字本).
[5] 浦阳新安王氏宗谱(清咸丰十年木活字本)。

业举行祭祀。凡百需人爰推举理事,以司厥职于遵守祠规外,应遵下列之规则。

——理事名额。每村捐银五百元以上者,得选理事一人,壹千元以上者两人,余类推。不满五百元之村,准与就近他村联合,但以四村为限,其轮值理事,以该联村捐银多寡为先后;不满百元者,准附入他村,免其轮值。各村选举理事之时,必须秉公推举,以廉能正直者任之,其粗暴贪墨罔知自爱者不得滥充,以重祠政而防流弊。

——本祠理事暂定为五十五人,分班值年办事。每班设主任理事一人,以主持祠内一切事务及收管银钱、保存契券簿据等项,由各班理事投票举选之,惟以有理事资格者为限。

——理事司收支款项,保存器皿、轮班办祭及修葺祠宇、催收租课等项,其有侵蚀款项及不法情事,应随时斥退另选,侵款由主任理事及诸理事呈追。

——理事由各村共同选定后,应开列被选人住址、名号,具公函通知主任理事,再由主任理事函知。

——理事任期三年,主任理事任期一年,选举得连任之。

——理事交代以子午卯酉年冬季大祭后为期。新理事接管后,即用抽签法签分班次,值年办事,并选举各班主任理事。

——新理事接收交代及签分班次,并选举各班主任理事时,应公推临时主席。

——本祠大祭设正主祭一人,副主祭六人,赞礼生三十二人。常祭正主祭一人,副主祭二人,赞礼生二十四人。正主祭由理事公举,须择其爵德并尊、乡望素孚者;副主祭及赞礼生由主任理事与值班理事临时选择;常祭之赞礼生只由理事中选充,但大祭不以理事为限。

——正主祭及大祭时之赞礼生,如非现任理事者,其膳宿及与费,均照理事待遇。

　　——春冬二季理事来祠与祭，离城二十里以内者，每人津贴与费银圆贰角；其在二十里以外，按路程远近酌给，每里以一分为限，但须经费足敷，开支后实行。

　　——祭器不得擅自移动。每年冬祭毕，由值班理事将各项器具按簿点交，次年值班理事接收储藏。如有遗失，由经管理事负责酌赔。

　　——每年经收租课出粜租谷，由主任理事会同值班理事办理。

　　——屋赁田租现金及其他款项，统交主任理事执管。如有赢余之款，应存殷实商号生息，其率须长年壹分以上。主任理事及各理事，不得私相揭借。

　　——本祠设立产业簿十本，分乡执存，用垂久远。

　　——本祠出入账目，立合同账簿十本，务须逐项登明，以备次届接管理事清算。每年各项开支应量入为出，宁盈勿缺。

　　——每年收支款项由值班理事逐项开明清单，交主任理事执存，于次年春祭时张贴祠内俾众周知。

　　——本祠例行事件由主任理事与值班理事商酌进行。其事关重大，为祠规及本规则所未载者，应开全体理事大会议决之。会议之时，以主任理事为主席，须得理事过半数之出席，方得开议。其开会日期，须于二十日前通知。

　　——本规则如有未尽事宜，经理事十人以上之提议，得提交大会修正之。

　　由上可知，宗祠管理人员基本都是宗族成员按照较高的要求选举产生，同时又受道德规范和宗祠祠规的约束。因此，总体而言，宗祠的管理者大都殚精竭虑，努力做好宗族赋予自己的神圣职责。

　　朱熹家礼规定："初立祠堂，则计见田，每龛取二十之一，以为祭田，亲尽则以为墓田。后凡正位祔者，皆仿此。宗子主之，以给祭用。上世初未置田,则合墓下子孙之田,计数而割之。皆立约闻官,不得典卖。"①祭田是宗祠最重要的经济基础,祭田每年的租谷是宗祠建设和祭祀等活动的主要经费来源。"祠必有祭,祭必有田。"

祭田也被称为祠田、祀田、烝尝田、族田、义田、公田等。祭田的来源主要有两个方面。第一是按照朱熹的方案,在建宗祠时"每龛取二十之一"。浦阳建溪戴氏的《宗祠碑阴捐田捐银及各派丁银记》记载了旧捐祠产情况:"九灵公旧祠基四亩五分;君良公房新基六亩三分,除替去旧基四亩八分外计捐一亩五分;应仁房一亩四厘五毫;君良房四亩三分七厘,三十八年拨二亩四分二厘入九灵公祀产;君辉房二亩二分五厘;允珂房一亩八分七厘;允玠房二亩八厘五毫;允锡房一亩二分二厘;石门胡信房一亩六分;奕文房一亩八分一厘;奕范房二亩八厘五毫;融若房二亩四分二厘。"②据此,我们可知浦阳建溪戴氏12房共捐田三十一亩五分五厘五毫,其中十亩三分用作祠基,其余的作为祭田。浦阳柳溪傅氏宗祠也有祭田的相关规定:"祠设祭田。别畜其租尚充祭祀,除祭余方许别用。其田当开坐何保号步亩若干,原置若干亩系何置,新置若十亩系何置,一一勒石祠左,俾子孙永远保守。不论尊卑长幼,无容妄言质鬻,即遇合族公务万不得已,亦须量情凑敛或照灶或照丁或照粮或乐助,断不得假争气之虚名,废公中之实产,其不孝莫大焉。"③浦阳新安王氏宗祠明确规定,立祭田以供时祭,有余则储以公用。④ 第二是宗祠建成后通过各种途径增置。有些宗祠建立时没有祭田,采用轮祭的方式祭祀祖先,不能保证祭祀

① (宋)朱子.家礼:文渊阁·四库全书电子版·经部·礼类·杂礼书之属[CD].上海:上海人民出版社,1999.

② (清)戴逢锦等.浦阳建溪戴氏宗谱(清光绪三十四年木活字本).

③ 傅秋芳等.浦阳柳溪傅氏宗谱(民国二十一年木活字本).

④ 浦阳新安王氏宗谱(清咸丰十年木活字本)。

正常进行。于是,宗祠管理者需要想办法增置祭田。如浦阳陈氏就曾经遇到这种情况:"一议祭田。从来有庙有祭,庙以楼主,祭以享先,盖并重也。入祠以来,向系各派轮祭,但始从厚,后渐趋薄,甚至有不堪者。予等目击心伤,因会众议:东市、西皋一派,东岭一派,松墩、山丫一派,每派议田四石入祠,收租完粮外备办祭品。……一派一房中定有公田祭产,何不将公田祭产拍半入祠,家存一半常祭不绝,拍半入祠祠祭可充,两全无憾。倘坚执不听,岂尔之祖又可以不祭乎?抑将他人之田祭尔之祖,又于心安乎?凡有神位入祠者各宜自谅。"①赤松赵氏宗谱专门刊载有《初创祠田记》,记述了创建祠田的艰难情况。

> 赵氏处北山之麓,族虽巨而非若人烟稠密者比也。故自道光二十年间,始得创建祠宇,以妥先灵。是役也,财力俱匮,又何有储帑藏厚克积,而欲得陇望蜀效有田之祭哉?谊五十三讳云尚者,出腴田八斗三分之一以与甥钱盛满,盛满即以其田还助赵祠,由是甫有生息。阅累年所纳之粟及祠首各出之资,诸又昆弟均以三宝、鸿基等颇勤于权算,缘嘱之敦事果一转瞬藏尽稍致赢余。因先创祠田数亩俟,继起者长其幅陨、广其田宅,未始非初创之造端□始焉耳,是为记。
> 计开助田
> 一田八斗 计四坵 土名里赵门前长项颈鹅 三股内拍一股
> 一地一爿 土名横路
> 初置田产
> 一田一石 计十三坵 土名郭婆坞
> 大清咸丰十年岁次庚申季夏月之吉

浦兰钱氏宗祠为增置祭田,还规定"如董事人能勤谨积聚办祭之外,复能增置祀田、重修祠宇,百年后准其神主送入功

---

① (清)陈际备等.浦阳陈氏宗谱(清光绪二十年木活字本).

德祠,永远配享,以励后贤"。[①] 祭田是全族的公共财产,由宗祠统一管理。除了祭田以外,宗祠往往还有其他祠产,如族人的捐款等。

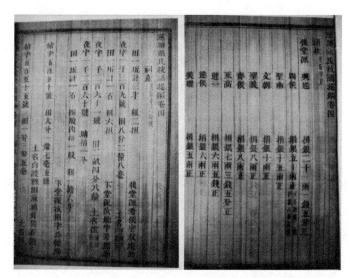

莲塘张氏枝谱提纲记载祭田捐银情况

宗祠设祭田和其他祠产主要是为了在经济上确保香火不断。但现实中,总是有些人觊觎宗祠的祭田以及其他祠产,千方百计侵占甚至盗卖祭田。因此,许多宗祠都在祠规中设定相应的条款,维护宗祠的利益。浦阳新安王氏宗祠规定:"立祭簿登记租花出入祭祀费用。于每祭毕后,管事者执簿向家长、房长算明以前用度,分别馆收除在归给过账,如有他弊对众举出。"[②]浦阳建溪戴氏宗祠规定:"祠内每年赢余不多,一有人借贷,即不敷用,今议嗣后一概不准借贷。"[③]浦阳嵩溪邵氏宗祠由监正专门管理祠中祭

---

① 项耀曾等.浦兰钱氏宗谱(民国十七年木活字本).

② 浦阳新安王氏宗谱(清咸丰十年木活字本)。

③ (清)戴逢锦等.浦阳建溪戴氏宗谱(清光绪三十四年木活字本).

产,祭产文契全部印上嵩溪邵氏宗祠产图记,并逐条写进宗谱。

  祠中祭产置租簿付管理,以便按租佃数目收纳贮蓄租利,尚充祭祀之资。除祭余方许他用。监正置祭产簿家长收藏,记载原有新置坐落号亩,记原有民田几石几斗某名,系坐其之都保某字号记几亩。几其有地山仿记,将置新业管事。监正与房长等须省产美恶较议物价文凭,然后交受亦照记号亩于祭产簿中,则监正于租产簿记明产价租佃以便收管。记有新置田几石几坐某处土名某系某年某月某人所出,用价几十受成,某人佃议每年纳租几十,称佃银几钱几正;其原置于己于前只记原置田,一处计几斗坐某土名于某年某月某人佃种,议每年纳租几称佃银几正,地山亦仿记。其有文契悉印嵩溪邵氏宗祠产图记,逐一条列谱卷俾子姓永远继述保守,不论长幼有言质鬻者即以不孝论之。[①]

  为加强宗祠的管理,强化并规范宗祠祭祀行为,一些宗族专门制订祠规。《浦阳嵩溪邵氏宗祠规条》由兰塘第十五孙良乾于乾隆七年(1742)编辑。该祠规附有小引:"明宗著系在乎蒸尝原始报本于义,为急是示之以奉先序昭列穆,申明支体贵贱亲疏咸出,吾宗故示之以睦族。至若谨仪文具器物一斟于礼而不苟,贮财粟时出入必节诸度而有常,推人任事务审乎才,百尔云为当因其制,凡丝毫之私有戒于鞠躬之力,当劝者悉条陈于左,惟吾子氏尚思尔宗创祠垂训之义而懋勉之哉!"[②]乾隆丁丑年(1757)制订的《太原郡新安王氏宗祠规条》引言描述了类似的制定祠规原由:"祖宗灵爽所栖则有祠堂,骸魄所归则有墓宅,二者交相重也。今人溺于地师,家言汲汲风水以求福荫,至祠堂若可有无者。殊不知立祠修祭,致敬尽礼,先灵无怨,恫则麻庇子孙者,较之风水为

---

① (清)邵兴瞒等. 浦阳嵩溪邵氏宗谱(清光绪十三年木活字本).

② (清)邵兴瞒等. 浦阳嵩溪邵氏宗谱(清光绪十三年木活字本).

更大。故礼制宜立,规约宜详,或失之疏,或失之声,均无当于仁孝诚敬之意。今当奉祀之初其紧要者俱已悬示遵行,嗣后岁事尤宜虔肃,因并详著如左。"①早期祠规内容主要有祭期、祭仪、祭品、祭文、祭墓、香火、祭祀费用、生子娶妇谒祠、祠堂洒扫、义祠、修理祠堂、分胙等,还很少涉及宗族的其他事务。

表4-3 浙中地区宗祠部分祠规例示

序 号	宗祠名称	祠规名称	备 注
1	兰溪东湖盛氏宗谱	家训	
2	兰溪择基童氏宗谱	祠规	
3	兰溪大塘滕氏宗谱	祠规	
4	浦兰钱氏宗谱	祠规	
5	浦阳陈氏宗谱	祠规	
6	浦阳珠山张氏宗谱	祠规条约	
7	浦阳柳溪傅氏宗谱	祠规	
8	浦阳柳溪傅氏前大房谱	祠规	
9	浦阳王氏宗谱	宗祠规条	1757 年
10	浦阳文溪楼氏宗谱	祠规	
11	浦阳泮南楼氏宗谱	大宗祠规	
12	浦阳建溪戴氏宗谱	祠规	
13	浦阳嵩溪徐氏宗谱	祠规	
14	浦阳潼塘朱氏宗谱	祠规	
15	浦阳钟山汪氏宗谱	祠规	
16	浦阳嵩溪邵氏宗谱	祠规	1742 年
17	浦阳洪溪施氏宗谱	祠规	

① 浦阳新安王氏宗谱(清咸丰十年木活字本)。

序　号	宗祠名称	祠规名称	备　注
18	义乌华溪中心盛氏续修宗谱	祠规	
19	义乌青岩傅氏宗谱	祠规	
20	义乌稠碢杨氏宗谱	祠规	
21	义乌酥溪蒋氏宗谱	规训	
22	义乌楂林骆氏宗谱	祠规	
23	义乌松门龚氏总谱	祠规	
24	义乌前洪吴氏宗谱	宗祠条规	
25	永康陈氏总祠主谱	祠规和管理规则	
26	永康李氏总祠主录	祠规	
27	永康华溪武平李氏宗谱	宗约	
28	龙山胡氏总祠明主录	祠规	
29	赤松赵氏宗谱	祠规	类似家法

资料来源：笔者根据宗谱资料调查统计。

　　后来，随着宗祠在宗族社会生活中影响的扩大，祠规逐渐增加条款，进而替代了家法、族训的作用，并编入家谱。浦阳建溪戴氏宗祠祠规除了有关宗祠的条款外，增加了置买义冢、分给考费、赈给贫户、修理谱牒、禁溺女等内容。如"置买义塚。买得山数亩坐落三十都一保，土名麻山下半山。本族有身故无所归者，给与丧费，葬于义塚。每年冬至，值年之人办荤斋及香纸烛到山总祭，永以为例"、"赈给贫户。本族鳏寡孤独中老六十以上、幼十六以下极贫无告者，每年本房公报每人于四月十二月两次，每次给钱一千文"、"宗祠规劝宜明。族内有孝友忠信志谊可称者，家长族长各加优礼，以示劝导；其有不率教训者，会众示罚，严为惩戒，惟期一志同风、敦仁讲让，以为久大之基，凡在族人当共凛之"、"宗祠垣墙之内存有余基以为建造家塾之地,祠内公资饶裕即当营建以课族人子弟"、"族中不得与本家奴仆及娼优隶卒联姻,违者削名"、"禁溺女。近今溺女之风惨忍睹,亲生骨肉如此残忍,即生子亦未必繁盛"。① 浦阳珠山张氏宗祠为了防止宗族成员"顽逆不守法纪、侵欺灭祭、恃强挽混",经过会商后制定了家法祠规禁例十条,以端肃家风。(见《浦阳珠山张氏宗祠祠规条约》)②

　　家长惟立惟存总理祠长、鼎吾祠首邦荣、邦首、邦九、邦道、邦琚、邦琼、如标、如林、希葵、邦琳、如英、和秀,为严饬祠规事照、建祠立祭,上追祖宗之厚德,下培一族之纪纲。试观后辈全凭气性,怀利己之心、忘尚义之道,既无追远之思,焉有光前之志。盖因父兄平日失于训诲而家规不严之故耳。今宗祠告竣,族产酌拨,惟恐顽逆不守法纪、侵欺灭祭、恃强挽混。为此会议严饬家法祠规禁例十条,端肃家风,以敬将来须至规则者。

　　一禁族中子侄如有不孝不弟,亲房邻佑当鸣族长家法处治;如恃顽不服,送官惩究;如房长两邻容隐不举,罚酒三席、演戏一本,以为讳纵之戒。

　　二禁族内不肖酗酒横行凶殴尊长者,父兄自当家治,仍送入祠议罚责戒;如父兄惑纵者,罚酒三席、演戏一本;如不依允,革逐削谱;如无父兄者,房长两邻处置或隐讳不举者,一体坐罚。

　　三禁族中叔侄兄弟田土致争,小事雀角,鸣祠查询是非曲直调处劝和。倘有刁奸因自理阻,或投倚外姓势豪,或先控虚辞诬制者。祠长会同族众公呈公究、革逐削谱。

　　四禁族内无耻之流,不顾礼仪廉耻、贪财好色、玷污宗族、败坏门风者,革逐削谱。

---

① (清)戴逢锦等.浦阳建溪戴氏宗谱(清光绪三十四年木活字本).
② 浦阳珠山张氏宗谱(2006年丙戌重修本)。

五禁游手好闲、不务生理、拐掠窃盗、行使假银、窝贼非为者,犯露彰扬削谱。

六禁族内不良叠犯事,属干名犯义者,父兄觉察即当查明事犯轻重,家法处治。如不改过,送官律究、削谱。如父兄亲邻知情不举者,概行坐法。

七禁族中无知开场赌博荡废家产,邻佑当鸣族长传唤祠内,叱责戒谕令其自新;抑或执迷不悛,斥革出祠,以为败之子戒。

八禁族内强梁依势横行、杖富欺贫、藐视宗族、凌尊虐卑者,家长祠中理应抱公评论改恶从善,录不遵依、不得畏势观望,据实公结,法律究治,架责示众。

九禁管理祠中银租账簿者,务要公心料理,逐项销算无私。如有侵渔银谷、冒指滥费、背骗肥己、开销不明,诸人觉察鸣众、加倍追偿,仍罚戏酒。服禁追簿革胙,以为侵欺公资之戒。

十禁每房嫡派宗祖,既有祀产遗留例定祭期,则额祖宗血食不代不易。如家逆不肖,或减灭祭祀,或盗卖祀田,始不能防微杜渐,终必致忘本灭祭,争端不绝、伤残和气。如有此流预鸣族众公议处息,抑或不依本房子孙呈控,县主族中从实公结究治,追产入祠,以正盗卖之戒。

显然,后期的祠规与宗族家法已经紧密地联系在一起,具有较强的教化、乡约的政治色彩,这与宗祠发展以及宗祠事务与宗族事务相互融合密切相关。家谱中专设祠规一节,说明传统社会的祠堂制度最终得以完善,也说明民间宗祠祭祀已完全成熟。

同时,宗祠也是家族的法庭。族长代表祖宗在宗祠里处罚违反祠规家法的子孙。虽然,许多宗族都努力通过各种途径加强对族众各方面的教育,但族人由于一些主客观的原因触犯祠规家法的现象还是时有发生。因此,宗祠在对族众进行劝谕教化的同时,往往会制定相应的惩罚条款,对不同程度违反祠规家法的族众实行多种形式的制裁。对于违规行为较轻的,一般作适当惩罚,以示教育。如"其有不率教训者,会众示罚,严为惩戒"、"执事临祭酌派,非有急务,毋得托故不到,其有推委者,公议罚"[①]、"理事房长侵蚀祠银,察出重偿革名毋许入祠管领"[②]、"正寝及两厅附主,按名给筹一份,为子孙与祭领胙或散馂之据,其主银或助产未缴清者停给;祠内禁止赌博与私吸鸦片及一切违法行为,违者由主任理事呈送法庭惩治;子孙干犯刑律(如奸盗、诈伪等),有玷祖宗名誉,如经判决,确定其犯罪在五等徒刑以上,经人报告有据者,不得入祠与祭;祠前铺砌石板之地,不准烧草煨土及堆积垃圾与有碍交通之物,违者鸣警处罚"[③]、"祭祀务在孝敬,以尽报本之诚,其或行礼不恭、离席自便与夫跛倚欠伸、嚏嗽嚏咳一切失容之事督过议罚,督过不言则众罚之。凡穀匦收满公诣祠堂封记,不许擅开,违者量轻重议罚。如遇支用,监事者不去亲视,罚亦如之。银穀借粜须公平明算,不得因私滥与,亦不得借公过刻,如有此獘亦宜罚之"[④]、"(宗祠祭祀时)如衣而安褻、行而后跛倚、言而喧哗,慢渎祖宗孰甚于此,其何以交神明致歆格乎? 违者纠仪呈举以凭责罚。吾族中倘有此等不肖忤逆,即为天地之罪人,名议所不容,禀祠日训有此辈,会令族长共叱之,缉至祠下痛责毋纵。族中如有不遵名分、疾行端坐、肆称尔汝,甚或犯上忿争,不循子弟之分者,禀祠日定行严责。凡族中有争竞必先告于族长。鼠牙雀角务为排解,如卑幼触犯尊长则即令其服礼叩罪尊长,至尊长欺凌卑幼亦不许其任情苛人,同等者量其是非科断责罚。倘或族长理处不平,方许控有司以分曲直。毋得倚强凌弱互争共

---

① (清)戴逢锦等.浦阳建溪戴氏宗谱(清光绪三十四年木活字本).

② 傅典彝.义乌青岩傅氏宗谱(民国十四年木活字本).

③ 陈焕章.永康陈氏总祠主谱(民国十五年木活字本).

④ (清)徐一茂.浦阳嵩溪徐氏宗谱(清光绪二十八年木活字本).

殴,彼此扛帮以乖族谊,违者告祠重责。管事倘怠惰不勤,侵吞肥己,一经察出,禀祠责罚,即时推出其人,另签公正者充管,如无确见侵蚀凭据而或假公济私,妄加人过以报私忿者亦议责罚"①、"管理祠中银租账簿者,如有侵渔银谷、冒指滥费、背骗肥己、开销不明,诸人觉察鸣众、加倍追偿,仍罚戏酒,服禁追簿革胙,以为侵欺公资之戒"。②

而对破坏祖坟、奸淫乱伦、不孝不悌、偷盗抢劫等危害严重的行为,则要给予严惩。"子孙干犯刑律(如奸盗、诈伪等),有玷祖宗名誉,如经判决,确定其犯罪在五等徒刑以上,经人报告有据者,不得入祠与祭。"③"族中不得与本家奴仆及娼优隶卒联姻,违者削名。"④"倘有刁奸因自理阻,或投倚外姓势豪,或先控虚辞诳制者,祠长会同族众公呈公究、革逐削谱;族内无耻之流,不顾礼仪廉耻、贪财好色、玷污宗族、败坏门风者,革逐削谱;游手好闲、不务生理、拐掠窃盗、行使假银、窝贼非为者,犯露彰扬削谱;族内不良叠犯事,如不改过,送官律究、削谱。"⑤"子孙如有忤逆不孝者,当即拘祠,严加责戒,匕而不悛,送官治之,仍削其谱,不许入祠。倘欺贫爱富,无故出妻,并无故改嫁者,会同房长秉公议处。如本人横行不遵即行削革。如有来历不明,出身卑贱者,查出令其离异改正,违者革出,不许入祠。如不务生理及流为下贱者,即投家长训斥,不听则削其谱。如子孙不顾廉耻,犯一切非法事,拘祠以家规重处;再犯,送官究治,即行削革。"⑥"(正婚姻)倘不遵是训而贪爱便宜或聘取于贱户或买女于下流,告祠日定行斥革。如族中后生犯此之恶而捉奸者,执有确实证据,一经鸣众无论服内

① 项耀曾等.浦兰钱氏宗谱(民国十七年木活字本).

② 浦阳珠山张氏宗谱(2006 年丙戌重修本)。

③ 陈焕章.永康陈氏总祠主谱(民国十五年木活字本).

④ (清)戴逢锦等.浦阳建溪戴氏宗谱(清光绪三十四年木活字本).

⑤ 浦阳珠山张氏宗谱(2006 年丙戌重修本)。

⑥ 赤松赵氏宗谱(民国庚午年重修本)。

服外,即将本身革出,永不入祠,其所犯奸妇亦即随时离异,毋许纵恶,违者一体同革决不容情。"①

宗祠还是宗族成员集体娱乐的场所。如前所述,浙中地区有三十多个宗祠戏台。浙中地区最古老的戏曲是婺剧②,俗称金华戏,迄今已有四百多年的历史。它源于明朝中叶的弋阳腔和明末的义乌腔,吸收西秦腔、石漖腔等唱腔所塑成。在明末清初,由于战乱,使大批皖南人移民金华,带入了徽戏,逐渐合流,构成了以徽戏为主体的戏剧剧种——婺剧。它是浙江省第二大剧种。起初,婺剧戏班子成员大多是农民出身,农闲时出外组班演戏,农忙回家生产,直到抗战初期才开始有固定的班社出现,长期流动于乡村演出,并逐渐形成了自己独特的艺术风格。婺剧在表演艺术上以鲜明生动与强烈粗犷相结合,不但保留了许多傀儡、傩舞、目连戏等古老的表演动作和程式,且拥有高腔、昆腔、乱弹、徽戏、滩簧、时调六大声和变脸、耍珠、舞叉、窜火、窜梁、穿刀、十八吊等大

---

① 项耀曾等.浦兰钱氏宗谱(民国十七年木活字本).

② 其中浦江乱弹起源于南宋末年,是婺剧六大声腔之一,以浦江当地民歌"菜篮曲"为基础,并在"诸宫调"讲唱艺术和我国最早的戏剧南戏的相互影响下形成和发展起来。腔调主要有三五七、乱弹三尖、二凡、芦花调、拨子等,各分若干板腔。伴奏乐器以笛子、唢呐等吹奏乐器为主,弦乐只起辅助作用,曲调既华丽、流畅、舒展,也具有激昂、高亢、悲壮、沉郁等感情特点,表演则粗犷有力,具有农民艺术的特色。自南宋末年至明朝中叶的数百年间,浦江乱弹一直以讲唱艺术"什锦班"的形式流行于世,明代中叶,浦江乱弹由坐唱转为舞台演出。光绪二十六年,被誉为"江南第一家"的郑义门天将台竣工典礼,有14个戏班演戏,其中浦江乱弹班占了60%。浦江乱弹剧目大约有300多个,现已收集到近200个,代表剧目包括《玉麒麟》《百花台》《寿红袍》《碧桃花》《凤凰山》《全家福》、《醉打山门》《瞎子拿奸》《卖胭脂》《水擒庞德》《唐宫怨》《貂蝉》《双阳公主》《忠壮公徐徽言》《相国女》《古玉林》《施三德》《珍珠塔》、《两重缘》《铁灵关》《牛头山》《三枝箭》等。据调查统计,至今仍有83

个浦江乱弹"什锦班"活跃在浦江城乡。

量特技表演。同治初年,金华本地曾有徽班三十余个,农村的"太子班"以千计数,足见其盛。婺剧有大量优秀剧目,如《列国记》、《龙凤阁》、《断桥》、《对课》、《僧尼会》、《西施泪》、《活捉三郎》、《九锡宫》、《斩吕布》、《昭君出塞》、《踢宫》、《桃花霸》、《李大打更》、《追狄》、《临江会》、《铁龙山》等。婺剧有自身独特的脸谱系统,有脸谱二百多种;其行当、角色十分复杂,多达十五六种,角色分工严密,一般不串演,十分讲究。因此,婺剧演出深受浙中地区乡村农民的喜爱。每逢祭祀祖先、重修族谱、庆祝丰收等时节,许多宗族会在宗祠前的明堂演出戏剧娱乐族众。清朝以后,一些宗祠利用维修、重建的机会在宗祠里增建戏台。浦阳文溪楼氏宗祠规定,正月和十一月廿八九两次演戏,其中正月演戏与迎灯东西房轮年,一房演戏,一房迎灯。金东区澧浦镇山南村孙氏宗祠还置办行当组织业余剧团。

金东区澧浦镇山南村孙氏宗祠业余剧团行当箱

此外,有些宗祠还把演戏作为一种惩罚与教育相结合的方式。如浦阳珠山张氏宗祠祠规规定,族中子侄如有不孝不弟,而房长两邻容隐不举,罚酒三席、演戏一本,以为讳纵之戒;族内不肖酗酒横行凶殴尊长者,如父兄惑纵者,罚酒三席、演戏一本。

总之,在传统社会里,聚族而居的宗族往往围绕宗祠展开他们的生活(如果建有宗祠),通过上述各种活动把所有宗族成员紧密联系在一起,相互支持,共同促进宗族的发展。同时,宗族又在完粮纳税、科举仕途、推行乡约、广传圣谕的过程中,与地方政府互动,参与乡村治理,维护宗族利益和秩序,适应发展中的社会。

第五章
浙中地区传统宗祠个案考察

一、婺城区雅畈镇石楠塘村永清徐氏宗祠

永清徐氏宗祠位于婺城区雅畈镇石楠塘村外的武义江畔,远处群山叠翠,风景秀美。石楠塘村历史悠久,是古代金华的水陆交通要道,是南宋时婺州窑的航运点之一。村内还保留了清乾隆年间的石牌坊一座、明清时期的古庙两座和古民居多处。

徐氏宗祠由周边 12 个村落的徐姓族人共同出资兴建,现存为明万历年间遗构。1958 年曾作为粮站,后有村民在此养鸭。宗祠坐西朝东,三进两厢五开间,每进用料规整,面积近 2000 平方米。经古建筑专家鉴定,该宗祠为硬山顶式明代建筑。宗祠山面不建马头墙,正对大门外有影壁一堵,剖面呈梯形;正门上有门楼,解放后因为用作学校和粮库而遭拆毁,由粗壮的月梁式额枋可推断出当年的恢弘气势。门厅面阔五间,明次间抬梁式,五架梁对前单步后双步用四柱,三架梁疑为近代维修改变;稍间穿斗式,八檩五柱。穿过门厅是宽敞的天井,左右各设三间厢廊,进深五檩用二柱,与前后厅相连。中厅高于天井三台阶,面阔五间,明次间抬梁式,五架梁对前后双步梁用四柱;稍间抬梁穿斗混合式,中柱落地,前后各用两双步梁,九檩五柱。中厅后又是一天井,两旁各有三间厢廊,进深五檩用二柱,与前后厅相连。后厅地势高于天井尺余,面阔五间,明次间抬梁穿斗混合式,前出廊,稍间穿

斗式,九檩五柱。

徐氏宗祠所有建筑的大木结构几乎全由金华南山的石料打制而成,因此被称为"石祠"。宗祠内的匾额和隔扇早已被洗劫一空,木雕牛腿缺失,部分墙体、檩椽受损严重,98 根支撑了四百余年的抹角内幽石方柱却仍旧完好如初,冬瓜梁、虾形梁、柱础、额枋、栌斗、雀替、斗拱等处的石雕构件简洁大方且少有损坏。这座明代风格显著的"石祠"与武义省级文保单位"石梁架屋"颇为相似,但在规模和体量上远大于后者,对研究浙中明代建筑和宗族民俗具有较高的文物价值。

二、金东区曹宅镇龙山村张氏宗祠

张氏宗祠位于金东区曹宅镇龙山村村口南首,始建于明万历己未年(1619),复建于清康熙己丑年(1709),清乾隆三十八年(1773)重建,1999年公布为金华县文物保护单位。张氏宗祠整个建筑保存完整,坐东朝西,共三进,每进均为五开间;大门门面为八字形,两侧有抱鼓石一对,大门石柱上牛腿为双狮图案,门顶砖雕为古人生活景象,滴水瓦为福、禄、寿、喜图案;第一进为六架七檩,内部置天花,明间作为戏台使用,后檐额枋牛腿雕刻人物、瑞兽和花草纹样,万字纹横披,天井两旁厢楼各两间,与门厅梢间用八方罩相隔,造型简朴,梢间与厢房均置楼;第二进为九架十一檩,明次间均为抬梁式,五架梁对前后双步,梢间山面穿斗式,檐下前置天官赐福牛腿,后置壶嘴式撑拱;第三进为享堂,八架九檩,明次间抬梁式,五架梁对前后单步再接前单步,梢间山面穿斗式,前檐用壶嘴式撑拱,天井两侧厢房各一间,槛窗为一马三箭式样。宗祠内不仅书法精湛,而且木雕工艺也很令人称道,牛腿、雀替、直梁上均雕有各式花卉,人物图案,月梁上火焰纹三条。

张氏祖先中有个名人叫张作楠（1772—1850），字让之，号丹村，嘉庆戊辰进士，官至徐州知府，擅长诗书，精通天文，著书立说甚多，有《翠微山房诗集》，56 岁时，从任上乞养还乡，曾组织乡贤同道组成一个北麓诗社。

张氏宗祠外观平平，里面却大有乾坤，84 根柱子全是石柱，石柱上总计刻有 20 副楹联，字体各不相同，囊括小篆、大篆、金文、隶书、楷书、行书等多种字体，风格迥异，更令人称奇的是有两副是用满文书写的，其中一副为"诸葛一生惟谨慎，吕端大事不糊涂"。楹联字的颜色有朱红、金黄、银白、深黑、湖蓝，配以红、黄、蓝、绿、黑等底色，既活泼，又不失沉稳。对联语意以劝诫激励为主，如"丈夫心事白日青天，儒者襟怀光风霁月"、"莫萌事上行不得心，毋作心上过不去事"、"名教自有乐地，诗书是我良田"、"教子孙两行正路惟读惟耕，绍祖宗一脉真传克勤克俭"等等。这些对联类似家训，让后代子孙时时记住这些金玉良言，教他们如何做人，劝勉他们发扬耕读传统。其中最典型的一对，是"贫不卖书留教子，饥宁食粥省求人"。据说，龙山张氏传统敬惜字纸，对读书人很尊敬，以前在祠堂隔壁，还有一个焚纸炉，专门用于烧丢弃的字纸。

宗祠里有两尊石碑《孝友堂龙山张氏宗祠记》和《龙山祠产碑记》。前些年，该村先后投入资金对张氏宗祠进行了抢救性保护修缮。张氏宗祠现作为金东区曹宅镇龙一村老年人体育协会、老年活动中心以及社区服务中心。

三、兰溪市梅江镇祝宅村长陵祝氏宗祠

长陵祝氏宗祠位于兰溪市梅江镇祝宅村。此地文风鼎盛，宗祠建筑遍布。祝宅民宅都依水而建。梅江穿村而过，麻石古路与水道并行，经过家家户户的门前。溪水之上，一座青石小桥——卧龙桥连通两岸人家。热闹处是宗祠所在位置，其前有大快空地，供村民活动，如迎龙灯、放电影。旁有池塘，有村妇洗

衣洗菜,有村童、鹅鸭嬉戏玩耍。粉墙黛瓦的建筑、村道石桥上的行人、苍翠的古树,以及溪水中的倒影,构成了一道古悠悠的风景。据《祝氏宗谱》记载,祝氏始祖卜居长陵距今已八百五十余载,世系分支分派和徙居异地,鼎盛时期房点近 50 个,男丁数15 世达 930 人。祝氏先祖所做出的丰功伟绩,诸如建祠、辑谱、修桥、筑路、办学置贤产、济贫困、育林绿化、祝姓家训、胜景古迹等等,不胜枚举。

　　祝氏宗祠始建于元英宗年间,约 1320 年前后;明天顺年间(约 1460 年前后)迁建;明万历六年己卯(1579)宗祠第三次移建;顺治十五年己亥(1659)宗祠重建。现存长陵祝氏宗祠始建于1938 年。1940 年,因日寇入侵中途停建四年。1945 年 8 月 15

日,日本侵略者无条件投降,接着前进动工续建,当时长陵辅导完小搬到溪口周氏宗祠。解放后,学校仍搬回本宗祠,直至 1961 年完工。宗祠系砖木结构,青砖青瓦,三进二厢一厢共 39 间,建筑面积约一千八百多平方米,用款约合谷三万余斤。宗祠大门天头有"祝氏宗祠"四字,祠内装饰精美,尤以保存完好的各类木雕为最,具有浓厚的文化气息。1980 年 2 月,当地区委区公所拟把祝氏宗祠出卖,但由于村民的阻止与不停上访,1983 年 6 月 10 日,由原梅江区公所、长陵乡政府、上祝宅、下祝宅共同达成协议,祝氏宗祠的产权归原主。1989 年 6 月 13 日,祝氏宗祠作借办学校一直延续至今。2005 年 11 月 3 日,祝氏宗祠被列为兰溪市市级文物保护单位。

四、浦江县新华东路张氏宗祠

张氏宗祠位于浦江县城区新华东路,是浦江县城区内唯一平面完整典型的祠堂建筑。该宗祠始建于南宋,是张祚家族的家庙。历史记载,张祚(字叔元,东阳白鹿山人),南宋淳祐二年任浙江安抚司提镇,督兵镇守浦邑,遂后安家于浦江,后来居于浦阳"龙溪之侧",为浦阳张氏始祖。明嘉靖四十五年(1566)扩建为张氏宗祠,万历十四年(1580)续建,万历二十二年(1588)仲冬落成,前后历时 23 年。张氏宗祠后来修缮过多次,光绪三十三年(1907)九月至三十四年十月重修祠堂,拓宽门厅,东边六间拓为贤功祠,把继绝祠向西移,并把朝向改为坐西朝东,重建节孝祠,而在贤功祠和节孝祠原址上建了三间拜厅。重建后的张氏宗祠焕然一新,大大扩展了建筑面积,形成了现存规模。据有关方面统计,浦江县张姓人口占全县总人数的 20%,是浦江第一大族,张氏宗祠是浦江县境内最大一族宗的祖祠,其下有分派祠(厅)堂 30余座,张氏宗祠是浦江现存祠(厅)堂类最大体量的建筑。现存的张氏宗祠为典型的清式结构,中轴线上依次为门厅、中厅、穿厅、拜厅、寝堂,与两侧耳房构成"吉"字形布局。整座建筑结构严谨,雕刻生动精致,在祠内找不到任何一个蜘蛛网和燕雀,庄严肃然。

张氏宗祠内办过私塾,后改办"溶英小学"。抗日战争前,国民党县政府征兵科曾把张氏宗祠作为征兵站,把全县各乡所的壮丁都集中到这里训练。1999年,县政府投资800万元将张氏宗祠改建为浦江博物馆,以张氏宗祠为主体,外围新建现代化馆舍,古今新旧,相得益彰。2002年10月,浦江博物馆对外开放。新建建筑采用传统的东西对称方式,以白色的"□"形包围于张氏宗祠四周,东西建筑之间以高耸的跨梁连接,既保留了原古建筑的精致雕作,又新增了现代化建筑的恢宏气势,外观别致,构思新颖,设计别具一格,在博物馆建筑史上独树一帜。这一建筑的本身,就能使我们看到古今建筑文化的传承,听到新旧建筑文化的对话。它是古老的,又是崭新的;它是历史的,又是现代的;它浓缩了浦江建筑历史文化的精华,是浦江文化底蕴最深厚的标志性建筑之一。

五、义乌市后宅街道塘下村方大宗祠

方大宗祠位于义乌市后宅街道塘下村,枕山面流,处在青山绿水的环抱之中,别有一番景致。潺潺溪水从祠前流过,有如终年弹奏不歇的琴弦。宗祠始建于明万历癸卯(1604),历时五年,耗资白金两千余两,于清咸丰庚申(1861)毁于兵乱。清同治丁卯(1867)动工重建,于光绪丁酉(1897)竣工,历时31年。方大宗祠是为数不多的祠堂型古建筑,谓其"七厅五堂九门栏,九级踏步,五石桥"。方大宗祠前后三进七开间,是义乌市境内规模最宏大、保存状况较好的宗祠之一,整体建筑呈阶梯状,布局清晰,雕梁画栋,流光溢彩,两泓池水波光潋滟,一方方题词匾额墨香飘逸,处处给人以古老文物大放异彩的深切感受。

宗祠正面是随同大门一起排开的"九门栏",显得气势弘大,给人以开阔轩昂的感觉。宗祠两扇红漆大门高有310厘米,宽有140厘米。宗祠大门紧闭,只有遇到阖族大事时方开启。大门的横梁上雕刻着岳飞大破金兵的战斗场面,牛腿上雕有吉祥如意、福禄寿喜和八仙过海图;在每一个可能的地方都恰到好处地布满了出神入化的雕刻精品。门楼下是一对四吨重的石狮子,瞪着双铜铃般的大眼。

从侧门跨入宗祠内,凌空飞舞的小鸟和绚丽多彩的鲜花扑面而来。雕刻在天花板上的花鸟人物和各种式样的图案、花纹都完好无损,细细地用油墨刷过了。雕刻刀功精美,像苏州刺绣般细腻,丝丝缕缕,精美绝伦,向人们演绎着一个个动人的故事,它们风姿绰约,又深自涵蕴,令人感叹不已。天井中有一水池,水池中间一座双拱桥飞架而过,谓"五石桥"。水池周边的石护栏上雕刻的飞禽走兽、花鸟虫鱼,栩栩如生,不但给这些青石板倾注了活的生命,使它舒展在池塘的四周,还让它延伸进深邃的时光里。经过四百多年的风吹雨打,图案虽淡然圆润了许多,仍清晰可见。

大厅高约七米,用六根大圆柱、28个40厘米见方的石墩及直径80厘米的六根大梁支撑而成,石柱和大梁、小梁都已油漆一新,刻桷雕梁,光彩焕发,金碧辉煌。后墙一溜用28扇大平门隔开。这种设计,看似随意,实则匠心独运,可当墙又可做门,使宗祠更加美观。不论是中厅、前进还是厢房、走廊、梁柱及天花板上的装饰,都是精雕细刻,玲珑剔透,技艺精湛。驾着凤凰的仙人凌空缥缈,大败金兀术的岳飞神采飞扬,丹凤朝阳图清新亮丽,松鹤图素雅凝重……一幅幅各有特色的画面,构成了一个古朴典雅而隽永深邃的美的世界。宗祠虽进行过加固修复,但这夺人的气势,仍显示出宗祠本身内质的精良。

据史料记载,这里无过夜飞鸟,也无蜘蛛网,更无蚊蝇。挑起宗祠的大梁由香樟木制成,不施粉黛,绝无雕饰,本色苍然。经过对柱、梁进行特殊工艺处理,樟树木散发出来的香味使蚊蝇、蜘蛛不敢近前。人行其间,瞬觉安逸清凉、身心熨帖、物我两忘,浮躁之心顿息。此种建筑风格堪为建筑史上的奇迹,实属罕见。

方大宗祠现为义乌重点文物保护单位,平时基本上不对外开放。为此,村民在宗祠旁边建立了一个老年协会,作为重大事仪的商量地。村里做戏等大型活动,会选在宗祠门前的空地上举行。

六、东阳市城东街道李宅李氏大宗祠

李氏大宗祠位于东阳市城东街道李宅。李宅原名蟾程,地处东阳江平原腹地,东接北江镇,西邻城郊,南屏青台山,北濒东阳江,距东阳城区 10 公里,蟹溪绕其东,泗溪流其西,龙山、笔架山、马鞍山矗立于南,山清水秀,为形胜之地。现全村有 1250 多户、3600 多人口。李宅系东阳望族李姓聚居地,李氏源出唐宪宗李纯之裔。李氏先居垅西,在五代时由河南陈留南迁睦州(今浙江省建德),南宋绍兴年间又由睦州迁至东阳。李毅庵处士于 1426 年定居李宅。至今已有 580 多年。李宅历史悠久、历代人才辈出、文化积淀深厚,于 1995 年被东阳市列为"历史文化名村"。目前尚存的古建筑有花台门、文昌阁、李氏大宗祠、明代民居、月塘(蟾塘)、鹅卵石古街,还有大小厅堂、宗祠、亭、台 50 余处,构成气势雄伟壮观的古建筑群,俗称"五步一楼十步一阁",誉满四乡。

李氏大宗祠始建于乾隆年间,因地势而建,逐级增高,前低后高,成为旧村落中最高的建筑,也彰显着其特殊的地位和作用。宗祠与尚书坊、月塘处于同一中轴线,站在后堂中檐,视线可穿越前厅、门楼、尚书坊、月塘。宗祠原有前后四进,现存三进五开间,即门楼、前厅、后堂,占地近 1998 平方米,大门上方有"南渡名宗"匾额,正厅都用高大方、圆石柱,水磨砖石铺地,重檐斗阁,前有门楼 11 间,左右伴厢房 32 间,雄伟壮观,厅堂两旁有厢房和廊庑,穿堂相连,天井相接。从大宗祠后进登 15 级台阶为九间楼,中三间称映台楼,东三间为三德堂,西三间称四美堂,是全村的制高点。每逢佳节,层层大门洞开,登映台楼透过重门俯瞰月塘,犹如一面明镜,全村高低起伏的亭、台、楼、阁之恢弘气势,尽收眼底。据浙江大学教授考察,李氏大宗祠的结构、布局和体量为省内少见。宗祠内有众多的高大石柱,前厅有 26 根圆柱,均为一人合抱粗,穿堂 4 根圆柱,后堂 32 根方柱。石柱最高的有 7 米,其余为 6 米多。宗祠的门楼、厅、堂两侧厢房各 14 间并挟两弄,总共有房间 56 间,可谓规模宏大。让人称奇的是,前厅所有梁柱都施以栌斗,状似荷花,俗称"荷花斗",共有 50 多只。据介绍,在古建筑中,所有梁柱都装有"荷花斗"的非常少见。李氏大宗祠里的"荷花斗"木雕刀法娴熟,线条简练生动,荷花图案鲜亮活泼,堪称一绝。另外,宗祠里有很多牌匾,其中不乏"刑部尚书"、"兵部尚书"、"道范可师"等,可以想见当年李氏先人世代为官的显赫。如今,这些牌匾已经成为李宅村民的修身准则。

2008 年,李氏大宗祠进行了一次大翻修,共补充瓦 10 万多片,历时几个月,现在李氏大宗祠成了老年协会活动室,村里人闲时也会聚在这里聊天、喝茶、下棋,是村里最热闹的地方之一。

七、磐安县盘峰乡榉溪村孔氏家庙

孔氏家庙位于磐安县盘峰乡榉溪村。榉溪村旧时叫"桂川"。根据《磐安县志》和明清《金华府志》、《永康县志》,以及《孔氏家谱》的记载,南宋建炎四年(1130),金兵占领山东,兖州陷落,曲阜孔林遭受兵祸。孔子第 47 代裔孙、大理寺评事孔若钧和他的哥哥孔若古、侄子孔端友、儿子孔端躬等，护送高宗皇帝赵构离开山东南渡。到了临安，孔若古、孔端友等前往衢州，后来定居在三衢西安菱湖，历史上称为"孔氏衢州南宗"。而孔若钧、孔端躬父子一家仍然护送高宗皇帝前往台州。经过榉溪时，孔端躬发现榉溪山清水秀，风景优美，觉得是天意，就长期隐居此地。榉溪村是婺州孔氏南宗所在，是孔子后裔南方最大的聚居地之一。金钟山和莲花城是"婺州南孔"始祖孔若钧和孔端躬的墓地。南宋绍兴八年，大理寺评事孔端躬谢世，与钱氏夫人合葬。墓前有棵桧木，是当年孔端躬亲手种植的，至今已有800余年。

孔氏家庙坐南朝北，是明末清初时期的建筑，门口匾额上"孔氏家庙"四个字依稀可辨。孔氏家庙最早建于南宋宝祐年间，也就是1253年到1258年之间。当时宋理宗给予"婺州南孔"五级恩典，其中一级恩典就是，在榉溪南岸杏檀园赐造至圣家庙。孔氏家庙从南宋宝祐年间赐建以来，元、明时期多次由政府拨款修建，家庙宏伟气派。清初，榉溪一带发生农民起义，朝廷派兵镇压，烧杀无度，造成"十年不闻鸡犬之声"，家庙毁于兵乱战火。后来，家庙由孔氏族人集资重建，虽然没有当年皇帝敕造的宏伟，但至今保存较为完整。

孔氏家庙三进五开间,由门楼、戏台、前厅、穿堂、后堂和两个小天井组成,通面阔 21.5 米,通进深 30.3 米。门楼采用三柱穿斗结构,戏台为轩阁式结构。前厅、后堂招梁式和穿斗式相结合。家庙里的柱石有宋、元、明、清四朝的式样,记录了家庙沧桑变迁的历史。家庙的后堂中间悬挂着"如在"两字的匾额,其意就是"孔子的精神永远流传"。两边是一副对联,读来意味深长:"脉有真传尼山发祥燕山毓秀,支无异派泗水源深桂水长流"。家庙原有"万世师表"的金匾一块,在"文革"时期毁了。

八、永康市石柱镇厚吴村吴氏宗祠[①]

吴氏宗祠位于中国历史文化名村、浙江省历史文化名村(镇),永康市东南部石柱镇厚吴村。厚吴村起源于宋嘉定十年(1217),历经过宋、元、明、清五个朝代,近 800 年的历史。吴氏宗族为了祭祀祖先,更为了安居,在明清时期和民国初期,造了 12 座祠堂,其中一座在咸丰年间太平军的战乱中烧掉,解放后住户失火烧掉两座,改建两座,现保存完整的七座。吴氏宗祠是其中年代最久远、最具代表性的宗祠。

据《屏山庆堂吴氏宗谱》记载:吴氏宗祠建于明朝嘉靖二十六年(1547),占地 1140 多平方米。其间,十七世恭行辉公寿义妻王氏令子珍公建造花砖门台;清代年间,州司马醇五六十二文武公,乐助重资续谱;27 世洪百四十双虞公次助田以供大宗祠祭祀;在清咸丰年间太平军战乱中被烧毁多间后,于 1893 年,最后一次修建。吴氏宗祠坐北朝南,总体结构布局合理,分前中后三进二厢,前厅三开间,中厅五开间为三明二暗,东西二侧厢房20 间,建筑内的大梁、斗拱、马腿、雀替、蝴蝶木均刻有高深精美的浮雕,所展示的人物、花卉、鱼虫、飞禽、走兽等图案皆是栩栩

---

① 《建筑创作》杂志社,浙江省永康市文物管理委员会编.文化厚吴:厚吴的宗祠与老宅[M].北京:机械工业出版社,2003:2—11.

如生,柱头穿枋,椽条金珠彩绘,现保存完整无损。祠堂的中厅正中,悬挂着厚吴宗族堂号"叙伦堂",其意思是:思宗视源,远叙伦理纲常,含义庄重,寓意深长。在宗族堂号的左右两边挂有本族祖先的历任官衔,主要有:九世祖帝公号康肃龙图学士;十三世祖吴坚公居左丞相;十五世祖,俊三公吴宁,字文靖明朝进士,官任刑部观政;十六世祖英十一公吴磷,字崇节,明朝成化丁酉年科举人,官任河南卫辉府同知;十七世祖恭行九经公,明朝嘉靖乙未年进士,任工部都水司主事;二十一世祖吴时来公任大中丞等。另外在厢房外侧回廊四周悬挂"进士"、"大中丞"、"左丞相"、"龙图学士"等匾额一百多块,其内容有龙图科举获得功名者,有晚辈对长辈尽孝之至者,有妇女守节自爱者等等。在诸多的匾额中,除了显耀门庭、光宗耀祖之外,还有更深层次的古代文化含义,在向后代人传承,显现吴氏宗祠浓厚的历史文化的具体内容。

永康市石柱镇厚吴村吴氏宗祠外景

吴氏宗祠大门口外直铺的石板。按旧规,祠堂门口的石板一般是不能直铺的,也不能设八字门,除非该宗族中有人取到过很大的功名或出过显贵,祠内挂祖处先人之匾,意在显耀门庭。门前直铺石板在铺水泥路时本已埋水泥底下，后村民们凿开水泥，挖出石板重铺，以示自豪。宗祠中厅东西两壁"忠孝廉节"四个大字，是"庚子、辛丑并科恩榜举人"吴云宪所书，具体时间在光绪癸巳（1893），因为那年是大宗祠堂因咸丰兵火后重修完全竣工，同时又是续修宗谱完成之时。据说，吴云宪写这四个大字时已71岁，用扫帚蘸墨直接写于壁上，至今100多年，当年的墨迹仍没有任何改变。宗祠每一进的边上都开了一道边门，在边门外建有伙舍，少的三五间，多的十余间：一是用一间作厨房，每年常会清明祭清，冬至祭冬，烧祭品，炒菜煮饭，把火源设在祠堂外；二是子民要操办喜事，搞酒宴，家里房子不够，要借用宗祠时，伙舍的厨房同时让给借用的子民应用；三是厚吴的风俗中，祠堂要聘用外姓人看管，把祠堂边上的几间伙舍让他居住，要求把祠堂看好，常会给几亩田种，不要交租，常会有事，要帮忙挑担、烧饭等一些杂活。这称作少姓侬看祠堂的风俗。这里有两幢宗祠的外姓人家，很值得后人回忆和称颂。

吴氏宗祠是一块活字碑。凡是宗族里的行善者或是行恶者都要被记录其中，以供后人榜样与警戒。宗谱记录，凡是考取功名的皆要红笔标志，以示区别，直到现在还保留着对考上大学的用红笔记录其名字。公德显著的则在乡党里代代相传，演变为传奇色彩的故事，子孙引以为傲。所以厚吴宗祠像一面无形的镜子，提醒吴氏后人，做坏事将被永远记录，做善事或用功考取功名也将永世流传。这其中对后人最直接的影响便是"孝"。"孝"是厚吴宗祠文化的核心之一，它一直以来发挥着实际有效的监督作用，使得不孝敬长辈的现象在厚吴极其少见，可见厚吴宗祠虽然年代久远，但在当地的影响力亘古不变。现在，吴氏宗祠的主要功能发生了变化，不是过去的直接干涉生活，而是提供系统的宗族源流、宗族事迹等知识给青年一代，引导年轻人树立正确的人生观。

九、武义县俞源乡俞源村俞氏宗祠

俞氏宗祠位于武义县西南部俞源太极星象村。该村距县城20公里,系明朝开国谋士刘伯温按天体星象排列设计建造,山川秀丽,风光旖旎,名胜古迹甚多,现存宋元明清古建筑1000多间,如宋代的洞主庙、元代的利涉桥、明代的古戏台,以及迎玩堂、声远堂、万春堂、谷仓楼、六基楼等。在村口有占地120亩的巨星太极图,村中布有"七星塘"、"七星井"。俞源村文化底蕴深厚,人文景观与自然景观密切融合,是古生态"天人合一"的经典遗存,是全国重点文物保护单位、首批中国民俗文化村、浙江省历史文化保护区、金华市四大景点之一。

俞氏宗祠位于下水口,七星"斗魁"之内。宗祠的前身是建于明代洪武七年的"孝思庵",是俞涞的四个儿子为父所建,后兵焚。明嘉靖年间,俞源有俞大有、俞昭、俞款、俞彬、俞世美五人在朝廷为官,为彰显俞氏家族的昌盛,故重修宗祠,宰相严讷还特赠送"壬林堂"大匾一块。清隆庆元年再次重建。俞氏宗祠三进五开间,共有房屋51间、大小天井8个,占地3176平方米,被誉为"处州十县第一祠"。祠内雕花戏台"碧云天",有"金华八县第一台"美称。宗祠整体建筑为砖木结构,高梁巨柱,歇山斗拱,规模宏大,气象万千。数百年来,宗祠内一无灰尘,二无白蚁,三无蜘蛛,四无蚊蝇,五无鸟雀宿夜,当地人称"五无奇屋"。宗祠前面两旁矗立着五对高大而森严的旗杆,代表着村里科举的荣耀和文运的昌盛。宗祠大门两侧有一对抱鼓石,墙上用黄漆刷着"事在人为,人定胜天"八个字。从大门开始,宗祠分五个梯级向后抬高,一级进大门、三级进前厅、五级进后厅,寓意"节节高升"。宗祠享堂五间,为明代建筑,梁柱粗硕,造作讲究,前檐双椽出水。

"文革"期间,俞氏宗祠成了村里的粮库,并损坏严重。为进一步保护好具有较高历史文物价值的俞氏宗祠,开发好旅游资源,从1999年11月开始,武义县政府在著名古建筑专家、清华大学建筑学院教授陈志华等人的支持下，投资 30 多万元对宗祠的门面、戏台、中厅、后厅、厢庑、天井等进行了全面的维修整理，使其重现当年风采。有着"江南古村落精美遗存"之称的俞源村，以其深厚的文化底蕴，奇异的太极星象布局，罕见的明清古建筑群和精致的木雕、砖雕、石雕艺术，吸引了国内外众多游客、专家和学子前来观光考察，现已成为国家级重点影视基地，及省旅游重点开发基地。俞氏宗祠也对外开放，成为俞源的两处收费景点之一。2008 年，俞源古村接待游客 5 万多人，旅游收入达 90 多万元。

余论
传统宗祠与当代新农村建设

组织严密、结构完整、制度完善的宗族组织在 20 世纪 50 年代已基本遭到摧毁,代之以社会主义的新型生产关系,宗祠也随着宗族制度的没落解体似乎无可挽回地成为过去了的风景,逐渐地从人们的视野中淡出。"但这种制度化宗族的消失并不意味着基于血缘和文化机制的宗族关系的解体。这种关系即使是在运动频繁的(20 世纪)50 到 70 年代,也并没有为轰轰烈烈的革命运动彻底淹没,而是以一种特有的文化基调在舞台背后延续下来。随着(20 世纪)70 年代末的中国农村政策的转型与体制的突破,以家为中心的经济单位的确立,以地缘为基础的村落功能的相对弱化,农村的宗族组织又以其固有的文化传统和特有的屏蔽色彩,展现在我们面前。"①宗祠所承载的宗族观念和民俗民风仍然渗透于乡村社会生活之中,以顽强的生命力不断延续下来。近年来,浙中地区的传统宗祠在政府的支持下陆续得到开发性修复和保护,不仅传承了优秀传统文化,还把文物保护、地域文化的收藏与陈列、旅游观光、教育与文艺娱乐等有机结合起来,在新农村建设中发挥一定的作用。

---

① 麻国庆.宗族的复兴与人群结合——以闽北樟湖镇的田野调查为中心 ⌊J⌋.社会学研究,2000,(6).

一、传统宗祠与乡村社会

中国传统乡村社会是一个宗族社会,宗族的内部结构一般为:宗族——房分;大的宗族是:宗族——房派——支族;联宗的宗族为:始居地宗族——徙居地宗族——房派——支派。在中国封建社会,政府的直接统治基本上达到县级为止,市镇和乡村主要以自我管理为主。宗族、乡族、会社、会馆等民间社会的自我管理组织,不仅从形式上,而且从思想深处对基层社会实施有效的社会管理。乡绅、族长等基层社会精英们在与政府的互动中协调乡村的社会关系,维护家族的利益。明清时期,浙中地区最为普遍的是族(正)长等借助宗祠,通过尊祖、敬宗、睦族的一系列活动,加强对宗族成员的统治。宗族势力的发展与国家权利的关系,在某些时期也曾一度处于一种复杂的矛盾冲突状态,有人甚至认为宗族是国家权利的威胁和挑战。然而,实际上宗族与国家在正统文化的价值系统中有着很广泛的一致性。因而,自雍乾以后,经过一系列文化上的调适和制度上的改革,二者由矛盾达到了统一。政府承认了宗族在地方上的权利,并被用作维持统治秩序的基础,而宗族则在维持地方秩序、推行教化、培养官僚队伍后备军、征收赋税等方面,扮演着国家政权的基层组织的角色。[①] 这其中,宗祠的兴建及其活动对巩固宗族统治和维护乡村社会秩序发挥了重要作用,主要表现在以下方面:强化了宗法思想和宗族观念;缓和了宗族内矛盾,加强了宗族团结;强化了宗族管理,维护了宗族组织;巩固了宗族统治和宗族制度。[②] 正如《下宅项氏新祠记》所载:"夫以人丁不满百五之村,于六年之间。成兹寝庙,妥其先灵,征集丁工竟逾一千两百之巨,其宗族团结精神殊深向慕。……当其创议也,一唱百和,询谋金同,于是输赀有人,输里

① 王日根.明清民间社会的秩序[M].长沙:岳麓书社,2003:8.

② 赵华富.徽州宗族研究[M].合肥:安徽大学出版社,2004:193—195.

者毕至，老成督其工事，少壮集其材木，工师麕集，栋桷潮来，高其门闾，宏其规制，柱石则主坚固，所以乘久远也，堂楹则求轩厂（注：敞），所以壮观瞻也。是以吾不羡其用力之勤，输财之巨，而钦仰其尊宗敬祖精神之聚会。若能扩此团结之精神，一乡然，一邑然，一国亦然，则何事不可为哉？"①

新民主主义革命过程中，土改、互助组、初级合作社、高级合作社，再到"政社合一"的人民公社制度，造就了一套自上而下的高度集体化的经济控制和行政控制网络，它将所有农民整合在全面共产性质的组织中，基本抑制了乡村家族权利的政治、经济运作。宗族权威被来自国家的行政权威所取代，宗族活动被停止，宗祠、家谱等被作为"四旧"而扫荡，农民转化成为强大政治体系中的一个细胞，集体化的生产成为人们的生活之源，基层政权组织成为人们唯一可以而且必须依赖的权威。另外，经过长期的土地革命，农村的家族祠堂土地所有制和地主土地所有制都被废除。② 特别是 20 世纪 60 年代的运动，宗祠基本都被推倒砸烂或改造成了办公场所等，部分宗祠成为学校。

这种乡土的族权、绅权秩序虽然遭遇过行政秩序的强行抑制

---

① 永康溪川项氏重修宗谱（2007 年重修本）。

② 毛泽东在 20 世纪 20 年代就明确提出，农民要完全推翻族权，还有待于经济斗争的全部胜利。而土地问题的焦点就是废除封建土地所有制，废除家族祠堂土地所有制，铲除家族制度的物质基础。毛泽东在江西中央革命根据地亲手制定的几个作为土地革命依据的"土地法"，都把没收祠堂族田作为主要条款。如 1931 年中共中央提出的土地法草案和中华工农兵苏维埃第一次全国代表大会通过的《土地法》，都规定一切祠堂、庙宇的土地必须无条件交给农民。1947 年至 1952 年全国范围的土地改革，其根据是中共中央 1947 年 10 月公布的《中国土地法大纲》和中央人民政府 1950 年 6 月公布的《中华人民共和国土地改革法》。两个文件都明确规定，在废除地主土地所有制的同时，废除家族祠堂土地所有制，没收族田族产，同没收的地主土地一起，平均分配给无地少地的农民。

或中断，但是它作为中国人心灵深处的内省结构，从来没有真正被泯灭。实行家庭联产承包责任制后，中国的乡村又发生了深刻的变化，家族复兴频频出现在某些望族、大族的村庄。一方面，随着生产责任制的实施，农民的生产生活回复到家庭单元化阶段，宗族在不同程度上得以复兴，消解着行政力量的权威；另一方面，由于基层政权组织、自治组织功能的单一、利益取向与农民的要求存在一定的矛盾，造成乡村关系紧张，因而基层政权组织的权威亦流失严重。集体化的结束使乡村的社会结构产生了一系列的变化，首先，包产到户打破了村干部对资源的垄断，从而削弱了他们对村落生活的控制力；其次，普通村民，包括原来处于边缘地位的村民如阶级成分不好的村民重新获得社会和政治权利，他们有的入了党，并成为社区的精英，有的通过外出打工或做生意，获得了集体化时期不可想象的财富。[①] 一度被淹没的民间统治精英重新浮现，是国家收缩社会控制力度的必然结果，孙立平用"国家——民间统治精英——民众"的模式概括 1978 年以来中国的国家与社会的关系。王铭铭指出宗族文化的复兴不仅与承包制下农民对"团体的需要"有关，还和"民间实际生活问题的表述、交流模式以及草根式的权威力量的再生有关"。因此，他在现代民族国家的背景下指出了传统文化的复兴构成了现代性话语的一种悖论，作为汉人社区传统文化最显著表征的宗族文化是一种功能性的再现。[②]

这一时期的乡村是国家与社会之间存在的一个相对自由的政治空间。村干部是国家政权的代理人，代表国家执行和解释政府的政策，同时，他们又是村落利益的代言人。1987

---

① 杨方泉.塘村纠纷：一个南方村落的土地、宗族与社会[M].北京：中国社会科学出版社，2006：163.

② 王铭铭.溪村家族——社区史、仪式与地方政治[M].贵阳：贵州人民出版社，2004.

年,《中华人民共和国村民委员会组织法(试行)》颁布,规定在农村以生产大队为单位建立村民委员会,作为农村的群众自治性基层组织,原则上村民委员会的成员应由村民选举产生,对村民大会负责。1998年中国的村民自治全面推开,《村民委员会组织法》正式颁布,同时各地也很快制定了配套的村委会选举办法。

村民自治给了乡村农民一个表达自己意志、参与村落管理的机会,但乡村民主是一条漫长的道路,在实践中,村民自治与民主表达都一定程度受到宗族势力的影响。宗族势力与村民自治在农村社区并存运行的过程中,二者的非兼容性相当突出。宗族势力越强,其在乡村政治中的作用越活跃,并对村民自治造成复合性的影响。民主选举村委会成员是村民自治的主要内容,也是村民行使自治权力的起点。村委会的选举情况直接关系到村民自治的效果和村民民主权利的实现。浙中地区的很多村落都是聚族而居的,村民大都是世代居于此,彼此之间遍布血亲网,存在着错综复杂的血缘关系。而村民自治的民主选举主要是在一个村里进行的,不同的姓氏或是不同的房派之间存在利益再分配的复杂关系。村民想通过选举"自己人",来寻求保护和利益。村民对自己人不但很信任,而且有一种精神上的寄托感。宗族或房派的能人对村政的介入主要有两种形式,一是本人跻身于村级权力阶层直接介入村政;另一种是以宗族头人的身份召集族人间接影响村政。近些年,浙中一些乡村利用宗族势力拉选票甚至威胁他人违心选举、破坏村民民主选举的事例时有耳闻。

然而,在浙中地区经济大发展的过程中,我们也看到另外一种现象。在村委会之外,作为一种民间的组织,一些村民依托依然存在的宗族关系,重建自己的精神家园,借助宗祠的载体,开展各种公益活动和娱乐活动。近几年,在政府部门的支持下,浙中地区的许多宗祠得到修缮和保护,大部分宗祠改成了乡村文化活动中心。传统的宗祠,不仅仍然可以供奉祖先牌位,还给村民提供读书看报、休闲健身的场所，丰富村民的文化生活，有些著名宗祠还与古村落一起被开发为旅游景点。

二、传统宗祠与文化建设

近些年，围绕宗祠变迁而发生的宗谱编修、宗祠修缮改造与开发等各种活动逐渐增多。宗祠作为传统宗族文化的构成因素和物化载体，在乡村文化发展中具有特别重要的地位。乡村宗祠成为浙中地区农村文化建设的重要载体之一，也是了解浙中地区农村文化传统的重要窗口，而且乡村宗祠活动与农村文化建设是一种密切的互动关系，农村文化建设促进了传统宗祠的变迁，乡村宗祠活动对农村文化建设具有重要影响，有些宗祠活动已经在农村文化建设中发挥着较大的作用。

随着经济发展、生活水平的提高，浙中地区农民群众思想文化多元、多变、多样的特点日益明显，物质生活水平显著改善的农民开始逐步追求丰富的精神文化生活，在充分享受现代文明的同时期待充满乡土气息的传统乡村文化。同时，浙中乡村社会结构也在发生深刻变化，开放性和流动性大大增强，乡村社会矛盾和利益关系日益复杂，致使维护农村稳定工作的难度进一步加大，在一定程度上影响了农村的和谐稳定。因此，在新农村建设过程中，需要比以往更加关注农村文化建设，把农村文化建设作为推动农民奔小康的重要抓手。

农村文化是社会主义文化的重要组成部分，事关农村全面建设小康社会目标的实现，是整体文化工作的重中之重。加强农村文化建设，既是实现国家长治久安、构建和谐社会的需要，也是抵御腐朽落后文化、建设和发展先进文化的重要手段，更是培育社会主义新型农民、提高农民的思想道德和科学文化素质的重要途径。早在1995年，中宣部和文化部等8个部委就联合发起了"文化下乡"活动，丰富农村地区的文化生活。1996年，中宣部、科技部、文化部以及卫生部等14个部委将"文化下乡"活动进一步引向深入,联合发起并组织了文化、科技、卫生"三下乡"活动。十多年来,该活动通过多种形式把先进的文化、科学技术、卫生知识传递给农民,促进了农业生产的发展,丰富了农村居民的精神文化活动,收到了良好的效果。为了扎实推进文化大省建设,把"文化下乡"变为"扎根在乡",把农民变成主角,浙江省委宣传部决定在继续做好送文化下乡的同时,要在农村"种"文化。根据这一思路,《浙江日报》报业集团四家媒体于 2007 年 3 月联合组织开展农民"种文化"百村赛活动,引导农民普遍开展文化体育活动。2007 年 3 月 5 日,《浙江日报》和《钱江晚报》、《今日早报》在头版显著位置刊登了临安市青山湖街道朱村等 8 个村向全省农民发出的《我们都来"种文化"》的倡议①——拉开了浙江农民"种文化"百村赛活动的帷幕。"种文化"百村赛活动以行政村为舞台,以"小型、多样、方便、普及、经常"10 字为宗旨,让农民唱主角,努力弘扬新文化,培养新农民,建设和谐新农村。短短三个月,浙江乡土大地上 101 个行政村加入到这场传承乡土文化、种植当代文化的大潮中。几十万农民学电脑、习书画、玩摄影、跳华尔兹,享受现代文明;而唱田歌、演越剧、舞龙狮以及龙船花轿、篮球乒乓球等各式传统文体活动更是重现乡间,大放异彩。

在新农村文化建设中,许多村庄没有场所又无力专门建造新房子供村民开展文化活动,而浙中地区千余座宗祠此时则有了用武之地。传统宗祠具有重要的文物价值。宗祠建筑本身就具有

---

① 沐浴着改革开放的春风,我们农民的日子一年比一年好,衣食住行、孩子读书、卫生保健,都在向城里人看齐。逢年过节,文化部门也常常把电影、戏文、图书送下来,闹猛一阵。但是说句心里话,平时空下来还是觉得有点冷清,总感到不满足。现在,建设新农村的春风在吹,不少村里有了文化室、篮球场、阅览室、棋牌室,搞文体活动的场地有了。我们也有不少"能人",吹拉弹唱、打球练操也能来几手;翻翻"箱底",村里真有不少土生土长的好东西,农民是喜爱的。"种文化"的"土壤""种子"都具

备。不如在平时空闲,大家都动起来,"种"一个文化乐园。

一定文物价值,散藏其中的宗谱、碑、匾、柱联、旗杆石、祭器以及壁画题词等大量遗存,是地方传统文化传承的重要载体,也是研究传统乡土文化的重要资料。同时,宗祠原本就有娱乐场所的功能。每年春秋祭祀或年节大庆,请戏班演大戏,族人与祖宗"同乐"一番。现在一些宗祠的戏台仍然完好无损。此外,宗祠一般都具有优越的地理位置和较大的空间,适宜办为村民活动中心、老年大学、演剧中心、活动室、科技服务中心等。政府采用群众自愿募捐、政府适当扶持的原则筹集资金,支持各地乡村对旧宗祠进行整修,同时积极引导群众转变观念,倡导和谐、健康、文明的新风尚,树立乡村文明新风,让传统宗祠为新农村建设服务。

为了拓宽农村活动场所、丰富农民精神生活,几年前,东阳文保所、房管处等有关部门积极筹措 1000 多万元财政资金和民间资金,对全市 100 多个原本闲置的祠堂、厅堂进行修缮保护,使这些旧祠堂成为村民们健身娱乐、学习教育的"精神家园"。2004年,东阳六石街道樟村投入 20 多万元整修韦氏宗祠,不仅恢复了宗祠原貌,还利用原先的布局结构,建成了 10 多个功能不一的村民活动室。同时,为增加活动中心的教育功能,该村在祠堂的柱子上恢复德育诗句,将各时期留下来的牌匾重新整理悬挂,重建"遗子黄金满籝,不如一经"等祖训碑。宗祠成为该村一个重要的德育教育基地。2005 年,东阳市六石街道湖沧村在村庄整治中,筹集 13 万元在杜氏宗祠内添置了乒乓球活动室、健身房、多媒体室、阅览室、棋牌室、图书室等,旧祠堂变成了村里最热闹的文化活动中心。

在浦江农村,人们也在新农村建设中赋予祠堂崭新的内容。众多经过修缮的祠堂成为村民求知、求乐、求美的场所。浦江"江南第一家"古老的《郑氏规范》中孝、悌、忠、信和礼、义、廉、耻等许多积极向上的主题,在新时代被赋予了新的内涵。2006 年 11 月,中共浙江省纪律检查委员会和省委宣传部等单位将此地确定为浙江省廉政文化教育基地。2007 年初,浦江县提出"旧祠堂、新文化"的口号,把旧祠堂作为引导村落文化、新农村文化的阵地。团县委因地制宜,根据村庄特色和当地农村青少年的实际需求,在这些祠堂中设置青少年活动中心、青年图书室、青少年教育基地等活动阵地,使旧祠堂成为新文化建设的载体,让旧祠堂为新农村建设服务。

黄宅镇曹街村曹氏宗祠维修改造后,成了老年协会和曹街村文化活动中心。第一进东边的墙上设置"曹街村党务、村务、财务公开栏",西边墙上有科普知识专栏;第二进"光裕堂"实施信息共享工程,安装了网络设备,是远程教育播放室,主要用于播放有关党员教育、市场信息和农业实用技术等节目内容,曹街村第一届十佳小孝星事迹展与当地小学生书画展曾在这里亮相;第三进挂有"未成年人教育顾问工作室"、"老年活动室"和"体育活动队"牌子,村民们可以在这里欣赏电视节目。另外,还成立了全县第一个未成年人协会,开辟了一块村青少年校外活动场所。村史报告会、文明环保行、"走进葡萄王国"、帮助孤寡老人做好事等富有本地农村特色的活动,让孩子们乐开了花。

浦南街道东陈村的陈氏宗祠保存完好,是文物保护单位,其功德祠改成了东陈村的图书室,由专人管理,书架上有《陈氏宗谱》,更有诸如《果树育种学》、《果树栽培方法》和《畜牧学各论》等农牧业生产专业书籍,还有《周恩来传》、《国情资料选编》、《服装美术设计基础》等文史类和时尚类图书。

岩头镇礼张村人才辈出,书画传统源远流长,涌现出张书旂、张振铎、张世简、张子屏等一大批知名画家。众多的书画家为礼张村文化发展和淳朴民风、清雅环境的形成奠定了良好的基础。礼张村民宅外墙上大都绘着名家画作,让外来的客人进村便能融入书画之乡的氛围当中。张氏宗祠改造成了"礼张村书画陈列馆",里面有60多位书画家的作品,充分展示了浦江"中国书画之乡"的特色。

化桥乡塘波村、岩头镇三垄王店村和黄宅镇上市村等革命老区收集、整理革命斗争史料和烈士事迹,把祠堂建设成为青少年爱国主义教育基地,传播着革命的火种和爱国的热情。尤其是中共浦江县委旧址——岩头镇三垄王店村,被评为市级爱国主义教育基地,成为该县青少年开展革命传统教育和爱国主义教育的指定场所,每年都有10多所学校的团员青年和少先队员到基地参观。

有了固定的场所,浦江农村的文化活动更加正常化,内容也越来越丰富。祠堂里的乒乓球、台球成了年轻人最喜爱的运动项目。图书室、棋牌室和卡拉OK厅等求知和娱乐点布满全县各乡村。跳舞、腰鼓和太极拳已经成为许多村民的拿手好戏。经过两年多的努力,全县150多个祠堂,已有30多个被修缮一新,成为乡村农民文化活动的场所。在大量新建农村文化设施尚不现实的情况下,依靠群众力量,自筹资金,修缮破旧闲置的祠堂,不但保存了传统文化,也美化了村容村貌,更让旧祠堂发挥出积极的作用。浦江文化部门在修缮利用旧祠堂的过程中,较好地协调融合了宗族文化与村落文化的关系。旧祠堂成为村民公共活动场所,不同姓氏的人们在里面一起活动,相互学习和交流,不仅增强了村民的凝聚力、亲和力,也促进了新农村的和谐发展。

婺城、金东、义乌、兰溪、武义等地的一些乡村也纷纷修缮宗祠,用于村民的文化活动场所。金东区孝顺镇严店和车客两村的严氏后裔们以严氏宗祠为基础,共建以"敦伦、清高"为主的严子陵文化。根据北宋范仲淹所作《严先生祠堂记》,车客把"云山苍苍,江水泱泱;先生之风,山高水长。雄才济济,廉士洋洋;车客之概,虎跃龙翔"作为村训(写在村庄清高台旗杆的标语上);严店把"云山苍苍,江水泱泱;先生之风,山高水长。干群昭昭,意气扬扬;严店之承,地久天广"作为村训(写在村戏台边的墙上)。"广置田园,不如教子为善"、"不贪则百祥来集,贪则众祸生"、"宁穷困终身,不昧心求荣"和"好善、平直、谦虚、容物、长厚、质朴、俭约"等"家行七事"以及"子陵公论清廉"、"古代惩腐保廉六法"等弘扬严子陵清高文化的宣传内容,在村民中得到了很好的传承,促进了乡风文明。曹宅镇午塘头村邢氏宗祠原先被村民租用办锯板厂。在村庄整治过程中,广大村民一致要求保护宗祠,在上级有关部门的重视支持下,通过村民集资,按照《文物法》的要求进行修缮,作为村老年人活动中心,设"聊天室"、"阅览室"、"娱乐室"、"棋牌室"等。邢氏宗祠成为集文化、体育、休闲于一体的文化娱乐场所,是名副其实的"文化宫"。义乌佛堂镇葛仙村两委为丰富广大村民的业余生活,筹资20多万元把原本老旧的陈大宗祠修葺一新,作为"村民文化休闲中心",为村民提供舒适宁静的文化休闲娱乐场所。陈大宗祠四壁挂满了近百块由书法家书写的"文化"牌匾,金光大字,句句催人奋进,吸引了众多义乌农民朋友前去观看。

三、传统宗祠与乡村旅游

20世纪80年代后期,随着中国社会经济的发展,乡村旅游悄然兴起。90年代后,中国乡村旅游进入快速发展阶段。1998年,国家旅游局在全国举行"华夏城乡游"主题活动,1999年又推出了"生态旅游年",全国各地纷纷抓住机遇,形成了一股乡村旅游热。2006年,国家旅游局将旅游主题定为"中国乡村旅游年",并且提出了"新农村、新旅游、新体验、新风尚"的鲜明口号,进一步推动乡村旅游业的发展。乡村旅游不仅成为人们返璞归真、放松身心、感受田园野趣、体验乡村生活、休闲娱乐的主要方式之一,而且在丰富旅游产品和扩大旅游容量、带动农民脱贫致富和增加收入、推动农业产业结构调整、促进农村经济社会发展等方面都发挥了积极的重要作用。乡村旅游之所以能快速发展,一方面是由于乡村旅游具有良好的发展前景与广阔的发展空间,它能在保护生态环境和传承乡土文化的基础上发展农村经济,促进社会主义新农村建设,因此,政府部门积极采取措施支持乡村发展旅游业,相关村落也主动参与其中。另一方面是因为一些乡村确实具有独特的自然与文化吸引力,展现出人与自然和谐发展以及乡土文化的魅力。现代旅游除了需要美丽的自然景观,更需要各具特色的文化元素。古老而厚重的乡村文化凝聚着中华传统文化的精华,承载了丰富的文化、民俗等人文信息。在现代化和城市化进程中,城市文明与乡村文化存在空间、视觉、心理等方面的势差,而这正是乡村旅游吸引力的本源。目前,浙中地区已经开发或正在开发的兰溪诸葛、东阳卢宅、武义郭洞和俞源、浦江郑宅、永康厚吴、汤溪寺平、金东蒋田畈等旅游村落基本都有较典型的宗祠,宗祠建筑及其活动所体现的文化内涵和民俗乡风具有重要人文价值和旅游价值。

1992 年开始,在台湾龙虎文化基金会经费支持下,清华大学建筑学院陈志华、楼庆西和李秋香等人带领十七八位学生,测绘、研究诸葛村的古建筑。1993 年 10 月,全国第七次诸葛亮学术研讨会在兰溪诸葛村举行。1996 年 2 月,陈志华等人关于诸葛村乡土建筑的研究成果由台北汉声杂志社出版。1996 年 11 月,诸葛村被批准为全国重点文物保护单位。1997 年 6 月,兰溪市政府组织召开论证会,请国家文物局和建设部的有关负责官员和专家、学者,论证并通过了由陈志华和甘靖中等人所做的诸葛村整体保护规划。之后,丞相祠堂、大公堂、尚礼堂、雍睦堂等陆续修复,并依托原有古建筑建成药业展览馆、农耕文化展览馆和建筑木雕展览馆等,诸葛村很快名声大振。"八卦奇村、华夏一绝"的诸葛村因其内涵深邃的诸葛亮文化和独特的村落整体布局,吸引着国内一些大城市,甚至国外的游客纷至沓来。

武义熟溪街道郭下村在覆盖百顷天然自生古木林的龙山山麓下,山环如郭,幽邃如洞,所以又名郭洞。这里奇峰插云,古树参天,竹木苍翠,山清水秀,古朴宁静,清幽秀美,"郭外风光凌北斗,洞中锦秀映南山"。村中的何氏宗祠建于明万历己酉年(1609),朴素大方,砖墙灰白,阶梯形门头、厅堂、厢房皆黑瓦,约1084 平方米,东西宽 24.4 米,南北长 44.4 米。1997 年初,郭洞村在清华大学古建筑专家、金华文物局和武义县政府支持下搞旅游开发。村民筹集 30 余万元对何氏宗祠进行维修,根据宗谱资料,重制了 40 多块匾额,以重现祖先荣耀;收集陈列蓑衣、灯盏、石面盆、麻石稞等一批与农耕生活相关的生活用品,作为"郭洞民俗风物展"。2000 年 3 月,郭洞村被浙江省政府评为省级历史文化保护区。2003 年 11 月 27 日,郭洞村成为国家建设部和国家文物局联合命名的全国第一批 12 个历史文化名村之一。

浦江县郑宅镇郑宅村郑氏自南宋至明代,合食义居 15 世计 330 余年,历代屡受旌表,以孝义治家名冠天下,被朱元璋赐名为"江南第一家",人称"郑义门"。郑氏宗祠始建于元惠宗至元三年(1337),后屡经扩建,清康熙二十八年(1689)扩建至五进两厢计 64 间,号称"千柱落地",约 6600 平方米,结构宏敞,风格古朴。嘉庆三年(1798)修建,建筑持明初风格,规制恢宏,浑朴肃穆。祠内保存有元明迄清代碑刻、匾额 20 余方,具有很高的艺术价值和文物价值,前厅及拜厅天井内有宋濂手植的古柏 9 株,枝干虬劲。1981 年,郑氏宗祠列为县重点文物保护单位。1997 年列为浙江省文物保护单位。2000 年底至 2003 年底,浦江江南第一家文化资源旅游开发有限公司投资 1000 万元开发郑义门,2001 年 6 月 25 日,郑义门古建筑群被国务院评为全国重点文物保护单位。杭州、无锡、苏州、南京、上海等地游客与日俱增。2005 年,浦江县政府启动"江南第一家"保护开发规划,由上海同济城市规划设计研究院负责;2007 年,"江南第一家"举行开游节;2009 年 11 月,为扩大景点体量、丰富景区内涵,"江南第一家"保护开发二期工程开工。

总之,我们要以唯物主义的态度审视传统宗祠与新农村文化建设的关系,一方面要注意宗祠是封建宗法制度的产物,曾经是迷信、落后、守旧、排外的物化象征,这些都是应当否定的,同时,我们也应看到宗祠在聚宗保卫家乡、组织族众开展公益活动、维护地方社会秩序、赡老扶贫、办学兴教以提高人们文化素质方面,曾起到过积极的作用。在挖掘和利用宗祠文化元素的同时,因地制宜建立俱乐部之类的文化活动场所,使传统的宗族文化和现代文化娱乐有机结合起来。政府也应该加大对农村文化建设的投入,增加图书资料,特别是农村实用的科技书籍,增添必要的文化、健身休闲器材,用科学的方法引导和改造宗祠文化。有条件的宗祠可以和村落一起整体开发,发展旅游业,使它在新农村建设中发挥积极的作用。

附　录
浙中地区传统宗祠相关资料

附录一　浙中地区传统宗祠统计表

县（市、区）	村（居）委会数	主要姓氏	宗祠总数	明以前	明	清	民国	毁坏	现存
婺城区	635	黄、李、赵等	85	7	18	55	5	24	61
金东区	511	张、傅、钱曹、金等	133	9	23	99	2	64	69
兰溪市	1219	诸葛、徐、章、陈等	249	9	70	153	17	87	162
浦江县	409	张、郑、黄、陈等	144	14	14	94	22	14	130
义乌市	646	朱、楼、陈、王等	107	5	30	65	7	11	96
东阳市	717	卢、吴、楼、斯、骆等	116	2	15	95	4	13	103
磐安县	369	孔、蒋、曹、陈、周等	71	5	8	50	8	23	48
永康市	751	胡、陈、应、吕、施等	199	3	15	157	24	31	168

续　表

县(市、区)	村(居)委会数	主要姓氏	宗祠总数	明以前	明	清	民国	毁坏	现存
武义县	544	何、俞、王等	78	3	12	54	9	3	75
总　计	5801		1182	57	205	822	98	270	912

　　注：本表村数来源于《浙江省区划地名实用手册》，资料截止到2002年9月；其他数据由笔者等根据实地调查统计；表中所列宗祠数仅为今尚可考的情况，实际数字肯定还要大些。

附录二　浙中地区主要宗祠一览表

婺城区主要宗祠一览表			
建造时间	祠堂名称	地　点	备　注
	蒋氏祠堂	市区021医院内	1922年9月，省立第七师范学校附属小学第二分部设在大洪山蒋氏祠堂。
	章氏祠堂	市区石榴巷	1925年5月，作为浙江省第七中学小学部高级部校舍。
元朝	高氏宗祠	新狮乡高村	郭绫堂。《高氏宗谱》。在筹办重修。
清朝	吴氏宗祠	新狮乡鹿村	《金华山桥延陵吴氏宗谱》。
	金氏宗祠	秋滨街道马鞍山	
明末清初	西旺祠堂	罗店镇西旺村	已拆。
	罗氏祠堂	罗店镇前店村	已拆。
	童氏祠堂	罗店镇童仙村	《童氏宗谱》。
	罗氏祠堂	罗店镇三角山村	已拆。
清朝	梅大祠堂	竹马乡里梅村	《梅氏宗谱》。已拆。

婺城区主要宗祠一览表			
建造时间	祠堂名称	地　点	备　注
明末清初	汪氏祠堂	竹马乡汪山头	《汪氏宗谱》。已成废墟。
明末清初	李氏祠堂	竹马乡李经堂	《李氏宗谱》。
咸丰十一年	诸葛宗祠	竹马乡白竹村	兰桂堂。《诸葛宗谱》。农历2003年12月至2004年元月进行重修。青年活动中心。原先的白竹村也是以湖为中心呈散射状向四周发射，呈现八卦状。诸葛亮的警世名言。在大厅的两侧挂着家规家训和白竹居住图。
清光绪年间	姜氏宗祠	竹马乡姜衙村	《姜氏宗谱》。已成废墟。
解放前	金氏宗祠	竹马乡金店村	《金氏宗谱》。现为村民住宅。
乾隆五十年岁次己巳	郭氏宗祠	竹马乡郭店村	《灵湖郭氏宗谱》。已改造为茶厂。
	潘氏祠堂	竹马乡向家源村	《潘氏宗谱》。已成废墟。
明末清初	李氏宗祠	竹马乡竹马馆	《李氏宗谱》。正在改建。
光绪	陈氏宗祠	乾西乡湖头	《陈氏家谱》。"西湖十景"，龙潭烟雨、梅泉春水、沧洲夕照、三潭漾月、厚德堂、问柳阁、燕翼堂等。
清	徐氏宗祠	乾西乡鲍塘	已毁。
	陈氏宗祠	乾西乡雅宅	
明代	陈氏宗祠	乾西乡上陈	已毁。
宋	郑氏宗祠	乾西乡坛里郑	改为老年活动室。
明代	吴氏宗祠	乾西乡马淤	已毁。
宋	黄氏宗祠	乾西乡马淤	改为放置室。

婺城区主要宗祠一览表

建造时间	祠堂名称	地　点	备　注
	郑氏宗祠	乾西乡栅川	已毁。
明代	于氏宗祠	乾西乡栅川	荒废。
清	倪氏宗祠	乾西乡联合仙堤	又名龙门宗祠。
明	陈氏宗祠	乾西乡联合石道院	荒废。
元初	张氏宗祠	乾西乡联合石宅畈	已毁。
明代	樊氏宗祠	乾西乡幸福樊里	废弃。
元代	李氏宗祠	乾西乡幸福李家	废弃。
清初	叶姓祠堂	雅畈镇后街19号	
清末	章姓祠堂	雅畈镇上街	
明代	永清徐氏宗祠	雅畈镇石南塘村	第一,它的环境风貌非常完好,建筑与周围的自然环境完全融合,背山面水,充分体现了中国传统古建筑所追求的人与自然和谐统一的理念。其次,整个建筑使用了大量的石材,包括梁、栋、柱、脚、架甚至雀替等雕花构件也是石头制作的,而且保存得非常完整,是我市目前发现的石构架建筑中规模最大的。第三,这座祠堂最初是由当地12个徐姓村落共同出资建造的,充分体现了中国人的和谐生活理念和集体智慧。最后,它体现了明代到清代的建筑风格。

<table>
<tr><td colspan="4">婺城区主要宗祠一览表</td></tr>
<tr><th>建造时间</th><th>祠堂名称</th><th>地　点</th><th>备　　注</th></tr>
<tr>
<td>明代</td>
<td>仙源申氏宗祠</td>
<td>安地镇上干口村</td>
<td>《申氏宗谱》。申寒在天福二年(937)踏勘上干口，观山川形势，钟灵毓秀，长仙之源，于是选择了这里定居。据说，仙源申氏宗祠与北京故宫同一张图纸。太平天国运动和抗日战争时先后被毁。申寒公纪念亭，于2006年春竣工。</td>
</tr>
<tr>
<td>1949年11月—12月造</td>
<td>余氏祠堂</td>
<td>箬阳乡箬阳村</td>
<td>《余氏宗谱》</td>
</tr>
<tr>
<td>明天启辛酉年(1621)</td>
<td>徐氏大宗祠</td>
<td>长山乡长山三村</td>
<td>三进二天井，正门龛亭高10米，分三层，门两旁有光滑石鼓，其上有固定拇指楹联。进头门有屏风，分左右进，前天井大于一进屋，宽敞明亮。中堂曾设有礼堂，有合抱圆木柱8根；后天井同于前天井，后进屋基较高，有石级而上，五楹四厢，左右连有较低厢房各三间，屋架除中堂外，全是方石柱，大木梁。前后二进两走廊共有石柱140根，内部结构是木料，外部是灰砖墙。1931年，徐东潘出资修建为长山乡秀峰小学。1942—1945年间，大部分名人名匾被拆除。校舍一直沿用到1983年被拆毁，造为如今的长山乡中心小学。</td>
</tr>
</table>

建造时间	祠堂名称	地　点	备　　注
民国二十二年(1933)	胡氏宗祠	长山乡长山四村	1969 年拆建为长山大礼堂。
	程氏宗祠	长山乡长山村	1925 年毁于火灾。
南宋绍兴年间	倪氏宗祠	长山乡石门村	日本侵略军驻石门村,为建造炮台拆除用其木。"文化大革命"时受到致命的打击,基本毁坏,后旧址改建为石门小学。
宋	倪氏宗厅	长山乡东屏村	戏台单檐歇山顶,四角起翘,藻井八角形,内施十六组斗拱分八层收缩至顶,四台柱置八只雕呈武神状的 S 形牛腿。为石门倪氏的迁支,抗日战争时期,日本人拆除祠堂,用木料修建炮台,1942 拆修为初等学校,祠厅已基本毁了。1969 年在原址上修建为东屏小学,1998 年为老年活动中心。
	徐氏宗厅	长山乡石道畈村	长山村迁入;大会堂。
民国	李氏宗祠	白龙桥镇白龙桥	现在是涂料厂。
400 多年前	叶氏宗祠	白龙桥镇叶店村	百鸟台、樟树雕刻。第三间被日本人炸毁,在 2004 年 3 月 29 被评为市文物保护点,现在是家具厂,2008 年重新改造。友梅宗祠是叶氏家族的附属宗祠。

婺城区主要宗祠一览表

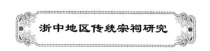

婺城区主要宗祠一览表			
建造时间	祠堂名称	地　点	备　　注
明末清初	郑氏宗祠	白龙桥镇筱溪村	青石雕刻门面、两个插旗用的旗台，在抗日时被日本炸毁四分之三。
乾隆三十四年	俞氏宗祠	白龙桥镇东俞村	三架梁望板、木雕艺术厅堂，荒废已久，现正在申请市文物保护点。
400多年前	黄氏宗祠	白龙桥镇黄堰头	原有鹿雕、狮雕。现在荒废，里面的古物被盗。
203年前	倪氏宗祠	白龙桥镇怡村	40根石柱，2个天井。现在由第12代倪增林看管，保护得比较好。
清朝	郑氏宗祠	白龙桥镇郑阳村	日本人炸了前后两幢，解放后把剩下的拆掉了，现在房子造在上面。
明嘉靖年间	滕氏宗祠	白龙桥镇让长村	《金华让长滕氏宗谱》。江南民居风格的宗族祠堂，四进厅堂组成三个内天井式的院落。"鲁源滕氏始祖正献公讳（滕）康、大塘滕氏嫡祖季六公讳（滕）国手之神位"，两旁抱柱上写有"正献祖宋渡卜居兰邑谷水人源毓秀；季六公元迁择里大塘灵泉衍派生馨"的对联。
明末清初	李氏宗祠	白龙桥镇天姆山	现在正在新建。
明末清初	徐氏宗祠	白龙桥镇天姆山	里面东西全被盗，没有人知道有什么，现在荒废。
明朝	徐氏宗祠	白龙桥镇新昌桥村	现在改造成老年活动中心。
明朝	朱氏宗祠	白龙桥镇古方一村	里面有个紫阳书苑，现在荒废，基本保存明代原貌。

婆城区主要宗祠一览表			
建造时间	祠堂名称	地　点	备　注
明代	周氏宗祠	蒋堂镇开化村	据开化周氏壬子年(1912)宗谱记载,开化周氏,是北宋哲学家周敦颐的后裔,于宋度宗咸淳五年(1269),由处州辅仓迁处,至今已经有七百余年历史。清咸丰十一年(1861)因战火,祠中廊庑无存,惟祭亭尚存,清光绪二十五年重修,解放后其余建筑已或拆或改,现仅存祭亭。祭亭,重檐歇山顶,明代建筑特征明显,尤其是屋面的做法在本地范围少见,文物价值极高,于2003年4月进行修缮,至8月修缮完工。古树环绕,在祭亭内,有不少名人的题记,如朱德同志的"学习雷锋"、"做毛主席的好战士";叶剑英同志的"向雷锋同志学习"、"全心全意为人民服务"。
清代	洪氏宗祠	蒋堂镇下尹村	"棠棣兢秀"。现已成为村老人活动中心。
明末	郑氏宗祠	罗埠镇下郑村	善庆堂。2007年维修。
明末	胡氏宗祠	罗埠镇黄稍村	光远堂。荒废。
明末清初	陈氏宗祠	罗埠镇花园村	部分荒废。
清朝	章氏宗祠	罗埠镇上章村	厂房。
明朝嘉庆年间	陈氏宗祠	罗埠镇湖田	尚木堂。2006年重修。
明代	胡氏宗祠	洋埠镇上陈	庆善堂。1984年12月重修,2008年8月重修。
明末清初	章氏宗祠	洋埠镇章家村	"雍牧贻情"。厂房。

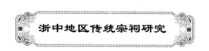

婆城区主要宗祠一览表			
建造时间	祠堂名称	地　点	备　注
明代	潘氏宗祠	洋埠镇下潘	六德堂。已重修,老年活动中心。
清末	胡氏宗祠	洋埠镇大坟头	部分遗失。
明代	洪氏宗祠	洋埠镇青阳洪村	
明嘉靖年间(1538)	滕氏宗祠	琅琊镇杨塘下村	种德堂。《南阳滕氏宗谱》。保持明代原貌,有戏台、回廊。
清代	盛氏宗祠	琅琊镇上盛村	敦伦堂。
明代	盛氏宗祠	琅琊镇上盛村	积厚堂。
清代	徐氏宗祠	琅琊镇琅琊徐村	
乾隆三十六年	卢氏宗祠	沙畈乡高儒村	卢文台廉政为民的传奇故事。相传卢文台,幽州范阳(今河北定兴县)人,汉成帝末为步兵尉,官至辅国大将军,后因功高震主,为躲避皇帝迫害,他与他的36位拜把兄弟一路南下,在汤溪县境内白沙溪源头门阵一深山断谷(现我婆城区沙畈乡丁久村高儒村)隐居下来。卢将军带领36名拜把兄弟温饱素食、戴星视事、踏遍全县山山水水,为民兴利除弊,但从不多拿百姓一分钱。卢文台几十年间利用他的专长,在长达数百里白沙溪水源修筑了36座大堰、72座小堰,把沿溪万顷荒滩改造成渠网交织、旱涝保收的良田,使数十万黎民受益近2000年。

		婺城区主要宗祠一览表	
建造时间	祠堂名称	地 点	备 注
未知	周氏宗祠	沙畈乡周村	
清朝	汪氏宗祠	沙畈乡狮岩坞	
1889 年	祝氏宗祠	莘畈乡祝村	市级文物保护单位。
未知	林氏祠堂	莘畈乡小坞头	市级文物保护单位。
清朝	盛氏宗祠	莘畈乡学岭头村	敦伦堂。有古戏台。
清朝康熙年间	董氏宗祠	塔石乡高田村	据说,这个董氏宗祠历史上已重修过多次,每次都是按原貌重修。祠里有几个牌匾是家族流传下来的,颇显古朴之风。坐北朝南,布局规整,分前、中、后三殿。三进三开间二天井之砖瓦木结构,有前殿、左右厢、前廊、中殿、后廊、后殿等,功能齐全、布局严谨。
	项氏宗祠	塔石乡上阳村	石柱,门前照壁有一个大福字,门联"先祖是皇,孝孙有庆",保存完好。
明朝年间	戴氏宗祠	汤溪镇寺平	百顺堂。《戴氏宗谱》。戴氏宗祠始建于明代,后遭毁坏,于清道光九年再度修复,建筑面积790余平方米。百顺堂高大宏伟,结构独特,堂内所设戏台,可供千人观看戏曲。精美的雕工,砖窑花纹门面。有"福禄寿喜"、"敦宗睦族"、"耕读传家"、"积善行德"等匾。
民国年间	吴氏宗祠	汤溪镇堰头	保存完好。

婺城区主要宗祠一览表			
建造时间	祠堂名称	地　点	备　注
明朝年间	祝氏宗祠	汤溪镇东祝	雪究堂。保存完好。
	丰氏宗祠	汤溪镇黄堂前宅村	全德堂。《黄堂丰氏宗谱》。黄堂丰氏祠堂图记；黄堂丰氏宗祠碑文。
明代	刘氏宗祠	汤溪镇上境村	市第二批文保单位。祠堂大多用材粗大，气势宏伟，牛腿、斗拱、雀替等木构件雕刻工艺精致，图案华美，具有较高的艺术价值。
	郑氏宗祠	汤溪镇汤塘村	敦裕堂。

金东区主要宗祠一览表			
建造时间	祠堂名称	地　点	备　注
	姚氏宗祠	东孝街道东关	《长山姚氏宗谱》。2007 年移建，门楼豪华。
	潘氏宗祠	东孝街道陶朱路	2003 年修复，作为老年活动室。赵氏、李氏宗祠都已毁。
	金氏宗祠	东孝街道东藕塘	1980—1990 年间拆除，在原址上建小学，资料已在"文化大革命"中烧毁。
	施氏宗祠	东孝街道施村	拆除 40 多年了。
100 多年前	周氏宗祠	东孝街道凤凰庵	铁件加工厂房，基本保存完好。
	金氏宗祠	东孝街道车门里	解放以后拆除建民房。
200 多年前	谢氏宗祠	东孝街道戴店	有上中下三幢，上幢在 20 年前拆建，酿酒作坊，快要倒塌。

金东区主要宗祠一览表

建造时间	祠堂名称	地　点	备　　注
200多年前	于氏宗祠	东孝街道下于	
200多年前	王氏宗祠	东孝街道经堂头	中进屋顶悬空。曾做加工厂,简单修缮;现因地势低,积水。
	项氏宗祠	多湖街道大项村	1996年下半年拆除,资料已在"文化大革命"中烧毁。
清朝时期	盛氏宗祠	多湖街道牛皮塘	土地改革拆除,用于造小学。内有孝顺牌楼。
400多年前	金氏宗祠	多湖街道上古井	1960—1970年时倒掉,相关文件资料还在。
清朝	姜氏宗祠	多湖街道十二里	1999年维修。全部石柱、石梁。
500多年前明朝左右	朱氏宗祠	多湖街道潭头	2002年拆除,建文化中心。资料已在"文化大革命"中烧毁。
300多年	姜氏宗祠	多湖街道汀村	2007年修,该族祖先是从十二里转住过来的。
200多年前	张氏宗祠	多湖街道雅地	已拆除。解放以后,该地祖先在100多年前灭族后不久该宗祠被里秧田人冒充子孙认领去了。长宽都比王宅多3尺。
500多年前	王氏宗祠	多湖街道王宅	"文化大革命"时期拆除,原地建敬老院。
宋朝左右	杨氏宗祠	多湖街道杨宅	清嘉庆二十年乙丙季秋月修。1980年代,后进倒掉。
约300—400年前	陈氏宗祠	多湖街道社坛头	1960年倒掉,原址已建了民房。
约300—400年前	何氏宗祠	多湖街道社坛头	1975年左右倒掉,原址还空着。

金东区主要宗祠一览表			
建造时间	祠堂名称	地　点	备　　注
1855 年	陈氏宗祠	孝顺镇山头下村	失修已久。呈八卦状。
明朝万历中期（1590）	俞氏祠堂	孝顺镇浦口村	顺备堂。《俞氏家谱》，2005 年重修本。面积 1690 平方米，三进五开间，中堂顶高五丈，八株堂柱非两人合抱，难以为周，四根直径米余的大梁，横卧于大柱之上，沿天井二丈多高的石柱一周围转，以避雨水蚀之，整座祠堂虽不见精工细鉴，但全宇轩昂，为一方之最，令人叹而观止。1939 年，大宗祠开始用于办学。后拆。
明朝崇祯壬申年(1632)	六分祠堂	孝顺镇浦口村	叙仁堂。1966 年冬遭大火烧光无存。
	前院祠堂	孝顺镇浦口村	崇本堂。1990 年拆。
	余氏宗祠	孝顺镇莘村	第二批市级文物保护单位。坐北朝南，约 914 平方米，三进五开间。
清朝	叶氏宗祠	孝顺镇叶店村	重点文物保护单位。坐南朝北，造型独特，建筑规模大 做工精细，祠堂三厅墙上都有非常美丽的图画，各墙柱和墙头都有雕刻。一至二进两侧各置回廊两间，有歇山顶戏台。门前广场侧立的两块硕大石碑，一载迁陕简记及族律家规，一记建祠景况和经过。
1338 年	叶氏宗祠	孝顺镇东上叶村	1980 年，改建为礼堂。

建造时间	祠堂名称	地　点	备　　注
		金东区主要宗祠一览表	
清代	严氏宗祠	孝顺镇严店村	省文物保护单位。三进五开间,通面阔20.38米,通进深39.45米。
清代	严氏宗祠	孝顺镇车客村	《白水严氏宗谱》。县级重点文物保护单位,现仅存二三进,石质。
清代	范氏宗祠	孝顺镇下范村	坐北朝南,约605平方米,三进五开间,木梁石柱。
	金氏祠堂	孝顺镇洞门	
	金氏祠堂	孝顺镇鞋塘	
	胡氏祠堂	孝顺镇胡塘	
	王氏祠堂	孝顺镇王家村	
	张氏祠堂	孝顺镇张宅	
	石氏祠堂	孝顺镇石泄村	
	孔氏祠堂	孝顺镇马腰孔	《孔氏宗谱》。
	叶氏宗祠	孝顺镇塔江山	已不存在。
	李氏宗祠	孝顺镇李村	已不存在。
清朝	徐氏宗祠	傅村镇水角村	现已毁,宗祠呈"回"字形。
明朝	仁甫祠	傅村镇溪口村	《仁甫宗谱》。现为老年活动室。
明朝	新月祠	傅村镇溪口村	《新月宗谱》。现为工厂。
清朝	姜氏宗祠	傅村镇上姜村	
清朝	柳氏宗祠	傅村镇上柳家村	现已毁。
清朝	柳氏宗祠	傅村镇下柳家村	现已毁。
清朝	蒋氏宗祠	傅村镇畈田蒋村	曾被人毁,2009年6月重建,2010年初完工,约花费200万元左右。

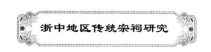

金东区主要宗祠一览表			
建造时间	祠堂名称	地　点	备　　注
清朝	周氏宗祠	傅村镇西周村	《西山周氏宗谱》。
明朝	沈氏宗祠	傅村镇山头下村	务本堂。《山头下沈氏宗谱》。已经维修,保存较好。
清朝	杨氏宗祠	傅村镇杨家村	现已毁。
清朝	李氏宗祠	傅村镇杨家村	现已毁。
清朝	金氏宗祠	傅村镇杨家村	现已毁。
清朝	周氏宗祠	傅村镇凤塘村	现已毁。
清朝	周氏宗祠	傅村镇苍头村	现已毁。
清朝	何氏宗祠	傅村镇上何村	现已毁。
清朝	吴氏宗祠	傅村镇前店村	现已毁。
清朝	徐氏宗祠	傅村镇徐家村	现已毁。
清朝	朱氏宗祠	傅村镇徐家村	现已毁。
清朝	沈氏宗祠	傅村镇大路沈村	现已毁。
清朝	朱氏宗祠	傅村镇后贩村	现已毁。
清朝	石氏宗祠	傅村镇石塘村	现已毁。
万历三十二年(1604)	傅大宗祠	傅村镇傅村	永思堂。《东山傅氏宗谱》。坐东朝西,三进七开间,约1084平方米,曾用作粮库,2005年重修。首悬"傅大宗祠"匾额,两旁有"创大业万里生辉,望前程兴旺发达"。中间挂"敦本厚伦"四字大匾。用材粗大、气势宏伟、牛腿、斗拱、雀替等木构件雕刻工艺精致、周密华美,艺术价值较高。木雕,石狮。
明朝	曹氏宗祠	源东乡洞井村	《曹氏宗谱》。现已毁。
南宋	施氏宗祠	源东乡山下施村	《施氏宗谱》。现已毁。

建造时间	祠堂名称	地　点	备　注
明朝	胡氏宗祠	源东乡天宫寺村	《胡氏宗谱》。现已毁。
明朝	蔡氏宗祠	源东乡长盘坞村	《蔡氏宗谱》。现已毁。
乾隆年间	葛氏宗祠	源东乡陈坞村	《葛氏宗谱》。回字形。现已毁。
清朝	邢氏宗祠	源东乡邢村	现已毁。
清朝	徐氏宗祠	源东乡长塘徐村	现已毁。
清代	陆氏中央宗祠	塘雅镇含香乡桥头陆村	这个村原来有三个宗祠。基本年年都在重修,现用于老年活动中心和小卖部。四合院式木构建筑,有很多雕刻精美的马腿,门口有两块来古石。
明代	曹氏宗祠	塘雅镇含香乡含香村	坐北朝南,约563平方米,现荒废,木雕结构,宗祠的设计简单别致,屋顶四角翘起。2007年评为金华市文物保护点,近年准备重修。
	王氏宗祠	塘雅镇含香乡含香村	幼儿园。
明代	方氏宗祠	塘雅镇含香乡前溪边村	2005年重修,现分为两部分,一部分为老年活动中心,一部分是手工工厂。上进七间下进七间,雨台两边共五间约700平方米。前后三进,左右两房,中间有一个大雨台,穿廊一个。
清代	徐氏宗祠	塘雅镇含香乡下金山村	现被隔开分成了三部分,一部分为下金山村委会办公室,一部分为老年活动中心,一部分为碾米厂。
宋代	黄氏宗祠	塘镇镇含香乡楼下徐村	被毁。

金东区主要宗祠一览表

建造时间	祠堂名称	地　点	备　注
		金东区主要宗祠一览表	
明清时期	金氏宗祠	塘雅镇含香乡金村	荒废,今明两年准备重修,宗祠前有一个雨台。
康熙年间	方氏宗祠	塘雅镇含香乡马头方村	《金华固塘方氏宗谱》。门面已重修,现用于老年活动中心,60根全部石柱,其他为木质结构。
	朱氏宗祠	塘雅镇横塘	破旧,未维修。在村南,坐东朝西,前进结构特殊,之间一半兼做雨台,中厅全部是方形石柱,有两对联。
清末	潘氏宗祠	塘雅镇河溪	在村南,朝东。前进在向后伸两米左右,作为雨台,前天井空旷,五米左右,采光好。
	王氏宗祠	塘雅镇塘雅	已拆掉,建小学。
	施氏宗祠	塘雅镇施塘头	已经拆掉,建老年活动室。
	范氏宗祠	塘雅镇溪干	《清溪范氏宗谱》。拆建为小学,现在是老年活动室。
	徐氏宗祠	塘雅镇横山	
洪武十一年(1378)	曹氏宗祠	曹宅镇曹宅村	柏树厅。洪武十一年创建祠堂,始称曹宅。嘉靖二十六年重创修曹氏祠堂。
	张氏宗祠	曹宅镇东陈	树德堂。
元　末(1365)	张氏大宗祠	曹宅镇潘村	2007年已经重修,作为活动室。前进及桥、牌坊未建好。五间五进,规模宏大。以木建筑为主,木雕是其主要特色,有两龙柱。
	郑氏宗祠	曹宅镇山下	
	杜氏宗祠	曹宅镇杜宅	

金东区主要宗祠一览表			
建造时间	祠堂名称	地　点	备　　注
	洪氏宗祠	曹宅镇山下洪	
	黄氏宗祠	曹宅镇大黄村	
	邢氏宗祠	曹宅镇午塘头	善居堂。保存好。
明万历己未年	龙山张氏宗祠	曹宅镇龙山村	《张氏宗祠记》。张作楠(1772—1850)，龙山村人，是嘉庆进士，官至徐州知府，擅长诗书，精通天文，著书立说甚多。56岁时，从任上乞养还乡，曾组织乡贤同道组成一个北麓诗社。坐东朝西。前后有门厅，正厅和后厅三进，共深35.40米。各进通面阔均18.60米，五开间，八字门前置抱鼓石。84根柱子全是石柱，石柱上总计刻有20副楹联，字体各不相同，囊括小篆、大篆、金文、隶书、楷书、行书等多种字体，风格迥异，更令人称奇的是其中还有两副是用满文书写的。内容为劝人耕读为善，书体正、草、隶俱全，不失为书法艺术的宝库，具有很高的艺术欣赏和研究价值。正厅九架前后两步，月梁两端龙须改呈半月状。梁背坐斗下置垫板。单步梁饰作鸱鱼。后厅八架前重廊和单廊。门厅及正厅柱头卷杀，均用扇形雀替、鼓形雕花柱础，最大直径位于肩部硬山顶。大门石柱上牛腿为双狮图案，门顶砖雕为古人生活景象，滴水瓦为福、禄、寿、禧图案。

金东区主要宗祠一览表			
建造时间	祠堂名称	地　点	备　　注
明正统戊午年	钱氏忠孝祠	赤松镇上钱村	据《玉泉钱氏宗谱》载,武肃王钱镠十三世裔孙宋宝文阁待制、闽浙按抚使钱柔中于南宋嘉熙二年(1238)由浦江通化迁居婺之玉泉里。子孙繁衍,发族附近各村。在吾村建起钱氏宗祠,成为主村,村居上首,故名上钱村。按抚使九世孙钱泽(俗称宏五公)于明正统戊午年(1438)拆除旧祠建而新之。1982年,后厅失修,拆除。1983年,拆除钱氏忠孝祠改建为礼堂。门楼宫殿式,对联高挂,石马头两座,祠堂内前厅、中厅匾额高挂,名句对联柱上遍布,可谓宋、元、明、清名人辈出,昌盛之见证。坐落于村中,坐南朝北,三进五开间,重檐翘角,门前石马头两座。东西旗杆石二方。东西辕门二旁分设。门前照壁上吉祥动物两只。西面祭祀小厅三间及膳用厢房,占地1000余平方米。
明朝	邵氏宗祠	赤松镇上牌塘村	敦睦堂。《邵氏宗谱》。门前两座大石马狮,先皇鱼翅御赐牌匾"有邵大忠",拆建为牌塘小学。
明代	薛氏宗祠	赤松镇黄坭垅村	《薛氏宗谱》。祠堂内设有遗像,御赐牌匾"龙章宠锡"。2007年在原址上重修,耗资30多万元。
宋朝	方氏宗祠	赤松镇桥里方村	崇本堂。《方氏宗谱》。现已毁。

<table>
<tr><th colspan="4">金东区主要宗祠一览表</th></tr>
<tr><th>建造时间</th><th>祠堂名称</th><th>地 点</th><th>备 注</th></tr>
<tr><td>宋 朝</td><td>邢氏宗祠</td><td>赤松镇山口村</td><td>《邢氏宗谱》。基本保存，门口一对大石马，三进九间。</td></tr>
<tr><td>宋 朝</td><td>叶氏宗祠</td><td>赤松镇山口村</td><td>用做小学。</td></tr>
<tr><td></td><td>郭氏宗祠</td><td>赤松镇郭村</td><td>《郭氏宗谱》。基本保存原貌。在村西出口路旁，大门朝北，三进九间，较完整、但简单。东北侧（右前方）有一大池塘。曾作集体仓库、租给村民养猪。</td></tr>
<tr><td></td><td>郑氏宗祠</td><td>赤松镇下潘村</td><td>三进九间，1985年火灾，烧毁前、中两进，剩下后进和路前照壁。</td></tr>
<tr><td></td><td>余氏宗祠</td><td>赤松镇西余村</td><td>基本荒废，仅剩一进。</td></tr>
<tr><td></td><td>冯氏宗祠</td><td>赤松镇山口冯村</td><td>拆掉，建为村办公大楼。</td></tr>
<tr><td></td><td>张氏宗祠</td><td>赤松镇东塘村</td><td>较简易，约260平方米。曾作加工厂，现前厅为代销店。</td></tr>
<tr><td>清道光二十三年（1843）</td><td>赵氏宗祠</td><td>赤松镇钟头村</td><td>敦睦堂。《赤松赵氏宗谱》。依山而建，上下两进，共六间。20世纪80年代宗祠失修倒毁，现仅存大门台阶与残垣断壁。</td></tr>
<tr><td></td><td>金氏宗祠</td><td>赤松镇月塘村</td><td>抗战期间被烧毁，后来曾经重建，拆掉建民房。</td></tr>
<tr><td>明德宣年间（1426—1435）</td><td>李氏宗祠</td><td>澧浦镇铁店村</td><td>荒废。</td></tr>
<tr><td>清明道光年间</td><td>叶氏宗祠</td><td>澧浦镇毛里村</td><td>老年活动室。</td></tr>
<tr><td></td><td>汪氏宗祠</td><td>澧浦镇汪宅前村</td><td>荒废已改造。</td></tr>
</table>

金东区主要宗祠一览表			
建造时间	祠堂名称	地　点	备　　注
清乾隆年间	严氏宗祠	澧浦镇琐园村	市级文物保护单位。
清末光绪年间	宋氏宗祠	澧浦镇宋宅村	荒废。
清末光绪年间	郑氏宗祠	澧浦镇里郑村	荒废。
乾隆乙酉年间	方氏宗祠	澧浦镇方山村	聚族堂。金东区文物保护单位，2007年，前进重修。保存较好。坐西朝东，全部石柱架空，三进五间，两个天井隔开，有雨台。有"状元"、"熙朝人瑞"匾。
清乾隆年间	孙氏宗祠	澧浦镇山南村	敦睦堂。市级文物保护单位，老年活动中心。保存较好。坐北朝南，全部石柱架空，还有一些石梁，三进五间，三个天井，前、中进间是雨台，且与中进相连。后进有四块石碑。
明嘉靖丁亥年(1527)，清康熙辛酉年(1681)迁移	王氏宗祠	澧浦镇蒲塘村	乐本堂。《风林王氏宗谱》。2006.2－2008.11修复。46万元。市级文物保护单位。坐西朝东，1大天井，2小天井。
	朱氏宗祠	澧浦镇下宅村	已经拆掉，建学校。
清朝	朱氏祠堂	岭下镇诗后山	《诗后山朱氏宗谱》。荒废。有8根石柱。
南宋	章氏宗祠	岭下镇下章	《金华章氏宗谱》。解放前为小学，现荒废。

		金东区主要宗祠一览表	
建造时间	祠堂名称	地 点	备 注
清朝	严氏宗祠	岭下镇严宅村	《金华严氏宗谱》。荒废。
清朝	沈氏宗祠	岭下镇翁村	《沈氏宗谱》。荒废。
民国初年	汪氏宗祠	岭下镇汪宅	正仁堂。《严氏宗谱》。现为老年人活动室。
清朝乾隆年间	汤氏宗祠	岭下镇后溪	《金华汤氏宗谱》。坐西朝东,约599平方米,有歇山顶戏台,现为老年人活动中心,2004年被批为金华文物保护单位,是汤恩伯的故乡。
清朝	吴氏宗祠	岭下镇包村	《金华吴氏宗谱》。荒废。
清朝	张氏宗祠	岭下镇石塘	《张氏宗谱》。现倒塌一半,另一半荒废。
1907年左右	汤氏宗祠	岭下镇汤村	《汤氏宗谱》。现为老年活动中心。
明朝	朱氏宗祠	岭下镇岭下朱五村	现已毁。
清朝	王氏宗祠	江东镇南下王	《南下王王氏宗谱》。现存有《完工碑记》,为老年活动室。
清朝	姜氏祠堂	江东镇姜村	《金华姜氏宗谱》。荒废。
清朝,距今200多年前	贾氏宗祠	江东镇前贾,雅金	《金华贾氏宗谱》。2004年经过修复,现为金华文物保护单位和老年活动中心。保存完整,规模大。有雨台。
清朝	卢氏宗祠	江东镇卢村	《金华卢氏宗谱》。现为老年人活动室。

金东区主要宗祠一览表			
建造时间	祠堂名称	地 点	备 注
明朝	王氏宗祠	江东镇上王	《王氏宗谱》。荒废。门前花雕精致,曾有两个石狮,立有旗杆。大部分石柱。有雨台。大门开在右侧。
明朝	范氏宗祠	江东镇莲塘	《范氏宗谱》。荒废。石柱多。
清朝	胡氏宗祠	江东镇雅湖村	基本完好,部分倒掉,有雨台。
明正德年间(1506)	项氏宗祠	江东镇横店村	昭穆堂。《项氏宗谱》。十年前横店村花了5万元从12个生产队手里把它收回来,几经修缮,现为老年活动中心。有戏台,中厅由12根方形石柱构成。在大厅里有一块匾,"宋绍兴五年赐,吏部尚书,项龙,皇恩敕封"16个大字。在大厅正前方的墙上挂"匮不思孝"的匾。大厅前后分别也有两块匾,"广寒宫"和"昭穆堂"。
	王氏宗祠	江东镇姜家	南王村的宗祠。前进明三暗五,中后两进边柱空一米左右。现为加工厂。

兰溪市主要宗祠一览表			
建造时间	祠堂名称	地 点	备 注
	王氏宗祠	游埠镇樟树下自然村	有中心戏台。解放后土改,分于群众,现全部拆除改建。
清代	方氏宗祠	游埠镇梅屏村	有中心戏台。1942年4月15日被日本人烧掉。
清代	关氏宗祠	游埠镇梅屏村	有中心戏台。改建学校大会堂。

兰溪市主要宗祠一览表

建造时间	祠堂名称	地 点	备 注
约明末	叶氏宗祠	游埠镇（原中洲乡）下叶村	方形青石柱。抗日战争时期被烧毁，后复建一进，现祠址仍存。
明初	黎氏宗祠	游埠镇（原中洲乡）黎家村	太平天国（咸丰辛酉年）时被毁，光绪戊子年重修，现祠屋完好。
永乐七年(1409)始建	张氏宗祠	游埠镇（原中洲乡）节门张村	咸丰十一年被毁，同治二年迁移到邵家湛塘村，用一座三层二井的明厅改建宗祠，1976年拆除。
明万历三十四年(1606)始建	伍氏宗祠	游埠镇（原中洲乡）伍家圩村	后被洪水冲坍，清雍正元年建造在桑园，乾隆三十六年失火被焚，嘉庆年间在原址重建，三进二天井，1975年拆除建造粮食仓库。
	王氏宗祠	游埠镇（原下王乡）下王村	王氏雍睦堂宗祠。前后二进，左右三间，清咸丰辛酉年焚毁，现王氏宗祠为嫡派裔孙早年所建巳厅，前后共计13间，连内外过厢又四边毗连侧屋二座共计六间四过厢。雕梁画栋，青砖镶砌门面，铁皮泡钉大门气魄甚为宏壮，几经修改，现已非本来面目，侠谷小学及侠谷初中补习班都假此屋开办，现为下王中心学校校舍。
清顺治十一年甲午九月(1654)	范氏家庙	游埠镇（原金湖乡）范院坞村大新塘下200米处彰参殿东面	一座坐西朝东砖木结构的四合院，落成于顺治十二年十月，重建于清康熙五十七年(1718)，到清朝末期由于年久失修，逐渐塌圮，1950年以后只剩下100多平方米建筑物，村小学和加工厂曾设在其内，到1969年将全部砖木材料拆去建造集体畜牧场，现祠址已变成粮田，毫无遗迹。

建造时间	祠堂名称	地　点	备　　注
		兰溪市主要宗祠一览表	
清代	郎氏宗祠	游埠镇郎家路中心	有中心戏台,现为粮管所使用。
明初	胡氏宗祠	诸葛镇硕范村	部分毁于清朝,存 27 间,1958 年拆 14 间尚存 7 间为农民私有居住。
南宋淳熙十四年(1187)	蒋氏宗祠	诸葛镇(原双牌乡)上蒋村	现无。
明代	洪氏宗祠	诸葛镇(原双牌乡)砚山脚村	积菩堂。梁架结构与穿斗相结合,属明中晚期建筑。
明万历十八年(1591)始建	正氏宗祠	诸葛镇(原双牌乡)双牌,现初中址	明万历二十六年完工(1599),至三十二年整个工程结束(1605),咸丰十一年遭兵焚,仅存西边披屋数间及左厅半壁,风梧公约清于光绪十九年(1894)修复一部分,现为初中用房。
明代	管氏宗祠	诸葛镇(原双牌乡)管村	九合堂。1922 年、1987 年先后修缮尚存。
建年距今约 400 年	徐氏宗祠	诸葛镇(原双牌乡)下徐	现为农户住房。
明万历三十四年(1606)始建	洪氏宗祠	诸葛镇(原双牌乡)社塘边村西北	天启七年完工,1953 年 7 月失火而烧。
明末	吴氏宗祠	诸葛镇(原双牌乡)吴太仁村	世德堂。现存。

兰溪市主要宗祠一览表

建造时间	祠堂名称	地　点	备　注
始建于明洪武年间	丞相祠堂	诸葛镇诸葛村	《诸葛氏宗谱》。嘉靖年间续建，万历三十六年（1608）扩建，后被太平军烧毁，光绪二十二年（1896），诸葛族人重建丞相祠堂，中厅于1925年重建，1930年完工。呈"回"字形结构，大梁上刻浅浮雕图案，蜀柱左右有"猫梁"，牛腿雕刻戏曲人物，古建筑52间，朝北偏东40°，面阔42米，总进深45米，面积约1900平方米。
始建于明万历三十三年（1605）	金氏大宗祠	诸葛镇长乐村村口东首	《金氏宗谱》。大宗祠在1993年由省文物局进行了维修，为纪念理学大家金履祥而建。长乐村作为朱元璋帝业之路的转折点，被喻为"长乐福地"。总平面呈回字形，门两侧立有雕刻精细的青石抱鼓一对。独立中厅。
清雍正四年（1726）	忠孝祠	云山街道（原城关镇）学宫头门左文昌阁故址（今云山小学）	民国三十一年毁，今为云山小学校舍。
清雍正四年（1726）	节孝祠	云山街道（原城关镇）城中六坊（今青龙巷口）	1940年扩展街道拆除一部分，1945年抗战胜利后全部拆除，即今青龙巷口。
明嘉靖十九年（1540）	范香溪祠	云山街道（原城关镇）城南苍岭侧（今酒厂一带）	清咸丰辛酉（1861）四月被毁。

		兰溪市主要宗祠一览表	
建造时间	祠堂名称	地　点	备　注
明隆庆初	赵清献公祠	云山街道（原城关镇）城南平康桥北（今解放路小学）	1978年拆建解放路小学校舍。
明正德间	金文安公祠	云山街道（原城关镇）天福山（今大天福山8号）	清咸丰辛酉焚毁，后建小祠，现为民居。
明嘉靖元年（1522）	章文懿公祠	云山街道（原城关镇）天福山南（今章府里12号）	1981年拆建为毛纺厂仓库。
明嘉靖元年（1522）	陆忠定公祠	云山街道（原城关镇）瀫水驿西（今城南办事处北首）	1941年被日机炸毁。
明嘉靖三十九年 1560	唐文襄公祠	云山街道（原城关镇）城隍庙后	1967年拆建延安路小学教学楼。
	赵文懿公祠	云山街道（原城关镇）官井亭左	清咸丰辛酉被毁，同治间重建，其址无考。
咸淳四年（1268）	三贤祠	云山街道（原城关镇）城东二坊司上	宋嘉定建先贤祠，咸淳四年（1268）改是祠，1941年被日机炸毁。
	五贤祠	云山街道（原城关镇）学宫头门东文昌阁故址（今云山小学操场）	1942年被日机炸毁。
	徐氏宗祠	云山街道云山路	市文物保护单位。

兰溪市主要宗祠一览表

建造时间	祠堂名称	地　点	备　注
明万历年间	崇报祠	云山街道（原城关镇）县学大门左（今云山路）	1988年《嘉庆兰溪县志》已记其废。
明代	报德祠	云山街道（原城关镇）旧在县治附近	清代废。
明代	名德祠	云山街道（原城关镇）天福山麓	清代废。
清咸丰九年(1859)	彰义祠	云山街道（原城关镇）城北门外（今和平路259号）	1985年改建开设饮食店。
	徐守宪祠	云山街道（原城关镇）旧乡贤右（即今兰二中校址）	清代已废。
明代	庄太仆祠	云山街道（原城关镇）城南黄公桥附近（即今汽车修配厂南侧对面）	民国中期废。
明代	叶侯玉成遗爱祠	云山街道（原城关镇）　具体地址无考	久废。
明代	汪侯斗仓遗爱祠	云山街道（原城关镇）具体地址无考	久废。
清同治三年(1864)	戴香山公祠	云山街道（原城关镇）云山试院南五贤、忠孝祠旧址（即今云山小学操场）	1941年被日机炸毁。

兰溪市主要宗祠一览表			
建造时间	祠堂名称	地　点	备　注
	徐氏宗祠	云山街道（原岩山乡）徐尚源村	旧祠在太平天国期间焚毁，1912年重建，1955年被洪水冲毁。
1872年	关氏宗祠	云山街道（原岩山乡）檀树村	为村小学校舍。
明初	邵氏宗祠	云山街道（原岩山乡）黄溢村	1955年拆除，改为村小学校舍。
清朝	胡氏宗祠	云山街道（原岩山乡）下吴村	1955年风暴倒塌。
清朝	张氏宗祠	云山街道（原岩山乡）蒋宅村	现为村小学校舍。
明朝	蒋氏宗祠	云山街道（原岩山乡）蒋宅村	现尚存。
	徐氏宗祠	云山街道（原岩山乡）上徐村	现已毁。
宋代	陈氏家庙	云山街道（原路口乡）陈家井村	明嘉靖年间重建，解放前又曾两次修建。
民国十五年（1926）	翁氏宗祠	云山街道（原路口乡）陈家井村	1955年为风雹所毁。
明朝天启丁卯年（1622）正月	吴氏宗祠	云山街道（原路口乡）吴村	崇祯戊辰年（1628）落成，该祠1912年部分曾被火焚毁，民国二年至民国十七年（1913—1928）前后分三次重修，民国三十六年（1947）油刷一次，现为吴村小学所用。明朝建筑，独具风格，佳木数围，气势雄伟，空雕工艺精致，各种花鸟、走兽、戏剧人物形象逼真。

兰溪市主要宗祠一览表

建造时间	祠堂名称	地　点	备　注
清光绪三十一年	盛氏宗祠	云山街道（原路口乡）盛道院	民国二十年重修，现被办工厂、养蚕所用，建有戏台，于1975年倒塌。
清朝乾隆二十八年	徐氏宗祠	云山街道（原路口乡）长塘后	祠前有围墙和转洞门（园洞门），门的左右两旁青石雕刻上书"太康垂裕"、"东海流芳"八个大字，（现尚存此石刻），该祠于康熙丙寅年为洪水冲毁。
清朝咸丰年间	王氏宗祠	灵洞乡西山寺村	近几年改屋拆毁。
清朝年间	范氏祠堂	灵洞乡洞源村中洞，原洞源村校旧址	现保留公有。
清朝	章氏祠堂	灵洞乡洞源村	原屋尚存。
明朝	龚氏祠堂	灵洞乡龚塘村	有戏台，曾当过粮仓，现改为农民文化宫。
清初	张氏祠堂	灵洞乡（原板桥乡）潘坞自然村和上伊自然村两村之间名称"二头顾"的地方	潘坞祠堂为潘坞自然村和上伊自然村的张姓祠堂，太平天国时期曾被乱兵放火焚烧，1984年因破旧被拆毁。
清代	吴氏祠堂	灵洞乡（原板桥乡）八石溪村	大门前有一雨台，1967年因陈旧被拆除。
明代	郭氏祠堂	灵洞乡（原板桥乡）下郭村	建有一戏台，1986年因破旧被拆除，改建为下郭村大会堂，后改为下郭村玻璃厂厂房。
清乾隆年间	张氏祠堂	灵洞乡（原板桥乡）烟溪	后几经复修扩建，至今保存较为完整，上郭祠堂被焚(1945)，中心小学移往该祠至今。

建造时间	祠堂名称	地　点	备　　注
明末崇祯年间	应氏宗祠	兰江街道（原溪西乡）应家村	四合院结构,中庭四周青石方柱,分三层翻角,翻角上雕有鹤凤寿星,前后柱上牛腿及梁上雕有各种鸟兽花卉,前进门口上边建二层翻角,两边木雕中有一对木雕狮子,中庭现已拆去。
清乾隆四十二年（1777）	徐氏宗祠	兰江街道（原溪西乡）大路口村	现尚存,为大路口粮站仓库。
明末	陈氏宗祠	兰江街道（原溪西乡）长岗村	天井四周有青石方柱,几度重修,现保存完整。
1876 年	倪氏宗祠	兰江街道（原厚仁乡）	
1876 年	王氏宗祠	兰江街道（原厚仁乡）	
1876 年	徐氏宗祠	兰江街道（原厚仁乡）东上徐村	怀德堂。《兰溪纯孝徐氏家谱》。坐北朝南,二层木质台梁式结构,完整保存。
清代	徐氏宗祠	兰江街道（原兰江乡）工农路55号	市级文物保护单位,是市区规模最大,保存最完整的宗祠。有封火墙和砖雕门楼,梁、檩、牛腿等构件皆有大量花卉、鸟兽和戏剧人物等雕刻,工艺精湛,随着地势而逐层升高。

兰溪市主要宗祠一览表

兰溪市主要宗祠一览表

建造时间	祠堂名称	地　点	备　注
元延祐年间	戴氏宗祠	兰江街道（原厚仁乡）上戴村	至明嘉靖年间历时 200 余年始建成。市级文物保护单位。回字形四合院建筑。围廊周匝，明间九架前后双步，月梁、檩、雀替、牛腿等构件上有大量人物、花鸟及回纹等雕饰，柱及柱础方形，歇山顶，大门内设抱鼓石三对，正厅通面阔 11.3 米，三间，通进深 9.1 米，台基高 1 米，设垂带踏跺。
明成化至嘉靖年间	潘氏家庙	兰江街道厚仁村	
明代	胡氏宗祠	兰江街道厚仁胡村	
光绪二十八年(1802)	路塘应氏宗祠	上华街道（原张坑乡）路塘村东	民国元年以来一直办小学于内，20 世纪 60 年代以前为群众看戏，1973 年台风刮倒后进，1981 年拆掉改建张坑初中。
民国二十一年(1932)	塘外应氏宗祠	上华街道（原张坑乡）路塘村塘外自然村	1958 年改建大食堂，1985 年因危房拆除。
清朝光绪年间	徐氏宗祠	上华街道（原上华乡）马鞍徐自然村	青石木头结构，今有幸存下祠堂一角，也是上华乡唯一的幸存祠堂。
	余氏宗祠	上华街道（原上华乡）下余村	文昌阁附近。1955 年祠堂被洪水冲毁。
	上华祠堂	上华街道（原上华乡）上华村。	现上华生产队猪场，病虫观察站处。1952 年拆。

兰溪市主要宗祠一览表

建造时间	祠堂名称	地　点	备　　注
	江氏祠堂	上华街道（原上华乡）石港塘村	青石木头结构，太平天国时拆。
清末	柏树祠堂	上华街道（原高潮乡）皂洞口大会堂址	20世纪70年代拆除改建大会堂。
康熙二十九年	叶氏宗祠	永昌街道（原永昌镇）梨塘下村	毓华堂。《梨湖叶氏宗谱》。坐南朝北，咸丰年间被烧毁。
南宋年间	徐氏宗祠	永昌街道（原孟湖乡）孟湖村东南	上族祠。《徐氏宗谱》。四合院式建筑，基本保持明代建筑特色，坐北朝西南，明间九架前后双步，设四周回廊，前廊卷棚顶，现为孟湖乡中心小学校舍。
明代	李氏宗祠	永昌街道（原孟湖乡）夏李村	大祠堂。毁于太平天国时期。
明代	李氏宗祠	永昌街道（原孟湖乡）夏李村	小祠堂。毁于太平天国时期。
明代	徐氏大宗祠	永昌街道（原孟湖乡）下孟塘村	现做乡中心小学使用。
明代	徐氏祠堂	永昌街道（原孟湖乡）下西山头	现存后进。
明代	童氏祠堂	永昌街道（原孟湖乡）祠堂脚	今存孟湖初中。
	徐氏祠堂	永昌街道（原孟湖乡）上孟塘	
明代	姜氏宗祠	永昌街道（原孟湖乡）姜坞底	内有戏台。

兰溪市主要宗祠一览表

建造时间	祠堂名称	地　点	备　　注
宋绍兴年间(1131—1162)	方氏宗祠	永昌街道(原瑞溪乡)下方村	《方氏宗谱》。清咸丰年间被焚,清朝末年民国初年拆掉花厅在原址重建祠堂,1983年重修。大门为"八"字形,门前有三对旗杆石,"八"字墙上有人物,花草木雕,并绘有一副麒麟抢球。四个青石柱之间有栅栏。
明初	何氏宗祠	永昌街道(原瑞溪乡)竹林村	清康熙十六年(1677)由何明寿主持大修,20世纪70年代栅栏被拆,走廊砌起砖墙,堂门相继被拆。
	何氏宗祠	永昌街道(原瑞溪乡)桥下何村	源本堂。传说为鲁班师所建,现为乡配件厂。
民国十九年(1930)	童氏宗祠	永昌街道(原瑞溪乡)童店村	现完好。
清乾隆四十九年(1784)	吴氏宗祠	永昌街道(原瑞溪乡)两头门村	主德堂。后殿光绪年间改建大厅,建起后进,前进为民国初年建,取名"祥发堂"。内塑有三像,中间为泰柏,左侧为季札公,右侧为党公。
清雍正五年(1727)	阎氏宗祠	永昌街道(原瑞溪乡)胜岗村	敦伦堂。咸丰十一年(1861)烧毁,光绪三十三年(1907)重建前后两层,缺中进(后建,1978年烧),祠内原悬有朱熹题写"理学名宗"匾一块。
	徐氏宗祠	永昌街道(原钱村乡)检塘村	清同治年间遭火毁,民国年间重建,中间一进未建,1987年9月30日风暴推倒后墙,后进斜出15厘米,同年检塘村委投资一万余元,全面整修,粉刷一新。

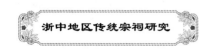

续 表

建造时间	祠堂名称	地 点	备 注
	祝氏宗祠	永昌街道太平祝村旧宅	覃恩堂。
明朝万历年间	吴氏宗祠	永昌街道社峰村	积庆堂。《社峰吴氏宗谱》。坐西朝东，偏南8度。
清朝	赵氏宗祠	永昌街道永昌盛村	聚伦堂。《赵氏宗谱》。坐东朝西。
	张氏宗祠	永昌街道兰塘张村	《张氏宗谱》。
1919年	包氏宗祠	永昌街道董塘村	积善堂。《包氏宗谱》。
清朝	姚氏宗祠	永昌街道下姚村	种德堂。《蛟峰姚氏宗谱》。
	胡氏宗祠	永昌街道百步街	《胡氏宗谱》。
	吴氏宗祠	永昌街道柏黄村	《吴氏宗谱》。
	凌氏宗祠	永昌街道下凌村	《凌氏宗谱》。
1934年	叶氏宗祠	永昌街道夏沈叶村	世善堂。《丁堂南麓叶氏宗谱》。
1948年	朱氏宗祠	永昌街道朱村	时思堂。《朱氏宗谱》。
1929年	吴氏宗祠	永昌街道西头门	善庆堂。《吴氏宗谱》。
清代	邱氏宗祠	永昌街道邱村	崇德堂。《邱氏宗谱》。
清代	杨氏宗祠	永昌街道隔溪村	敦睦堂。《安农杨氏宗谱》。
1923年	徐氏宗祠	永昌街道邱村	竞成堂。《松园徐氏宗谱》。
1919年	徐氏宗祠	永昌街道下樟后园	敬承堂。《东海徐氏宗谱》。

兰溪市主要宗祠一览表

建造时间	祠堂名称	地 点	备 注
清末	好孝郑氏宗祠	赤溪街道（原杨塘乡）好孝村	民国二年(1913)遭风灾催塌一进,1956年重修,现存二进十间,1988年办为村酒厂。坐西朝东。
清道光年间	山背吴氏宗祠	赤溪街道（原杨塘乡）山背村	现存完整。《吴氏宗谱》。大门全为大理石,内有戏台。
清代	杨氏宗祠	赤溪街道（原杨塘乡）杨家村下吴	太平天国时烧毁。
康熙五十六年(1716)	龚氏宗祠	赤溪街道（原赤溪乡）后龚村	《赤溪龚氏宗谱》。坐北朝南,共五步台阶,以木柱为多,直径有70厘米,另有26根方青石柱,雕梁画栋,结构宏大。正门上方镶嵌两条巨龙,并雕有福、禄、寿三仙。尚存。
明代	徐氏宗祠	赤溪街道（原赤溪乡）东徐村	坐西朝东,三进,后进有楼,柱、梁为青石,中厅二青石中柱为圆形,上镂花鸟等物结构宏大为赤溪之最,1939年前后毁。
清代	江氏宗祠	赤溪街道（原赤溪乡）浣江村	坐东朝西,完好。
清末	洪氏宗祠	赤溪街道（原赤溪乡）插口村	坐东朝西,完好。
清末	徐氏宗祠	赤溪街道（原赤溪乡）插口村	坐南朝北,完好。
清康熙年间	王氏宗祠	赤溪街道（原赤溪乡）王铁店村	坐东朝西,太平天国时毁。
明崇祯癸酉年(1633)	徐氏家庙	女埠街道（原女埠镇）竹塘村	《龙门徐氏家谱》。坐北朝南,木结构,天井用青石板铺成,上层用青石板栏杆围着,下层有台演戏,大门两旁各放一对青圆石鼓,现存,已破旧不堪,无人看管。

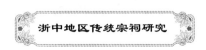

兰溪市主要宗祠一览表			
建造时间	祠堂名称	地　点	备　　注
万历年间	毕氏宗祠	女埠街道（原女埠镇）毕家村	现存。
清末民初	王氏宗祠	女埠街道（原女埠镇）女埠下街	《平川王氏宗谱》。现存，此宗祠于清始建两厢，又于清末民初造中厅，方完成，市级文物保护单位。
清末	应氏宗祠	女埠街道（原女埠镇）女埠上街	《汝南应氏宗谱》。现存，曾用作图书馆，现为老年文化宫。
	姚氏宗祠	女埠街道（原殿山乡）姚村	抗战期间被日寇焚毁。
明嘉靖元年始建（1522）	章氏家庙	女埠街道（原女埠镇）渡渎村	惇睦堂。《渡渎章氏宗谱》。章懋，人称枫山先生。正统丙辰年（1436）十二月廿八日生，成化丙戌科会元，初任翰林院编修，二任湖广衡府桂阳州临安县知县，三任南京大理寺左寺左评事，四任福建提刑按察司检事，后官至南京礼部尚书。敕赐"崇儒"匾额。明世宗在嘉靖元年十一月初四特赠其为太子少保，谥文懿。省级、市级文物保护单位。太平天国时期被毁，后于清同治年间重建成，内有章氏氏族碑，现后厅已毁，前厅和中亭为老年协会。青石楼门高约七米。中轴线上有门楼、前厅、正厅、后厅，两侧有厢房，门前有一明代石坊，两柱三楼，明间九架前后双步廊，歇山顶，用材硕大，雕刻富丽。"崇儒"匾额。"文章紫殿无双客，富贵皇朝第一家。"

兰溪市主要宗祠一览表

建造时间	祠堂名称	地　点	备　　注
明代	邵氏家庙	女埠街道焦石村	市级文物保护单位。始建于明代,清同治年间重建,共三进。门楼重檐歇山顶。正厅台基高1.18米,三间,通面阔12.75米,通进深7.2米。明间七架前后廊。牛腿浮雕狮、鹤及人物,承托挑檐檩。门前有一对石狮及护栏,是明代遗迹。前檐用石方柱,四角内凹。柱础方形,硬山顶。
宋代始建	童氏宗祠	女埠街道(原女埠镇)虹霓山村	世美堂。《黄冈童氏家谱》。童氏总祠。以世美堂为中心,村内现存明清及民国时期的宗祠、民居近四百余幢,如亦政堂、积庆堂、崇本堂、景福堂、童进银民居等。始建年代不一,清咸丰间大都毁于太平天国兵火,现存建筑多为同治、光绪年间重建或重修。童氏宗祠内桂花树,树龄约400余年。清末,童醒庵创办世美堂义塾。于宋朝始建,并未成形,只有祭拜祖先的祭台,明万历丙子年修建成形,后又于民国三四年最终完成,2004年对其进行修缮。
清光绪十二年(1894)	童氏宗祠	女埠街道上新屋村	余庆堂。《雁门童氏宗谱》。现为老年协会。
明代	潘氏家庙	女埠街道下潘村	于明朝时建成,后太平天国时期被毁,又于清光绪十七年(1891)重建并完成,现为老年协会,2006年又对其进行修缮,内挂有历代祖先画像,并有精美的木雕工艺。

建造时间	祠堂名称	地　点	备　　注
		兰溪市主要宗祠一览表	
清代	章氏宗祠	女埠街道里王村	卫庆堂。三进三开间，2008年重建。
清同治五年(1866)	童氏宗祠	女埠街道金家村	表政堂。《金家童氏宗谱》。
清末	孙氏宗祠	女埠街道西垅村	善庆堂。《孙氏宗谱》。
清光绪年间	王氏宗祠	女埠街道穆坞村	重庆堂。
1922年	洪氏宗祠	女埠街道泉湖村	余庆堂。
明洪武年间	周氏宗祠	女埠街道垷坦村	
清代	吴氏宗祠	女埠街道大吴岗村	
清代	吴氏宗祠	女埠街道马岭岗村	无人看管。
明初	周氏宗祠	女埠街道郎山村	盛德堂。
元末明初	滕氏宗祠	马涧镇大塘村	《大塘滕氏宗谱》。明万历三十六年至三十八年(1608—1610)，扩建了门楼和中庭享堂。清康熙庚子(1720)除夕失火，存门楼，中庭余一半。到清雍正十三年(1735)重修中庭享堂，乾隆六年(1741)改为锡类堂，至今保存完好。梁上雕刻着的100只形态各异的鸟，寓意百凤朝阳。
明代	方氏祠堂	马涧镇马涧村	旧祠。下厅改拆，上厅尚存，现在的旧祠是马涧镇中心幼儿园所在。

兰溪市主要宗祠一览表

建造时间	祠堂名称	地 点	备 注
	方氏祠堂	马涧镇西北角，在马涧初中所在	新祠。建年不明，毁于太平天国后期。
明朝	麻氏祠堂	马涧镇北，马五村所在村	现是马涧粮食车间。
1890年	李氏祠堂	马涧镇粮管所所在地	1967年将祠堂拆建成粮仓。
明朝	潘氏祠堂	马涧镇后潘村	1972年拆毁建为后潘小学。
明朝	胡氏祠堂	马涧镇蒋坞村	现存。
明朝	马氏祠堂	马涧镇马坞村	现在是村粮食加工厂所在地。
1948年	鲍氏祠堂	马涧镇鲍村	1958年因建造小西湖水库被拆。
明朝	徐氏祠堂	马涧镇下杜村	现存。
明末清初	严氏家庙	马涧镇（原姚塘下乡）严宅	清风祠堂。清朝重建，为严氏后裔纪念其先祖东汉隐士严子陵而建，平面布局为"回"字形，雕砖门楼，规模宏大，雕刻古朴流畅。房已被修缮，现尚存。
民国	方氏祠堂	马涧镇（原姚塘下乡）横坑	中下二进建于民国三年(1914)，上进建于民国三十三年(1944)，有一戏台，约30平方米，建于解放初期，现在该村初小两个班级办在祠堂上进，现尚存。
民国二十八年(1973)	张氏祠堂	马涧镇（原姚塘下乡）上张	
清朝初年	郑氏祠堂	马涧镇（原姚塘下乡）郑宅村	属四合院式建筑，1959年拆除。

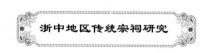

		兰溪市主要宗祠一览表	
建造时间	祠堂名称	地　点	备　注
民国初年	董氏宗祠	马涧镇（原姚塘下乡）仁塘	1966年毁于风灾。
明万历年间	叶氏宗祠	马涧镇（原横木乡）下盘山	《叶氏宗谱》。天启年间遭飓风袭击，门楼倾倒，清康熙甲辰年（1664）重建门楼，改木柱为石柱，建国后上下进改给农户居住，后于1978年被农户所拆，重建楼房，中进为集体所有，现尚存。坐北朝南，为四合院结构，中厅雕有"如在堂"堂匾。
康熙二十一年(1682)冬	何氏宗祠	马涧镇（原横木乡）横木村	《卢江何氏宗谱》。直至康熙二十六年（1678）十月二十八日竣工，历时六年之久，祠堂上进在土改时改给农户居住，1978年正月初二早上毁于火灾，下进于1985年由横木乡联办豆腐制品厂使用，门口有两个石鼓。
	叶氏宗祠	马涧镇（原横木乡）东叶村	分三进，上进建于1914年，中进下进和门楼建于1927年，1930年竣工。1943年又建两旁厢房计6间，祠内面积1000多平方米，该祠堂于1924年始办寿溪私塾，现为乡中心小学校址，后进为东叶村集体所有。
清康熙十七年(1678)	陈氏宗祠	马涧镇（原横木乡）西庄村	由于白蚁蛀蚀，1972年被拆。
清朝初年	孙氏宗祠	马涧镇（原横木乡）外月坞	土地改革为农户居住，现为农户作辅助用房。

		兰溪市主要宗祠一览表	
建造时间	祠堂名称	地　点	备　注
清康熙初年	何氏宗祠	马涧镇（原横木乡）社何	坐落在村西南面，建国后倒塌。
1921年	徐氏宗祠	马涧镇（原横木乡）浅塘	土改时分给农户所有，后被农户拆掉重建住房。
	范氏宗祠	香溪镇香溪村	香溪范氏宗祠还有楹联："朱子三访地，朝廷七聘家"。范氏一姓，从唐末到光绪间的28世中，科举题名竟有104人之多，其中进士20人，留有"一门双国柱，十子九登科"的佳话，陆游为《范氏宗谱》作序，曰："如范氏之盛者，未见闻也。"
	章氏宗祠	香溪镇香溪村	
明嘉靖十九年	宋范香溪祠	香溪镇城南仓岭侧	清咸丰十一年（1861）毁，同治初重建。
同治年间	五贤祠	香溪镇文昌阁旧址，兰城东门头	咸丰十一年（1861）焚毁。
光绪年间	刘氏宗祠	香溪镇（官塘乡）厚同村	叙伦堂（鱼池厅）。《刘氏宗谱》。市级文保单位。
	施氏宗祠	香溪镇（官塘乡）施家埠	登仁堂。曾被石达开兵焚，1981年重建。
	官塘宗祠	香溪镇（官塘乡）官塘	端肃堂。2009年多个姓氏村民共同重建。
	曾氏宗祠	香溪镇（官塘乡）官路边	存瑞堂。
	杨氏宗祠	香溪镇（官塘乡）杨村	清白堂。
	鲍氏宗祠	香溪镇（官塘乡）鲍村	肃穆堂。

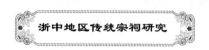

续　表

建造时间	祠堂名称	地　点	备　　注
	舒氏宗祠	香溪镇（官塘乡）西章	明德堂。
	章氏宗祠	香溪镇（官塘乡）下埠头	和瑞堂。1985 年拆建,现三间。
	杨氏宗祠	香溪镇中宅基	羽翼堂。
	郭氏宗祠	香溪镇（官塘乡）郭宅	集瑞堂。
太平天国年间	刘氏宗祠	香溪镇（官塘乡）祥于里	余庆堂。
宋代	范氏宗祠	黄店镇（原朱家乡）龙门村	坐东朝西。后年久失修于清朝嘉庆年间拆毁,改建三间,范氏宗祠于民国初重修。
	何氏祠堂	黄店镇（原甘溪乡）社溪村	现存。
明代	王氏宗祠	黄店镇（原黄店乡）肥皂村樟坞塘下	坐东朝西,1959 年改畜牧场,1968 年后改村加工厂,现存。
清初	黄氏宗祠	黄店镇（原黄店乡）黄店村下街	坐南朝北,1950 年土改后改民房,现存。
明代	陈氏宗祠	黄店镇（原芝堰乡）芝堰村	孝思堂。占地 1300 平方米。
明代万历丙辰年（1616）	唐氏宗祠	黄店镇（原芝堰乡）上唐村南端	坐东朝西,民国五年（1916）修理一次,建国后曾修复两次,1960 年改办小学,1983 年小学迁出,现存完整。
明朝嘉庆十九年（1540）	唐氏宗祠	黄店镇柏树园村	宾峰堂。木雕年年变化,新变旧,旧变新。
明清年间	范氏宗祠	黄店镇范宅村	范仲淹、范纯仁的后人,有"虎龙大学士,龙学宰相家"的对联。

兰溪市主要宗祠一览表

建造时间	祠堂名称	地 点	备 注
		兰溪市主要宗祠一览表	
宋代	范氏宗祠	黄店镇毛堰殿口村	彩衣堂。
明代	范氏宗祠	黄店镇社溪村	
清朝末年	董氏宗祠	黄店镇八角井村	《董祠宗谱》。
明正德年间	金仁山祠	黄店镇天福山	村里有仁山书院。
	徐氏宗祠	黄店镇麻坪村	据《中共兰溪党史》记载,1942年5月24日兰溪沦陷,5月29日中共兰溪县委在徐氏宗祠召开紧急会议,决定成立抗日武装。经过筹备,6月5日,中共兰溪县委第一支抗日武装麻坪坞游击队在徐氏宗祠正式成立。背靠天雷山岗,现存三进建筑,歇山顶门楼,为清代晚期建筑。
乾隆四十三年(1778)	周氏宗祠	梅江镇(原长陵乡)溪口周村西	太极堂。《周氏宗谱》。嘉庆五年(1800)六月被洪水冲毁,嘉庆十八年(1813)重建,光绪二十九年(1903)六月十七日又被洪水冲毁,现存的宗祠为民国八年(1919)由绅士周六元牵头,周氏族人捐助重建,1944年为陵溪乡小学校址,1949年解放时,曾由横溪镇宋宅村宋才小生将祠堂出卖给粮管所,后改作长陵初中校址。此祠原有"周氏宗祠"门匾一块,系国民党空军司令周至柔手书,现存城头水库管理处。2003年按明清建筑原貌修复。"太极堂"、"道国元公"、"德重乡闾"、"贡元"。

续　表

		兰溪市主要宗祠一览表	
建造时间	祠堂名称	地　点	备　　注
元英宗年间	祝氏宗祠	梅江镇（原长陵乡）祝宅村	《祝氏宗谱》。1960年至1980年为梅江区区公所所在地，1983年区公所迁墩头后，1983年由本乡改办为乡中心小学。坐北朝南，面兰浦公路，木结构，门窗配有花草树木、人物鸟兽等雕刻图饰。墙柱西式风格。
清乾隆三十年(1766)	柳氏宗祠	梅江镇（原横溪镇）柳村	废。
清嘉庆十三年(1809)	柳氏宗祠	梅江镇（原横溪镇）横溪	废。
清康熙二十三年(1688)	金氏宗祠	梅江镇（原横溪镇）殿前金	废。
清康二十三年(1688)	陈氏宗祠	梅江镇（原横溪镇）城头	废。
清康熙三年(1665)	施氏宗祠	梅江镇（原横溪镇）施宅	存。
清光绪元年(1874)	陈氏宗祠	梅江镇（原横溪镇）于街	废。
清顺治七年(1651)	沈氏宗祠	梅江镇（原横溪镇）沈宅	《沈氏宗谱》。存。
明万历四十八年(1621)	陈氏宗祠	梅江镇（原横溪镇）陈派宅	废。
明弘治十三年(1501)	宋氏宗祠	梅江镇（原横溪镇）宋宅村西200米	存。清乾隆年间重建，为明初文学家宋濂家祠，三进，正厅三间，通面阔19.5米，通进深9.65米，明间十一架前后双步，柱头卷杀，平身科二攒，一斗六升，牛腿浮雕走兽，硬山顶。

		兰溪市主要宗祠一览表	
建造时间	祠堂名称	地 点	备 注
清崇德二年(1637)	金氏宗祠	梅江镇(原横溪镇)金村	存。
明天启三年(1638)	方氏宗祠	梅江镇(原横溪镇)西塘下	存。
清顺治十一年(1666)	金氏宗祠	梅江镇(原横溪镇)里董金	存。
清乾隆三十年(1766)	周氏宗祠	梅江镇(原横溪镇)上金	存。
明泰昌元年(1620)	周氏宗祠	梅江镇(原横溪镇)通津桥	废。
明崇祯十五年(1643)	周氏宗祠	梅江镇(原横溪镇)田畈周	存。
1826 年	汪氏宗祠	梅江镇(原石埠乡)汪宅村北 200 米处	明德堂。坐北朝南,以前曾进行过二次大修,1988 年冬又进行了第三次修葺,至今完好。
重建于民国二十六年(1937)	陈氏宗祠	梅江镇(原石埠乡)石埠村	在村外,三进五开间,20 世纪 60 年代毁掉些墙壁,现在前面三个大门封了两个,只剩中间一个大门,其余仍保持原状。
民国初年	何氏宗祠	梅江镇(原石埠乡)何宅村	坐东朝西,前墙上有泥塑人物图案,门面是牌坊式。前一进 1927 年建造,分五间两厢,后进 1925 年建造,也是五间两厢前进毁于 1979 年,现存后进。
	潘氏宗祠	梅江镇(原石埠乡)潘宅村	今为丝绸厂所用。

兰溪市主要宗祠一览表			
建造时间	祠堂名称	地　点	备　　注
1945 年	吴氏宗祠	梅江镇（原石埠乡）近外阳村	坐南朝北，二进三开间，前进开代销店，后进空闲。
1934 年	王氏宗祠	梅江镇（原石埠乡）山下村北	坐东朝西，砖木结构，造型别致，至今完好。
清末	蒋氏宗祠	梅江镇（原墩头乡）墩头	1948 年战毁。
明嘉靖末年(1567)	倪氏宗祠	梅江镇（原墩头乡）前倪村中心	《倪氏宗谱》。现存，民用，砖木结构。正厅、茶亭、堂楼、照厅，照厅有戏台，天井卵石铺面。
明末(1640)	唐氏宗祠	梅江镇（原墩头乡）唐店	作求堂。现存，办加工厂。砖木，粗柱大台梁，雕花牛腿支撑，正厅四柱。
清初	陈氏宗祠	梅江镇（原墩头乡）观岩陈	拆于 1966 年。
1948 年	郑氏宗祠	梅江镇（原墩头乡）分路头	当学校。
1928 年	王氏宗祠	梅江镇（原墩头乡）外道王	现存，民用。
1830 年	陈氏宗祠	梅江镇（原墩头乡）塘沿陈	拆于 1964 年。
清朝年间	倪氏宗祠	梅江镇（原墩头乡）下畈	村里办公。
	徐氏宗祠	梅江镇（原墩头乡）后蛟	已毁。
清末(1909)	严氏宗祠	梅江镇（原墩头乡）叶坞	现存，民用。

兰溪市主要宗祠一览表

建造时间	祠堂名称	地　点	备　　注
	周氏宗祠	梅江镇(墩头)溪口周村	新中国成立之后,古祠被改为粮管所,后来又辟为校园。2001年学校布局调整时,古祠被腾空。着手筹资修复。"千一公"的后裔积极性特别高,有30多人为修复古祠捐款1100元以上,总筹资8万余元。2005年3月23日,还成立了修祠理事会,具体操作古祠修复工作。
	陶氏宗祠	梅江镇陶宅村	
清光绪二十年(1894)	唐氏宗祠	梅江镇唐店村	树基堂。
民初	凌氏宗祠	梅江镇梅街头村	砖木,八字门面,大门内戏台,中进雕梁画柱台梁式,后进穿斗式。
	王氏宗祠	梅江镇王沙溪村	
	陈氏宗祠	梅江镇白沙村	
	张氏宗祠	梅江镇上李村	
1895年	盛氏宗祠	柏社乡(原下陈乡)岭口	1982年因需建新岭口小学三层水泥楼房而拆除。
乾隆二十一年(1756)	盛氏宗祠	柏社乡(原下陈乡)下盛	1924年重修,1929年造戏台,1949年曾最后演过七天六夜婺剧,后因年久失修于1956年倒塌被拆,1968年"农业学大寨"时改田种植。
康熙年间	蒋氏宗祠	柏社乡(原水阁乡)	咸丰辛酉年(1861)被太平天国战火烧毁,同治十年(1871)在废墟上重建,民国四年再次重建。水阁蒋氏祠堂计有36台门,人丁万余,所以祠堂的规模也较恢宏,总建筑面积1600平方米,分前后三进及左右厢房。画栋雕梁,玲珑剔透,花鸟草虫,栩栩如生,具有浓厚的民族风格。

兰溪市主要宗祠一览表			
建造时间	祠堂名称	地　点	备　　注
1938 年建造,1946年完工	舒氏宗祠	柏社乡(原水阁乡)舒村	《京兆嵩山舒氏宗谱》。"于民国二十七年间(1938 年建造,1946年完工),由余贤契舒绍基发起,召集族中贤裔家杰、海林、承士与其弟家基等,齐赴尚义堂中,共同会议,谓村前下首水口太空议建新祠,以资庇阴而固宗盟,由舒绍基出 6 万银元捐资祠堂。"(注:舒绍基(1885—1951)北舒村人,毕业于中央海陆军军署学校,曾任国民党特派鄂三军军需处处长,武汉行营少将主任等职。)1943 年创办嵩麓乡中心小学,最多时候有学生 300 多人。1959 年建木结构戏台(长 6.10 米,宽5.70米)。每年正月初八闹元宵,本地农村剧团在此演戏三日三夜。原水阁乡党的基本路线教育,兰溪市婺剧团专场文艺演出在此举行。由于年久失修,1990年村二委将 6 米高的二根电线杆对歇山顶二只翻角进行加固。1996 年市委郑宇民书记来祠堂观看了该古建筑,给予赞赏,拨款 3 万元,用于修复祠堂,改善学校环境。由于各级领导的重视,现该古建筑保存完好。戏台上方为歇山顶翻角造型,有"听嵩呼"三字位于正中,有两条龙盘缠在正中二柱,有五爪。

兰溪市主要宗祠一览表

建造时间	祠堂名称	地　点	备　　注
康熙十七年	方氏宗祠	柏社乡（原水阁乡）里方村	毁于咸丰辛酉年(1861)。
民国初年	胡氏宗祠	柏社乡（原水阁乡）里胡村	今尚存。
明朝隆庆初年(1567)，隆庆末年完工(1572)	蒋氏宗祠	柏社乡洪塘里	《蒋氏宗谱》。始建于明朝隆庆初年(1567)，隆庆末年完工(1572)。康熙二十四年(1685)第二次修建，主要建造左右两边府。雍正末年(1735)，扩建边府。同治四年(1865)建前门楼，边府由一层加高二层。民国七年(1918)，大规模建祠。因中厅太低，拆除中厅，模仿奉化溪口蒋介石宗祠建筑风格，前门面改装，建古戏台(1947年办学校时拆除)，民国十六年(1927)竣工。1947年创办兰溪县私立六山初级中学，因在族中人士蒋山、蒋杰等的主持下，把祠产祀田540多亩、山林杂地260多亩及祠屋50多间悉数奉献办学，为纪念该族中民主革命人士蒋六山，故定名为"六山中学"。

		兰溪市主要宗祠一览表	
建造时间	祠堂名称	地　点	备　注
明万历年间	西姜祠堂	水亭畲族乡（原水亭乡）西姜村西端	《姜氏宗谱》。属兰溪市第一批文物保护单位，1985年下半年省、市文保部门来视察，要求党支部、村委会加强保护工作，当即由青年民兵进行泥墙拆除，清扫整理，落实了四防措施，前100米，四周20米受保护，正在维修。坐东朝西偏南10度，为四合院式结构，两缝九架双步廊式，四周走廊，屋柱为函页形青石方柱，木头金柱平柱梭形，刹作升斗，铺作石踩，檐石刻"百世瞻依"四字。占地3000平方米，祠内面积1700平方米，通面阔19.3米，开间11间，后进用明五暗十一的做法，原左右200米有衬携建筑（现已废），中庭九脊歇山顶，抬梁穿斗相结合，主体结构完整，正门院内残留小石狮一只，太湖石抱鼓二块，中厅有脱臼、蚁蚀现象，清末修过一次。
明代	水氏宗祠	水亭畲族乡（原水亭乡）水亭坞	《水氏宗谱》。1950年前后改建粮仓，除中庭和正门外基本结构尚可概见，青石柱，现为水亭粮站用。
明初万历前	蒋氏宗祠	水亭畲族乡（原水亭乡）下蒋村	《蒋氏宗谱》。太平天国时毁于大火。
明末	饶氏宗祠	水亭畲族乡（原水亭乡）古塘村	礼义堂。《定阳饶氏宗谱》。1969年中庭拆除，部分青石柱扛到水亭中学，1978年前进改建两间水泥结构的有钢筋窗的教室，后进已废。

			兰溪市主要宗祠一览表
建造时间	祠堂名称	地　点	备　注
明代景泰五年(1454)	黄氏宗祠	水亭畲族乡(原水亭乡)黄村坞	钟瑞堂。《鹤山黄氏宗谱》。钟瑞堂记。明景泰五年(1454)始工,第三年六月完工,成化甲午(1474)六月改称黄钟瑞堂。市级文物保护单位。年久失修,门首有"大夫第"三字;堂内有黄庭坚像。
明代	胡氏宗祠	水亭畲族乡(原水亭乡)生塘胡村南端	《生塘胡氏宗谱》。市级文物保护单位,清末重修。坐北朝南,平面呈"回"字形,占地面积1500平方米,中轴线上依次为门楼、前进、中厅和后进,门楼为砖石结构,四柱五楼三间牌坊式,前进七开间带左右耳房,中厅为三开间带四周回廊,九脊歇山顶,通面阔19.9米,通进深14.5米,明间中缝梁架为内四界带前轩后双步梁加围廊,六柱落地,最大跨空为五架梁,次间边缝梁架与中缝相同,雕刻繁缛,后进五开间带左右三间两厢侧屋。
清代	周氏宗祠	水亭乡周邵汤	存德堂。《周氏宗谱》。
清代	范氏宗祠	水亭乡范坞村	昼锦堂。《范氏家谱》。
清代	叶氏宗祠	水亭乡塘上村	怀睦堂。《叶氏宗谱》。
清代1806年	徐氏宗祠	水亭乡生塘徐村	九如堂。《生塘徐氏宗谱》。
20世纪初	吴氏宗祠	水亭乡殿下村	三让全家。《吴氏宗谱》。
清代	周氏宗祠	水亭乡上周村	树德堂。
	徐氏宗祠	水亭乡午塘边	仁让堂。《午塘徐氏宗谱》。
1930年	柳氏宗祠	水亭乡柳家村	瑞庆堂。

浦江县主要宗祠一览表			
建造时间	祠堂名称	地　点	备　　注
南宋	张氏宗祠	浦阳街道新华东路68号	张氏宗祠是城区唯一平面完整的祠堂建筑,也是浦江县为数不多的省级重点文物保护单位之一。现存建筑建于光绪年间,为典型的清式结构,整座建筑结构严谨,雕刻生动精致,中轴线上依次为门厅、中厅、穿厅、拜厅、寝堂,与两侧耳房构成"吉"字形布局。始建于南宋,是张祚家族的家庙。历史记载,宋淳祐年间,张祚(字叔元,东阳白鹿山人),南宋淳祐二年任浙江安抚司提镇,督兵镇守浦邑,遂后安家于浦江,后来居于浦阳"龙溪之侧",为浦阳张氏始祖。明嘉靖四十五年(1566)扩建为张氏祠堂,万历十四年(1580)续建,万历二十二年(1588)仲冬落成,前后历时23年。张氏宗祠后来修缮过多次,光绪三十三年(1907)九月至三十四年十月重修祠堂,拓宽门厅,东边6间拓为贤功祠,把继绝祠向西移,并把朝向改为坐西朝东,重建节孝祠,而在贤功祠和节孝祠原址上建了三间拜厅。重建后的张氏宗祠焕然一新,大大扩展了建筑面积,形成了现存规模。现为浦江博物馆。
清代	陈氏宗祠	浦阳街道群生	
民国二十五年(1936)	冯氏宗祠	仙华街道冯村	已维修,村文化中心。完整,石柱。

浦江县主要宗祠一览表

建造时间	祠堂名称	地　点	备　注
明朝天启乙丑年(1625)	方大宗祠	仙华街道方宅	敦叙堂。宋初自鉴湖迁睦州白云源,再迁浦江仙华山下,后迁后郑(今七里方宅)。天启乙丑年(1625),始赎庙基,命工集材,构成寝三楹;顺治乙未年(1655),捐钱捐粮,约计白银二百余两,重修宗祠;咸丰辛酉(1861),洪杨扰浦,方氏宗祠门头一座皆成瓦砾,惟中庭寝室尚在。后四派稽老会议重修,各派踊跃输将,费金二千有奇。中华民国十八年(1929)阳历四月十日,阴历三月初一乙酉四点钟时,横街起火,延烧宗祠。裔孙赶往营救时,宗祠头门已成焦土,正厅、甬道、寝室三出赖营救得保。初二日招集西圹、古圹稽老会议,急谋救济之法。大宗祠自宋至今,曾多次遭受兵乱火灾之害,又多次重修。新中国成立之后,为供销社所用,称"姓方祠堂农具部"。已成危房。
	戴氏宗祠	仙华街道戴宅	聚仁堂。2003年重修。
明万历年间	黄氏宗祠	仙华街道河山村	雍睦堂。多次维修,完整。
1910年	张氏宗祠	仙华街道天仙村	聚德堂。已维修,较好。
	芦塘吴氏宗祠	仙华街道大许村	老年协会。

续　表

		浦江县主要宗祠一览表	
建造时间	祠堂名称	地　点	备　注
1895—1899	楼氏宗祠	浦南街道文溪文溪楼村	《浦阳楼氏宗谱》。老年协会活动中心。
1937 年	杨氏宗祠	浦南街道长春下杨村	礼和堂。完好,文化活动。
1721 年	陈氏宗祠	浦南街道东陈村	《陈氏宗谱》。县文物保护。
崇祯七年(1633)	杨氏宗祠	浦南街道朱云杨里村	清白堂。《祠史》。已维修过 5 次,保存较好。
明末民初(1910)	张氏家朝	浦南街道宋溪火烧张	《张氏宗谱》。完好。
清代	许氏宗祠	浦南街道七村东许村	懋德堂。《许氏宗谱》。太平天国重修,2006 年再修。
光绪年间	黄氏宗祠	浦南街道黄都村	花 8 万多维修,文化活动。
1930 年	余氏宗祠	浦南街道黄都余大宅村	已经维修过 5 次,保持较好,4 只牛腿被偷。
1902 年	邵氏宗祠	浦南街道黄都下邵村	出租给家具厂。
明末清初	张氏宗祠	浦南街道横塘村	《张氏宗谱》。1993 年维修,老年协会。
明代	洪氏宗祠	浦南街道洪田畈村	完好。
乾隆十三至十八年(1748—1753)	潘氏宗祠	浦南街道华墙村	《华墙潘氏宗谱》。2004 年重修宗谱。
1406 年	余氏宗祠	浦南街道余间村	完好,已大修过 10 次以上。
南宋(1190—1195)	于氏宗祠	浦南街道前于村	大祠堂。1573—1619 年重修。拆建为村完小。
1573 年	于氏宗祠	浦南街道前于村	小宗祠。20 世纪 70 年代成拖拉机站,现为耶稣教堂。

建造时间	祠堂名称	地点	备　注
		浦江县主要宗祠一览表	
1945年	张氏宗祠	浦南街道平一平安张村	务本堂。2002年维修,2万元。
清代	孙氏宗祠	浦南街道巧溪村	2005年维修,完好。
雍正七年(1729)	朱氏宗祠	郑家坞镇朱路村	《潼塘朱氏宗谱》。
明代(1367)	吴氏宗祠	郑家坞镇吴大路村	至德堂。《浦阳大路吴氏宗谱》。清、民国多次修缮,现为小学管理。
民国十三年(1924)	楼氏祠堂	郑家坞镇皂结坑村	石柱高达6米以上,重3千余斤,于2003年凌晨0时40分一场大火烧尽。
乾隆年间	朱氏祠堂	郑家坞镇朱路村	保存较好。
明代早期	吴氏祠堂	郑家坞镇吴店村	门厅有维修,其他倒塌,不完整。老年活动中心。
康熙十三年至十七年(1674—1678)	柳氏宗祠	白马镇柳宅村	《浦阳柳氏宗谱》。完好,前幢为"三汲浪",造型独特。
清康熙三十年(1691)	张氏宗祠	白马镇夏张村	《柳溪张氏宗谱》。在此宣传抗日运动,成立党支部。1995年8月重修。
民国三年始建,六年完工(1926)	傅氏宗祠	白马镇刘店村	《傅氏宗谱》。傅孟文公祠。由傅孟文建造,属小祠堂。1995年重修。
清代	张氏宗祠	白马镇豪墅村	《龙溪张氏十甲人房宗谱》。大门两边有石狮子,5个神堂。

续　表

浦江县主要宗祠一览表			
建造时间	祠堂名称	地　点	备　注
1897—1906 年	严氏宗祠	白马镇严店村	《严氏宗谱》。内有一古井,石柱上有对联。1999 年维修 3 万元,2006 年维修 2.5 万元。
宋高宗丙子年	徐氏宗祠	白马镇嵩溪村	《嵩溪徐氏宗谱》。牌匾"忠壮",文革时,对联和其他一些东西被毁。
1690 年	邵氏宗祠	白马镇嵩溪村	1992 年大修。
明万历十七年至天启四年（1589—1624)年	贾氏宗祠	白马镇旌坞村	《贾氏宗谱》。万年台下有"小桥流水"。已经进行过 6 次大修,最近一次在 2000 年,保存完好,有人管理。
顺治八年至十三年(1651—1656)	陈氏宗祠	白马镇清塘村	肃雍堂。《浦阳清塘陈氏宗谱》。石柱较高,上有对联。已经进行过 3 次大修,保存完好,有人管理。
民国二十八年至二十九年(1939—1940)	郑氏宗祠	郑宅镇三郑村	《郑氏宗谱》。已建为小学,后来卖掉,准备重建。
宋代	王氏宗祠	郑宅镇前店村	《深溪王氏宗谱》。已建为小学。2004 年维修。
民国二十九年至三十年(1940—1941)	郑氏宗祠	郑宅镇石源郑都村	《郑氏宗谱》。开设过小学,与三郑属同一太公,2006 年维修。
民国十八年(1928)	陈氏宗祠	郑宅镇蒙山九婆村	第三进已倒塌,前二进濒临倒塌,无钱维修。

		浦江县主要宗祠一览表	
建造时间	祠堂名称	地　点	备　注
光绪三年于宣统元年四月（1877—1909）	金氏宗祠	郑宅镇芦溪后卢金村	《金氏宗谱》。内有"郡带"，完好，文化中心。
元初	郑氏宗祠	郑宅镇郑宅村	有序堂。《郑氏宗谱》。1311 年，朝廷旌表为"孝义门"，1335 年，再次旌表为"孝义郑氏之门"。明太祖朱元璋亲赐郑氏宗祠为"江南第一家"。祠内元、明名人碑刻、匾额、楹联达 30 多块（对）。《浦江郑氏义门规范》。人文经典文化家族。扩建于元初，重建于清末，修建于 2001 年。64 间 2 弄 6600 平方米。"千柱落地。"1997 年列为浙江省文物保护单位。"浙江省爱国主义教育基地"、浙江省廉政文化教育基地。
清代	蔡氏宗祠	郑宅镇寺后蔡村	2006 年维修，完好。
明代	潘氏宗祠	郑宅镇湖顶村	道光年间重修，2006 年维修，完好。
宋代	黄氏宗祠	黄宅镇长塘村	猴肃堂。《合溪黄氏宗谱》。
宋代	徐氏宗祠	黄宅镇徐司村	未维修。
宋代	叶氏宗祠	黄宅镇达塘村	未维修。
	葛氏宗祠	黄宅镇立新葛村	已倒塌。
清乾隆年间	郑氏宗祠	黄宅镇前王郑村	破旧。

续　表

浦江县主要宗祠一览表			
建造时间	祠堂名称	地　点	备　注
1939 年	王氏家庙	黄宅镇梅石坞村	中西合璧的民国时期的建筑——梅石坞王氏家庙。王氏家庙外观为传统形式,内部却融合西式做法,形成一种独特的建筑风格。王氏家庙坐东朝西,由门厅、两厢耳房、正厅、穿厅及寝室组成。门厅、正厅均为五开间,明间为五架抬梁带前后双步,次间山墙隔断,屋顶为硬山造。正厅明间悬挂黄绍竑亲书匾额"世德堂"(黄绍竑为民国著名爱国将领,1934 年任浙江省政府主席),石柱上刻对联(中华民国三十五年季春吉旦),次间山墙壁画为我县著名画家张友春所作。特别是门厅与正厅天井间的两厢耳房,门面皆为欧式钟楼顶,刻有钟盘,钟面数字一边为罗马数字,一边是阿拉伯数字。整个建筑风格独特,保存较好,具有一定的文物价值。
1190—1194 年	黄氏宗祠	黄宅镇上宅村	爱肃堂。
明洪武年间	曹氏宗祠	黄宅镇曹街村	光裕堂。曾经作为小学,曹街村文化活动中心,"未成年人教育顾问工作室"、"老年活动室"和"体育活动队"。全县第一个未成年人协会。在祠堂内建设信息共享工程。
清代	黄氏二公祠	黄宅镇上市村	厂房。

浦江县主要宗祠一览表

建造时间	祠堂名称	地　点	备　注
清代	黄仪一公祠	黄宅镇上市村	厂房。
清朝同治癸酉(1873)	钟氏宗祠	黄宅镇钟村	戏台在"文革"中被拆毁。村里花费大量财力、物力,将祠堂修葺一新,美中不足是所有的大柱、大梁、牛腿上全部用红蓝油漆刷新,就连厅堂头楣墙壁上的壁画也被刷白重画,整座祠堂变得面目全非。
	于氏祠堂	黄宅镇杨林村	
宋代	蒋氏祠堂	黄宅镇蒋才文村	已维修3次,完好。
南宋(1143)	蒋氏祠堂	黄宅镇蒋宅村	已维修,完好。
清乾隆年间	陈氏宗祠	黄宅镇姓陈村	破旧,未维修。
清代	钟氏宗祠	黄宅镇钟村	已维修,完好。
1826年	芮氏宗祠	黄宅镇东一东塘村	破旧,未维修,老年协会。
	方氏宗祠	黄宅镇胜利前方村	老年协会。
	于氏宗祠	黄宅镇胜利樟树下村	现存。
	洪氏宗祠	黄宅镇胜利龙田村	现存。
400年前	彭氏宗祠	黄宅镇彭村	已修2次,破旧。
270年前	徐氏宗祠	黄宅镇八联村	已倒塌。
1902年	郑氏宗祠	黄宅镇红星下宅市村	完好。
1843年	方氏宗祠	黄宅镇岳塘村	1996年维修,完好。

浦江县主要宗祠一览表			
建造时间	祠堂名称	地　点	备　　注
1925 年	黄氏宗祠	黄宅镇合心店来村	2000 年维修。
1940 年	洪氏宗祠	黄宅镇后江村	完好。
乾隆十四年(1749)	何氏宗祠	黄宅镇何村	完好。
	方氏宗祠	黄宅镇六一石斛桥村	小学校舍。
明洪武三年(1370)	沙城陈氏宗祠	岩头镇岩头陈村	崇本堂。《浦江岩头陈村村志》、《陈氏家谱》。雍正、光绪年间的两次重修和修葺，规模日益扩大,结构精巧,功能齐全,堪为古祠中的典型之作,有较高的文物价值。宗祠的演变及发展： 清顺治五年(1648)始建沙城陈氏宗祠,是年冬竖寝室,越明年门庑室奥焕然落成。 顺治十七年(1660)增建沙城陈氏宗祠,增门廊、明厅、拜厅、寝室、五间平列一进,共计四进,益以土地、贤功、节孝 绝诸祠。 康熙六十年(1721)岁大荒。陈英九公以济等开厂于宗祠赈济。浙督赐给匾旌奖曰:"泽普乡邻",巡抚督察院旌之曰"惠济一方"。 雍正十一年(1733 年)沙城陈氏宗祠倾圮颓坏不可楼主,承珲公率重修。 乾隆中叶,沙城陈氏廿八都西山派建大厅,三进三开间双层,左右各厢房二厢,美轮美奂 ,气势恢宏。中厅1916 年毁于火,1921 年重建。

浦江县主要宗祠一览表

建造时间	祠堂名称	地 点	备 注
明洪武三年(1370)	沙城陈氏宗祠	岩头镇岩头陈村	乾隆五十一年(1786)陈荆山公捐金若干重修宗祠、葺文昌阁。 道光十八年(1883)沙城陈氏宗祠重修。 光绪十八年(1892年)沙城陈氏宗祠被毁,唯门廊岿然独存。次岁合族重修。1895年,寝室拜厅竣工。越四年,全祠竣工。岩头中心小学。2003年重修戏台。
1706年	黄氏宗祠	岩头镇三红村	1998年修缮,完好。
1900年	丁氏宗祠	岩头镇朝阳丁步头村	节庆堂。2003年修缮,完好。
元代	珠山王氏宗祠	岩头镇王店村	完好。
清末	倪氏宗祠	岩头镇倪山村	1998年改修,陈旧。
光绪二十七年(1901)	许氏宗祠	岩头镇合丰村	仙根堂。2003年修缮,完好。
1645年	应氏宗祠	岩头镇姓应村	2003年维修,完好。
光绪二十七年(1901)	李氏宗祠	岩头镇许村	
民国三十七年(1948)	黄氏宗祠	岩头镇西黄	完好,2009年8月2日,祠堂门口两只牛腿被盗。

续　表

浦江县主要宗祠一览表			
建造时间	祠堂名称	地　点	备　　注
1905 年	左溪黄氏家庙	岩头镇胜建芳地	1988 年维修。
	王氏宗祠	岩头镇三垄王店村	曾是抗日时期浦江县首个县委会的成立之地,2005 年 9 月,山垄王店正式被命名为县级爱国主义教育基地,在 2006 年 7 月,又被命名为市级爱国主义教育基地。
	张氏宗祠	岩头镇礼张村	礼张村书画陈列馆。礼张村人才辈出,书画传统源远流长,涌现出张书旂、张振铎、张世简、张子屏等一大批知名画家。有戏台。
清道光庚子年(1840)	沈氏宗祠	岩头镇群丰沈宅村	曾改为小学,完好。
清末	陈氏宗祠	岩头镇陈礼村	2006 年维修,陈旧。
清末	周氏宗祠	岩头镇双溪村	2003 年维修,完好。
清末	陈氏宗祠	岩头镇青锋村	2003 年维修,完好。
清末	杜氏宗祠	岩头镇华溪少岭脚村	2004 年重修,残缺不全。
清末	张氏宗祠	岩头镇岩山村	破旧。
清末	张氏宗祠	岩头镇黄源村	2005 年维修,尚好。
宋代	叶氏宗祠	岩头镇后叶村	曾大修一次,破旧。
清同治(1876)	何氏宗祠	前吴乡枭溪英坞坪村	忠孝堂。罗桐山、英坞坪、三十田三个何姓村庄。三开三进,马头墙昂然翘首,堂内木柱及横梁以黑漆涂饰,柱顶装有牛腿,雕刻精美,大门口有青石"门当"一对,上刻纹饰,左为如意,右为宝剑。

浦江县主要宗祠一览表

建造时间	祠堂名称	地 点	备 注
	于氏宗祠	前吴乡罗源村	
距今130年	黄氏宗祠	前吴乡章山村	陈旧,急需维修。
距今120年	黄氏宗祠	前吴乡独塘村	陈旧,急需维修。
1923年	毛氏宗祠	前吴乡毛家村	陈旧,简单维修。
2005年	李氏宗祠	前吴乡市目村	新建。
	金氏宗祠	前吴乡塘岭金村	前吴信用社用房。
清康熙四十七年(1708)	陈氏宗祠	花桥乡塘波村	雍正六年(1728)复修,1993年再次修整,1984年列入县级文物保护单位,2005年大修。
康熙年间	盛氏宗祠	花桥乡盛田畈村	《盛氏宗谱》。现已是工厂。
1890年	马氏宗祠	花桥乡马宅村	一进已拆,二进维修,缺资金。
1920年	徐氏宗祠	花桥乡大坞村	漏雨,墙开裂,无人管。
清乾隆年间	黄氏宗祠	花桥乡里黄宅村	失修,部分倒塌。
民国九年(1920)春	李氏祠堂	杭坪镇大塘村	已维修。
乾隆三年(1738)动土,乾隆十一年(1746)完工	江氏宗祠	杭坪镇派顶村	完好。
乾隆年间(1755)	陈氏宗祠	杭坪镇东岭村	永世堂。2004年大修,完好。
约250年前	何氏宗祠	杭坪镇周坞口村	未维修。

	浦江县主要宗祠一览表		
建造时间	祠堂名称	地　点	备　　注
	周氏宗祠	杭坪镇曹源村	未维修。
约70年前	程氏宗祠	杭坪镇程家村	已维修。
	石氏宗祠	杭坪镇石宅村	
清乾隆年间	于氏宗祠	杭坪镇杭坪村	中明堂。2003年维修,尚好。
清末	薛氏宗祠	杭坪镇下薛宅村	一般。
清初	胡氏宗祠	杭坪镇中央畈村	一般。
民国初	张氏宗祠	杭坪镇乌浆村	尚好。
清乾隆年间	朱氏宗祠	虞宅乡朱宅	立有重达千余斤的石柱构成,规模宏大。
万历乙巳(1573)	虞氏宗祠	虞宅乡虞宅	世治堂。《场桥虞氏宗谱》。现为虞宅中心小学所用。湖溪虞氏自始祖士宁公于南宋初年从临安迁来浦北席场桥畔定居,至今整传30世,历时将近800年。原为《湖溪虞氏宗谱》撰修始至明朝,明代开国名臣宋濂曾为之撰写谱序。民国甲申年(1944)年重修,2005年重修。祠堂先后重修4次(分别为乾隆庚寅重修,嘉庆庚午重修门廊,道光丙午重修宗祠,同治壬申重修宗祠记),位于虞宅村口,长40米,宽25米,外厅则是戏台,门首悬"虞氏宗祠"。1750年重建,1760、1846年两次大修,1941年重建门廊。"赞王第"。
	张氏宗祠	虞宅乡桥头村	20世纪80年代改建为小学,近几年进行小修。现为村小公。

		浦江县主要宗祠一览表	
建造时间	祠堂名称	地　点	备　　注
1770 年	朱氏宗祠	虞宅乡新光村	现租给地砖厂。
1870 年左右	叶氏宗祠	虞宅乡下湾村	种德堂。现保存完好,两只牛腿被盗。
已建百余年	张氏宗祠	虞宅乡下张村	近几年修了门面,现前进为村办公所用。
清咸丰九年(1859)	吕氏宗祠	大畈乡清溪	经常维护。
1748 年	陈氏宗祠	大畈乡建光	念祖堂。较完整,现为老年协会。
约 1923 年	毛氏宗祠	大畈乡湃桥低畈	已拆除,改建成工厂。
清咸丰元年(1851)	陈氏宗祠	大畈乡廊下	不完整,一半已改建成戏台。
约 1850 年	黄氏宗祠	大畈乡夏黄	较完整。
清嘉庆二十五年(1820)	黄氏宗祠	大畈乡建明石井于	2000 年重修过一次。完好,现是老年协会、幼儿园。
明万历丙申年(1596)	潘氏宗祠	檀溪镇潘周家	《潘氏宗谱》。
明朝万历辛卯年(1591)	周氏宗祠	檀溪镇潘周家	《周氏宗谱》。
宋代	檀溪陈氏宗祠	檀溪镇寺前村	《陈氏宗谱》。
	陈氏宗祠	檀溪镇下宅村	《檀溪陈氏宗谱》。南宋的第一个皇帝赵构的第五个驸马死后,就葬在檀溪镇下宅村附近,驸马名叫陈汝功。

			浦江县主要宗祠一览表
建造时间	祠堂名称	地　点	备　　注
清嘉庆 (1799)	圭溪罗氏宗祠	檀溪镇罗家村	坐南朝北。殷四是罗姓圭溪分支第一代始祖。浦江罗姓于明洪武年间由淳安迁到石香(今杭坪镇)。其五代孙殷四于明天顺年间(1457—1465)迁圭溪源后称罗家。殷四子廷富,孙守高,三代单丁。守高四子(文显、文正、文秀、文通),三房文秀子伯森兄弟于清康熙三十一年(1692)倡修谱牒,靖溪与圭溪两支并一,称《浦江靖溪罗氏宗谱》,后乾隆十五年(1750)、乾隆四十年(1775)、嘉庆四年(1799)三次续修。凡1799年浦江罗姓二支子裔生息,皆汇于《靖溪宗谱》。1799年后圭溪与靖溪分支,各修祠堂建谱。檀溪镇罗家村的宗祠宗谱分别称为圭溪罗氏宗祠(1948年因年久失修被迫拆迁)和《浦江圭溪罗氏宗谱》。
	陈氏宗祠	檀溪镇龙桥村	八根大柱子,木质建筑全部取材于一棵千年老枫树,厅堂的正上方"助国"两字。抗战期间,飞机炸毁了包括祠堂在内的整个村子。1947年,该村重新修建该所祠堂。
	项氏宗祠	檀溪镇项家村	《项氏宗谱》。
	王氏宗祠	中余乡中余村	1922年,新民初级小学,办学经费主要由祠堂下田产租金和学生束脩解决。

浦江县主要宗祠一览表			
建造时间	祠堂名称	地　点	备　注
	谢氏宗祠	中余乡冷坞村	现用作锁厂。
宋	周氏宗祠	中余乡周宅村	1952年拆除。村上有肃雍堂为县级文物保护单位。
1910年	王氏宗祠	中余乡王家山村	文化中心。
1910年	谢氏宗祠	中余乡普丰许坞村	现存，完好。
1860年	谢氏宗祠	中余乡普丰养元坑村	现存，破损。
1947年	徐氏宗祠	中余乡方家村	现存，基本完好。

义乌市主要宗祠一览表			
建造时间	名称	地　点	备　注
明末清初	黄大宗祠	稠城街道县前街朝阳门旁驿堪巷54号	市级文物保护单位。台基自东南向西北渐次抬升，蕴含步步高升之美意。建筑用硬山顶，阴阳合瓦眼，檐口设勾头滴水，山面用五花马头墙。1947年（民国三十六年），稠城镇中心国民学校校长黄国栋，将校址迁至后诸巷黄大宗祠内。义乌市中小学生书法教育基地。
清代	宗氏家庙	稠城街道宗宅村	
清代	陈氏宗祠	稠城街道屋基村	
民国	楼氏家庙	稠城街道官端前村	

建造时间	名称	地　点	备　　注
	戚家公祠	稠城街道西门街戚宅里	戚继光捐资 200 两黄金建造的戚家公祠。
明万历癸卯(1604)	方大宗祠	后宅街道塘下村	市级文物保护单位。我市境内规模最宏大、保存状况较好的宗祠之一。整体建筑呈阶梯状，布局清晰，木雕精美。水池护栏的石栏板上雕有飞禽走兽，栩栩如生。始建于明万历癸卯(1604)，历时五年，耗资白金 2000 余两，于清咸丰庚申(1861)毁于兵乱。清同治丁卯(1867)动工重建，于光绪丁酉(1897)竣工，历时 31 年。大厅七进间，高 700 厘米，用 6 根大圆柱、28 个 40 厘米见方的石墩及直径 80 厘米的 6 根大梁支撑而成；后墙一溜用 28 扇大平门隔开。
清代	叶氏宗祠	后宅街道二居委会	三进三开间，保存完好。
清代	郑氏宗祠	后宅街道洪家村	规模较小，保存较好。
清乾隆年间	叶氏宗祠	后宅街道宅二村	2004 年重建。门两旁有对联，由南朝教育家叶由庚提。
	朱氏宗祠	后宅街道宅三村	2000 年重建。现在由村民居住。
	毛氏宗祠	后宅街道后毛店	现堆放村民物品。
清代	何氏宗祠	后宅街道西何村	2003 年重建。分前中后三进，内有老年协会、居委会。

义乌市主要宗祠一览表

义乌市主要宗祠一览表			
建造时间	名称	地　点	备　注
	张氏宗祠	后宅街道湖门下四村	2000年重建。分前中后三进,内办小学。
	余氏宗祠	后宅街道后余村	1988年重建。内部摆设简单。
	徐氏宗祠	后宅街道后宅四下村	徐侨。
清代	万氏宗祠	北苑街道万村	规模一般,木雕较好。
清代	刘氏宗祠	北苑街道青溪村	三进三开间,规模较大,木雕尚可。
明朝万历三十八年(1610)	吴氏宗祠	北苑街道前洪村	世让堂。《前洪吴氏宗谱:十三卷:[义乌]》(清)吴绍赞等纂修清光绪二十年(1894)。清顺治五年(1648)、康熙五十四年(1715)曾重修。咸丰同治年间太平军战乱,祠宇破败。同治六年(1867)修复,使不至于颓坍。光绪七年(1881)重建。村校私立聚英小学设此,中进分隔成两个教室。1930年学校迁至辉四公祠,此处仍时为村民所利用:摊晾麦子、稻谷、篾匠编制农具家具、云记酒坊制红曲、供樟红烘煎蜜枣。1940年起,吴氏宗祠扩建,准备开办完全小学。明朝万历年间,修吴氏宗谱。后清朝顺治、乾隆、嘉庆、道光年间重修宗谱,至民国丁亥年(1948)共修、续修、重修19次。
清代	后湾田祠堂	稠江街道江湾新圆村	二进五开间,规模较大,木雕精美。

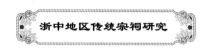
续　表

义乌市主要宗祠一览表			
建造时间	名称	地　点	备　　注
清代	曲江祠	稠江街道上田村	三进五开间,规模较大。
清代	造宣祠	稠江街道殿口商村	规模一般,保存较好。
宋代	延陵宗祠	稠江街道殿口商村	已有 783 年的历史,在义乌已发现的宋代祠堂中,延陵宗祠的年代最早。经过修缮,已基本恢复原貌。2007 年 12 月被义乌市人民政府批准为文物保护单位。
光绪乙酉年至乙未年(1885—1895)	蒋氏宗祠	大陈镇互拥村	面积近 800 平方米,五开间,分前、中、后三厅。前厅建有 8 柱落地的"万年台"一座。
始建于明宣德年间,扩建于清光绪年间	金氏宗祠	大陈镇红峰村	至德堂。保持清末建筑风貌,古色古香、小巧玲珑。宋徽宗曾于 1112 年下诏,封东阳刘金氏为"江南第一家"。据《中山刘金氏宗谱》记载,元祐九年三月廿六(1094),钦差大臣罗适来到刘家,书写了"义门"二字,在其家谱上题字。2004 年,红峰村民集资 14 万元对祠堂内的万年台(戏台)进行了重修,给各种精美的牛腿、木雕重新上彩漆。老年协会。
清朝乾隆三十九年(1774)	傅氏宗祠	大陈镇杜门村	杜门书院。《傅氏宗谱》。三进五开间,单檐硬山墙砖木结构。三级马头墙,宛如天马行空,前仰后合,二二进间穿廊相通。现在改为老年活动场所。

建造时间	名称	地点	备注
		义乌市主要宗祠一览表	
明朝初期	楼氏祠堂	大陈镇善坑村	公元 2000 年重修,规模大,历史价值较高,长 58 米,宽 25 米,高 6 米。
明万历年间	楼氏宗祠	大陈镇溪后村	三进五间开,中间为戏台"音元厅",两侧有座。于 1996 年 5 月重修,长 55 米,宽 23 米,高 7 米。
明代	陈氏宗祠	大陈镇大陈一村	善正堂。
明末清初	丁氏宗祠	大陈镇丁店村	治燕堂。已塌,残存三间,通面阔 11.5 米,通进深 7.8 米。
清道光年间	陈氏宗祠	大陈镇凰升塘村	惇叙堂。两进三开间,两侧为厢房,正厅九架前后双步,用月梁,通进深 8.4 米,通面阔 13 米。门口的石门上"天国同胜"四个字,是太平天国时期的标语。第二进的三间大厅八根大柱子以及数量众多的大梁小梁,都是用同一棵樟树的木头建成的,所以又叫"一木厅"。由于樟树是竖剖的,每根大柱子的纹理都非常清晰。
乾隆十六年(1751)	陈氏宗祠	大陈镇塘坞村	和乐堂。共两进,门楼四柱三间,九架前卷棚后双步,用月梁。
清代	邵大宗祠	大陈镇马畈	《华川邵氏宗谱》。
清代	楼氏宗祠	苏溪镇齐山楼	裕珍堂。部分已烧毁现为居民区。
清雍正庚戌年(1730)	楼氏宗祠	苏溪镇殿下村	带经堂。楼志春进士匾,边上有一学堂。

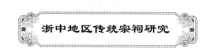

义乌市主要宗祠一览表			
建造时间	名称	地　点	备　　注
清代	张大宗祠	苏溪镇溪北村	兵部尚书匾。
民国	陈氏宗祠	苏溪镇同春村	十三间。
清代	骆氏宗祠	苏溪镇新乐村	三十六间。
清代	楼氏宗祠	苏溪镇西山下	已残破。
约600年前	应大宗祠	苏溪镇塘头应	2005年重建。2005年11月《义乌应氏宗谱》。古应国历史文物陈列室。
清代	何氏宗祠	廿三里镇陶店村	三进三开间，木雕精细。
清代	丁氏宗祠	廿三里镇丁店村	三进三开间，规模较大，保存尚好。
20世纪80年代	楼氏宗祠	廿三里镇朱村	四和堂。
明代	虞大宗祠	廿三里镇华溪	只存门楼，砖雕价值高，雕工精细。
唐代	李大宗祠	廿三里镇李塘	"文化大革命"时期毁坏。
现代	蒋氏宗祠	廿三里镇东新	准备建造。
清代	虞氏宗祠	廿三里镇群益	已被日本人烧毁。
800多年前	丁氏宗祠	廿三里镇里忠	已倒塌，有石头雕刻（马象）。
200多年前	王氏宗祠	廿三里镇后义	
	陈氏宗祠	廿三里镇后乐	
	金氏宗祠	廿三里镇八足塘	"文化大革命"时期毁坏。
清代	王氏宗祠	廿三里镇派塘	

建造时间	名称	地　点	备　注
清代	施氏宗祠	廿三里镇廿三里	原有 3 个宗祠,其余已毁坏。
清代	吕氏宗祠	廿三里镇王店	已改成学校。
400 多年前	吴氏宗祠	廿三里镇光耀镜	2002 年重修。
	黄氏宗祠	廿三里镇上社村	15 间。
民国元年	虞氏宗祠	廿三里镇联五村	坐北朝南,约 500 平方米。70 年代拆建为小学,后办工厂,2004 年建村委会。
清代	童大宗祠	城西街道蒋母塘村	规模、价值尚可。
清代	杨氏宗祠	城西街道上杨村	规模较大,工艺尚可。村东有三棵八百年以上树龄的大樟树。
清代	何氏宗祠	城西街道井头徐村	三进五开间,规模较大,工艺较好。
	陈氏宗祠	上溪镇上溪村	
清乾隆十三年(1748)	吴氏宗祠	上溪镇祥贝村	保存完好,已重修,三进五开间。
明万历年间	陈氏宗祠	上溪镇云门村	保存完好,已重修,三进五开间。1997 年列为文物保护单位。
始建于清嘉庆元年,嘉庆十八年竣工(1796)	陈氏宗祠	上溪镇黄山村	黄山八面厅。厅厅相连、廊廊相通。18 扇门。方条石均有 6.6 米高,重达数千斤,古代雕刻艺术博物馆。2456 平方米。计 75 间。分花厅(已在战乱时被火焚毁)、前厅、中厅、后厅及四个厢厅,及八厅七个单元。保存完好。

义乌市主要宗祠一览表

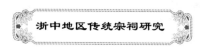

义乌市主要宗祠一览表			
建造时间	名称	地　　点	备　　注
1920年左右	余大宗祠	上溪镇余车村	未重修,保存较好,后厅建为学校。
明末	何氏祠堂	义亭镇何店村	在1638年10月始建,直到1696年才结顶,1719年才正式完工,整整建造了81年。依山就势,层层递进,层楼叠院,错落有致。戏台和看楼。整个正厅,皆由石柱支撑。尚书何必大,明朝御林军总兵何伯堂。解放后,祠堂还改建成了学堂。
宋宁宗嘉定年间(1208—1244)	吴氏宗祠	义亭镇白塘村	保存完好,已重修。
清代	陈氏宗祠	义亭镇缸窑村	缸窑六户祠堂。前中进始建于清咸丰二年(1852),后进建于民国二十五(1936)年。已重修。
清初至乾隆二十一年丙子	陈大宗祠	义亭镇杭畴村	保存完好,已重修,三进五开间。
清道光年间	孝冯宗祠	义亭镇枧畴村	保存完好,已重修,三进五开间。
清嘉庆八年(1803)	梅龙朱祠	义亭镇陇头朱村	保存完好,已重修。
后唐清泰二年(935)	鲍氏宗祠	义亭镇鲍宅村	元末毁于兵火,康熙年间重建
清康熙庚戌年(1670)	楼氏祠堂	义亭镇王阡村	保存较好,未重修。

建造时间	名称	地 点	备 注
		义乌市主要宗祠一览表	
明宣德丁巳年	王氏宗祠	义亭镇王莲塘	重修完整,三进五开间。
明末	朱氏宗祠	义亭镇木桥村	已重修,三进五开间。
明正德庚午年	叶大宗祠	义亭镇叶前村	未重修,三进五开间。
	胡氏宗祠	义亭镇上胡村	敦伦堂。2008年8月重建。戏台顶为两层屋檐,檐角飞翘,各有一条大鲤鱼衔着。顶部正中有一只巨大的陶制葫芦,瓦当上有"天下太平"的字样。围绕着戏台,有半圆形的两层楼建筑。戏台之下有一水窖,据说有将近20平方米,水深约半人高。村民介绍,这水窖有三大作用:防火、调温和排水。
元末明初	朱丹溪宗祠	赤岸镇赤街68号	坐北朝南,前后三进,两个天井,共23间。历史名人命名的宗祠。"文革"时期被毁,准备重建。
明朝中期	杨氏宗祠	赤岸镇二村综合楼区	80年代被拆。
清道光年间	陈氏祠堂	赤岸镇初中北面	早年被毁。
清嘉庆辛未年(1811)	冯氏宗祠	赤岸镇乔亭村大门堂	墩本堂。义乌编本小学(最早小学)校址之一(建于1906年)。义乌文物保护单位。
明万历年间	蒋氏宗祠	赤岸镇蒋坑村	二进一天井,一进五间。

义乌市主要宗祠一览表			
建造时间	名称	地　点	备　　注
南宋	孝冯宗祠	赤岸镇赤岸村中心幼儿园处	原三分之一倒毁,现将剩余的三分之二修缮。前后三进,一进9间,5个天井,中间有棵老桂花树。赤岸镇规模最大的宗祠。
明万历年间	朱氏宗祠	赤岸镇鱼曹头村	
清康熙四十九年(1710)	朱氏宗祠	赤岸镇华川南路	属十八派。1999年拆,商议准备修缮。
清康熙年间	朱氏宗祠	赤岸镇雅治街	属十四派。1936年重建。2005年重修。三进两天井,有厢房。主屋25间,一个大天井和两个小天井,呈"品"字形结构。
清乾隆庚辰年(1760)	冯氏宗祠	赤岸镇一村	新淦祠。早年被毁。
明万历甲申年(1584)	冯氏宗祠	赤岸镇老年协会处	顺德堂。三进两天井,共15间,2006年烧毁。
清乾隆年间	陈氏宗祠	赤岸镇雅端村	容安堂。三进两天井,共32间。雕刻精湛。8根直径60厘米统粗高大的屋柱,是分别选用"梓(树)、樟(树)、木(荷)、栗(树)、栎(树)、柏(树)、桐(树)、椿(香椿树)"八种珍贵木料造成的,并且用了"上戴帽,下穿鞋"、"八龙拱栋"造型和传说故事。义乌文化保护单位,准备修缮。

义乌市主要宗祠一览表

建造时间	名称	地　点	备　注
明代	朱氏宗祠	赤岸镇乔溪村	属十三派。三进两天井,共15间,保存完好。
明代	朱氏宗祠	赤岸镇东朱村	属第一派。1979年拆掉,三进两天井,一进7间,是小学的原址。
明代	王氏宗祠	赤岸镇青口村	2006年修缮完毕,保存完好。
明代	毛氏宗祠	赤岸镇尚阳村	2006年修缮完毕,保存完好,三进五开间。
清乾隆二十五年(1760)	王氏宗祠	佛堂镇王蒲潭村	鼎五公祠堂。保存好,现为老年协会。
清乾隆二十三年(1758)	王氏宗祠	佛堂镇头甲村	鼎二公祠堂。保存好,现为老年协会。
明代	丁氏宗祠	佛堂镇雅樟村	里外丁宗祠。《义乌丁氏雅樟派》2006年春重修。鸡形,占地2000多平方米。"文革"时期毁。
明万历年间	金氏宗祠	佛堂镇计前村	保存较好。
清乾隆五十一年(1786)	陈氏宗祠	佛堂镇倍磊村	义性堂(后草堂)。三进三开间,两厢房两走廊,破旧不堪,准备修缮。乡风鼎盛时期村里建了18个陈姓祠堂、19个庙会。抗倭著名将领陈大成。
1925年	金氏宗祠	佛堂镇塘下洋村	敦厚堂。坐北朝南,正屋三间,左右厢房各三间,呈"凹"字型,前廊式天井院结构。木雕工艺为一特色。

续　表

		义乌市主要宗祠一览表	
建造时间	名称	地　点	备　　注
明代	王氏宗祠	佛堂镇后力山	道光辛丑瑁百文信公修建。2007年,成立修建宗祠领导小组,共筹集140余万元,于2007年9月21日开工,按照保留原貌,修旧如旧,推陈出新的维修原则。占地600多平方米,前后三进,每进并列五间,祠内有古式戏台,四个天井。一座外观典雅,内部雕刻精致绝伦新祠堂,2008年6月25日圆满竣工。
明正德二年(1507)	陈氏宗祠	佛堂镇陈村	保存较好,现为老年协会。
清乾隆二十四年(1759)	王氏宗祠	佛堂镇李宅村	小宗祠。嘉庆年间毁,后重建,毁于"文革"时期。
明天顺元年(1457)	王氏宗祠	佛堂镇王宅村	祥顺堂。20世纪70年代毁,现在商议准备修缮。
明代	贾氏宗祠	佛堂镇梅林村	《洋川贾氏宗谱》。已经修缮,现为村老年协会。洋川贾氏第九世谅,字邦信,唐贞观乙未中进士,官御史,丙午(646)年回乡探亲、祭祖时,建贾大宗祠于双林寺大殿右角,在好友骆宾王协助下,首纂成义乌《洋川贾氏宗谱》。自此,定每年正月十八祖公县颖生日,洋川贾氏合族到双林寺内的贾大宗祠,祭祖拜佛。习惯成俗,称之为"洋川贾氏正月十八大会(庙会)"。

义乌市主要宗祠一览表

建造时间	名称	地　点	备　注
明天启年间	叶氏宗祠	佛堂镇小吴溪村	曾修缮多次,今为村老年协会。
1919 年	丁氏宗祠	佛堂镇江东路120 号	友龙公宗祠。保存较好,现为老年协会。坐东北朝西南,为前后三进两廊一穿堂,通面阔 20 米,通进深 37.8 米。占地面积 750 平方米。
明代	方大宗祠	佛堂镇塘下洋村	重建于清光绪二十四年(1898)。重建保存尚好。前进 9 开间,中进 7 开间,屋顶系硬山顶。前进与中进之间天井内设有围栏水池。水池上有双拱石桥 1 座。
清康熙年间	陈大宗祠	佛堂镇葛仙村	敦伦堂。2008 年,自筹资金 20 多万元修葺,村民文化休闲中心。保存相对完整的家族宗祠。祠堂四壁,近百块由书法家书写的"文化"牌匾。南前檐向外延伸 15 米至田,西边墙向外延伸 3 米至路,东边墙至镇西北路,北后墙延伸 7.5 米至陈子和户前檐墙。

东阳市主要宗祠一览表

建造时间	祠堂名称	地　点	备　注
	赵氏大宗祠	吴宁镇后赵巷	《东阳赵氏宗谱》。祠前一口池塘称为"潼塘"(原潼塘村名由此而得)。宗祠朝南,共有三进,第一进为门楼,大门上有"赵氏大宗祠";第二进前厅内写有"柏堂自宋"四字;第三进为后堂;第二、三进中间有连接一起的长房。

东阳市主要宗祠一览表			
建造时间	祠堂名称	地　点	备　　注
清代	王氏宗祠	吴宁镇	木头结构,规模宏大,5500 多平方米。
	韦氏宗祠	吴宁街道东街	《韦氏宗谱》。韦氏在东阳吴宁是望族,其祖上在唐以前什么朝代任过大司马一职,这就是该匾的来历。
宋代	南岑吴大宗祠	吴宁街道大寺下	《东阳南岑吴氏增禄宗谱》。2007 年 7 月编修宗谱。1998 年,旧城改造时拆除。
	蔡氏宗祠	吴宁街道东街	
明景泰七年(1456)至天顺六年(1462)	卢氏大宗祠	吴宁街道卢宅村	《雅溪卢氏家乘》。北宋咸平(998),翰林学士卢璡,出督江南学政,群居天台。七传至卢于治平初(1064),始迁于东阳,由四世肇以东、岘溪之西,聚族而居历 800 余年。卢宅南峙笔架山,北枕东阳江,东西雅溪,自南向北分流环绕,面山绕水,环境幽雅。南门外五里的卢宅村。卢姓自明代永乐十九年(1421)起在此建立家族聚居点,选址三面环水一面临街,西面建卢氏宗祠一座。明正德年间卢格倡导族中子孙重修祠堂,新建成的大宗祠正堂七间,以供奉卢氏先祖神位;堂前是正厅,为家族议事之处。大宗祠之下,肃雍堂、负荆堂、树德堂均为分支宗祠。正厅三间带左右挟屋,进深十檩,进深过大,采用勾连搭处理,形成正堂与后楼用廊连成的工字形建筑。浙江祠堂和民居建筑的典范。

东阳市主要宗祠一览表

建造时间	祠堂名称	地　点	备　　注
	桂坡李祠堂	吴宁街道城东	今机械制造厂址。
	木香李祠堂	吴宁街道城东	二轻局旧址。
	金氏宗祠	江北街道金店	《西衢金氏宗谱》。
	王氏宗祠	江北街道湖仓	东阳市级文物保护单位。左侧有一石门。
清代	卢氏宗祠	江北街道上卢	至20世纪80年代,尚有大、小宗祠以及新祠堂、俊九公堂、致和堂、敦睦堂、六经堂、贻经堂、彝叙堂、永和堂、滋德堂、永远堂、叙伦堂、小书堂、大厅、中房厅等颇具东阳民居风格的明清建筑。民国初期建造的东阳木雕建筑杰作杨溪十八间,以上卢酒基二十间头为样板。辛亥革命后,在小宗祠建上卢中山小学。1935年,卢民望创办完全小学,校名上卢私立锦溪小学,校址设大宗祠和俊九公堂,7个班级,教师10名。
清	王氏宗祠	江北街道湖沧	
清嘉庆年间（1796—1819)	安溪卢氏大宗祠	城东街道寀卢村	东阳市级文物保护单位。安溪卢氏大宗祠坐落在村庄的西北部,现水泥大街北侧,门前有大广坪一方(面积约3亩)。宗祠创建于清嘉庆年间(1796—1819),占地1008平方米,建筑面积792平方米,分门楼、大厅、后堂3座,每座各有5大间,均与厢房紧连。用料昂贵,装饰精湛,融木雕、砖雕、石雕、彩绘于一炉,属清代建筑工艺不可多得之精品。文物考古和建筑工艺学家登门观摩、研究,络绎不绝,赞叹不已。1990年仲冬,经修茸、装饰、髹漆,面貌焕然一新,现为村老年协会活动室。

续　表

东阳市主要宗祠一览表			
建造时间	祠堂名称	地　点	备　　注
清乾隆年间	李氏大宗祠	城东街道李宅二村	老年协会的办公场所。东阳市文物保护单位。清乾隆年间建,上有"南渡名宗"、"刑部尚书"、"兵部尚书"等匾额,前后三进,五开间,正厅都用高大方、圆石柱,水磨砖石铺地,重檐斗阁,前有门楼11间,左右伴厢房32间,雄伟壮观,现保存完好。从大宗祠后进登15级台阶为九间楼,中三间称映台楼,东三间为三德堂,西三间称四美堂,是全村的制高点。每逢佳节,层层大门洞开,登映台楼透过重门俯瞰月塘,犹如一面明镜,全村高低起伏的亭、台、楼、阁之恢弘气势,尽收眼底。李氏大宗祠因地势而建,前低后高,原有前后四进,现存三进,即门楼、前厅、后堂,占地近3000平方米;厅堂两旁有厢房和廊庑,穿堂相连,天井相接。宗祠与尚书坊、月塘处于同一中轴线。站在后堂中檐,视线可穿越前厅、门楼、尚书坊、月塘。据浙江大学教授考察,李氏大宗祠的结构、布局和体量为省内少见。
清代	金氏宗祠	白云街道上南田畈村	厚德堂。东阳市文物保护单位。
清代	金村祠堂	白云街道金村	东阳市级文物保护单位。
清乾隆年间	金氏宗祠	白云街道下南田畈村	乐山公祠。东阳市级文物保护单位。

建造时间	祠堂名称	地　点	备　注
万历辛丑年（1601年）建成	蒋氏宗祠	南市街道安儒村	永思堂。有三所大宗祠，最早的大宗祠"永思堂"是明朝万历辛丑年（1601年）建成的，其次是"叙伶堂"，再次是"敦睦堂"。叙伶堂，解放初期是南溪乡政府用以集会的场所，"文化大革命"时期被拆建。敦睦堂，建筑与卢宅肃雍堂类同，一直是南溪乡中心小学占用，现在面目全非。村中还有六所小宗祠。"两朝义塾"、"文篷"。老年协会。
	徐氏宗祠	南市街道文祥村	《徐氏宗谱》。同治皇帝赐"孝行可褒"匾额，李品芳亲笔题写"福源"二字匾。
清代	吴氏宗祠	南市街道高潮村高城	东阳市级文物保护单位。
清代	胡氏宗祠	南市街道南峰村	东阳市级文物保护单位。
清代	朱氏宗祠	南市街道上朱村	东阳市级文物保护单位。
清代	方氏宗祠	南市街道寿塔村	东阳市级文物保护单位。
明代	邵氏宗祠	南市街道紫溪村	仅存中座。东阳市级文物保护单位。中国革命历史博物馆原馆长罗章龙题写的对联："亢斋革命先行侣，千秋纪念邵东阳。""镇馆之宝"——"莫放春秋佳日去，最难风雨故人来。"这是邵飘萍于庚申（1920）除夕写给祝文秀的一副对联。飘萍小学。

东阳市主要宗祠一览表

续　表

东阳市主要宗祠一览表			
建造时间	祠堂名称	地　点	备　　注
明万历庚申年（1620）	吴大宗祠	南市街道高城村	呈"王"字形，七开间。
	吴氏宗祠	南市街道石盆村	
	吴氏祠堂	南市街道大潮	朝南，三进五开间。
清乾隆年间	何氏宗祠	横店街道琴堂村	《庐江琴堂何氏宗谱》。木雕艺术厅堂，三架梁，呈"回"字型。
清光绪年间	葛氏宗祠	横店街道杨树塘下村	24根方石柱，木雕艺术厅堂。现用于老年协会，具有娱乐、医疗、咨询活动室等功能。
	杜氏宗祠	横店街道夏源村	《岘西杜氏宗谱》。坐北朝南，有戏台。20世纪70年代作为村里的竹编厂；20世纪80年代后被出租开店办厂；21世纪开始用于村老年协会。
清代	路西胡氏宗祠	横店街道路西村	东阳市级文物保护单位。
	张氏宗祠	横店街道杨店	1937年始办杨店村校，设在破旧祠堂内。1978年建造简易校舍，教室4个，宿舍6间。1978—1982年从小学到高中学生的学杂费由大队支付。1991年由旅台知名人士、杨店籍人张豪资助6万元，村支付14万元，建成三层小学教学楼，占地面积1330平方米，建筑面积630平方米。包括幼儿园在内有教室6个，教师宿舍6个套间，校内有操场，课桌凳全部新置，1992年9月正式使用。张豪题词："为人应立大志有守有为，求学须知宗旨通古通今。"

建造时间	祠堂名称	地 点	备 注
	厉大宗祠	横店街道夏厉墅	厉系稀姓,在东阳却为鼎族,显于唐,盛于宋,科第绵延。自夏厉始祖厉文才起,仅进士,唐有 5 名,宋有 22 名。
明万历戊申年(1608)	刘氏宗祠	虎鹿镇溪口村	有"刘氏宗祠"、"聚乐宫"、"储德雄风"、"七世同居"、"大展宏图"、"忠义名家"、"江南第一家"、"永思堂"等匾。
明天启辛酉年(1621)	程大宗祠	虎鹿镇下程村	《玉溪程氏宗谱》。1976 年被拆毁,2007 年 3 月 29 日政府决定重建祠堂于前白步岭山腰。
明朝嘉靖年间(1546)	蔡氏大宗祠	虎鹿镇蔡宅村	聚奎堂。《蔡氏世系》。蔡宅以蔡氏居住为主。蔡氏源出黄帝之裔姬姓,后以国为氏,繁衍于河南沁阳、陈留和河北燕地一带。唐光启年间,陈留一支蔡邕后裔迁至固始,不久南下福建。北宋年间,蔡襄胞弟蔡齐自福建迁居浙江平阳。政和四年(1114)蔡齐六世孙蔡季远举解元,任东阳主簿,遂举家落籍东阳,卜居南新塘边。元至元二十一年(1284)因居宅被兵燹所焚,遂迁居十六都永安里上场头,"有官副使者,有乡举进士者……同炊可十年,食指百余,人称永宁巨族",始号蔡宅。至今已有 708 年历史。清咸丰初年有任氏落籍,光绪年间有诸暨善溪何氏迁居,民国初又有胡氏、王氏迁入。隔塘村于明崇祯初年有诸暨

东阳市主要宗祠一览表			
建造时间	祠堂名称	地　点	备　　注
明朝嘉靖年间(1546)	蔡氏大宗祠	虎鹿镇蔡宅村	李埠溪李氏迁入。新庄吴氏系义乌大元吴氏后裔,明弘治年间迁入。西坞塘张氏系张良之后,清咸丰年间从安徽宁国迁入。蔡氏大宗祠位于正大街中心东侧,明嘉靖二十五年(1546)建,清康熙二年(1663)修葺,前厅和后堂均为二跨三开间,中有穿堂,两侧各有天井,祠前有广坪一方,围有高大照壁屏藩,照壁上檐的砖雕工艺和宗祠内的木雕装饰精湛,"理学名宗"匾额和"鸿庆遐昌"题词均出自清代名家之手。自宗祠照壁北侧洞门,溯玉川而上至半月塘有三开间大台门1座,上有"文林第"匾额1块,两旁有石鼓、柱凳,今尚存。进大台门约百步为聚奎堂(俗称大厅),原由门楼、天井、正厅、穿堂、小祠堂等组成,融木雕、石雕、砖雕、彩绘艺术于一炉,玲珑精致,不可多得,"文化大革命"中被拆除开塘,易地另建大会堂。此外,还有各宗支厅堂数十处,颇有名气者有建于清康熙十九年(1680)的涵玉堂,建于道光二十年(1840)的永贞堂,及盛元堂、四维堂、梅房厅、竹房厅、永慎堂等。
清代	白溪蔡氏宗祠	虎鹿镇白溪村	东阳市级文物保护单位。
清道光年间	葛氏宗祠	虎鹿镇葛宅村	东阳市级文物保护单位。

东阳市主要宗祠一览表

建造时间	祠堂名称	地　　点	备　　注
明天启辛酉年(1621)	程大宗祠	虎鹿镇下程村	《玉溪程氏宗谱》。原位于当地月亮湾前面,1976 年被拆毁,2007 年 3 月 29 日政府决定重建祠堂于前白步岭山腰。
北宋时期	何氏宗祠	巍山镇桓松村	《桓松何氏宗谱》。该诰敕宽 50 厘米,高 40 厘米,上面写有"今特敕尔户部侍郎兵部尚书以奖厥绩尔　当勉励愈恪守毋忝　联命右敕下兵部尚书何执中 宋崇宁三年八月拾五日辰时下　敕　准此"字样,诰敕上还盖有御玺及皇宫骑缝编号。
清代	仙庄吴氏宗祠	巍山镇仙学塘村仙庄	东阳市级文物保护单位。
清代	金氏宗祠	巍山镇茶场村	东阳市级文物保护单位。
明末	应氏宗祠	巍山镇应宅村	由大门墙、前厅、后堂组成,厅堂之间穿堂相连。厅堂三开间,后堂八架前双步后两单步。梁、枋、檩施彩绘,牌坊式大门,墙磨砖砌筑。四柱三开间五楼。额枋上置莲花座,上承平板枋,平板枋之上平身科一斗六升。
清嘉庆三年(1799)	何氏宗祠	巍山镇桓松村	祠堂占地近 1000 平方米,整座祠堂气势宏大,宽敞明亮。民国以后,宗祠改设为学堂。已改为村民健身娱乐的活动中心。
	王氏祠堂	巍山镇八字墙村	

		东阳市主要宗祠一览表	
建造时间	祠堂名称	地　点	备　注
	马氏宗祠	怀鲁镇怀鲁村	19世纪80年代修家谱时，将《横渠马氏宗谱》改为《怀鲁马氏宗谱》。1922年重修马氏宗祠，导淮工程局副总工程师马登云请当时的浙江省省长张载扬书写祠堂廊柱楹联："门对齐山秀，堂遗鲁国风"。私立小学称怀鲁小学，村因名怀鲁，相沿至今。
	王氏宗祠	六石镇王村	
	楼氏宗祠	六石镇桐坑村	2007年2月23日（农历猪年新年初六），在桐坑村重新修订的楼氏家族宗谱，全东阳及义乌楼氏岐山村等村都来此地领谱。楼氏宗祠内挂的两幅像为府君如敏公及何氏夫人。
清代	韦氏宗祠	六石镇樟村	东阳市级文物保护单位。"遗子黄金满籯，不如一经"等祖训碑。2004年，樟村投入20多万元进行了整修，不仅恢复了原貌，还利用原先的布局结构，建成了10多个功能不一的村民活动室。
	许氏宗祠	六石镇六石口	民国时存有3座祠堂。
	洪氏宗祠	六石镇六石口	
	叶氏宗祠	六石镇六石口	
	杜氏宗祠	六石镇湖沧村	2005年，筹集13万元在祠堂内增加了多媒体室、图书室等，旧祠堂变成了村里最热闹的地方。

东阳市主要宗祠一览表

建造时间	祠堂名称	地 点	备 注
明初	吴大宗祠	六石镇吴良	村北大宗祠,村南小祠堂。大宗祠创建于明初,清同治初年由吴绍瞻倡捐重建。先后三进,后堂有七层神主牌位,宗祠门前分列4个青石狮子,4个旗杆平台,每台中间一孔,竖立5米高旗杆。1928年以吴大宗祠为校舍办乡村国民小学。后改为县立吴良中心小学。
	蒋氏宗祠	北江镇大里	《东阳泰里蒋氏宗谱》。大里系多姓聚居之村,常年有"七姓灯"之说。据《东阳泰里蒋氏宗谱》云:"蒋姓始祖兴于唐,职司大理慎刑枅,卜居泰里始发祥,古柏森森是旧乡。"可见蒋姓"兴于唐",然何时"卜居泰里"无考。俞姓,系南宋时入迁;倪姓则从清初来此定居;另有钟、王二姓也较早,具体时间不详。李姓原系东江三甲院人,随母改嫁而来,现已四代相传。王、徐二姓则为横锦水库库区移民。大里历来有上、下大里之分。上大里,前姓李后姓蒋;下大里则为俞、钟、倪、蒋各姓。各姓各有宗祠、厅堂,故大里有"四祠八厅"之称。
	俞氏宗祠	北江镇大里	
	钟氏宗祠	北江镇大里	
	倪氏宗祠	北江镇大里	《倪氏宗谱》。

东阳市主要宗祠一览表			
建造时间	祠堂名称	地　点	备　　注
	王氏宗祠	北江镇王村光	三槐堂。
	楼氏宗祠	北江镇楼西宅	自元明以降,楼氏宗祠置学田数百亩,开办义学,课教子弟。民国以后,兴办小学,不遗余力。
	郭氏宗祠	歌山镇歌山	相传,歌山郭氏系唐代汾阳王郭子仪后裔,故宗祠门楼为仿王宫建筑,大门口有九级石阶,重檐叠廊,内有巨型石柱。大门上有木匾一方,上书"理学名宗",二门上刻有"万水朝宗"石板,均为朱熹手迹。
	马氏宗祠	佐村镇溪北村	
	王氏宗祠	佐村镇桑梓	七世祖恺公,建王氏宗祠,设塾聘师授学子弟。八世祖晋公、庆六公、九十五公先后建植槐堂、华尊堂、达得堂,结构为一厅三门堂,连环为三厅九门堂。每厅前有门楼,两边厢房各 15 间,主轴分前、中、后三堂,堂前均有门堂。为典型的明代木雕、石雕建筑。三厅回廊相通,雨天串厅不湿鞋。其中植槐堂建造宏伟,雕柱画栋,牛腿镂空雕狮子衔球,门窗雕百鸟图、百鱼图。现尚存几十个青石雕花大柱墩可证其艺。
民国十四年(1925)	金氏宗祠	宅口乡蒋家畈	
清光绪十一年(1885)	张氏宗祠	宅口乡上头畈	《张氏宗谱》。

建造时间	祠堂名称	地　点	备　注
东阳市主要宗祠一览表			
明末	应氏宗祠	三单乡底吉村	大门墙、前厅、后堂组成，厅堂之间穿堂相连。厅堂三开间。后堂八架前双步后两单步。梁、枋、檩施彩绘，牌坊式大门，墙磨砖砌筑。四柱三开间五楼。额枋上置莲花座，上承平板枋，平板枋之上平身科一斗六升。
	楼氏宗祠	三单乡时华村	
	吕氏宗祠	八达乡八达村溪南	
	周张家族宗祠	东阳江镇东门村	1973年拆除建人民大会堂约500平方米。
	陈氏宗祠	东阳江镇上柴村	规模宏大、雕刻精美。占地约300多平方米的古建筑已有300多年历史。
清代	徐氏宗祠	东阳江镇八达村	东阳市级文物保护单位
清乾隆二十七年（1762）	张氏宗祠	湖溪镇湖溪村	《张氏宗谱》。大一宗祠。明永乐初年，托塘富户张孟升迁来湖溪隐居。《湖溪村志》于1996年编写完成。七房祠堂、大城堂、滕姓祠堂、大房祠堂、新厅祠堂、敦伦堂、花墙里祠堂、后坑祠堂等10座。
清嘉庆年间（1796—1820）	大二宗祠	湖溪镇湖溪村坑下	《张氏宗谱》。有前厅、中庭、后进，内有川堂，旁有廊庑。民国时期改办民新小学。
清乾隆二十七年（1766）	大七宗祠	湖溪镇湖溪村坑下	《张氏宗谱》。1972年改为湖溪人民大会堂，1980年建为湖溪影剧院，2007年被改成上海宾佳超市。

东阳市主要宗祠一览表			
建造时间	祠堂名称	地　　点	备　　　注
清嘉庆十年(1806)	会川公祠	湖溪镇湖溪村	《张氏宗谱》。甲山之下两水东出西注川流所汇之地。1994年旧村改造被拆除。
清道光廿四年(1844)	养性公祠	湖溪镇湖溪村甲山下	《张氏宗谱》。民国二十年(1931年)焚毁。
清道光年间(1821—1850)	廷建公祠	湖溪镇湖溪村懋述堂东首	《张氏宗谱》。1994年旧村改造被拆除。
清光绪二十二年(1896)	永清公祠	湖溪镇湖溪村三角门堂	《张氏宗谱》。三间二弄、高二丈五尺有楼,楼下设有神龛、厅堂。1994年旧村改造被拆除。
清光绪年间	滕氏家庙	湖溪镇湖溪村三角门堂	《滕氏宗谱》。民国壬午年腊月十八日(1943年1月23日)被日寇焚毁,民国三十五年(1946)重建一进三间,1951年作为粮库。
清乾隆年间	张氏宗祠	湖溪镇南塘村	东阳市级文物保护单位。朝东,由门楼、正厅、穿堂、后堂组成。正厅通面阔19.4米,通进深8.1米。九架前后双步,抬梁式。月梁微鼓,两端龙须纹呈半月形,单步梁鸥鱼状。梁背置梁斗,艺术型横拱上置花楷,承托檩条。扇形雀替饰花草虫鱼,牛腿镂空。明间后内额枋上施一斗六升斗拱四攒。前后廊檩、枋分别雕花卉、虫鱼、双狮戏球。鼓形泡丁或石质形柱础。

	东阳市主要宗祠一览表		
建造时间	祠堂名称	地 点	备 注
	郭氏宗祠	湖溪镇郭宅	敦叙堂。"理学名宗",二门上刻有"万水朝宗"石板,均为南宋理学家朱熹手迹。宗祠门楼为仿王宫建筑,大门口有九级石阶,重檐叠廊,内有巨型石柱。
清康熙五十八年(1719)	申屠氏宗祠	湖溪镇罗青村	其大门联曰:"安侯门第源流长,大孝家风史册光。"前苑厅楹联寓申屠氏的源流和风范:"威著汉朝显忠肝披义胆北伐犹见将军伟绩;芳垂宋史食旧德服先畴西园东壁依然京兆风光。"1919年建立智源小学,校址设宗祠内。
清朝康熙年间	王氏宗祠	马宅镇木衢桥村	宋元明清四朝样式石柱。
清朝年间	申屠宗祠	马宅镇屠梁村	曾用于木材厂,现已成废墟。
清朝咸丰年间	王氏宗祠	马宅镇王楼王潭村	《王氏宗谱》。宋元明清四朝样式石柱,木雕厅堂雕刻技巧高超。于2000年修建。
清朝光绪年间	张氏宗祠	马宅镇雅坑村	《雅溪张氏宗谱》。张氏别庙。精美的雕工艺。"孝友名家诗书望族,将相华胄道学儒宗。"68根宋元明清四朝样式的圆石柱,近30副对联,出自同一位书法家的手笔,有行书、楷书、隶书等。于2002年间修建,内有功德碑。东阳市级文物保护单位。老人们健身娱乐的场所和青年们运动的地方。

东阳市主要宗祠一览表			
建造时间	祠堂名称	地 点	备 注
清末民初	马氏宗祠	三联镇西阳	西阳马氏宗祠三进五开间,最前面是门楼第二进为正厅,第三进为后堂,三进之间由穿堂相连,并且依地势次第上升。
明代	马氏宗祠	三联镇三联乡下甘棠村	四柱三开间五楼。磨砖砌筑,须弥座。明间中开大门。抹角柱,柱头科一斗六升,内外泄及转出五踩。明间平身科一斗六升,内外泄出五踩。额枋堆塑精细,鱼龙脊吻。
	陈氏宗祠	千祥镇南王坑村	《安文陈氏宗谱》。现用于老年协会,已拆迁一半。
明末	马氏宗祠	千祥镇三联村	2006 年修建,衫木望板,三进五开间。
1742 年	陈氏宗祠	千祥镇后马村	永思堂。嘉庆年间修建,现已倒塌。
明永乐二年(1404)	陈大宗祠	千祥镇上东陈村	《松山陈氏宗谱》。2004 年重修门面。
	厉氏宗祠	千祥镇高宅村	
	上黄氏宗祠	千祥镇林脚村	内有金甲将军匾额。
	下荣贤公祠	千祥镇林脚村	
20 世纪初	史大宗祠	千祥镇大路村	"进士"匾,有戏台在天井。

建造时间	祠堂名称	地　点	备　　注
1913 年	孔氏宗祠	千祥镇孔宅村（属大路行政村）	《孔氏宗谱》。按照盘安县大盘峰乡槠溪村的孔氏家庙设计。目前浙江孔氏中现存的第三大宗祠。2004 年修缮。设有敕封衍圣公双龙直匾、尚书策及玉书堂等匾额。
清代	西阳马氏宗祠	千祥镇三联村西阳	东阳市级文物保护单位。
民国元年（1912）	厉氏宗祠	防军镇雅村	
清光绪三十四年（1908）	吴氏宗祠	防军镇防军村	
	金氏宗祠	南马镇泉府村	2008 年,花 50 多万元修缮。
清嘉庆年间	胡氏宗祠	南马镇路西村	2006 年 7 月,修缮年久失修行将倒塌的胡氏宗祠。
清代	张氏宗祠	南马镇南新村南田	锦亭公祠。
清康熙年间	许氏宗祠	南马镇绕川	《绕川许氏宗谱》。祠堂第二进厅堂上部有一根"变色梁",长约2.5 米,采用深浮雕表现手法,四狮戏球图案栩栩如生。最为引人入胜的是,左右两边的雄、雌狮子分别 20 年变一回颜色,当左边转变为灰黄,右边则已由 20 年前的灰黄摇身变成暗黑色。没有尘垢是许氏宗祠的另一令人猜

东阳市主要宗祠一览表

续　表

<table>
<tr><td colspan="4">东阳市主要宗祠一览表</td></tr>
<tr><td>建造时间</td><td>祠堂名称</td><td>地　点</td><td>备　　注</td></tr>
<tr><td>清康熙年间</td><td>许氏宗祠</td><td>南马镇绕川</td><td>不透的现象。这儿的柱顶、梁身以及顶着层层黑瓦的檩木根本见不到任何灰尘，蛛网也压根儿找不出一个，连鸟屎也从未掉在这儿，木料基本上光洁如新。而与之毗邻的许氏别庙，虽建筑年代相仿，却灰尘蒙面，虫蚁泛滥。许氏宗祠烈火难焚的旧事更令人难以置信。大约清朝年间，一群散兵游勇来到许氏宗祠，用竹晒匾捆住栋柱焚烧，却没能使栋柱有一处被烧焦的痕迹。屋柱面临灭顶之灾而无损伤，实属千古奇闻。清康熙年间，许氏族长惟盛、惟茂和惟鼎等人谋划择基建祠，发动族众捐资，在丁亥年(1707)冬终于将气势伟严、装饰华丽的祠堂建成。据说，造这梁柱的衍料从磐安的方山、大本等地深山伐来，放在南江河水里淌下来。架设时有否涂过特殊的油漆或防腐剂也就不得而知了。这祠宇里的"变色梁"在 1996 年时被人偷拆下来，被人发现后重新将它装钉回原位。然而，2007 年 2 月，这根梁木再次在深夜被人偷走。</td></tr>
<tr><td>清代</td><td>吴氏宗祠</td><td>南马镇前宅村</td><td></td></tr>
</table>

东阳市主要宗祠一览表

建造时间	祠堂名称	地　点	备　注
清末	马氏宗祠	南马镇上安恬村	祠堂系由该村财主马樟树独资兴建,这在农村罕见。马樟树还在村里兴建了前后五进的大型古建筑,其中后两进毁于20世纪60年代一场大火,残存建筑有花厅、堂楼等,其建筑也豪华之极。前后三进,原先门楼后有戏台,最后一进采用大量石柱。整个建筑雕梁画栋,牛腿精美,堪称清末古建典范之作。2006年9月3日被大火烧毁。
	邵氏宗祠	南马镇花园村	《东阳紫溪邵氏宗谱》。已拆。
	胡氏宗祠	南马镇东湖三村	三进五开间,约600平方米,办拉丝厂、大米加工厂和红木家具厂,2010年1月10日被烧毁。边上的罗汉松已有700年树龄。
	朱氏宗祠	画水镇方朱	
	蒋氏祠堂	画水镇高平村	毁于大火,2006年村民筹资50万元重建。
清代	蒋氏祠堂	画水镇黄田畈村	原中心小学。东阳市级文物保护单位。
清代	陆氏宗祠	画水镇岭下村	东阳市级文物保护单位。
清代	许氏宗祠	画水镇许宅村塘里	东阳市级文物保护单位。
清代	许氏宗祠	画水镇许塘里村	
	陆氏宗祠	画水镇陆宅	1922年,在陆氏宗祠设平原初级小学,1942年转为保国民学校。1948年2月设立高级班,改名陆宅小学。

建造时间	祠堂名称	地　点	备　　注
	王氏宗祠	画水镇王坎头（画溪）	《画溪王氏宗谱》。元至顺年间（1330—1332）王庭槐建王氏义塾。清光绪三十四年（1908）创办东阳县公立画溪两等小学堂。宣统三年（1911）三月金衢严省视学徐堂烈的调查报告指出："查此堂借用祠宇异常宏敞，故讲堂均合格，教授切实，规划详明，核记积分征清晰，应为一乡模范。"1930年2月改为画溪小学，教职工8名，6个班，在校学生290名。

东阳市主要宗祠一览表（表头见上）

磐安县主要宗祠一览表

建造时间	名称	地　点	备　　注
南宋宝祐年间（1253—1258）	孔氏家庙	盘峰乡榉溪村	《孔氏家谱》。通面阔21.50米，通进深30.30米。门楼采用三柱穿斗结构，戏台为轩阁式结构。"如在"、"万世师表"的金匾。最迟的前堂约建成于1921年。文物保护单位。
民国	陈氏宗祠	新渥镇大山村	前堂最让人惊叹的是台梁之上两对双狮戏球，足有一人多高，支撑住脊梁。
清乾隆鼎盛时期	孔氏宗祠	大盘镇小盘村	颉芳堂。《孔氏宗谱》2003年续修。年久失修，只剩下了几根柱子，两边的屋子也早已被当作小店。
民国	应氏宗祠	大盘镇光明村	改造成大会堂。

磐安县主要宗祠一览表

建造时间	名称	地 点	备 注
民国	孔氏宗祠	大盘镇礼济村	
民国	陈氏宗祠	大盘镇后塘村	
民国初期	董氏宗祠	大盘镇甲坞村	二进三开间,2008年曾维修。
民国初期	蒋氏宗祠	大盘镇北桥村	破毁,村庄整治时,拆掉作为广场。
清末	沈氏宗祠	方前镇炉田村	《沈氏宗谱》。有戏台,已维修好。
1931—1934年	孙氏宗祠	方前镇陈岙村	《孙氏宗谱》。1982年、1997年、2006年三次维修。木、砖、石雕刻精美,风格迥异的戏台,约800平方米,县文物保护单位。
清末	施氏宗祠	方前镇茶潭村	正在维修,有一个风格奇特的戏台。
民国甲申年	曹氏宗祠	仁川镇洋庄村	二进五开间,左右厢房,保存完整。
明代	杨氏宗祠	仁川镇黄余田村	
明代	杨氏宗祠	仁川镇杨宅村	中厅已拆。
清乾隆年间	胡氏宗祠	仁川镇胡庄村	下厅已拆。
乾隆四十八年(1873)	胡氏宗祠	仁川镇月岭村	总祠,木雕艺术厅堂,九龙戏珠已被偷。
咸丰年间	曹氏宗祠	仁川镇潘田村	保存完整。
咸丰年间	杨氏宗祠	仁川镇泊公村	1974年被火烧毁。
明正统丙寅年	卢氏宗祠	仁川镇亏山村	木雕艺术厅堂,剔空花梁甚为珍贵,内容为群狮抢秀珠,已拆建校。
清光绪年间	方氏宗祠	冷水镇大溪村	保存完整。

磐安县主要宗祠一览表			
建造时间	名称	地　点	备　　注
清光绪年间	蒋氏宗祠	冷水镇大溪村	下厅已拆。
清光绪年间	李氏宗祠	冷水镇大溪村	单厅环绕结构,已拆建校。
清光绪三十一年(1905)	吕氏宗祠	冷水镇冷水村	已拆建校。
清乾隆年间(1777)	陶氏宗祠	冷水镇小章村中部	《陶氏宗谱》。中厅未拆。
宋代造	曹氏宗祠	冷水镇白岩村	道光二十五年(1845)农历12月25日重修,已拆建校。
咸丰年间	刘氏宗祠	冷水镇泗岩村西坑自然村	保存完整。
嘉庆年间	卢氏宗祠	冷水镇庄头村	下厅已拆。
咸丰年间	周氏宗祠	冷水镇玉坑村	保存完整。
嘉庆年间新建、光绪年间竣工、明国年间修建	陶氏宗祠	冷水镇虬里村	《五云陶氏宗谱》。有戏台,雕栏画柱木雕牛腿已拆。虬里村校、面粉加工厂。
	应氏宗祠	冷水镇西英村	
道光二十八年(1848)	曹氏宗祠	双峰乡溪下村	雕栏大石柱,下厅未拆。
明正统己未年(1439)	杨氏宗祠	双峰乡东坑村	《杨氏重修族谱》。
康熙壬申年重修	羊氏大宗祠	双峰乡皿二村	《皿川羊氏宗谱》。1692年9月24日辰时重修,已拆建校。

322

		磐安县主要宗祠一览表	
建造时间	名称	地 点	备 注
咸丰辛酉（年1861年4月29日）	田心祠堂	双峰乡皿四村	又名希宠祠堂。《皿川羊氏宗谱》。1972年被拆建为双峰乡卫生院。
光绪丙子年（1876）	孟十二祠	双峰乡皿二村	《皿川羊氏宗谱》。1982年全部拆毁建双峰乡影剧院。
咸丰辛酉年（1861年9月）	下宅祠堂	双峰乡大皿村	又名希揖公祠。《皿川羊氏宗谱》。上、中两厅尚存。
清代（1780年）	周氏宗祠	玉山镇铁店村	爱敬堂。《周氏宗谱》。四合院式，已毁。
清代	周氏宗祠	玉山镇马塘村	《周氏宗谱》。
明代	张氏宗祠	尖山镇新宅村	爱仪堂。《张氏宗谱》。
南宋诏定五年（1232）	张氏宗祠	尖山镇楼下宅村	崇本堂。《楼下宅张氏宗谱》。民国二十一年（1932）重建。
约500年前	潘氏宗祠	胡宅乡前西下畈村	《潘氏宗谱》。
清道光三年（1823）	潘氏宗祠	双溪乡史姆村	1979年拆除。
	应氏宗祠	双溪乡笆下村	
	应氏宗祠	双溪乡王庄村	2002年拆除。
	四祠宗堂	双溪乡丽坑村	1988年拆除。
宋代	傅氏宗祠	双溪乡金鹅村	三门进出结构，已拆除。
	傅氏宗祠	双溪乡傅宅村	已荒废。
	傅氏宗祠	双溪乡礼府村	1976年拆除。

磐安县主要宗祠一览表			
建造时间	名称	地　点	备　注
1367 年	蔡氏宗祠	双溪乡梓誉村	据《蔡氏宗谱》祠堂记记载,梓誉蔡氏宗祠首次落成于 1367 年,宗字太公置杞田伐石铺路。前台门堂,不幸于 1529 年早惨遭寇毁。1559 年有火焚宗祠完全被毁。明万历年间曾经重建,后又毁。1952 年重建,经多次维修保存至今,1991 年列为磐安县重点文物,1997 年列省文物。朱熹题词"理学名宗"。"聚英集贤"。
清乾隆三年(1738)	潘氏宗祠	双溪乡潘庄村	《瑞山潘氏宗谱》。1941 年洪水冲毁,下半年修复。
康熙六十四年(1725)	郑氏宗祠	墨林乡墨林村	已拆除。
	陈氏宗祠	墨林乡岗头村	已荒废。
	傅氏宗祠	墨林乡东川村	1978 年拆除。
宋乾道元年乙酉(1165)	周氏宗祠	窈川乡依山下村	《淮岩周氏宗谱》。已荒废。
明正统年间	吴氏宗祠	窈川乡岭溪村	1984 年拆毁,"I"字型。
	吴氏宗祠	窈川乡赐敕村	1980 年拆除。
清道光三十年(1850)	窈川郑氏宗祠	窈川乡川一村	《窈川郑氏宗谱》。1990 年冬拆除。
道光十八年(1838)	傅氏宗祠	窈川乡白岩头村	追远堂。已荒废。
	马氏宗祠	窈川乡塘坑村	

磐安县主要宗祠一览表

建造时间	名称	地　点	备　　注
清末民初	陈氏宗祠	新渥镇大山下村	县级文物。
清代	陈氏宗祠	新渥镇金山村	上厢厅堂。县级文物。
民国	蒋氏宗祠	新渥镇麻车下	县级文物，保存完好。
	胡氏宗祠	新渥镇麻车下	保存完好。
	卢氏宗祠	新渥镇麻车下	保存完好。
	杜氏宗祠	新渥镇祠下村	
	杨氏宗祠	新渥镇杨山村	三进五开间，保存完好。
	李氏宗祠	新渥镇上加村	三进三开间，现存一进。
明嘉靖辛酉(1561)	陈氏宗祠	深泽乡深泽	荣一公祠。《陈氏宗谱》。民国改建，20世纪30年代拆除建小学。
明代	四和公祠	深泽乡深泽	建粮站。
	陈氏宗祠	尚湖镇尚湖村	文物保护单位。
	韦氏宗祠	尚湖镇上溪坦村	古匾上写着"尺五名宗"四个大字，匾右上角写着"大司马第"，左下角有"许弘纲印"的印章，还有一个印章其中的字不认识。清初自东阳吴宁镇迁入。

永康市主要宗祠一览表

建造时间	名称	地　点	备　　注
清乾隆三十二年(1767)	徐震二公祠	西城街道城区武义巷36号	保存完整，列为县级重点文物保护单位。省级文物保护单位。坐南朝北，整个占地1512平方米，平面纵长方形，通面阔31.4米，通面深52.4米。中轴线上建有四进建筑，

建造时间	名称	地点	备　　注
			永康市主要宗祠一览表
清乾隆三十二年 （1767）	徐震二公祠	西城街道城区武义巷36号	两侧围以厢房,形成相对独立的院落。头门正面为五开间,七架前后廊,两侧有厢房34间。重檐砖肆门楼,用水磨青砖贴面,隐砌出枋额,饰以荷花、菊花等图案,还有两块长方形额枋,上以荷花、葡萄等立体图案镶框,两侧假边门上,各嵌一块左为琴棋,右为书画的石刻,大门两侧墙面是三花三墙形式。第一进通面宽18.16米,通进深5.99米,单檐硬山顶,一进正门系五楼牌坊式结构,砖雕精细,各进檩条、牛腿均刻有人物、吉祥动物、花卉等高浮雕。各进明间、次间台梁式,梢间山面为穿斗式;梁上有平盘斗,上施瓜柱,梁下施雀替。墙面全部采用青色水磨砖砌,地伏石表面均有刻花纹图案。解放前为永康县参议会的驻址,并为文人学士聚会之所,常在祠内举办书画展览。解放后,曾用作粮库和职工宿舍,近年永康市人民政府已将此公祠拨为文物管理部门所管,常在祠内举办书画及其他文化展览。
清代末年	成常祠堂	东城街道河南村	占地484平方米,分二进二厢。
民国十年 （1921）	陈氏总祠	训化坊华溪之浒	《永康陈氏总祠主谱》。

永康市主要宗祠一览表

建造时间	名称	地　点	备　注
	修伯公祠	芝英街道第三村	鸿羽路16号。约600多平方米，下厅设有太公，太婆两位祖先的精致画像。1952年至1960年给芝英粮管所做过储粮库，1960年归村集体所有，用于集合的场所。
晚清	章氏宗祠	芝英街道练结村	建有头门，前后两进，两侧厢房，占地面积567平方米。现今保存完好，市级文物保护单位。1927年10月，中共永康县代表大会在此召开，正式成立了中国共产党永康县委员会。
道光三年（1823）	胡大宗祠	芝英街道溪岸村	《溪岸宗谱》。还有龙山宗祠、报功祠、酉山公祠、克治祠、七房祠等。
咸丰十年（1860）	胡氏特祠	芝英街道郭山村	道光二十五年（1845）正月商议，咸丰十年（1860）八月兴工，同治八年（1869）扩建。寝室5楹，中厅3楹，东西厢12楹；台门3楹，两边厢8楹，规模粗备，四周具有余基。
清康熙三十二年（1693）	陈大宗祠	芝英街道下柏石村	坐北朝南，三进逐级抬高；各厅用圆柱，鼓型柱础，有覆盆。共三进，均为五开间，一进有戏台、二亭、三天井；三进有二厢、二水池、一茶亭。占地面积1012平方米。省级文物保护单位。2006年12月，下柏石村：传承祖辈好精神，修缮祠堂过大年。
清光绪初年	应氏大祠堂	芝英街道芝英	徽德堂。仪庭公祠。
清代	小宗祠堂	芝英街道灵溪路	市级文物保护单位。

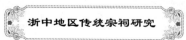
			永康市主要宗祠一览表
建造时间	名称	地　点	备　注
清代	云常祠堂	芝英街道芝英一村	占地面积330平方米,建有二进。第一进为五开间;过厅五架梁,两侧水池,池两外侧沿廊;第二进也为五开间。牌楼精美砖雕、室内雀替等雕有花草、动物等;地面为三合土。现今保存完整无损坏。市级文物保护点。
清代	三常祠堂	芝英街道芝英一村	市级文物保护点。
清代	小宋祠堂	芝英街道望月街5号	坐北朝南,砖木结构。占地面积537平方米,三进,中有天井相隔,两侧为厢房。市级文物保护单位。
清咸丰二年(1852)	喜亭公祠	芝英街道儒塘头村	总面积1021平方米;建有大门、前、中、后厅,面阔均为三间,两侧厢房,中厅后墙用活动门相隔。毁于咸丰十一年(1861),同治九年(1870)重建,现今保存较为完好。市级文物保护单位。
清道光年间	陈氏宗祠	芝英街道荆山陈村	坐西朝东偏南,戏台四角单檐有藻井。雕刻有狮子、麒麟等吉祥动物及"福、寿"字形图案;方形柱础的四面刻有各式几何图案。分前、中、后三进,两侧建厢房14间;一、二进之间建戏台;总占地面积833.6平方米。市级文物保护点。
清咸丰年间(1851—1861)	国达公祠	芝英街道黄塘下村	坐南朝北;大门在中轴线上,依地势从低而上排开,正厅与厢房用砖墙隔开,三正厅为敞开式,厢房为隔间分开,硬山顶双面坡,砖木结构。三进二井,占地575平方米,厢房七间。现今保存较为完整,市级文物保护点。

永康市主要宗祠一览表			
建造时间	名称	地 点	备 注
宋代 (1167)	应氏宗祠	西城街道应宅村	坐东朝西,三进二井一戏台,八字门。戏台用变形拱起翘,梁下牛腿饰S形龙。占地面积785平方米。到了明末进行大规模修建,现存建筑以明末清初的建筑为主。
清代	吴绛雪烈妇祠	西城街道城区西街	坐北朝南,三进三间,占地面积388.9平方米。明间台梁式,次间边缝穿斗式;前后檐柱为方形石柱,余则为圆形木柱;牛腿木雕精美。现今保存较完整,市级文物保护单位。
民国	徐氏小祠堂	西城街道西街	坐南朝北,前后二进,单层,三开间;砖木结构;门南顶有人物、故事、花草等水墨画。
清代	天谦徐公祠	西城街道西街6号	坐南朝北,砖木结构;门窗、雀替等有花鸟雕刻;天井石板铺砌。
清前期	徐氏宗祠	西城街道西街59号	坐北朝南,占地面积645平方米,共三进,中间有天井相隔,两侧建有厢房,砖木结构;雀替、牛腿、檐檩有花卉、山水人物、动物等雕刻。
清代	爷山公祠	西城街道城区武义巷10号	坐南朝北,原为前后三进,左右厢房,砖木结构。现仅存第一进门厅及两搭厢,门厅五开间,二层楼,明间开正大门,为西洋式门,梁架为穿斗式。市级文物保护点。
清晚	鹤溪公祠	西城街道武义巷二弄20号	四合院式,前后二进,东西设厢房,均二层。

续　表

永康市主要宗祠一览表			
建造时间	名称	地　点	备　　注
清代	敬山公祠	西城街道城区解放街22号	占地约290平方米,仅存一厅,面阔三开间10.6米,进深七埊檩6.8米。明间抬梁式五架梁带前后单步廊,四柱落地,次间为五柱落地穿抬混合。雀替、牛腿、云头、挂落等构件,深浅浮雕并用,镂空雕刻结合,做工精湛。市级文物保护点。
清晚	楼氏宗祠	西城街道虹霓巷虹霓太祖庙北	坐东朝西,砖木结构;中有天井相隔,天井石板铺地。共三进,左右设有厢房。市级文物保护点。
民国	王氏小祠堂	西城街道虹霓巷36号	坐东朝西,四合院式,前后二进,左右设厢房,砖木结构。门厅三开间,二层楼,中开石库门,二进五开间,单层,梁架为抬梁结构。
清晚	徐中山公祠	西城街道健康巷12号	坐东朝西,二层,砖木结构,天井石板铺地。正屋三开间,两侧设厢房。
民国	汉法祠堂	西城街道灯塔塘沿1号	坐北朝南,三合院,砖木结构,明间设格扇门,有"万"字雕刻,天井条石铺砌。
民国辛酉年	方氏宗祠	西城街道寺口方村	柱国特祠。《柱国方氏宗谱》。三进、天井、厢房,占地面积460平方米,现存。
清前期	胡氏宗祠	西城街道花川村	《胡氏宗谱》。只剩中进。
清光绪年间	卢氏宗祠	江南街道西周村	卢泰十公祠。《卢氏宗谱》。牛腿雕刻狮子、象、三国人物故事。三进,两侧为东西厢房,占地面积510平方米。市级文物保护点。

永康市主要宗祠一览表			
建造时间	名称	地 点	备 注
乾隆五十五年(1790)	桂园公祠	江南街道大塘沿村	栏杆、牛腿上有万字、回纹、麒麟等雕刻。二进一天井,两侧为厢房,占地面积 220 平方米。市级文物保护点。
清代	屏周公祠	江南街道大塘沿村	建有三厅,南侧有厢房,占地面积 680 平方米,市级文物保护点。
清晚期	涧松公祠	江南街道大塘沿村	二进一天井,两侧为厢房,占地面积 375 平方米,牛腿有狮子、鹿、仙鹤、人物等雕刻,市级文物保护点。
清代	朗氏宗祠	江南街道下山门村	三进二天井,占地面积 892 平方米,属上、下两村共建,前间厅正间作戏台,台壁上画有封神榜故事,市级文物保护点。
清早期	徐氏宗祠	江南街道溪心村	《徐氏宗谱》。三进,中间天井相隔,两侧建有厢房,占地面积 645 平方米,市级文物保护点。
民国乙卯	义九公特祠	江南街道白云乡东村	后进五楹,东西厢廊庑各两间。
明崇祯十五年(1642)	周氏宗祠	江南街道白云乡山后周村	《英山周氏宗谱》。又名英山祠堂。天马山居其左,状元峰在其右,白云石仓诸山排列如翠屏,石龟护沙两岩拱护若城郭,带华溪之水,面展□之山。寝堂五间,中厅五间,寝前东厅、西厅各三间,厅前东厢厅三间,东、西二序寝旁夹室三间。
民国十七年甲寅(1928)	周氏特祠	江南街道白云乡大园村	《周氏宗谱》。寝室五楹东西二翼以厢,厢有小厅,中厅三楹,中厅以下边厅六楹,前进台门五楹。现重建中。

建造时间	名称	地　点	备　　注
	云山祠堂	江南街道云山乡白垤里村	部分倒塌,有人居住。
明正统戊辰年(1448)	朱氏宗祠	江南街道永祥村	《朱氏宗谱》。又名义阳宗祠、大宗祠。现拆建为永祥中心小学,祠物均毁。
乾隆壬午年(1762)	信三五公祠	江南街道永祥村	道光乙酉年重修,现有人居住,市级文物保护单位。
嘉庆辛未年(1811)	暹十六公祠	江南街道永祥村	被火焚烧。
康熙三十一年(1692)	舒氏宗祠	江南街道永祥乡勤丰村	《永川舒氏宗谱》(1996)。2002年,市级文物保护单位。
道光乙酉年(1825)	信十二公祠	江南街道永祥乡勤丰村	拜厅三间,台门三间,中台一座,东西各六间。现为塑料厂。
光绪二十五年(1899)	双溪齐五(聪)公特祠	江南街道永祥乡拱瑞下村	改造为大会堂。
民国二十九年(1940)	永昌益四公特祠	江南街道永祥乡仁村	
民国二十二年(1933)	齐二铭公祠堂	江南街道永祥乡大兰村	
乾隆三十八年(1773)	舒氏宗祠	江南街道永祥乡白雁口村	
清康熙三十八年(1699)	傅氏特祠	江南街道永祥乡傅店村	《虎山傅氏宗谱》。原名虎山傅氏大宗祠。1988年,失火焚毁。后重建,保存完好,现为老人协会。

永康市主要宗祠一览表

永康市主要宗祠一览表			
建造时间	名称	地　点	备　注
清道光庚子年(1840)	茂和公特祠	江南街道永祥乡傅店村	五家祠。寝堂拜厅门厅各三楹,两旁附以厢房,共二十余楹。危房。
清道光癸卯	北薇公祠堂	江南街道永祥乡傅店村	现办厂。
清道光乙巳年(1845)	泽十二公祠	江南街道永祥乡傅店村	八家祠。
民国丙辰年(1926)	乾四十四公祠	江南街道永祥乡傅店村	荣常祠。规模不甚阔大,然单楹刻桷其精彩华丽,为各祠所不及。寝堂门厅各三楹,两旁附以厢房。
民国二十年(1931)	希四十六公祠	江南街道永祥乡傅店村	左常祠。
清代	卢泰十公祠	江南街道西周村	市级文物保护点。
清代	屏周公祠	江南街道大塘沿村	
清代	涧松公祠	江南街道大塘沿村	
清代	桂园公祠	江南街道大塘沿村	市级文物保护点。
清代	郎氏宗祠	江南街道下山门村	市级文物保护点。
清代	徐氏宗祠	江南街道溪心村	

永康市主要宗祠一览表			
建造时间	名称	地　点	备　　注
	胡氏宗祠	龙山镇桥下	一本堂。《龙山胡氏总祠录》。永康第一大宗祠,面积约1600平方米。主要建筑为三排大楼房,共三进。东西各翼以厢房,厢房也是二层楼。第一排为五上五下的高大楼房,设三扇庙门:中为大门,门框上方为砖雕"龙山总祠"四个大字;左侧为观德门;右侧是听彝门。朱漆梁柱,东两首是楼梯。两旁是楼厢,各有七楹,第二排大楼房,屋脊上为一顶清朝的官帽式的装饰。重檐歇山式,飞檐高挑,檐下悬挂着"一本堂"巨额大匾,取"千枝一本"之意。第三排楼房檐下高悬"敬立"二字巨匾。东阳防军镇南湖始祖胡神,世居湖州,北宋太平兴国七年(982)任仙居县令,便道过访因世乱流寓南湖的内舅燕恭懿王之子,怜其孤单无邻,并乐其地之胜,遂任满迁居于此。其兄胡远,亦从湖州迁居永康龙山。后两地裔孙繁衍成两大望宗,共建总祠于永康龙山。方岩胡公(胡则)即系龙山一支。
	卢氏祠堂	龙山镇玉川村	2002年被公布为市级文物保护点。
民国年间	方氏祠堂	龙山镇四路	
清代中期	朱氏宗祠	龙山镇万古塘村	占地面积460平方米,建有二进,一天井相隔,两侧是厢房。牛腿有花草、狮子等雕刻。2002年被公布为市级文物保护点。

附
录

浙中地区传统宗祠相关资料

建造时间	名称	地　点	备　　注
		永康市主要宗祠一览表	
清代	周氏宗祠	龙山镇桥头周村	仁曦祠堂。三开间,后天井各设两间小厢房,占地约450平方米,楼层上供守祠人居住。2001年被列为市级文物保护点。
嘉靖丁酉冬(1537)	青山吕氏大宗祠	龙山镇吕南宅二村	《青山吕氏宗谱》。享堂三间,廊庑则各房自为创建,嘉靖乙亥秋落成。现为小学。
光绪年间	西房祠堂	龙山镇吕南宅二村	《青山吕氏宗谱》。
清乾隆五十八年(1793)	鬵谭特祠	龙山镇吕南宅村	又名信五公小宗祠。享堂各三楹,设有寝堂。
清代(1895)	吕二祠堂	龙山镇吕南宅村	建有三进、三天井,占地约870平方米,两侧面墙为五花马头墙,中央一字平檐出水。2001年被列为市级文物保护点。
清代	景陵公祠	龙山镇吕南宅村	市级文物保护点。
约1820年	吕氏祠堂	龙山镇岭脚	《青山吕氏宗谱》。
清代	吕氏宗祠	龙山镇下宅口村	《青山吕氏宗谱》。有大小祠堂共九座。
清乾隆八年(1743)	卢氏祠堂	西溪镇玉川村	《卢氏宗谱》。三进五开间一茶亭三天井,占地848.5平方米。现尚存,为出租办厂,市级文物保护单位。

永康市主要宗祠一览表			
建造时间	名称	地　点	备　注
清道光二十五至二十七年间（1845—1847）	俞氏宗祠	西溪镇青山口村	福庐公祠。三进二天井，为二层楼房，共有 24 间，占地 1050 平方米。四周为青砖，顶上为黑瓦。正面南墙，中为三花马头墙，两侧为五花马头墙。市级文物保护点，现尚有六户村民居此，保存完好。
清代末年	吕氏宗祠	西溪镇桐塘村	《青山吕氏宗谱》。
清嘉庆辛未（1811）	吕五宗祠	西溪镇西溪	《青山吕氏宗谱》。始建后毁于匪，荡然无存。同治年间捐资重建，现已不存在。
明万历（年间）	崇圣祠	西溪镇西溪	《青山吕氏宗谱》。原名启圣宫。
雍正十三年（乙卯1753）	上西山和公特祠	西溪镇西山村	《青山吕氏宗谱》。现已不存在。
	禄西山特祠	西溪镇西山村	《青山吕氏宗谱》。现已不存在。
	季川公特祠	西溪镇西山村	《青山吕氏宗谱》。现已不存在。
	寿石江特祠	西溪镇石江村	《青山吕氏宗谱》。
	石渠特祠	西溪镇石江村	《青山吕氏宗谱》。
清乾隆五十四年（己酉1789）	石江小宗祠	西溪镇石江村	《青山吕氏宗谱》。前建门楼，翼以廊庑，中建拜厅三楹，后建寝堂三楹。
道光二年（壬午1822）	信二公特祠	西溪镇黄岩寺	《青山吕氏宗谱》。寝堂一座，前有旷地半亩，起厅三楹，与寝堂相对。现不存在。
明正统十年（1445）	大通寺百九公特祠	西溪镇寺口村	《青山吕氏宗谱》。

永康市主要宗祠一览表

建造时间	名称	地点	备注
	西泽公特祠	西溪镇寺口村	《青山吕氏宗谱》。
嘉庆十四年岁次己巳	仍一公特祠	西溪镇上塘头村	《青山吕氏宗谱》。现为大会堂。
	仍六公祠	西溪镇桐塘村	《青山吕氏宗谱》。坐西北向东南，尚存。
1943 年	吕华公祠	西溪镇桐塘村	《青山吕氏宗谱》。拆于 1983 年，现已改建桐塘影剧院。
	屏山公特祠	西溪镇金钩湾山脚	《青山吕氏宗谱》。
	世泽公特祠	西溪镇西溪村	《青山吕氏宗谱》。
	福山公祠	西溪镇菱塘村	《青山吕氏宗谱》。
	胡氏祠堂	古山镇一村	《古山村志》。俗称大祠堂。现正在修建当中。
清光绪十一年(1855)	彦中公祠	古山镇一村	俗称五六常祠堂，原称五六熟祠。现尚存。
清同治年年间	志恩祠	古山镇一村	俗称外太公祠。现无。
清乾隆四十七年(1781)	虞庵公祠	古山镇一村	俗称亨常祠堂。现为古山中学教室和宿舍楼址。
	褒功祠	古山镇一村	现无。
	察常祠堂	古山镇一村	建校园。
	朝钦公祠	古山镇一村	现无。
	卿常祠	古山镇一村	现无。
民国二十二年(1933)	方氏宗祠	古山镇下宅村	惟良公祠。《柱国方氏宗谱》。

		永康市主要宗祠一览表	
建造时间	名称	地　点	备　注
清道光二十四年（1844）	梁十公祠	古山镇金江龙村	坐北朝南，三进二井，两侧有厢房，占地 970 平方米，雀替、牛腿有花草、狮子等雕刻。"文革"期间遭受较大破坏，2001 年进行维修。市级文物保护单位。
乾隆二十二年冬（1757）	金城川朱氏宗祠	古山镇坑口村	《金城川朱氏宗谱》。又称"大宗祠"现已拆除。
明万历壬辰年(1592)	叔贤公祠	古山镇坑口村	又名"诚祠"、成三常祠堂。坐西朝东，占地面积 602 平方米，建有前、中、后三进。一进有天井宽 3.75 米，深 4.25 米，重檐攒尖顶，两侧有厢房。二进面阔五间，柱方形，牛腿、雀替雕刻人物、狮子、鹿、花卉等图案。保存完好，现为老人会；市级文物保护点。
	凤僖公和睦祠堂	古山镇坑口村	现已拆除。
	升六公祠	古山镇坑口村	现已拆除。
	民派下祠堂	古山镇坑口村	毁于火灾。
	德常祠堂	古山镇坑口村	现已拆除。
	孟祠	古山镇坑口村	现已拆除。
	恩睦祠堂	古山镇坑口村	现已拆除。
	天常祠	古山镇坑口村	现存。
	人常祠	古山镇坑口村	现已拆除。
	仲常祠	古山镇坑口村	现已拆除。

永康市主要宗祠一览表

建造时间	名称	地　点	备　　注
	高祠	古山镇坑口村	现已拆除。
	义常祠	古山镇坑口村	现已拆除。
	大海公祠	古山镇坑口村	现已拆除。
	金门口祠	古山镇坑口村	现已拆除。
	陈氏宗祠	古山镇新楼村	木材加工厂。
明代中期	朱氏宗祠	古山镇坑里村	松柏祠。《朱氏宗谱》。坐北朝东南,占地总面积547平方米,建有头门、前厅、过道和后厅,前厅面阔五间,通面宽18.7米。建在一棵古松树后面故名,雕饰保存良好。
1940年	吴氏宗祠	古山镇黄塘坑村	吴悦公祠。《吴氏宗谱》。约500平方米,共三进。现完好无缺。
20世纪初	吴氏宗祠	古山镇后塘弄村	五祥公祠。约700平方米,共三进。完好无缺,现是大会堂。
民国初年	仲常祠堂	古山镇胡库下村	又名"明鉴公祠"。由照墙、天井、前厅(一进)、茶亭连后厅(二进),还有两侧厢房10间组成,约486平方米。砖木、石柱结构,正面南墙为仿西洋式拱圈牌坊式建筑。原是一个房系的私家族祠,现为村老人协会活动中心。2001年被列为市级文物保护点。
清代	若唐公祠	古山镇胡库下村	坐北朝南,三进二天井,两侧有厢房,占地855平方米,雀替、牛腿有花草、狮子等雕刻。市级文物保护点。

	永康市主要宗祠一览表		
建造时间	名　称	地　　点	备　　注
清光绪二十五年（1899）	旌常祠堂	古山镇胡库下村	坐北朝南，三进三天井，两侧有厢房，约 512 平方米。市级文物保护点。
清康熙二十六年（1687）	绍衣祠堂	古山镇胡库下村	坐北朝南，砖木结构，三进二天井，两侧有厢房，约 635 平方米，雀替、牛腿有花草、人物雕刻。
民国时期	崇证公祠	古山镇楼店村	市级文物保护点。
清康熙已酉年（1669）	若唐公祠	古山镇库川下村	《胡氏宗谱》。鸡形，啄食蜈蚣，与义乌一祠堂相似。
清光绪已亥（1899）	朴斋公祠	古山镇库川下村	
	陈氏宗祠	古山镇新楼村	木料加工厂。
清乾隆五十三年（1788）	绍常祠堂	方岩镇岩下村	该祠为岩上、岩下二村所共有。永康俗语"小"与"绍"同音，"绍常"有"小共有"之意。占地总面积909.47平方米，中轴线南至北依次是大门、前、中、后三进，每进间有天井相隔，面阔均三间、两侧为厢房。现保存完整，1985 年市级文物保护单位。
清代	占鳌公祠	方岩镇象珑里村	坐北朝南，砖木结构，约 920 平方米，三进三开间，每进之间有天井相隔，两侧建有厢房。正房门面为五楼四柱牌楼式，厢房门面为五马花墙式，雕刻保存完整。省级文物保护单位。

			永康市主要宗祠一览表
建造时间	名称	地 点	备 注
南宋	孝忠祠	方岩镇可投应村	坐北朝南,砖木结构前檐牛腿、花卉有狮子捧球、回纹雕刻。占地面积 150 平方米,只有一进,面阔三间。20 世纪 80 年代初修建杨溪水库时被毁,2002 年重修,被列为市级文物保护点。
宋代	安国公祠	方岩镇岩后村	为祭祀安国公应材而建。坐北朝南,共三进,两侧有厢房,占地 650 平方米。历代多次重修,现存建筑为清代。
清代	程氏宗祠	方岩镇独松村松溪北路 19 号	市级文物保护点
清乾隆年间	绍常祠堂	方岩镇岩上村南端	约 875 平方米,三厅五天井,刻有花卉、鸟兽、楼阁等图案,砖墙错缝砌叠,列为县级重点文物保护单位。
明嘉靖年间	寿常公祠	象珠镇象珠二村	又称"寄三公祠"。市级文物保护点。曾为象珠小学。
清嘉庆二十一年(1542)	吕氏宗祠	象珠镇派溪吕村	《派川吕氏宗谱》共修 8 次。三进二天井,寝室 5 间。现为派溪小学,保存完好。
清嘉庆十六年(1811)	吕五宗祠	象珠镇下吕村	由派川与雅吕、太平、青山、河头五派吕姓合建,牌楼式台门,三进二天井,前后各五楹,中进三楹,围以两厢,基本保存完好。

建造时间	名称	地　点	备　　注
明代天启年间	陈氏宗祠	象珠镇杏里村	敦伦堂。《杏里陈氏宗谱》。约700多平方米，模仿皇宫建筑风格，荷花石柱础和龙骨椽树。"敦伦堂"牌匾，高1.2米，宽2.5米。杏里小学，粉干厂、竹船厂。
康熙二十八年(1689)	胡氏宗祠	象珠镇官川村	松川祠堂。
道光十一年(1833)	何氏宗祠	象珠镇清渭街	《何氏宗谱》。一半倒塌。
康熙癸末(1703)	清渭马氏宗祠	象珠镇清渭街	《清渭三五公祠堂记》。
道光庚寅年(1830)	李氏祠堂	象珠镇清渭街	《清渭马店志》。
道光十一年(1831)	何氏祠堂	象珠镇清渭街	《清渭马店志》。
清乾隆十三年(1748)	施氏宗祠	唐先镇唐先一村	又新堂。《唐先志》。三进三间，台门7间，东西厢13间，保存完好。
明正统七年(1442)后	唐先施特祠	唐先镇龙山村	位于龙山村之东南，上新屋之东北，云路村西北，田野之中。敕书楼。三进，二庑厢，计48间，1895平方米，已倒塌，改为民居。民国二十四年(1935)施氏大宗祠拆迁，拟建施氏总祠，是年动工建筑，三年竣工。1977年农历七月初一中午，一场特大的龙卷风，自北往南卷过，顷刻中大厅梁摧柱倒，毁于风灾。

永康市主要宗祠一览表

永康市主要宗祠一览表

建造时间	名称	地　点	备　　注
清咸丰年间	施氏宗祠	唐先镇唐先四村	三进 44 间,二天井,二鱼池,遭火烧毁。
	舒氏宗祠	唐先镇唐下舒村	《永川舒氏宗谱》(1996 年)。
明末辛卯	施氏总祠	唐先镇大祠堂村	原名施大宗祠。《施氏宗谱》。坐北朝南,门前牌坊,约 1332 平方米,台门中大厅,三进三天井,两旁厢,两廊道。民国二十三年(1934)重修扩建,1989 年夏拆除建中心小学。
	孟宗祠堂	唐先镇大祠堂村	部分倒塌。
	孟容祠堂	唐先镇大祠堂村	部分倒塌。
	孟起祠堂	唐先镇大祠堂村	部分倒塌。
	百龄祠堂	唐先镇大祠堂村	部分倒塌。
	小祠堂	唐先镇大祠堂村	部分倒塌。
康熙四十七年(1708)	甘五公祠	唐先镇上考村	又名大祠堂。《上考徐氏宗谱》。民国十五年(1926),在甘五公祠创办小学初级班;民国二十七年(1938),重修。2005 年冬再次重建,改名为徐氏宗庙。现已办厂。
咸丰五年(1855)	继泉祠堂	唐先镇上考村	又名孟常祠堂。先办学,后学校搬迁,如今为老人协会。

续　表

	永康市主要宗祠一览表		
建造时间	名称	地　点	备　注
乾隆间约1736—1765年	裕庵公祠	唐先镇上考村	又名下常祠堂。现存,危房。
乾隆三十五至四十五年(1770—1780)	华峰公祠	唐先镇上考村	又名小祠堂。现存,危房。
1300年	施氏宗祠	唐先镇长川村	《长川志》。坐落永东两县处,一祠跨两县,石柱砖木结构,总间数22间,其中边厢8间,祠堂中央戏台一个,占地面积1040平方米。重修现存完好,是村民集会、娱乐的场所。1995年因永东公路二线拓宽,拆除42平方米。
1540年	仕海宗祠	唐先镇长川村	坐落城坞西面,前左天井植有罗汉树一株,"千年古树"。石柱砖木结构,三进三开间,占地面积396平方米。现已辟为中山乡敬老院。
1750年	可庆公祠	唐先镇长川村	座落施氏宗祠旁,占地面积356平方米,石柱砖木结构,两进三开间。1995年因永东公路二线拓宽,拆除96平方米,现已失去旧时光彩。
1740年	五峰公祠	唐先镇石湖坑村后山脚	占地面积338平方米,石柱砖木结构,总间数10间,厢房4间。
	格山祠堂	唐先镇石湖坑村	
1706年	元清公祠	唐先镇长川村隔田	占地400平方米,石柱砖木结构,12间2厢房。于1990年清明节期间被焚毁。

永康市主要宗祠一览表

建造时间	名称	地　点	备　注
1887 年	孙氏公祠	唐先镇长川村	占地面积 600 平方米,石柱砖木结构,三进 11 间。
	金氏祠堂	唐先镇金坑村	规模大,内有四个天井,从高处望去,是个"王"字。保存完好,列为市级文物保护单位。
	军房祠堂	唐先镇金坑村	保存完好,现作为民居。
	礼九公祠	唐先镇金坑村	保存完好。
宋庆元六年(1198)	惟山公祠	唐先镇里岭脚村	《成氏宗谱》。堂号为"开国名忠",成显告老时,宋宁宗皇帝所赠。保存完好,已列为市级文物保护单位。
明万历三年(1575)	柱国公祠	花街镇花街村	三进二天井,两侧是厢房,占地面积 1022 平方米。市级文物保护单位。
清代	绍一公祠	花街镇新溪村	三进二天井,两边各有厢房,占地 767 平方米。市级文物保护点。
民国十六年(1927)	项氏祠堂	花街镇田畈村	三进二天井,一戏台,占地面积 670 平方米,门面为仿洋式。市级文物保护点。
清末	陈氏宗祠	花街镇山后胡村	距今约 120 年。镀金牛腿、石柱,2009 年 2 月两只牛腿被盗。
顺治二年乙酉(1645)	项氏宗祠	花街镇项宅村(上宅村)	《渼氏项氏宗谱》。先后建成寝室、拜厅,正厅为四十田,台门为十把田,台门下厢一间,一灶台。保存完好。
民国壬戌年(1922)	项氏特祠	花街镇下宅村	《渼氏项氏宗谱》。先后建成寝室拜厅与东西厢房、台门、神龛、灶房。保存完好。

建造时间	名称	地　点	备　　注
	陈氏宗祠	石柱镇大陈村	1999 年列为市级文物保护点。
清道光五年(1825)	宇溪公祠	石柱镇前郎村	坐西朝东,砖木结构,每进雕刻精细,三进二天井,两边有厢房,平面呈长方形,占地 999 平方米。保存较好。市级文物保护点。
民国	仁盛公祠	石柱镇上杨村	占地 365 平方米,三开间共二进一天井,平面呈四合院式,一层砖木结构,其斗拱、雀替、双狮牛腿等雕刻精细并且完整。
清代中叶	伟丰祠堂	石柱镇厚仁村	三进二天井,占地 880 平方米,有古戏台;第一进为店面房,平面呈四合院式,二楼作戏房,月梁、斗拱、云头等构件雕刻精细,牛腿上雕有戏曲人物故事,少量"文革"时遭破坏。
民国初年	李氏家祠	石柱镇厚仁村	《李氏宗谱》。坐北朝南,砖木结构,占地面积 1010 平方米,共三进,各面阔三间,中有天井相隔,两侧建有厢房,雀替、牛腿有卷草等雕刻。目前出租办厂使用。2002 年被公布为文保点。
清末	陈氏宗祠	石柱镇后项村	《陈氏宗谱》。民国十五年(1926)完工。坐北朝南,平面呈长方形,占地 630 平方米,三进二天井,两边为敞开式厢房,也可作廊道,方石柱,直梁上有彩画,雕刻简单。三进结构已毁。

首行标题：永康市主要宗祠一览表

永康市主要宗祠一览表

建造时间	名称	地 点	备 注
明嘉靖二十六年（1547）	吴氏宗祠	前仓镇后吴村	《吴氏宗谱》。位于村北,坐北朝南,占地面积1128平方米,共三进,面阔三开间。前厅三开间,中厅五开间,后寝七开间,为五明二暗。两蝴蝶均施高深精美浮雕,人物、走兽飞禽、花卉、鱼虫皆栩栩如生。柱头、檐坊,玲珑剔透,牌坊、桁条都金珠彩绘。明嘉靖、清代作维修,现保存完好。市级文物保护单位。
顺治年、崇祯三年（1630）	澄一公祠	前仓镇后吴村	俗称"六房祠堂"。《吴氏宗谱》。坐东北朝西南,偏西60度。三进三开间二天井,占地880平方米,敞开式。枋板、墙上有彩绘或水墨画。为祭祀十四祖吴樟,由其六子所造,以六艺之名分为礼房、乐房、射房、御房、书房和数房,故俗称"六房祠堂"。二进大厅四天王即是圆形石柱。建筑楼牌坊,玲珑剔透,牌坊基座,前墙全部用水磨砖精工雕砌,前面多数建有月池塘一口,极具地方建筑文化特色和民俗特色。因年久失修,加之白蚁为害严重,大有倒圮之虞,于道光甲申（1824）年至道光壬辰（1832）年间进行重修。2001年被列为市级文物保护点。
清末	德杰祠堂	前仓镇后吴村	市级文物保护点。
民国	丽山公祠	前仓镇后吴村	市级文物保护点。
清末	向阳公祠	前仓镇后吴村	市级文物保护点。

	永康市主要宗祠一览表		
建造时间	名称	地 点	备 注
清代	仪庭公祠	前仓镇后吴村	市级文物保护点
明嘉靖乙未年(1535)	陈氏宗祠	前仓镇大陈村	在南侧村口,占地面积1158平方米,建有门楼、正厅、后厅,两侧为厢房,现保存较完整。市级文物保护单位。
清咸丰年间	任成高公祠	前仓镇枫林村	三进二天井,两边厢房,总占地约660平方米。市级文物保护单位。
清末民初	周伟公祠	前仓镇枫林村	坐北朝南,偏东15度,分三进,二天井,占地面积734平方米。呈四合院式,柱头卷刹,有莲花斗,牛腿以人物故事为主,三合土地,天井地面用石板铺砌。市级文物保护点。
清代	伟丰祠堂	前仓镇厚仁村	小祠堂。市级文物保护点。
清同治年间(1870)	公份祠堂	舟山镇舟山二村	占地108平方米,一进一天井,两边有一厢房,两层。
民国八年(1919)	印若公祠	舟山镇舟山二村	二进一天井,左右二水池,两边是厢房,共二层。占地533平方米。南边原建有炮楼,现炮楼已拆。市级文物保护点。
清道光二十七年(1847)	精斋公祠	舟山镇舟山二村	占地630平方米,总三进二天井,左右各有厢房八间。市级文物保护点。
清代	允献公祠	舟山镇舟山二村	占地151平方米,共二层,天井两边各一厢房。保存完整,个人所有与管理。

永康市主要宗祠一览表			
建造时间	名称	地　点	备　注
抗战时期（1940 年前后）	世后公祠	舟山镇舟山二村	一厅一天井，左右各一厢房，占地面积 150 平方米。保存完整。
清同治年间(1870)	石章记祠	舟山镇舟山二村	长方形四合院，坐西朝北偏南，占地 220 平方米，门面墙本洋结合，大门上深浮雕有双凤云头。
民国初年	徐公祠	舟山镇方山口村	三进二天井，两侧有厢房，占地面积 820 平方米。2002 年被列为市级文物保护点。

武义县主要宗祠一览表			
建造时间	名称	地　点	备　注
清代	洪氏宗祠	白洋街道下王宅村	
清代	张氏宗祠	白洋街道石井口村	三进，有抱鼓石、门楼，有壁画、楹联，有戏台。
清代	徐氏宗祠	白洋街道白溪村	三进，有戏台、门楼，有壁画、楹联，1998 年列为文物保护单位。
明代	邵氏宗祠	白洋街道上邵村	三进，有戏台，有壁画、楹联。1998 年列为文物保护单位。
明成化六年(1470)	下邵邵氏宗祠	白洋街道下邵村镇前路西	《起敬堂》。粗梁巨柱，古戏台一座，大门口有两个旗墩。
明代	邵氏宗祠	白洋街道下邵村	三进，有戏台，有壁画，楹联。1998 年列为文物保护单位。
清代	陈氏宗祠	白洋街道后陈村	三进，有戏台，有壁画、楹联。1998 年列为文物保护单位。

武义县主要宗祠一览表			
建造时间	名称	地　点	备　　注
明	陈氏宗祠	白洋街道下陈村	三进,有壁画,楹联。
明万历己酉年(1609)	何氏宗祠	熟溪街道郭下村北面	朴素大方,砖墙灰白,阶梯形门头、厅堂、厢房皆黑瓦。明清两代就出过秀才、贡生、举人146名。1084平方米,东北宽24.4米,南北长44.4米,已花30万元维修。
清代	徐氏宗祠	熟溪街道水碓后村	现为徐英烈士纪念馆,287年历史。
	王氏宗祠	熟溪街道佐溪村王竹园	1953年曾经改为佐溪小学学堂。
清初	林氏宗祠	熟溪街道塘里村	
清初	唐氏宗祠	熟溪街道塘里村	
清代	贺氏宗祠	熟溪街道溪里村	
清代	王氏宗祠	熟溪街道下苏埠村	
清代	陈氏宗祠	熟溪街道陈宅村	陈氏在陈宅繁衍400多年。
清代	汤氏宗祠	熟溪街道溪南村	设戏台,有楹联。
清代	程氏宗祠	履坦镇蒋村	设戏台,门楼,有壁画、楹联。
清代	林氏宗祠	履坦镇赤后村	
清代	范氏宗祠	履坦镇范村	三进二天井,有照壁、旗杆石、戏台。

武义县主要宗祠一览表

建造时间	名称	地 点	备 注
明朝万历年间	璇溪周氏宗祠	履坦镇璇溪村中心	《赞德堂》。三进,砖木结构,刻有对联。
明朝崇祯年间	忠公祠	履坦镇璇溪村中心	砖木结构,二层,地面特别平坦光滑。
19世纪后期	颜氏宗祠	桐琴镇上马坞村	现荒废。
19世纪后期	汤氏宗祠	桐琴镇上马坞村	房间较多,且整齐。
约200多年前	上仓宗祠	桐琴镇上仓村	现有一间租给村民。
约700多年前	金氏宗祠	桐琴镇上夫岭下村	保存完整。
19世纪后期	朱氏宗祠	桐琴镇郭村	不结蜘蛛网。
明朝嘉靖年间	赵氏宗祠	桐琴镇赵宅	前厅梁上雕刻造型各异、形态逼真的神话故事、历史人物的木雕斗拱。现已拆。
300多年前	罗氏宗祠	泉溪镇麻田	
180多年前	王氏宗祠	泉溪镇瑶村	
300多年前	李氏宗祠	泉溪镇夏加畈	荣八公祠。
300多年前	邹氏宗祠	泉溪镇黄坛	
300多年前	付氏宗祠	泉溪镇里念玩	
400多年前	朱氏宗祠	泉溪镇刘宅	现用于办厂。
700多年前	王氏宗祠	泉溪镇王山头	现用于办厂。
清代	朱氏宗祠	泉溪镇华山村	保存完整。

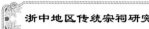

	武义县主要宗祠一览表		
建造时间	名称	地　点	备　　注
清代	刘氏宗祠	泉溪镇刘宅村	设戏台,有壁画、楹联。二十多块匾额。该村共出过 7 个进士,还有 18 个刘氏官员。武义县第一个进士就在刘宅,被称为"进士村"。1984 年和 2006 年修过二次。武义县重点文物保护单位。
	邓氏宗祠	新宅镇金岩村	1998 年列为文物保护单位。
100 多年前	邹氏宗祠	新宅镇和阳抗村	
200 多年前	陈氏宗祠	新宅镇张店村	
200 多年前	张氏宗祠	新宅镇张店村	
80 多年前	傅氏宗祠	新宅镇青峰岭	
100 多年前	傅氏宗祠	新宅镇麻铺	
300 多年前	李氏宗祠	新宅镇苦行园	
清代	塘头宗祠	新宅镇塘头村	有门楼、壁画、楹联、戏台、抱鼓石等。
200 多年前	高氏宗祠	新宅镇溪下村	古戏台。大堂供奉着一排排高氏祖先牌位。
清代	汤氏宗祠	大田乡岭下汤村	石祠。
清代	朱氏宗祠	王宅镇郭浦朱村	有壁画、楹联、戏台、抱鼓石等。
清代	何氏宗祠	王宅镇下渠口村	有壁画、楹联、戏台等。1998 年列为文物保护单位。
约 1913 年	何氏宗祠	白姆乡董处村	宗祠内文物丰富,但曾被盗。
中华民国三年(1914)	朱氏宗祠	白姆乡西田村	占地面积大,约 680 平方米,曾被大火烧,部分雕花塑像被毁。

武义县主要宗祠一览表			
建造时间	名称	地　点	备　　注
清道光年间	董氏宗祠	白姆乡水阁	占地面积大,9个厅,5个天井,现祠堂有倒塌迹象,雕花有被盗。
清乾隆五十九年(1794)	柏徐宗祠	白姆乡松树下村	老年协会。
清光绪十四年(1888)	王氏宗祠	白姆乡麻阳	雕花繁多,对联保存完整。
约80年前	廖氏宗祠	白姆乡坞畈	
清乾隆十三年(1788)	郑氏宗祠	白姆乡群丰村	老年协会。
宋代	颜氏宗祠	俞源乡俞源村	位于俞氏宗祠寝庙的西侧。三开间两厢一天井,占地400平方米。
明洪武七年(1374)	俞氏宗祠	俞源乡俞源村	流水堂、壬林堂。《俞氏宗谱》。1999年11月开始,当地政府投资30多万元对宗祠的门面、戏台、中厅、后厅、厢庑、天井等进行了全面的维修整理。2006年1月11号,新修《俞氏宗谱》发谱仪式在俞源俞氏宗祠举行。新修《俞氏宗谱》共128万余字。柱粗梁肥,歇山斗拱,瓦垫薄砖,精砖铺地,双椽出水,水滴阶沿,墙柱无楔,雕花戏台,擂鼓门出入,祠前旗杆排列;被誉为"婺处第一祠"、"处州十县第一祠"。明清两代出过尚书、大夫、进士、抚台等260多人。刘伯温、宋濂、章溢、苏平仲等的很多描写俞源名篇被载入《四库全书》。"金华八县第一台"。

武义县主要宗祠一览表			
建造时间	名　称	地　点	备　注
明万历元年(1573)	李氏宗祠	俞源乡俞源村	位于下宅过桥左侧。清顺治元年(1644)遭兵毁,乾隆十三年(1748)重建了五间寝室和六间庑屋,嘉庆元年(1796)再建门庭和戏台。清同治元年又遭破坏,光绪元年(1875)修复。大柱大梁,古朴坚实,五开间,左右廊院四间半、两层。
清代	祝氏宗祠	俞源乡凡岭脚村	1998年列为文物保护单位。
清代	陈氏宗祠	坦洪乡上周村	
民国	王氏宗祠	柳城镇云溪	《潘氏宗谱》。倒毁。
明末清初	陈氏宗祠	柳城镇华塘	《陈氏宗谱》。部分完整。
光绪九年	徐氏宗祠	柳城镇清湖	《徐氏宗谱》。坐东朝西,完整,约341.8平方米,现为老年活动中心。
民国	陈氏宗祠	柳城镇华塘	《陈氏宗谱》。不存,现为大礼堂。
清代	丁氏宗祠	柳城镇丁鸟	坐西朝东,完整。
清道光年间	祝氏宗祠	柳城镇半塘	坐西朝东,完整。
元代大德年间	苏氏宗祠	柳城镇新塘村苏宅自然村	《苏氏宗谱》。坐东朝西,荒废。
明弘治年间	周氏宗祠	柳城镇新塘村内周自然村	坐东朝西,完整。
清宣统年间	王氏宗祠	柳城镇上黄	坐东朝西,完整。

		武义县主要宗祠一览表	
建造时间	名称	地　点	备　注
清道光年间	郑氏宗祠	柳城镇乌磁	坐西朝东,完整。
清道光年间	何氏宗祠	柳城镇界村	《何氏宗谱》。坐西朝东,完整。
清道光年间	徐氏宗祠	柳城镇华塘	坐西朝东,完整。
清光绪三年(1877)	邹氏宗祠	柳城镇金川	《邹氏宗谱》。坐西朝东,完整。
清道光年间	吴氏宗祠	柳城镇乌濑	《吴氏宗谱》。坐东朝西,倒塌。
清乾隆三十年乙巳年冬月(1765)	金川刘氏宗祠	柳城镇云华乡金川村	《重修宗祠志》。允三自明末叶开基发祥此至今已二十世,宗祠则延至清朝乾隆乙巳年开始由本族族长球邦,熏国厚、方荣等倡导创建,虽未尽壮丽之观,列祖列宗之灵始有安息之所。延至民国二十三年(1934)夏季七月间突然栋折。
	詹氏宗祠	三港乡石浦村	积德堂。"辛亥革命烈士詹蒙事迹陈列室"忠烈堂。民国十五年三月(1926年清明)公祭大会时浙江省主席夏超钦赠的巨匾——"毅魄英灵"四个鎏金大字(盖有省长金印)。
	涂氏宗祠	大溪口乡山下鲍村	1998年列为文物保护单位。

附录三　浙中地区宗祠记

一、莲塘张氏宗祠记

　　金华县东行四十五里，有地曰莲唐，山川相缪，而风气郁盘。著姓张氏，世居其中。初，张氏有讳隆府君者，字享仲，宋建炎初自睦而来，为潘氏之赘婿，至今其村聚犹仍潘为名。府君既占名数于县，日以力本为务。未几，家寖穰，生三丈夫子，曰子政，曰子中，曰子成，皆能绍前业而无爽德。子中之子文华，俶傥尚奇行，乡先达端明殿学士王公埜甚器重之。淳祐末，公迁沿江制置使，欲辟为之属，辞弗赴。自时厥后，府君之三子遗胤日滋，遂成三大族，亡虑十百余人。其出而仕者，既以文墨论议著称于时，而退修于家者，亦循循雅饬无愧于士君子之行。盖自府君至是亦十有一世矣。

　　府君之六世孙荣，今为一宗之长，乃慨然叹曰："吾侪承藉其先祉，以克至于今日，有阖庐以御风雨，有丝枲膏粱以为之羞服，而先祖妥灵之无其所，不亦惧乎？"于是与族弟琰力谋之。而子姓之中若留、镇、琮、似四人，即捐所居之厅事三楹间以为之倡。荣遂加以墍茨之功，缭以垣墉，列以笾棜与夫祭乡百须之器，莫不精且良。中奉府君，原其初迁也，旁以三子侑食，三族之所宗也，而又益之以制属君。府君之流光，及是始振，示不敢忘也。然而世远属疏，祭不敢用四仲，唯据朱徽公所定祀先祖之仪，以立春生物之始，陈器具馔而行三献礼，月旦十五日之序，参族人散处乎东西，度不能以皆至，唯正月朔旦，无小无大咸拜于祠下，复会拜别室，以叙长幼焉。其生子已命名者，续书之于谱图而后退。若夫朝夕汛启闭之职，择谨愿者为之主守。祭田若干亩，则俾三族之嗣人轮掌其租入，以供孝祀燕私之事。此其大凡也。

始事于至正乙巳之冬,而迄功于丙午之春,荣帅宗人数千指,皆沐浴盛冠衣,入奉明荐。牲酒冽清,执事俨恪,周旋进退,济济跄跄,观者咸悦,以为一邑之所未睹。竣事,复遣其孙愈来征濂文刻示后裔,俾世世无有所易。其田之乡落步亩,则附见于石阴。

濂闻之,先王制为庙祭之礼,上下隆杀皆有常典,牲牢器币皆有常数,固非士庶人可得而行。然其亲亲之仁,处于物则民彝之懿者,初不以贱与贵而有异也。今荣乃能于服杀宗迁之后,以义起礼而远祀府君,非惟使子若孙不忘其所自出,而管摄人心,聚合宗族之意,实于是乎在,不亦孝子仁人之用心也哉?呜呼!人非空桑而生,孰不本之于祖者?方其封殖自厚,长虑却顾,无所不用其极。问其所从来,则曰:"吾不知也。"问其荐奠之礼,则有又曰:"我未之能行也。"所谓报本反始之道顾当是邪?视荣之为,殆将愧死矣,是不可以不书。三族之嗣人尚思是缵是承,栋宇之必葺也,毋使之震凌;黍稷之必获也,毋使之秽荒;牲牷之必腯也,毋使之瘵蠹:庶几濂之文为不徒作亦。呜呼!其懋敬之哉!其懋敬之哉!

洪武元年岁次戊申八月

翰林学士承旨嘉议大夫知制诰兼修国史兼太子赞善大夫同邑宋濂撰

　　——摘自张心田等纂修:《莲塘张氏枝谱提纲》,民国十五年木活字本。

二、王氏义祠记

义乌之和溪有王府君者,讳壄,当宋之季,来赘竹山楼约家。约之妻,壄之姑王氏也,故约以女妙清归于壄。然王氏爱妙清甚,乃于湖塘上造屋一十七间,别置薪山若干亩、蔬畦若干亩、腴田若干亩,召妙清夫妇谓曰:"此皆吾捐嫁资所营,毫发不以烦楼氏,今悉畀尔主之,尔其慎哉!"

妙清生二子,俱夭逝,唯二女存。长曰琇,归同里大姓楼如浚;

次曰莹。妙清已无嗣,留次女莹于左右,延泰不华为赘婿,生一子野仙。妙清又笃爱之甚,教育备至不啻其己出。野仙长,复谋于众,命约诸孙渊以女善归之。妙清问言于埶,曰:"吾二人耄矣! 不幸无子。今甥野仙文而有守,又妻吾侄之女,此而非亲,将谁亲乎? 吾母氏所畀之业,宜具授之,更其屋为义祠,使岁时具豚酒,祀吾之父母姑舅,而野仙之先祖与焉。吾二人他日或终于牖下,亦庶几有所托矣!"乃会王楼二宗耆老成人,造为券书,俾二宗子若孙毋相及也。众皆诺之。于是野仙父子遵而行之,已五十年矣。自时厥后,妙清夫妇及野仙之父母先后捐馆,而中遭兵燹之厄,券书皆已亡去。至正乙巳秋九月九日,埶之季第补,惧岁月滋久,不令子孙或生异图于其间,复集二宗而重造之,仍戒历之如初。

濂闻之,汉儒之论九族,有曰父族四,母三族,妻二族。父之族固有同姓也,母与妻之族则皆异姓也。然则异姓其可谓之族乎? 盖生吾者母也,产吾子者妻也,气血之交贯,呼吸之相通,自一体而分者也。故古之称谓,母之考妣为外王父母,妻之父母为外舅姑,女子之子为外孙,而亦颇同于父族者,以其为至亲也。人不幸无后,苟命其甥以主祀事,未见其不可也。苟以为不可,较之姓同而情异,若无所系属者,果何如哉? 必有能辨之者矣。况礼有常有变,卜同宗以为之后者,常也。选异姓至亲以继之者,变也。变而不失其正,斯善矣。野仙之事以义起礼者也。二宗之人,幸无忘前人之训,而自陷于不义哉!

濂自幼与野仙为同门,有相得甚驩,一旦抱杖踵门崇濂为之记,濂因不辞,使镌诸乐石;山田之属,其步亩园落之详,备见石阴。野仙字遵礼,蒙古人。以材辟江西宪府奏差,迁七闽,官为苏州某镇巡检云。

明　宋濂

——摘自罗月霞主编:《宋濂全集》,浙江古籍出版社 1999 年版,第 1278 页。

三、赤松赵氏宗祠祠堂记

礼：君子营宫室必宗庙为先。思赵氏自端六公迁居以来，谱牒虽修，家庙未建，非族中一缺事乎。今三宝与远翁等黾勉赴功创兹盛举，使数百余年来宗佑得所凭依奕，禩云仍有所率属，尊卑以序，昭穆以分，不自为大有功于宗祀，尽可告无罪于先灵也。珍叨在比邻目睹其踊跃鸠工，喜见其不日告竣。松桷有梴，旅楹有制，其寝成而孔安者，不可以卜子孙之繁衍哉！

时　　道光二十三年岁次卯腊月　吉旦

太学生倪席珍拜撰

——摘自金华市金东区赤松镇钟头村：《赤松赵氏宗谱》，民国庚午年重修本。

四、下宅项氏新祠记

古者君子将营宫室，宗庙为先。盖宗庙者，祖宗神灵所凭依，百世子孙所瞻仰者也。故子孙有事必告，岁时必饷，所以明其生之有自来，而敦其本之所始礼也。故入其室也，莫不肃然起敬，秩然有序，其慎终追远、尊祖敬宗之思油然以生者，亦情也。

项氏之生聚溇川，历有年矣。考其先系出姬姓，为帝喾之后。其始祖浪公者，以簪缨华胄，隐居于斯，生聚教训，二十有余代，子孙繁殖，尽力田畴，遂蔚为吾邑西乡望族。支分源别，至今犹联谱系者，有金华华川、武义森塘。溯其本初，固来自溇川者也。旧有祠连下宅，规模初具。民国壬戌，复择地于下宅右边，出其各常之余赀，联华川、森塘二派之力，再造新祠。以是年十月之吉，奠基动土，越明年癸亥，成寝室拜厅与东西厢房；又二年，岁次乙丑，建置台门；又越二年丁卯，建神龛、置灶房，工竣。乃涓吉于十月十六良辰，升主祭飨。祠祀愚公以下，昭穆井然。于是祀酥尝蒸，岁时罔替。祠之基祯明常助寝食一间外，为七三公捐输，计后先需工料除材木外，共国币四千四百余元。华川派输百七十五元，森塘输五十六元。夫以人丁不满百五之村,于六年之间,成兹寝庙,妥其先灵,征集丁工竟逾一千两百之巨,其宗族团结精神殊深向慕。呜呼,项氏子孙可谓知所先务。吾因之有所感矣。

当其创议也,一唱百和,询谋佥同,于是输赀有人,输里者毕至,老成督其工事,少壮集其材木,工师麇集,栋桷潮来,高其门间,宏其规制,柱石则主坚固,所以乘久远也,堂楹则求轩厂(注:敞),所以壮观瞻也。是以吾不羡其用力之勤,输财之巨,而钦仰其尊宗敬祖精神之聚会。若能扩此团结之精神,一乡然,一邑然,一国亦然,则何事不可为哉?民国己巳,其族续修宗谱,首事之人属以一言为记,余嘉其志,而钦仰其宗族精神之团结,爰乐为之。首事者谁?总理天合、云星、公正、明三、国炉、堂完、德苟、云凑、喜财、国曹、洪聚、国朝、金德、新佩、小栋、成怀、成富、有国、长溪、德和、新土、载熙、(堂森)汝起是也。至若上宅一村,虽同宗联谱,已别建特祠,兹不与。若夫收支细目,输产名氏,将于创乘录记之,今纪其大者。

世姻晚生荆山潘冲拜撰

——摘自永康市花街镇项宅村:《溪川项氏重修宗谱》,2007年重修本。

五、华墙潘氏建造大宗祠记

今夫家庙之设,幽以妥先灵,明以联支派,至钜殿也。故春秋修其祖庙,古圣王恒,殷殷念之良以庙貌新,诚仁人孝子所当自尽耳。试思凡有生者,莫不各有所自出,知其所自出,当即展其报本之思。故礼莫重于祭古者,食焉而祭先饭,饮焉而祭先酒,一食一饮,犹不忘其所自始也。矧吾身之所自出其可忘乎,则夫家之建祠,正所以报水源木本于勿替焉者也。向使一祖所遗子孙千亿无大宗以统于一族,将散而且离。是以世家巨族必建造宗祠以主春秋之祭。俾合族子姓兄弟莫不司祝灌献助祭。庙中皇皇焉各执其事,各申其敬,则昭穆序而长幼分,伦纪聿修,神灵妥侑。此祠庙之建良亟亟也。浦阳华墙潘氏系本荥阳云仍相继先后增辉载在家乘，洵浙东之望族也。但旧祠原在城内湖塘，因遭兵燹未获继造，实缺典也。凡我宗同有志追远者，各有缔造之心，因无常资难以成事。爰于雍正十三年乙卯之春，士宪等数十人公同创意与立公一派名下子孙建造宗祠。鼎新堂构，会同族长宗汉、尚柏、景茂、志电、志松、志亭、志泰、志禄、志杰、志让、志修、志道、志忠、志嘉、松年、柏年、祝年、显臣、显顺、显安、士沂、士宪、显儒、士元、士召、士致、士发、士年、光耀等照丁照粮捐助成功。或则收贮银钱、或则执薄清记、或则科敛财物、或则鸠工庀材，各有所司、殚精竭虑、不辞劳瘁。于乙卯夏月起工，丙辰冬月告竣，轮奂维新、俎豆生色，告成之后，特选管理祠事者八人：志道、松年、士元、士致、纯修、光耀、承先、光环等，秉公董理。迄今视其庙，则寝室厅堂森如也；视其祭，则笾豆衣冠秩如也。济济贤能骏奔左右，靡不齐明盛服以展洋洋如在之诚，则此数十人者，岂非尊祖敬宗、光前裕后之贤子孙哉！继自今子孙蕃多宗祠宏敞，而耕读家风绳绳，世守洵无忝于承先启后之道也。乾隆癸酉，重修家乘，请予编辑其文，因详缔造根，由捐助义举应嘉述潘裔贤能载之宗谱以垂不朽云。

乾隆十八年岁次癸酉一阳月之吉

眷小弟义邑廪生楼宗烂拜撰

——摘自浦江县《华墙潘氏宗谱》，2004年重修本。

六、于氏祠堂碑记

浦江西溪于氏邑之大姓也。裔出汉西平侯，后有讳公异居吴中，宋初讳详六府君又迁今。传至迪功郎丕基肇置田以奉蒸尝，十四传至瑄等以弟华之地乃建祠堂。益其祭田门庑有翼囷廪有诸以妥先灵以备牲体。其族人虽散居邑之诸乡而宗派则同堂而异龛，昭穆秩如也，岁时祭祀缋，朔望参谒，疏戚咸至，长幼毕集，礼成馂饮，会拜讲信，修睦尊卑，以明伦理，以正爱敬之心，皆油然而生，蔼乎三代之风焉，世代虽叠更确，染不变其恒度，邑人故家鲜有如之者也。其迁灵泉十五里之派，有名昶者，因予内侄黄某与予忘年交，每嘱予记谇而未果；及予叨禄藩府致事来归，昶以身代而其族孙中顺大夫兴化府知府森，宗嫡孙也，归老于家，善于继志，率诸昆弟谨于奉先，致其崇极靡不用情，必欲征文，述创始而告来裔，复因询以家乘中，请考其先世明经筮仕不一而足，然皆不越令佐盖位不满德者其后必兴。今于森见之食大夫之禄，以上牲祭于祠，可谓有光前人殂豆皆余庆有以致之，虽然苟有作之于前，而无继之于后，能永其传者未之有也。以于氏观之，岂非诗所谓子子孙孙弗替引之者乎。呜呼！万物本乎天，人本乎祖，凡有生者必有所出，知所自出则知所以报本，报本莫大于追远，追远莫重于祭，祭必有庙，此祠堂之所由建也。古者食焉而祭，先饭饮焉而祭，先酒一饮食顷不敢忘所始，矧自吾身推之吾亲，达之吾祖，虽远皆可追也，则吾其敢忘乎？孝子慈孙宜无所不用其情而礼之，别有贵贱隆杀。今于氏古伐冰之家也，于庙为宜而犹谓之祠堂者，从乎先祖一乎，宗族酌乎礼而称乎情云耳。嗟夫！乡邑之间帑有余财，廪有余粟，则或崇饰佛老之宫以祈祷祥，或侈汰轻肥之举以及妾媵。其于报本之心蔑焉，无可称者岂小也哉，斯豺獭之不如也。若于氏真可谓之知本矣，祠堂之建虽礼之常固，不可不深述所闻碑刻于丽牲之石，庶其后人益思续承于悠久也。

　　旹　明宣德六年(1431)龙集辛亥九月望
　　奉议大夫蜀府左长史致仕叔度郑　楷记
　　中顺大夫兴化府知府宗孙森等立石

月泉朱原佶书

——摘自浦江县《于氏宗谱》，2006 年重修本。

七、黄堂丰氏宗祠碑文(婺城区汤溪镇黄堂村丰氏宗祠)

　　黄堂丰氏宋学士清敏公后裔也。始迁祖讳"谕"公为清敏公曾孙，南宋绍兴间，由缙云转徙于此，今七百年。其子孙繁衍，自明初已分为十有八房。而创建宗祠，则始于万历之季。祠在黄堂村正北,占地若干亩,初作正寝五间,东西两庑各十一间,四隅厅各三间,凡四十间。倡其事者,仰州子息叔和诸公也。是飨堂中厅堂尚未暇建,而门楼两庑,至清康熙初已尽坏。且圮子是毅庵胜玉诸公起而修之。其檐柱皆易之以石,而坚固顿胜于前焉。康熙十三年,兴茂承锦布公瑞和承壤,于雍正十三年之五月时,则鲁池公慨然兴起商诸祠首,越臣公倡率捐修遂兴,有邻天益公朝夕勤劳,以裁其事。至乾隆四十年,祠门又坏,修之者为赡齐公。而两庑亦待修,孔亟与永亨、耀周、日高、振武诸公相与续成之,至是祠宇已修建完善。嗣又得文棋公总理祠事搏节用明堂皆铺以青石,而工程亦加整赡矣。此则嘉庆年间事也。自嘉庆以来,百有余岁,虽复屡经修葺,而视前较易为力今日者,正寝门楼巍如也,两庑角厅翼如也,飨堂中厅焕如也,而神主之奉安左昭右穆秩如也。岁时之亨祀寇裳武俎豆馨香,雍雍如也,穆穆如也。于戏盛矣乎,予丰氏有朱陈之好,今承命为述,树百年缔造之功盖,握管而有余慕焉。且清敏公藉四明盛者予当权甬郡学纂,知四明丰氏实望族,而清敏公之后,若有竣工之特行,存芳公之忠节,皆载在郡志,百世流芳。今黄堂丰氏根本予同则,凡趁跄祠下者,引水知源,方且与四明丰工为兄弟之竞爽,而所以光大棋宗者,又岂特堂构相承,美伦美焕哉。

——摘自(清)丰学纯总编:《黄堂丰氏宗谱》,清乾隆五十七年。

八、龙溪鲍氏大宗祠记

吾族有忠□侯祠者,始祀唐季太尉公也。太尉讳禄字君福,以武功仕吴越钱王朝,时群臣欲上尊号。太尉力陈其不可,事遂寝。至清泰元年(注:934年)阵亡乌伤,唐主两嘉其忠,二年敕遣官员具葬乌伤西三十里蓬塘之原,谥忠庄侯,加封泰山郡公,建祠于墓侧,命有司春秋祀之。此鲍氏之祠之所由始而亦,鲍氏徙居义亭之所由始也。至宋仁宗朝,节度使公讳瀚,太尉九世孙也。复从而辑之庙宇,焕然遂甲于一乡,而太尉以下皆祔焉。逮南宋长兴年间,元兵入婺而祠在通衢,竟毁于兵。自元迄国朝四百余年,尚未有人起而后再建之者,合族之有心人才咸悼惜之。今天子龙飞之三十八年春,乃会一族之人共议再建之举。立□□输立成千金,爰度地于太尉墓西三里许铜山之南义亭之北,鸠工庀材不四年而告竣。自节度使所附之下又遴□□焉于此,见报本追远之思,合乎人心之同,而吾祖太尉节度使以下若尚书公讳公炎、少卿公讳汝亮、通判公讳廷、□□公讳曦以及文士耆硕之有可传者,功德深厚又有以□□心于不容已也。祠既成,命宣等书其事,宣不交,特与兄□□、元宭,侄炯炳辈撮其始末而略为本之记。

时　　　大清康熙甲午岁秋月

裔孙庠生元宣百拜谨记

——(清)鲍书田等纂修:义乌《龙溪鲍氏宗谱》,清道光二十九年木活字本。

九、新建祠堂记

礼曰:"人道亲亲,亲亲故尊祖,尊祖故敬宗,敬宗故收族,收族故宗庙严,所以妥先灵、联子姓者莫大焉。"官桥杨氏自始祖仲五公来居,越数百年未有宗庙,春秋设祭家堂,草率成礼。至十四世孙行林五兆成公首议建祠,维尊长耆老难之,咸谓:"任大费巨,公帑无多,未可举也。"公聆此言殊亦艰于措置,而上念祖宗下观孙子,此心终勃勃不可遏。遂叩尊严发资斧以扶众志其尊严,会玉氏子清公亦素有此志,慨然出金百余两,为倡时董事。云友氏会龙君礼氏子如成卿氏际贤富卿氏李风并成父子诸公欢欣鼓舞,度址于宅之西园。甲申春,鸠工庀材,鼎建寝室一座。至冬间,构中堂四楹,前树门楼,内造乐庭,两序旁翼,储以祭库,缭以周垣。劳心焦思力亦殚矣。而共襄厥成者,有又子仪君威氏、会秀君毓氏、子环佩玉氏、子琏商玉氏、李顺凤孝氏。事始于乾隆二十九年至三十二年腊月告竣。随詹日进主具礼祭焉。自是寝堂立而庙制严,尊祖者于斯,敬宗者于斯,收族合食者亦于斯,以亲从前先灵未妥、肆祀未明、宗支未有序而尊尊亲亲若缺如者不其一慰乎。

堂成面向巽屏，列芙蓉，案横玉尺，东望官桥山蜿蜒磅礴耸翠千寻，右一峦揽长畴如满月入怀，号曰：馒山，边又一沼涟漪成纹诚卓匕乎，为杨氏万斯年鸰序鸾行之一大观也，则请为颂闷宫之卒章曰：松桷，有舄路寝孔硕，又请为颂既醉之五章曰：孝思，不匮永锡两类其即成诸公之谓乎。因并记之。

时　龙飞乾隆岁在重光赤奋若阳月吉旦

十、永康陈氏总祠记

陈氏族繁散处永康者百数十村，知名者惟大族，而族小各村往往寂寞无闻，有被异姓压迫几不能自存者。古代设宗法以固宗盟，近世尚合群以联团体。毓棠于民国六年忝充县自治办公处委员，族侄齐鸿任县中校监学，彼此过从谈论，拟仿周礼宗法之制参近世合群之义，创造陈氏总祠以联宗谊，爰函商族弟众议院议员焕章、嘉湖镇守使署参谋长其蔚。旋接二君复书，极表赞成，遂列名发起通知阖邑诸同姓。时则孝义区有若凤辉、锡龄、凤齐、有成、式宽，义丰区有若树镛、进熊、宗元、翊廷、钧熔，承训区有若宝辉、福田、光谦，游仙区有若焕文、德宣、文标、镜清、双庆，义和区有若德和、后夫、瑞钧，长安区有若达熔，武平区有若其宗、得深、文韶、寿年、金福，太平区有若金众，合德区有若实成，升平区有若变卿诸君等咸集县城，筹商办法，议定先购基地，均一致赞同。凤辉君慨允垫款千元，一时众心踊跃，或垫金钱，或任奔走，卜基于永城训化坊华溪之浒，其址宜坐东朝西。厥既得卜。则逐渐经营分祠筹款。公推凤辉为总理，进熊为会计，实辉为庶务。先于祠基北边隙地构造事务所五楹，然后鸠工庀材，巨楹杰栋，文梁赤石水运陆驰纷沓毕集，土木并营丁丁橐橐，窬岁成正寝七间为栖神之所。寝室前左右夹以两庑，庑各三楹，设忠孝、象贤、历宦、节烈、义助、报功六祠，庭中铺长方式坚石，左右溜雨池，池旁四围树石栏，并于寝门上雕刻古孝子慈孙事迹，用资观法。是在民国八年,次造中厅一座,翼以厢房,厅前左右六楹又次造台门厅一座,左右均构厢房,而前中两厅对峙、互拱气象、峥嵘涂塈,雕琢之工争出其巧,丹楹刻桷弥壮观瞻,中厅之前及豪门外余基均铺坚石,其余基与公众运动场毗连之处并建筑石看础一条,藉防溪流泛滥。又于前厅北首添造厨房三间与事务所相峙庖湢,悉具并购邻屋以备扩充。是在民国十年,乃诹吉于是年十一月某日奉主入祠。阖邑百数十村暨析居东阳、义乌、武义、丽水、缙云各邑诸村,各以其主至鼓乐喧阗宾从云集,并招梨园子弟演剧以衍祖娱。宾观者咸啧啧吾宗族谊之敦,相与赞美不置于盛矣。是役也先后共费两万余金,皆附主于祠者任之。正寝分设七龛,中龛每主一栌,捐洋五拾元,左右以次递降(左一龛三十元、右一龛廿五元、左二龛二十元、右二龛十五元、左三龛十二元、右三龛十元)。溯厥源流,以肇封陈国之满公为祖,以汉太傅蕃公、太邱长颍川寔公、唐平兴侯環公为宗,自四公以下以栌主为本位,就其捐资多寡以定龛位差等,同属一龛之中就主之出生年代先后以别坐位之崇卑,本萃涣合离之义,为报本追远之图。春礿冬蒸孝思用展忾闻,忧见灵爽式凭,寝庙辉煌神人欢洽,固由诸同姓踊跃输将。然诸君子首事之功实不容没也,顾天下事创始者难,继承亦匪易。今主谱虽纂辑而尚未观成,祭田虽捐置而尚嫌瘠薄,祭器虽累增而尚未完备,以及将来修葺之费维持永久之图,尚有赖于同人之筹谋、后贤之继述。愿吾宗人思木本水源之义,重艰难缔造之功,相亲相爱相护,持以无负创始者之苦心而期合于古代宗法近世合群之旨,是则棠之所厚望也夫。

　　时　中华民国十有四年岁次乙丑仲秋月　谷旦
县议会议员、前任衢县地方审判厅推事、嘉湖镇守使署军法官
　　　　　清邑增生候选典史裔孙毓棠拜撰
　　　　——摘自陈焕章纂修:《永康陈氏总祠主谱》,民国十五年木活字本。

十一、孝冯祠堂记

乌伤冯君圻率其宗人庠庄守清镇告曰：家世东阳孝子冯子华之后，世有显者。迄宋南渡，裔孙致政君徙居义乌之赤岸，子璁承务郎、孙度迪功郎延乡先正徐文清公，创讲道所家东岩下以教子姓，创祖祠其南遭兵火不葺。致政七世孙道传府君承先志改作祠堂十二楹于桃园，割常稔田六十余亩供祭，祭自始祖而下诸有功有德者。景泰甲戌，十世孙交璩（沄五十六）、文琼（沄六十六）、文盛（沄六十八）、文瑆（沄七十）、文鉴（沄七十四）、璘（清廿六 沄五四下）、明义（沄七十一）协力重新皆如其旧，已而十一世孙畴（清三十九 称九三）、津（清五十六 沄十八下）、元珉（清七十三）、宗理（清八十一）、宗璠（清八十九）、宗埠（清百二）、宗珽（清百二）、宗珍（清九十三）、宗璘（清九十八）、宗环（清百四）、宗琮（清□□）、宗玹（清百十）、银（浩廿一）、子枢等复充拓前基，构寝六楹百堵咸作诸制悉备。岁时，子姓群集祀事罔愆。盖自始迁至今历世十有三矣，不记其事将无以示远，敢请一言记之，又思远祖亲尽泽穷似不当祭，而礼有其举之，莫敢废也。顾与朱子家礼四代之祭不协奈何？余曰：朱子家礼鉴古酌今，礼之所同行也。按古庙制自七庙以至于二始祖皆百世不迁，始祖而下世数尽则祧有德者子孙以为宗，宗不祧由是而言，然则祭远祖之有功有德者，正合古人祖功宗德之说，未为无所本也。余尝闻唐史懿公传，懿公发身贤科、学冠当世、历任数朝、著动中外，其父子华孝亲卢墓有灵芝白兔之祥，人号为孝冯家，此冯氏昌大之源也。今升苏之族泯，而赤岸之族炽，祀始懿公而不及子华是忘其源也，请增孝冯公神主入祠以为首祭，则庙中忠孝两全，诚足为后裔之龟鉴。余故颜其门曰："孝冯祠"，不忘其旧使，冯氏子孙目击心维而以忠孝自勉，□肖其贤以继二公之芳，躅无徒修岁时祀事之常已也。

时　嘉靖辛丑黄钟月吉旦

工部尚书兰溪道山章拯撰

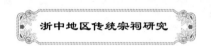

——摘自(清)冯蒶纂修:《赤岸孝冯氏宗谱》,清同治七年木活字本。

十二、杨氏祠堂记

义乌县南四十里,其地曰赤岸,杨氏世居之。杨氏之先有讳逊字伯虎者,盖唐宰相绾之五世孙,仕后唐回图务周,显德末避地居吴越之间。二子仕宋衡奉议郎、衢朝散郎、朝散府君,定居婺城,其后散处金华、武义、兰溪,而其来居赤岸则自奉议府君始,实与唐回图府君俱葬同里之东晴山。奉议三子临川府君、仪通守府君、侃虢略府君,俨而通守二子和穆虢略二子澄渊又自赤岸析居同县之俞村、稠岩、倍磊、田心。唯临川之子泽世居赤岸,盖自回图而下,迄于宋季十余世,子孙不啻数千人,占名仕版蝉联不绝,而起家科第者十有八人,其在他县者不与焉。故义乌之望族莫盛于杨氏,下逮于今十有七世,其族之众犹数千人,率能敦本务学以世其业,世泽之衍厥有目哉。在宋庆元嘉泰间,回图之七世孙秘阁提刑府君潜尝创祠宇于东晴墓次,以修祀事,中更多故圮坏弗葺百余年于兹矣。十四世孙如升将继先志,规建祠堂而竞赍志以殁,临终以嘱其二子新民、俊民。于是新民等衔训嗣事,至正十三年冬十一月度南圆之地以庀工。族父善宝、克明力赞之。踰时而告成,其堂以间计者三,内寘妥神之室而容奠荐之所,其南亦列屋三楹,间又南为屋,其间亦如之,皆以为合族序昭穆之地。东西两庑夹屋而出则庖庚之属在焉,缭以周垣限以重门,规制深广而器什之需,悉有备无阙。乃推回图为始基之祖,以夫人陈氏配奉议朝散,及临川兄弟而下三世皆列祀之余,则子孙之能致力于祠事者,得以其祖若父附,而无后及后人贫不能祭者,亦得食于此祭,以立春之候。仪节一遵朱子家礼,推族人之长者主其祭,而合族之人无小大,皆得与祭,毕则列序而燕。回图奉议二忌日必设奠,每月朔必荐新,族人之道远不能至者听之。寒食则相率祭于东晴墓,次莫有不至焉者,新民既割腴田若干亩来隶,而善宝亦助田如其数，诸族人之致助者各有差，总为田若干亩，岁以一人掌其入，一岁祀事之费皆于此乎，出他无妄费焉。厥既集事，新民等俾其诸弟茞来请文刻兹瑱石。予惟古者尊祖合族之道莫重于立宗，先王制礼所以敦斯民。亲亲之道者以有宗法而已，然而服穷于缌，而同姓杀于袒免，祖迁于上圣人莫能存也，宗易于下圣人莫能止也、戚也，而可以疏势，使之然也。今宗法之废已久，而杨氏能为追远之祭推而上，及于十五世之祖。又因为合族之举推而广，及于数百人之众，系之以姓而弗别也，缀之以食而弗殊也。则是疏可反之使戚也，盖由其所因者本也，持其势则道可久远，其本则教易行天下之礼。岂非因情而制，以义而起者！欸楚茨之诗曰：以享以祀以妥以侑，诸父兄弟备言燕私杨氏祀事之盛。庶无愧诗人之咏叹矣，又曰：子子孙孙勿替引之，诗人之所祝望者杨氏后人可不益思有以自勉哉！遂书以为记。

时　至正十六年丙申秋七月之吉

前翰林侍讲学士中奉大夫知制诰同修国史同知经筵事　同邑黄溍撰

中奉大夫司农少卿　临川危素书

翰林承旨荣禄大夫知制诰兼修国史太子右论德　东明李好文篆

十五世孙　茞录

——摘自杨重绪等纂修：《义乌稠础杨氏宗谱》，民国十八年木活字本。

附录四　浙中地区宗祠祠规

一、赤松赵氏宗祠祠规

——宗庙以昭穆为序。每逢祭奠之日，除主祭外，凡与祭子孙皆以尊卑叙立，不得凌越。即祭毕，散胙亦如之，违者议罚。

——义方之训宜严。子弟自小学而出就外傅必聘名师，时加训导，养成德业。庶几入为孝子，出为忠臣，方不失为贤父兄焉。

——宗族以族孝为本。子孙如有忤逆不孝者，当即拘祠，严加责戒，怗而不悛，送官治之，仍削其谱，不许入祠。其中或有他故，或屈于继母者须原情别论。

——长幼尊卑职所当然。如有子孙得罪服内尊长，事闻，会同房长理论；如有挟长陵下者，亦与酌议曲直从公处之。

——风化尤严于闺门。诸妇必柔顺恭敬，奉舅姑以孝，事丈夫以礼，待娣姒以和。如有不守妇道致犯七出之条者，投诉祠长即鸣官以出之。

——夫妇原有定分，不得擅自更易。倘欺贫爱富，无故出妻，并无故改嫁者，会同房长秉公议处。如本人横行不遵即行削革。

——婚姻人伦之大，择配不可不谨。如有来历不明、出身卑贱者，查出令其离异改正，违者革出，不许入祠。

——妇人夫死守节固人所难。若不能守，听其再嫁。如有夫故仍在本家以养子为名招夫入宅者，为伤伦败俗，殊坏家声，鸣公驱逐。

——立训莫重于耕读，其余为工为商亦各有职业。如不务生理及流为下贱者，即投家长训斥，不听则削其谱。

——丧礼原有定制。如有居父母丧身，自嫁娶释服从吉，匿不闻丧等与，应作不孝论，拘祠重处。

——身家各宜保重毋得横行妄作。如子孙不顾廉耻，犯一切非法事，拘祠以家规重处；再犯，送官究治，即行削革。

——子孙各宜安分不可争讼。凡是非曲直自有定理，应听公论分剖劝处。如横行不遵致伤族谊者，作刁顽论。

——母有偏正子无嫡庶。妻妾之分已定，或书原配继配、或书副室侧室，不得混乱，以正名分也。

——将子女卖入为奴婢者，不许入祠，谱恶其辱先人也。

——摘自金华市金东区赤松镇钟头村《赤松赵氏宗谱》，民国

庚午年重修本。

二、钱氏宗祠祠规十则

——谨祭祀

礼有五经，莫重于祭，质明行事，日中礼成，盖其慎也。凡遇祭期，必须预先扫除祠宇，敬办品物牺牲粢盛必诚必洁，然后斋戒沐浴，黎明集祠拜献行礼。主祭与祭之人，务穿礼服，即至祠众亦须各著长衫以志精洁而正体统。如衣而安裘、行而后跛倚、言而喧哗，慢渎祖宗孰甚于此，其何以交神明致歆格乎？违者纠仪呈举以凭责罚。

——孝父母

父母之恩与天地并，报德所以罔极也。凡为人子者非独亲，能善作当竭力奉事。即或有不务家计、不训义方者，亦宜勤谨就养匡救承顺。盖天下无不是的父母，即亲有过，亦子之不能几谏陷亲不义使然。不观舜尽事亲之道，而鼓腹亦底豫乎。吾族中倘有此等不肖忤逆，即为天地之罪人，名议所不容，禀祠日训有此辈，会令族长共叱之，缉至祠下痛责毋纵。

——敬长上

长幼有序伦理森然。凡属吾祖父伯叔兄辈者，出接之时，即宜恭敬，行则必后、坐则必隅、见则必起、问则必拱而对。尊长会燕，子弟敛容奉侍。此礼在则然，不容紊也。即或有年属长上而行第次序反出于卑幼下者，虽不可概通以拜跪之礼，亦宜以敬长之心待之，所以重高年也。族中如有不遵名分、疾行端坐、肆称尔汝，甚或犯上忿争、不循子弟之分者、禀祠日定行严责。

——正婚姻

婚姻之道，万化之原也。男有家而娶，女有室而嫁，古礼重之。凡为父兄者为子弟择配必于仁厚之家、门户相对，体其女之淑，慎者肃通媒约缔结良缘，切勿贪恋厚奁以至攀高附上失其佳偶，至有女妻人亦只择其佳婿，毋索重聘。盖婚姻论财夷虏之道也。以此行于族中，则内外无怨而家道无不正矣。倘不遵是训而贪爱便宜或聘取于贱户或买女于下流,告祠日定行斥革。

——戒夫妇

易曰:"女正位乎内,男正乎外。"内外之辩不明则家道不正,家道不正则夫不能防闲其妇,妇不知顺正其夫。富者三姑六婆任其来往,遂开淫盗之媒;贫者狂夫恶少听其居游愈长勾通之渐,甚而嫌疑日生夫妻反目,小则倾家荡产,大则亡身。及亲屠伦之祸莫甚于此。如族中后生犯此之恶而捉奸者,执有确实证据,一经鸣众无论服内服外,即将本身革出,永不入祠,其所犯奸妇亦即随时离异,毋许纵恶。违者一体同革决不容情。

——睦宗族

敦宗睦族仁里称焉。顾豆斛之细,寡隙易开。凡族中有争竞必先告于族长。鼠牙雀角务为排解,如卑幼触犯尊长则即令其服礼叩罪尊长,至尊长欺凌卑幼亦不许其任情苟人,同等者量其是非科断责罚。倘或族长理处不平,方许控有司以分曲直。毋得倚强凌弱互争共殴,彼此扛帮以乖族谊。吾族勉此则恂恂乡党之间庶几仁让风行蔚然太和之气象矣。违者告祠重责。

——训子弟

教家之道无过耕读两途。凡训子弟必先观其资质。如资质迟钝粗蠢者,送入蒙馆略识文字,即令其出习农田,毋入逸谚;如遇资质明敏清秀者,务使慎择名师从学举业以求上达尽仰事俯。畜端本农桑而扬名显亲断由诵读,二者不可缺一也。尝见嘻嗝之家不务训诫,少壮惰游、博弈饮酒、好勇斗狠无所不至而门户衰落者不可胜计,皆由父兄之教不先故耳。吾先祖遗训具在慎之毋忽。

——崇节孝

夫妇道为五伦之本,而子职居百行之先故。朝廷旌扬之典嘉予必及尽所以彰实行而维风化也。凡族中有孝子顺孙贞女节妇必加优待,使孝有所勉而节得以全。或贫弱不能自立者,亲族量行资给,祠中亦宜存恤,以广扶衰济困之仁。如实能完全节操克

尽孝道者,年例既符之日,族内尊长务须会同亲友呈请有司申详
旌奖,用表潜德以光大典,亦一门之望也。

——重尊养

养老尊贤国之大典也,而治家之道亦然。盖乡党莫如齿,礼
义本于贤,祠中所重端在是矣。如族内有年高七十者,给胙肉二
勰;凡入泮者亦如之,外加乡试费银三两;有年高八十者,给胙肉
四勰;凡登科选拔者亦如之,外加会试费银拾两;如捐监纳贡胙肉
照上各减一半给与,余外不得混争。若有寿至期颐名登仕籍及旗
干匾费等银,临时酌议另行破格优奖。

——议签管

众事之成端赖贤能。凡祠内公举管事,须选族中有德有行至
公无私素为众所心服者,方许签入承管。如董事人能勤谨积聚办
祭之外,复能增置祀田、重修祠宇,百年后准其神主送入功德祠,
永远配享,以励后贤;倘怠惰不勤,侵吞肥己,一经察出,禀祠责
罚,即时推出其人,另签公正者充管,如无确见侵蚀凭据而或假公
济私,妄加人过以报私忿者亦议责罚。

大清道光三年末九月　日公议

裔孙　种玉恭纪

——摘自项耀曾等纂修:《浦江钱氏宗谱》,民国十七年木活字本。

三、浦阳嵩溪徐氏宗祠祠规

——祠堂祖宗神灵凭依之所,朔望必参谒,时食必荐新,至春
秋祭祀其仪式并遵文公家礼。

——祭祀务在孝敬,以尽报本之诚,其或行礼不恭、离席自便
与夫跛倚欠伸、噫嗽嚏咳一切失容之事督过议罚,督过不言则众
罚之。

——子孙入祠堂者,当正衣冠凛然如祖考在上,不得嬉言谑
语疾步愆仪,出则致恭而退。

——立祠堂上以安先灵,时宜修洁洒扫拂几焚香,自祭享大

礼之外,不得擅用以渎先灵。

——四季仲月朔日,家长率众参谒祠堂毕,出坐燕诒堂,长者坐幼者侍立,击鼓二十四声,令子弟一人唱云:"凡为子者必孝其亲,为妻者必敬其夫,为兄者必爱其弟,为弟者必恭其兄;勿徇私以害公,勿趋利以妨义,勿习惰以荒事,勿逞奢以违礼,勿嗜酒以乱性,勿纵欲以乱德,勿听妇言以伤和气,勿蹈横非以扰门庭,谆谆祖训饬我后昆,废兴之由,有耳共闻,身修家齐箴语垂经夙兴夜寐无忝两生。"众皆一揖分东西行而坐,复令子弟敬诵孝弟故宝一通,会揖而退。

——立家长上奉祖考下,一宗族须以宗子中照次序立义,养子从氏者不得乱立以混宗支。

——家长当以至诚待下,一言不可妄发,一行不可妄为,须合古人以身教之之意,临事之际勿察察而明,勿昧昧而昏,更须以量容人常视一家如一身可也。

——择端正公明可以服众者数人监理祠事,设银谷出入簿一本,明记某月某日所出若干所入若干。凡谷匦收满公诣祠堂封记,不许擅开,违者量轻重议罚。如遇支用,监事者不去亲视,罚亦如之。

——银谷借巢须公平明算,不得因私滥与,亦不得借公过刻,如有此弊亦宜罚之。

——祠田乃祭品所由出,如议分者则到田均分,不可托故躲避,议租者则依田收租,亦不可徇情沽恩。

——祠中董理于春秋二祭前一日办羊豕果蔬等物及设几陈器之类,不得临事塞责以悮祭典。

——监理祠事须三年一换,监事内有端正公明者不必拘定年限听众议举留。

——监理祠事簿书不分明者不许交代,一应大小事务与钱谷出入须要先时逐项详注,于交代日分明条说,虽累更新管要如出一手,庶免匿欺藏私之弊。

——每转掌事交代须参谒祠堂，书祝致告，次拜家长，然后领事。

——摘自（清）徐一茂纂修的《浦阳嵩溪徐氏宗谱》，清光绪二十八年木活字本。

四、永康陈氏总祠祠规

——创建总祠原为敬宗收族之地，子姓入祠须知异派同源、相敬相亲，勿以秦越相视。

——祠中正寝七间及两厅六间为楼神之所，理宜洁净整肃，并寝前天井不准堆积杂物及借作他用，并永远不得租赁。

——正寝右首厢屋五间，除招住户守祠外，永不出租。楼上构仓储谷，楼下为祭时理事住宿之所。

——本祠初创，帑项未充，其祀典分大祭、常祭二项，权议三年。大祭每逢子午卯酉之年，定于冬至前十日举行。凡各派有主楼附祠之子孙，准每楼一人到祠与祭受胙。

——每年春冬二祭为常祭，定于春分、冬至前十日举行，权由诸理事致祭，以节费用。

——凡附主义助龛应给生胙，以示优待。如助银币伍拾元以上，每年冬祭给生胙壹觔□，多者递加；助田产者，按其租额多少，如岁收燥租谷百斤以上，每年冬祭给生胙壹觔，多者递加。不及百觔者，从略。遇大祭时，并准每主一人到祠，与祭散馂（夫妇分设两主者，仍作一主论）。

——忠孝历宦象贤节烈报功等项，凡大祭时，亦准每主一人到祠，与祭散馂。

——正寝及两厅附主，按名给筹一份，为子孙与祭领胙或散馂之据，其主银或助产未缴清者停给。

——祠中住户须忠厚诚实，不负委托者为合格，由主任理事商同，诸理事选择招住并监督之。

——主任理事及理事暨本祠子孙均不得携带眷属在祠寄住。

——祠内禁止赌博与私吸鸦片及一切违法行为,违者由主任理事呈送法庭惩治。

——子孙干犯刑律(如奸盗、诈伪等),有玷祖宗名誉,如经判决,确定其犯罪在五等徒刑以上,经人报告有据者,不得入祠与祭。

——祠内所有祭器、棹凳以及杂用皿物等项,一应登簿检点,收藏封锁。若非本祠公用,勿得私自借人,以致遗失损坏。

——祠前铺砌石板之地,不准烧草煨土及堆积垃圾与有碍交通之物,违者鸣警处罚。

——摘自陈焕章纂修的《永康陈氏总祠主谱》,民国十五年木活字本。

附录五　浙中地区传统宗祠宗谱序

一、仙源申氏宗谱原序[①]

古者国有史,自卿大夫以下家有乘,乘犹史也。史以载国,乘以载家,分殊而义合也。周官小吏之职,掌邦国之志,辨世系别昭穆,说者谓志若春秋。周志国语郑书之属,系世则帝系世,本之属是也。盖列国之私书,虽作于侯国而籍,则掌于王宫。魏晋以来,官有簿籍,家有谱系,官司之选举,必由簿籍家之,婚姻必由谱系。历代并有图谱局置,即令史以掌之,仍用博雅之士知撰谱事。凡百官族属之有家状者,则上之官为考定详实,藏于秘阁,副在左右,若私书有滥则升之,以官籍不及则稽之。以私书所以人尚谱牒之学,家存谱系之书,自唐末五季散佚不传。非独官无秘阁左右之藏。而士大夫能通谱牒之学者,自欧苏二家之外,称渺少矣。

---

①　注:《宋濂文集》未收该序。

鲁郡申氏之先出，自炎帝之后，封于申，号申伯。其后子孙以国为氏。在春秋时有申枨、有申句须、申丹及楚大夫包胥，皆名之表表者。韩昭侯用申不害为相十五年，国治兵强。有申子书二篇，至今脍炙人口。鲁人有申公，汉武帝以安车迎为中大夫，弟子为博士者十余人。魏有襄州刺史，禀性廉洁，尝画杨伯起像于寝室以自戒，兼题清水亭句史册，班班可考。嗣后由唐宋以来，代不乏人。予友申益齐讳戍者，尝以所辑族谱请余序之。余阅始末，立例甚严，考据甚精，真得古人作谱之良法矣。虽然所贵乎文献，故家者非世禄之谓也，世德之谓也。夫保姓受氏以守宗祊，是之谓世禄，迪德象贤克念厥绍，是之谓世德。申氏神明之胄，其明德也远矣。为之子孙者只厥身股，厥训顺，厥则以成，乃显德以宣，乃令闻以篡，乃前休兹可谓世济。厥美而无忝于文献，故家者矣，岂真世禄而已哉。诗曰，贻厥孙谋，申氏之先，善于贻谋矣。又曰，绳其祖武，予有望其后人焉。申氏之子若孙尚勖之哉。

至正己亥（1359年）之秋

同郡宋濂序

——摘自《仙源申氏宗谱》，2004年甲申重修本。

二、俞氏宗谱序

俗之不美有志者鲜也，今世之士论法道不古，若则以无位为解，及既得位卒不能有所为，岂特无位之罪哉。先王经天下之法深远矣。大者信非无位之所能行，至于族师闾胥之事，独不可推行于州里之间乎？州里之间苟未暇为，独不可行于同姓之亲乎？为士者布海内而无救于俗。由是知今之士多无志也。吾当损益周制可以化同姓者。凡月之吉长少咸会于先祠，拜谒毕，齿坐，命一人庭诵古训及拜法。诵已，长且贤者绎其义而讽导之，书会者名于册，再会使互陈其所为。其行有孝弟忠信者，俾卑且幼者旅拜之，而著于名之下；有悖戾之行者，命遍拜群坐之尊者以愧之，而亦著于其名之下。踰月而能改者，如初，否则摈不使坐；踰年而不改者，斥勿齿同姓之人。疾相抚，患相拯，贫相周，死相葬，老弱癃残者相养，祭醋相召，昏嫁丧灾相助，不能然者不使与于会。斯数者非甚难为也，而人咸莫能为，谓有志者鲜，非邪。诚有一人为之，众见其善必效之，效者愈多，则所化者必愈远，因以美天下之俗不难也。惜乎！吾未之见也，学于吾者众矣，吾未尝不语，以其故。金华俞生恂其可语者乎？俞生之先以书诗世其家，擢科第者先后相望；生之父大有尤好学，谱其同姓之亲以联其族；生继成之，益修其遗文甚完。谱固睦俗之本也，然无法以行之，安能久而无坏乎，欲其久而无坏，舍吾言不可也。吾是以有言焉，呜呼！恂苟能行之，孰谓有志者之果鲜哉！

——摘自（明）宋濂，《文宪集：文渊阁·四库全书电子版·集部·别集类·明洪武至崇祯[CD]》，上海人民出版社1999年版。

三、杨氏家乘序[①]

三代以前，姓氏析而为二，男子称氏，妇人称姓，氏所以分贵贱，姓所以别婚姻。三代之后，氏姓合而为一，皆用之辩（辨）婚姻，而以地望明贵贱。历代逾久，方策之所载者纷乱难明，以致受姓命氏或失其本真。至于地望之表，则尤流转靡常，莫从辨定，而黠者唯慕其华显为之宗。所幸纂修之家各自为书以志之，氏族之学因籍之而弗坠，嗜古之士有能笃志于斯而不懈者，庸非君子之所深与乎。乌伤杨氏，望华阴而宗回图府君逊，孙子蝉联，以进士起家者多至一十有八，衣冠煊赫，号为极盛。其十五世孙芾，复从黄文献公游，博学而邃于文间。尝自谓所受之氏有二族焉：出于赤泉侯喜者，于文则从木；出于中散大夫雄者，于文则从才。盖赤泉世居华阴，乃太慰震之八世祖，中散虽本派隅，而其先久家于成都，固若判然不相即者。震之元孙修，其言则曰修家，子云文似，未尝不同其所自出也，此不可不致意焉。于是研精覃思，遍览诸

---

① 现存《宋濂文集》和龚剑峰等的《宋濂诗文拾遗》均未收录该序。

书,尊其信而阙其疑,复大萃群族之谱而整比之。闻家有藏谱、墓
有断碣者,必亲往征验,或移书二百里外,叩同宗之贤,以质其见
闻,如斯者十有余载始克。稽其所共宗,而达其所由分,经纬错
综,画以成图,而疏其字配、卒葬于名下,旧书官阶驰典颇乖于宋
制,悉加厘正。咨采既博,凡有系于谱事者,亦不欲弃去,合为一
编,而分为上、中、下三卷。其上卷则推原姓之异同、祖之远近,旁
支正谱,粲然毕纪;其中卷则科弟及遗事、遗文之属,而碑碣、姻
戚、识疑并隶焉;其下卷则名人之纪述与杂著、祭规之当存者,若
夫祭田、墓林,亦附见乡落步晦,而终之以所合齿行之序。其用意
也周,其立例也严,其于事也,辨而有据,精而弗杂,足可传示后嗣
无疑。书既成,芾之宗兄新民,甚嘉其志,乃与族父善宝谋锲于文
梓,且知濂与芾友也,求文以为之序。昔者欧阳文忠公采司马迁
《史记》年表暨郑元诗谱,依其上下旁行,作为谱图,非不详且悉
也。及观公之所自序,则谓询生通,自通三世,生吉州刺史琼,能
捍黄巢之乱,以安州民。然询生于唐初,巢寇之变则在唐季,上下
几百年,而其传仅上于五世。又言自琼八世生安福令万公,则万
之九叶孙是唐李,至宋仁庙时,甫经一百五十年余,而实阅一十六
代,何前之遒永而后之短促乃至此耶。夫公以闳伟雄深之学考证
经史,至为精密,而今或之踳驳如是者,盖事情之疑,似容可以理
推,世系之承传,不可以知决,若其旧文之失,虽公亦莫能如之何
也。呜呼,迩者然矣,而况于受姓命氏之甚远者乎!传信传疑,此
不能无望于纂述之家也。有若芾者,竭尽劬瘁,以就是书,不强其
所难知,而文献森然足征,可不谓之贤矣乎!濂窃获而读之,非惟
谨判合、明亲疏、可以厚风俗而已,期有补于氏族之学,其功为不
细。所可愧者,疾病侵凌,仅存视息,而于芾之所著,略无所发越,
姑书其制作本旨于首简,以告嗜古之士,相与谨其传焉。

　　翰林学士亚中大夫知制诰兼修国史金浦宋濂谨序

　　——摘自(清)杨德会等纂修:《浦阳人峰杨氏宗谱》,清嘉庆
十六年木活字本。

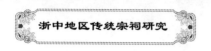

四、柳氏宗谱序

浦江之柳氏其先居河东。宋高宗南还时,有名铸者扈从来江南,遂家浦江之乌蜀山,生一子瀚,瀚生森、彬,森生监、蕴,蕴生崇、德,县主簿补之崇,德生高邮,今元赠泗州知州、浦江县男金。高邮生四子,其次讳贯,仕元为翰林待制,以文章名天下。门人私谥为文肃,有子三人皆善士,而六孙能守其学不坠。殁后三十又七年,而介孙穆书其始徙传绪之详列为谱图,持以示濂。濂泣而叹曰:天道于是可征,而文肃公有后矣。濂少时幸执弟子役于公门,公之为人其崇深闳博者,固非浅见所能知,至其端方直易厚重严悫怒气不形于色,恶声不出诸口,不知古之贤者复何如耳。世之妄议恒谓贤者言论,足以予夺当世文章,足以抉发至理,所为与造物者争强,故天道尤忌之。而多难为其后,是殆不然,天惟有所不能也。故生贤者出而代之,为之政以遂天之生,为之教以辅天之成,为之文章语言以宣天之道,使善者勉而恶者惧,贤者何负于天,而谓天忌之哉,其不然也明矣。是论也,吾意贤者之子孙而不能自力,姑引天道以自恕而非其实也。不然,自文肃公观之,何其异于彼哉,文肃公之传今三世其诸孙盛矣,固可以见天道而未足以尽报贤之意,今诸孙皆有德,积久必愈昌,越十余世将有杰然秀出者兴其间,然后可见天道之全也。斯谱也,君子由是观天道焉,穆之后人安可忽哉!

——摘自(明)宋濂:《文宪集:文渊阁·四库全书电子版·集部·别集类·明洪武至崇祯[CD]》,上海人民出版社1999年版。

五、固塘方氏谱序

甚矣哉,谱牒之学不可以不讲也。昔者圣人胙之士以立国,锡之爵以立宗,世代绵远犹可得而知之。秦人变古,富民有子则分居,贫民有子则出赘,宗枝既分而流派遂不可而稽焉。汉司马迁采世本世系而作帝纪,采周谱国语而作世家,自是天下始知姓氏所自出。魏晋兴衰、齐民迁徙混淆甚矣。唐太宗驱举雄定天下,恶故家巨族恃其门第、轻其爵禄,乃命高士廉约史传辨贤否,先宗室后外戚,右膏粱左寒酸,为《氏族志》。高宗许李之说改为《姓氏录》。当时耽之,号曰勋格。暨后又有衣冠谱、姓氏纪、元和姓纂,源委颇明而世次终莫定也。赵宋聿兴,士大夫笃嗜古学,欧阳公永叔则依汉年表,允明礼大小为次例,有不同皆足以序昭穆而定尊卑也。方君讳纮字廷綱者而下三十二世孙讳千字雄飞,屡举不第隐居鉴湖。门人私谥元英先生而传。八世孙讳楷登天圣八年进士,官至礼部员外郎,配李氏生二子,长曰贲,次曰兑;又配吴氏,生三子,三曰蒙,四曰鼎,幼曰昱。蒙公而下迁居兰溪溪里源、马涧,金华赤松山口等处,子孙之始祖也。昱字子德,因睦兵之乱,迁婺之金华固塘,是为固塘方之始祖也。以下不过叙其世次而不及其祥。如汉哀帝时之方纮以下则支派蕃衍,有以仕官显、有以文学名科甲,绳匕簪缕叠匕亦盛矣哉。然方氏之姓必称河南郡者,盖因周大夫方叔辅佐宣王食邑于洛,因以为属故。今岁之秋征序于予,固辞而不获,遂书此以复之。然而克绍先人传于罔极,则又在方氏之子孙自助之也,是为序。

时　大元至正十八年岁次戍八月望日

东阳处士白云许谦谨书

——摘自《金华固塘方氏宗谱》(民国庚午年重修本)

六、义乌龚氏家乘序

义乌龚氏方册所载系出汉渤海太守遂之后,传至讳孟舒者仕陈太建中拜太中大夫河南观察使,历世变故迁徙靡常,其详莫究。逮宋南渡后,讳寔府君居县之西郛松门里,子六人皆从东莱吕成公游乡之先达。俞公良能目之曰:"六瑞孙九人。"有讳明之,淳熙中仕宣教郎服银绯;明之从弟讳应之登嘉定进士第,仕至右史中大夫直宝谟阁,封金华县开国男食邑三百户;应之从子曰轼绍箕裘之业,明五经,号五登士;又曰康仕太学学录;曰恺仕直阁侍御史;自是蔚为衣冠之望族矣。六世孙原善惧其族大而谱逸也,于是撰为家乘一卷,乃仿司马迁年表之法,书而为图字名卒葬咸具疏之。既成复属予序。予与原善有世姻之好,知其序系所从来者远,乃为之序曰:夫氏族古者史官之所记也,皆原于《世本》、《公子谱》二书,则本春秋左氏传,则因生赐姓、胙土命氏及以字以谥以官以邑五者而已。后世得姓氏多至三十二类益淆乱而难明,况龚氏冒姓之不一者乎,毋怪乎附录之不足征也,今原善推原本始而惓惓于谱谍不敢忘则尊祖敬宗之道蔼然可见,亦可谓贤也。已因为序,其世次系诸篇首使其子孙有考焉,原善字仲宝,方以积累世其家业,乡称为善士云。

——摘自[明]王祎:《王忠文集:文渊阁·四库全书电子版·集部·别集类·明洪武至崇祯[CD]》,上海人民出版社 1999 年版。

参 考 文 献

一、史籍

何宗旺译.左传[M].乌鲁木齐：新疆人民出版社,2002.

辞海编辑委员会编纂.辞海[M].上海：上海辞书出版社,1989.

（元）脱脱等撰.宋史[M].北京：中华书局,1977.

（明）宋濂等撰.元史[M].北京：中华书局,1976.

（清）张廷玉等纂.明史[M].北京：中华书局,1976.

（清）林昌彝撰.三礼通释[M].北京：北京图书馆出版社,2006.

（宋）洪迈撰,何卓校点.夷坚志[M].北京：中华书局,1981.

祝穆编,祝洙补订.宋本方舆胜览[M].上海：古籍出版社,1986.

（宋）朱子.家礼：文渊阁·四库全书电子版·经部·礼类·杂礼书之属[CD].上海：上海人民出版社,1999.

（明）胡广等.礼记大全：文渊阁·四库全书电子版·经部·礼类·礼记之属类[CD].上海：上海人民出版社,1999.

（清）毛奇龄.经问：文渊阁·四库全书电子版·经部·五经总义类[CD].上海：上海人民出版社,1999.

（清）毛奇龄.辨定祭礼通俗谱：文渊阁·四库全书电子版·

经部·礼类·杂礼书之属[CD].上海：上海人民出版社,1999.

（清）秦蕙田.五礼通考：文渊阁·四库全书电子版·经部·礼类·通礼之属[CD].上海：上海人民出版社,1999.

（清）沉佳.明儒言行录：文渊阁·四库全书电子版·史部·传记类·总录之属[CD].上海：上海人民出版社,1999.

（清）大清律例：文渊阁·四库全书电子版·史部·政书类·法令之属[CD].上海：上海人民出版社,1999.

（清）皇朝通典：文渊阁·四库全书电子版·史部·政书类·通制之属[CD].上海：上海人民出版社,1999.

（汉）班固.白虎通义：文渊阁·四库全书电子版·子部·杂家类·杂考之属[CD].上海：上海人民出版社,1999.

（宋）王应麟.玉海：文渊阁·四库全书电子版·子部·类书类[CD].上海：上海人民出版社,1999.

（宋）黄震.黄氏日抄：文渊阁·四库全书电子版·子部·儒家类[CD].上海：上海人民出版社,1999.

（明）胡广.性理大全书：文渊阁·四库全书电子版·子部·儒家类[CD].上海：上海人民出版社,1999.

（明）彭大翼.山堂肆考：文渊阁·四库全书电子版·子部·类书类[CD].上海：上海人民出版社,1999.

（明）章潢.图书编：文渊阁·四库全书电子版·子部·类书类[CD].上海：上海人民出版社,1999.

（清）倪涛.六艺之一录：文渊阁·四库全书电子版·子部·艺术类·书画之属[CD].上海：上海人民出版社,1999.

（清）王懋竑.白田杂著：文渊阁·四库全书电子版·子部·杂家类·杂考之属[CD].上海：上海人民出版社,1999.

（清）卞永誉.式古堂书画汇考：文渊阁·四库全书电子版·子部·艺术类·书画之属[CD].上海：上海人民出版社,1999.

（清）王士禎.池北偶谈：文渊阁·四库全书电子版·子部·杂家类·杂说之属[CD].上海：上海人民出版社,1999.

（宋）王迈.臒轩集：文渊阁·四库全书电子版·集部·别集类·南宋建炎至德右[CD].上海：上海人民出版社,1999.

（宋）朱子.晦庵集：文渊阁·四库全书电子版·集部·别集类·南宋建炎至德右[CD].上海：上海人民出版社,1999.

（宋）吕祖谦.东莱集：文渊阁·四库全书电子版·集部·别集类·南宋建炎至德右[CD].上海：上海人民出版社,1999.

（元）欧阳元.圭斋文集：文渊阁·四库全书电子版·集部·别集类·金至元[CD].上海：上海人民出版社,1999.

（明）刘球.两溪文集：文渊阁·四库全书电子版·集部·别集类·明洪武至崇祯[CD].上海：上海人民出版社,1999.

（明）邵宝.容春堂集：文渊阁·四库全书电子版·集部·别集类·明洪武至崇祯[CD].上海：上海人民出版社,1999.

（明）宋濂.文宪集：文渊阁·四库全书电子版·集部·别集类·明洪武至崇祯[CD].上海：上海人民出版社,1999.

（明）王祎.王忠文集：文渊阁·四库全书电子版·集部·别集类·明洪武至崇祯[CD].上海：上海人民出版社,1999.

（明）方良永.方简肃文集：文渊阁·四库全书电子版·集部·别集类·明洪武至崇祯[CD].上海：上海人民出版社,1999.

（明）薛蕙.考功集：文渊阁·四库全书电子版·集部·别集类·明洪武至崇祯[CD].上海：上海人民出版社,1999.

（明）许相卿.云村集：文渊阁·四库全书电子版·集部·别集类·明洪武至崇祯[CD].上海：上海人民出版社,1999.

（清）黄宗羲.明文海：文渊阁·四库全书电子版·集部·总集类[CD].上海：上海人民出版社,1999.

二、志书

金华市志/金华市地方志编纂委员会编.杭州：浙江人民出版社,1992.

金华市风俗简志/祝根山主编.金华：浙江省金华市文化

馆,1984.

金华地方风俗志/章寿松编.金华：金华地区群众艺术馆,1984.

金华县志/《金华县志》编纂委员会编.杭州：浙江人民出版社,1992.

琅琊徐村志/《琅琊徐村志》领导小组,《琅琊徐村志》编写组编.金华：编者,1998.

长山村志/徐万秋编.金华：编者,1992.

湖溪村志/郭懋书编.东阳：编者,1996.

蔡宅史志/蔡朱火主编.东阳：《蔡宅史志》编委会,1992.

东阳风俗志/周耀明,王庸华主编.东阳：东阳县文化馆,1985.

义乌风俗志/浙江省义乌县文化馆编义乌：编者,1985.

前洪村志/吴世春编.义乌：《前洪村志》编纂委员会,1996.

唐先志/永康市《唐先志》编纂委员会编.永康：编者,1997.

古山志(上、下)/胡福增主编.永康：永康市古山志编修委员会,1997.

平田张氏村志/《平田张氏村志》编委会编.永康：编者,1997.

前坑村志/《前坑村志》编委会编.永康：编者,1995.

下徐店村志/《下徐店村志》编纂委员会编.永康：编者,1995.

永康风俗志/永康县文化馆编.永康：编者,1986.

清渭马店志/永康市《清渭马店志》编纂委员会编.永康：编者,1998.

河头村志/《河头村志》编委会编.合肥：黄山书社,1994.

兰溪市志/《兰溪市志》编纂委员会编.杭州：浙江人民出版社,1988.

洞源村志/章广勤主编.北京：中国书籍出版社,1997.

姚村村志/兰溪市《姚村村志》编纂领导小组编.兰溪：编者,1997.

兰溪风俗志/兰溪县县志编纂办公室，兰溪县文化馆编.兰溪：编者,1984.

兰溪市高潮乡文化志/兰溪市高潮乡文化志编委会编.兰溪：编者,1987.

兰溪市新周乡文化志/兰溪市新周乡文化志编委会编.兰溪：编者,1987.

兰溪市水亭乡文化志/兰溪市水亭乡文化志编委会编.兰溪：编者,1987.

兰溪市下王乡文化志/兰溪市下王乡文化志编委会编.兰溪：编者,1987.

兰溪市孟湖乡文化志/兰溪市孟湖乡文化志编委会编.兰溪：编者,1989.

兰溪市建设乡文化志/兰溪市建设乡文化志编委会编.兰溪：编者,1988.

兰溪市上新方乡文化志/兰溪市上新方乡文化志编委会编.兰溪：编者,1988.

兰溪市和平乡文化志/兰溪市和平乡文化志编委会编.兰溪：编者,1987.

兰溪市上华乡文化志/兰溪市上华乡文化志编委会编.兰溪：编者,1987.

兰溪市岩山乡文化志/兰溪市岩山乡文化志编委会编.兰溪：编者,1987.

兰溪市白沙乡文化志/兰溪市白沙乡文化志编委会编.兰溪：编者,1987.

兰溪市朱家乡文化志/兰溪市朱家乡文化志编委会编.兰溪：编者,1988.

兰溪市香溪镇文化志/兰溪市香溪镇文化志编委会编.兰溪：编者,1988.

兰溪市登胜乡文化志/兰溪市登胜乡文化志编纂委员会编.

兰溪：编者,1987.

兰溪市赤溪乡文化志/兰溪市赤溪乡文化志编委会编.兰溪：编者,1987.

兰溪市甘溪乡文化志/兰溪市甘溪乡文化志编委会编.兰溪：编者,1989.

兰溪市墩头乡文化志/兰溪市墩头乡文化志编委会编.兰溪：编者,1989.

兰溪市横溪镇文化志/兰溪市横溪镇文化志编委会编.兰溪：编者,1988.

兰溪市姚塘下乡文化志/兰溪市姚塘下乡文化志编委会编.兰溪：编者,1988.

兰溪市杨塘乡文化志/兰溪市杨塘乡文化志编委会编.兰溪：编者,1989.

兰溪市芝堰乡文化志/兰溪市芝堰乡文化志编委会编.兰溪：编者,1988.

兰溪市横木乡文化志/兰溪市横木乡文化志编委会编.兰溪：编者,1987.

兰溪市厚仁乡文化志/兰溪市厚仁乡文化志编委会编.兰溪：编者,1987.

兰溪市双牌乡文化志/兰溪市双牌乡文化志编委会编.兰溪：编者,1989.

兰溪市圣山畲族乡文化志/兰溪市圣山畲族乡文化志编委会编.兰溪：编者,1988.

兰溪市金湖乡文化志/兰溪市金湖乡文化志编委会编.兰溪：编者,1988.

兰溪市钱村乡文化志/兰溪市钱村乡文化志编委会编.兰溪：编者,1988.

兰溪市灵洞乡文化志/兰溪市灵洞乡文化志编委会编.兰溪：编者,1988.

兰溪市瑞溪乡文化志/兰溪市瑞溪乡文化志编委会编. 兰溪：编者,1987.

兰溪市水阁乡文化志/兰溪市水阁乡文化志编委会编. 兰溪：编者,1987.

兰溪市石渠乡文化志/兰溪市石渠乡文化志编委会编. 兰溪：编者,1987.

兰溪市马涧镇文化志/兰溪市马涧镇文化志编委会编. 兰溪：编者,1988.

兰溪市石埠乡文化志/兰溪市石埠乡文化志编委会编. 兰溪；编者,1989.

兰溪市张坑乡文化志/兰溪市张坑乡文化志编委会编. 兰溪：编者,1988.

兰溪市下陈乡文化志/兰溪市下陈乡文化志编委会编. 兰溪：编者,1988.

兰溪市汪高乡文化志/兰溪市汪高乡文化志编委会编. 兰溪：编者,1987.

兰溪市溪西乡文化志/兰溪市溪西乡文化志编委会编. 兰溪：编者,1987.

兰溪市官塘岗乡文化志/兰溪市官塘岗乡文化志编委会编. 兰溪：编者,1988.

兰溪市游埠镇文化志/兰溪市游埠镇文化志编委会编. 兰溪：编者,1989.

兰溪市诸葛镇文化志/兰溪市诸葛镇文化志编委会编. 兰溪；编者,1987.

兰溪市永昌镇文化志/兰溪市永昌镇文化志编委会编. 兰溪：编者,1987.

兰溪市黄店乡文化志/兰溪市黄店乡文化志编委会编. 兰溪：编者,1987.

兰溪市柏社乡文化志/兰溪市柏社乡文化志编委会编. 兰溪：

编者,1987.

　　兰溪市板桥乡文化志/兰溪市板桥乡文化志编委会编.兰溪:编者,1988.

　　兰溪市大塘乡文化志/兰溪市大塘乡文化志编委会编.兰溪:编者,1988.

　　兰溪市女埠镇文化志/兰溪市女埠镇文化志编委会编.兰溪:编者,1987.

　　兰溪市长陵乡文化志/兰溪市长陵乡文化志编委会编.兰溪:编者,1988.

　　兰溪市城关镇文化志/兰溪市城关镇文化志编委会编.兰溪:编者,1988.

　　兰溪市中洲乡文化志/兰溪市中洲乡文化志编委会编.兰溪:编者,1987.

　　兰溪市路口乡文化志/兰溪市路口乡文化志编委会编.兰溪:编者,1987.

　　兰溪市殿山乡文化志/兰溪市殿山乡化志编委会编.兰溪:编者,1988.

　　武义县风俗志/武义县文化馆编.武义:编者,1984.

　　浦江县志/《浦江县志》编纂委员会编杭州:浙江人民出版社,1990.

　　前吴村志/浦江县《前吴村志》编纂委员会编.杭州:浙江古籍出版社,1996.

　　浦江县风俗志/浦江县县志编纂委员会办公室,浦江县文化馆编.浦江:编者,1984.

三、族谱

　　东湖盛氏宗谱,夏增荣等纂修,民国五年(1916)木活字本.

　　择基童氏宗谱,(清)童瑞兰等纂修,清同治十二年(1873)木活字本.

兰溪郑氏族谱,(清)郑品瑚编,清光绪十七年(1891)木活字本.

大塘滕氏宗谱,(清)滕玉珊纂修,清光绪三十一年(1905)木活字本.

浦兰钱氏宗谱,项耀曾等纂修,民国十七年(1928)木活字本.

沙城陈氏宗谱,陈允字等纂修,民国元年(1912)木活字本.

浦阳陈氏宗谱,(清)陈际备等纂修,清光绪二十年(1894)木活字本.

浦阳合溪黄氏宗谱,(清)黄学海等辑,清咸丰六年(1856)木活字本.

浦阳盛氏宗谱,(清)□广心等纂修,清光绪十一年(1885)木活字本.

浦阳项氏宗谱,项朝纯纂修,民国元年(1912)木活字本.

浦阳柳溪傅氏宗谱,傅秋芳等续修,民国二十一年(1932)木活字本.

浦阳柳溪傅氏前大房谱,傅秋芳等纂修,民国十八年(1929)木活字本.

浦阳柳溪傅氏继绪堂宗谱,傅顺煦纂修,民国十八年(1929)木活字本.

浦阳王氏宗谱,清咸丰十年(1860)木活字本.

樟村王氏宗谱,王辅廷等纂修,民国七年(1918)木活字本.

浦阳仙华方氏宗谱,方本立等纂修,民国十七年(1928)木活字本.

浦阳凌氏宗谱,凌可会等纂修,民国七年(1918)木活字本.

浦阳人峰杨氏宗谱,(清)杨德会等纂修,清嘉庆十六年(1811)木活字本.

浦阳官砶蒋氏宗谱,(清)蒋邦彦等纂修,清光绪十八年(1892)木活字本.

白麟溪义门郑氏宗谱,(清)郑乐水纂修,清光绪十八年

（1892）木活字本.

浦阳文溪楼氏宗谱,（清）楼德森纂修,清光绪十三年（1887）木活字本.

浦阳泮南楼氏宗谱,（清）楼鸿猛纂修,清光绪二十六年（1900）木活字本.

浦阳建溪戴氏宗谱,（清）戴逢锦等纂修,清光绪三十四年（1908）木活字本.

浦阳嵩溪徐氏宗谱,（清）徐一茂纂修,清光绪二十八年（1902）木活字本.

浦阳嵩溪徐氏宗谱,徐一杏等纂,民国三年（1914）木活字本.

浦阳潼塘朱氏宗谱,（清）朱惟慎纂,清光绪十四年（1888）木活字本.

浦阳李氏宗谱,李兴炳,李兴枚纂修,民国五年（1916）木活字本.

浦阳钟山汪氏宗谱,（清）汪志访,汪有成总修,清宣统三年（1911）木活字本.

嵩溪邵氏宗谱,（清）邵兴瞒等纂修,清光绪十三年（1887）木活字本.

浦阳洪溪施氏宗谱,施典型等纂修,民国二十年（1931）木活字本.

武义程氏宗谱,清同治五年（1866）木活字本.

程氏天房派家谱,程永赓等纂修,民国十年（1921）木活字本.

官桥杨氏宗谱,（清）杨文采等纂修,清道光元年（1821）木活字本.

朱氏宗谱,（清）朱庆元总裁,清嘉庆十一年（1806）木活字本.

龙溪陈氏宗谱,（清）陈树栅主修,清光绪三十一年（1905）木活字本.

义乌石门陈氏宗谱,陈瑗纂修,民国十五年（1926）木活字本.

义乌倍磊陈氏宗谱,（清）陈道恕等纂修,清乾隆五十六年

(1791)木活字本.

绣川陈氏宗谱,清道光九年(1829)木活字本.

义乌陶氏宗谱,清光绪二十九年(1903)木活字本.

华溪中心盛氏续修宗谱,(清)盛奇福等纂修,清光绪二十六年(1900)木活字本.

义乌青岩傅氏宗谱,傅典彝主修,民国十四年(1925)木活字本.

台门傅氏宗谱,(清)傅瑞彬等纂修,清道光四年(1824)木活字本.

赤岸孝冯氏宗谱,(清)冯荔纂修,清同治七年(1868)木活字本.

绣川毛氏宗谱,(清)毛伯超修纂,清嘉庆二十四年(1819)木活字本.

义乌稠砏杨氏宗谱,杨重绪等纂修,民国十八年(1929)木活字本.

酥溪蒋氏宗谱,(清)蒋瘅瑶等纂修,清光绪二十四年(1898)木活字本.

松林骆氏宗谱,(清)骆祖鸿等纂修,清光绪十九年(1893)木活字本.

义乌楂林骆氏宗谱,清道光十七年(1837)木活字本.

龙溪鲍氏宗谱,(清)鲍书田等纂修,清道光二十九年(1849)木活字本.

义乌罗氏宗谱,(清)罗祖元纂修,清光绪七年(1881)木活字本.

松门龚氏总谱,龚灏等纂修,民国三年(1914)木活字本.

梅陇朱氏宗谱,清光绪四年(1878)木活字本.

竺溪莲塘任氏宗谱,任芳治等修,民国六年(1917)木活字本.

椒山吴氏宗谱,(清)吴惠深等纂修,清道光十年(1830)木活字本.

前洪吴氏宗谱,吴镜元纂修,民国二十六年(1937)木活字本.

义乌中山金氏宗谱,(清)金嘉业等纂修,清同治十二年(1873)木活字本.

永康陈氏总祠主谱,陈焕章纂修,民国十五年(1926)木活字本.

卢氏宗谱(永康),卢士希纂修,民国七年(1918)木活字本.

芝英应氏宗谱,清道光二十年(1840)木活字本.

黄川应氏宗谱,(清)应瑞万等纂修,清光绪二十九年(1903)木活字本.

太平吕氏宗谱,清道光元年(1821)木活字本.

吕五宗祠志,吕志伊等修订,民国十三年(1924)木活字本.

永康李氏总祠主录,李梦庚等纂修,民国十七年(1928)木活字本.

华溪武平李氏宗谱,(清)李蕃瑶等纂修,清道光二十八年(1848)木活字本.

龙山胡氏总祠明主录,清宣统元年(1909)木活字本.

龙门倪氏祠堂重定颁胙规例,(清)倪正谊等纂修,清康熙三十年(1691)刻本.

杨氏宗谱,武义县下杨村续修理事会编,2004续修本.

东阳上璜王氏宗谱,光绪七年本.

浦阳龙溪张氏宗谱,光绪四年本.

金华九龙诸葛氏宗谱,民国壬戌重修本.

赤松赵氏宗谱,民国庚午年重修本.

浦阳镇楼氏宗谱(13卷楼氏家乘),2005年续修本.

浦阳珠山张氏宗谱,2006年丙戌重修本.

(浦江)华墙潘氏宗谱(部字),2004年续修本.

(浦江浦阳)于氏宗谱(崇本堂),丙戌重修本.

渼川项氏宗谱,2007年重修本(永康市花街镇项宅村).

东阳南岑吴氏增禄宗谱,2007年续修本.

潜溪宋氏宗谱,(清)宋有嘉宋廷公编,清道光戊申年(1948)重修木活字本.

华峰施氏宗谱,杨世涛主修,民国丙子年(1936)重修木活字本.

金华陈氏宗谱,清道光己丑年(1829)重修木活字本.

金华履湖庄氏宗谱,清光绪戊申年(1908)重修木活字本.

潭溪朱氏宗谱,清光绪己卯年(1879)重修木活字.

汪氏通宗世谱,(清)汪嘉祺等编纂,清乾隆四十年(1775)重修木活字本.

金华白水严氏宗谱,清光绪辛卯年(1891)重修木活字本.

北溪陈氏宗谱,清光绪丁丑年(1877)重修木活字本.

金华陈坞陈氏宗谱,民国己卯年(1939)重修木活字本.

赤山黄氏宗谱,黄琴堂主修,清光绪戊子年(1888)重修木活字本.

金华东池黄氏宗谱,黄广生主修,清乾隆壬子年(1792)翻刻木活字本.

金华凤山金氏宗谱,(清)金元发主修,清光绪丁丑年(1877)重修木活字本.

芝溪曹氏宗谱,曹廷晃主修,民国壬子年(1912)重修木活字本.

金华虹路陈氏宗谱,民国辛未年(1931)重修木活字本.

金华诸葛氏宗谱,民国壬戌年(1922)重修本.

莲塘张氏枝谱提纲,张心田等纂修,民国十五年(1926)木活字本.

金华莲池张氏宗谱,(清)张国兴等编纂,清宣辛亥年(1911)重修木活字本.

临江尹氏宗谱,民国丙寅年(1926)重修木活字本.

龙山李氏宗谱,李孝根等编纂,民国戊辰(1928)重修字本.

清江范氏宗谱,民国壬申年(1932)重修木活字本.

金华上目宋宗谱,民国丁卯年(1927)重修木活字本.

金华天钟湖上叶宗谱,清咸丰丙辰年(1856)重修木活字本.

天泉高氏宗谱,(清)高徐福等编纂,清光绪庚子年(1900)重修本.

金华汪店汪氏宗谱,(清)清汉杰编纂,清光绪壬辰年(1892)重修本.

金华午塘邢氏宗谱,邢振昱主修,民国甲戌(1934)重修木活字本.

金华协和曹氏宗谱,民国丙寅年(1926)第十七重修木活字本.

金华方氏宗谱,清光绪乙未(1895)重修木活字本.

浦阳寿氏宗谱,1900年木活字本.

浦阳董氏宗谱,王尚黎主修,1937年木活字本.

浦阳金氏宗谱,金义钮主修,1939年木活字本.

浦江芮氏宗谱,1998年刊印本.

浦阳官岩于氏宗谱,于步云主修,1926年木活字本.

浦阳海塘洪氏宗谱,洪断范主修,1996年铅印本.

横山曹街村曹氏家谱,曹双承主修.

浦阳湖溪虞氏宗谱,1944年铅印本.

浦阳黄氏宗谱,黄三桂主修,1995年铅印本.

浦阳莲塘李氏宗谱,1938年木活字本.

浦阳陈氏念祖堂宗谱,豫琐彦主修,1948年铅印本.

浦阳左溪刘氏宗谱,1909年木活字本.

浦阳仙华方氏宗谱,方光奎主修,1996年据1946年木活字本誊印.

罗源于氏宗谱,朱文豪主修,1925年木活字本

浦阳西溪于氏宗谱,于伟武主修,1815年木活字本.

浦阳毛氏宗谱,毛士将主修,1940年木活字本.

浦阳徐氏宗谱,徐祖炎主修,1946年木活字本.

浦阳盘溪潘氏宗谱,1932 年木活字本.

浦阳沈氏宗谱,民国壬午年(1942)续修木活字本.

浦陽項氏宗譜,民国三十七年(1948)木活字本.

华墙潘氏宗谱,潘怀洪主修,1938 年木活字本.

人峰杨氏家乘,杨元杞主修,2002 年铅印本.

浦阳长陵宋氏宗谱,1930 年木活字本.

浦阳陈氏宗谱六卷,(清)陈际备编纂,清光绪丙午(1906)重修木活字本.

浦阳丹溪徐氏宗谱,徐隆厚主修,1916 年木活字本.

浦阳何店周氏宗谱,1937 年木活字本.

浦阳戚氏宗谱,戚大仁主修,2001 年铅印本.

浦阳清溪江氏宗谱,1923 年木活字本.

浦阳项氏宗谱,项登桂主修,1998 年据 1948 年木活字本誊印.

浦阳云溪戚氏宗谱,戚氏合族编纂,1948 年木活字本.

浦阳赵氏宗谱,赵氏合族编纂,1930 年木活字本.

龙溪张氏宗谱,张氏合族编纂,1914 年木活字本.

球山义门何氏宗谱,何道通主修,2000 年铅印本.

浦阳金氏宗谱,金明锡主修,1925 年木活字本.

浦江石斛桥方氏宗谱,方本贤主修,1996 年铅印本.

檀溪陈氏宗谱,陈焕文主修,1940 年木活字本.

桃源郑氏宗谱,郑哲深、郑尊锣编纂,1938 年木活字本.

浦阳童氏宗谱,童家本主修,1939 年木活字本.

浦阳楼氏合族宗谱,楼尔根,1941 年木活字本.

吴溪吴氏家乘,吴自汶主修,1995 年据 1947 年木活字本誊印.

嘉溪郑氏宗谱,郑氏合族编纂,1935 年木活字本.

柳溪张氏宗谱,张道华主修,1945 年木活字本.

浦阳神堂陈氏续修宗谱,1945 年铅印本.

浦阳澡枭何氏宗谱,何必山主修,1940年木刻本.

白麟溪义门郑氏宗谱,郑冽主修,1916年木活字本.

浦阳珠山王氏宗谱,1931年木活字本.

黄田畈陆氏宗谱,陆观文纂修,1928年木活字本.

桦川孔氏宗谱,(清)孔广标纂修,清嘉庆丙辰年(1796)木活字本.

浚仪赵氏房谱,(清)钟睿堂裔孙纂修,清光绪丁丑年(1877)木活字本.

孔山李氏宗谱,陈锡畴纂修,民国八年(1919)木活字本.

兰溪广陵盛氏东阳支谱,民国八年(1919)木活字本.

潦溪朱氏宗谱,朱献之纂修,1936年木活字本.

莲溪虞氏宗谱,民国癸酉年(1933)木活字本.

灵岩吴氏宗谱,陈斌中纂修,民国二十八年(1939)木活字本.

龙山郭氏宗谱,郭端琪等纂修,1999年铅印本.

楼下宋氏宗谱,民国十九年(1930)木活字本.

梅岘许氏宗谱,清光绪戊申年(1908)木活字本.

南岑胡氏宗谱,(清)张振珂纂修,清光绪戊子年(1888)木活字本.

南里王氏宗谱,清宣统光元年(1909)木活字本.

盘溪王氏谱志,王伯濂等纂修,1996年铅印本.

杞国楼氏宗谱,楼明纂修,1932年木活字本.

清堂周氏宗谱,(清)周初升纂修,清光绪己卯年(1879)木活字本.

泉头宣氏宗谱,宣泽纂修,民国丁巳年(1917)木活字本.

瑞嘉李氏宗谱,李福谦纂修,民国五年(1916)木活字本.

上田严氏家乘,严守祚纂修,1947年木活字本.

双泉徐氏宗谱,徐希鱼等纂修,1998年铅印本.

泰里蒋氏家乘,蒋嘉正纂修,民国二十六年(1937)木活字本.

托塘张氏宗谱,暨阳盛有光纂修,民国二十年(1931)木活字本.

吴宁草塔施氏宗谱,1916年木活字本.

吴宁厉氏宗谱,民国戊子年(1948)木活字本.

雅溪卢氏家乘,卢宅修志委员会纂修,2001年铅印本.

双门郑氏宗谱,(清)郑玉怀主修,清嘉庆戊辰年(1908)木活字本.

午溪郑氏宗谱,郑信德主修,民国辛酉年(1921)木活字.

梅山范氏宗谱,(民国)何德润纂修,民国戊辰年(1928)重修木活字本.

溪南汤氏宗谱,(清)汤昭主修,清乾隆壬子年(1792)木活字本.

汤山陶氏宗谱,陶清星主修,1936年木活字本.

冯翌雷氏宗谱,雷水寿主修,1920年木活字本.

双泉何代宗谱,何晋主修,民国丁丑年(1937)木活字本.

武阳贺氏宗谱,贺金旺主修,民国乙卯年(1915)木活字本.

岩坑江氏宗谱,民国庚申年(1920)重修木活字本.

安徽宁国张氏东阳锦溪支谱,斯致泰纂修,民国十年(1921)木活字本.

安恬马氏宗谱,(清)马模柏纂修,清同治己巳年(1869)木活字本.

安溪章氏宗谱,清光绪戊申年(1908)木活字本.

白石斯氏宗谱,斯学泳纂修,1937年木活字本.

蔡宅蔡氏宗谱,蔡景周纂修,民国七年(1918)木活字本.

长林吴氏宗谱,(清)楼日升,清光绪二十八年(1902)年木活字本.

呈塘叶氏宗谱,(清)陈玉清纂修,清光绪戊子年(1888)木活字本.

澄溪范氏宗谱,1946年木活字本.

大里俞氏宗谱,俞钦哉纂修,1940年木活字本.

东山孙氏宗谱,孙纯甫纂修,1947年木活字本.

郭宅滕氏宗谱,滕国桢纂修,1934年木活字本.

荷塘单氏宗谱,单鸣琴纂修,1917年木活字本.

湖田任氏宗谱,任殿元等编,1999年铅印本.

画溪王氏宗谱,(清)郭沛霖等纂修,清光绪三十年(1905)木活字本.

应宅应氏宗谱,赵陛荪纂修,1917年木活字.

永康龙川陈氏东阳支谱,清道光二十年(1840)木活字本.

玉溪程氏宗谱,程文选纂修,民国四年(1915)木活字本.

紫溪邵氏宗谱,邵泛萍纂修,民国二十年(1931)木活字本.

永清徐氏宗谱,民国壬戌年(1922)重修木活字本.

包氏宗谱,包松涛主修,民国二十九年(1940)木活字本.

兰溪盛氏宗谱,(民国)盛志红等纂撰,1948年余庆堂木活字本.

莲池张氏宗谱,民国二十九年(1940)木活字本.

莲湖戴氏宗譜,民国九年(1920)木活字本.

龙塘上江氏宗谱,琚佩兰等主修,民国四年(1915)重修木活字本.

清河张氏宗谱,民国十八年(1929)木活字本.

三槐堂王氏宗谱,王必连,民国二十五年(1936)木活字本.

邵氏宗谱,清道光十九年(1839)木活字本.

石塘江氏宗谱,清光绪二十三年(1897)修木活字本.

太平祝祝氏宗谱,祝谏等主修,民国十四年(1925)木活字本.

吴氏宗谱,清宣统己酉年(1909)木活字本.

西山王氏宗谱,民国三十三年(1944)木活字本.

香溪范氏宗谱,民国二十六年(1937)木活字本.

徐氏宗谱,(清)徐民林主修,清光绪三十四年(1908)木活字本.

薛氏宗谱,民国丁巳年(1917)木活字本.

颍川叶氏宗谱,民国三十七年(1948)木活字本.

鱼池颍川陈氏宗谱,民国二十六年(1937)木活字本.

周氏宗谱,周葛兴等修纂,1994年铅印本.

梓誉蔡氏宗谱,谢云卿撰,清道光三年(1823)木活字本.

戴氏宗谱,(民国)潘英全等纂撰,1945年木活字本.

双溪水碓后徐氏宗谱,清嘉庆戊午年(1798)木活字本.

武川徐氏宗谱,(民国)徐子栽纂撰,1936年木活字本.

武义盛氏宗谱,徐丙炎等修,民国丁卯年(1927)木活字本.

金华八素菱道项氏宗谱,徐国绅主修,民国戊子年(1948)重修木活字本.

岑门傅氏宗谱,傅绍林,1998年铅印本.

大岭丁氏家谱,丁希堂编纂,1947年铅印本.

华川李氏族谱,李学文主修,2001年铅印本.

金峰楼氏宗谱,楼春海编纂,1995年铅印本.

金峰张氏宗谱,张锦城编纂,1999年铅印本.

梅溪楼氏宗谱,楼周生编纂,1946年木刻本.

双泉徐氏宗谱,徐永生主修,1998年铅印本.

酥溪蒋氏云六派宗谱,蒋樟洪编纂,1947年木刻本.

县前丁氏宗谱,丁修豪主修,2001年铅印本.

义乌季氏宗谱,季逵编纂,1913年铅印本.

义乌楼氏源流,楼森主修,2001年铅印本.

义乌应氏宗谱,应财水主修,1995年木活字本.

义乌楂林骆氏宗谱,骆祜顺编纂,2000年铅印本.

应氏宗谱,应雍钦编纂,1995年影印本.

义乌椒山吴氏宗谱,(清)吴惠深等编纂,清道光庚寅(1830)重修木活字本.

枧畴杨氏宗谱,杨福余编纂,民国己酉年(1945)续修木活字本.

义乌三山何氏宗谱,清同治辛未年(1871)重修木活字本.

库川胡氏宗谱,库川胡氏宗谱纂修理事会编,2000 年铅印本.

派川吕氏宗谱,派川吕氏宗谱重修委员会编,1999 年铅印本.

清渭李氏宗谱,清渭李氏宗谱编纂委员会编,1997 年铅印本.

象珠王氏宗谱,王氏合族纂修,1996 年铅印本.

三瑞堂何氏宗谱,庚午年生修木活字本.

仙源申氏宗谱,民国戊辰年(1928)重修木活字本.

朱氏宗谱,朱道南等主修,1948 年重修木活字本.

四、著作

刘黎明.祠堂·灵牌·家谱:中国传统血缘亲族习俗[M].成都:四川人民出版社,1993.

冯尔康.中国古代的宗族与祠堂[M].北京:商务印书馆国际有限公司,1996.

吴英才,郭隽杰.中国的祠堂与故居[M].天津:天津人民出版社,1997.

蔡丰明,窦昌荣.中国祠堂[M].重庆:重庆出版社,2003.

巫纪光.会馆建筑·祠堂建筑[M].北京:中国建筑工业出版社,2003.

何兆兴.老祠堂[M].北京:人民美术出版社,2003.

罗哲文.中国名祠[M].天津:百花文艺出版社,2005.

李秋香.宗祠[M].北京:三联书店,2006.

孙建华.漫步祖祠[M].北京:中国社会科学出版社,2008.

王静.祠堂中的宗亲神主[M].重庆:重庆出版社,2008.

唐力行.徽州宗族社会[M].合肥:安徽人民出版社,2004.

钱杭.血缘与地缘之间——中国历史上的联宗与联宗组织[M].上海:上海社会科学出版社,2001.

[英]弗里德曼.中国东南的宗族组织[M].上海:上海人民出版社,2004.

[日]井上彻,钱杭译.中国的宗族与国家礼制[M].上海:上

海书店出版社,2008.

尹文撰,张锡昌摄.江南祠堂[M].上海:上海书店出版社,2004.

张小平.徽州古祠堂:聚族而居柏森森[M].沈阳:辽宁人民出版社,2002.

张和敬.徽州访古[M].北京:九州出版社,2007.

凌建.顺德祠堂文化初探[M].北京:科学出版社,2008.

黄海妍.在城市与乡村之间:清代以来广州合族祠研究[M].北京:生活·读书·新知三联书店,2008.

福建省文化厅.八闽祠堂大全[M].福州:海潮摄影艺术出版社,2002.

政协连城县委员会.芷溪古宗祠文化初探[M].城客家情,2003.

王炎松,何滔.中国老村:阳新民居[M].武汉:湖北人民出版社,2008.

韩振远.山西古祠堂:矗立在人神之间[M].沈阳:辽宁人民出版社,2004.

晋祠博物馆编.中国晋祠[M].太原:山西人民出版社,2005.

成都武侯祠编.成都武侯祠[M].北京:文物出版社,2006.

陈志华等.诸葛村[M].石家庄:河北教育出版社,2003.

朱连法.八卦诸葛[M].上海:上海人民出版社,2007.

楼庆西.郭洞村[M].北京:清华大学出版社,2007.

邹伟平,俞松发.走进俞源[M].北京:中国文联出版社,2002.

朱连法.太极俞源[M].上海:上海人民出版社,2006.

《建筑创作》杂志社,浙江省永康市文物管理委员会编.文化厚吴:厚吴的宗祠与老宅[M].北京:机械工业出版社,2003.

林耀华.义序的宗族研究[M].北京:三联书店,2000.

朱炳祥.村民自治与宗族关系研究[M].武汉:武汉大学出版

社,2007.

林济.长江流域的宗族与宗族生活[M].武汉：湖北教育出版社,2003.

费成康.中国的家法族规[M].上海：上海社会科学院出版社,1998.

王铁.中国东南的宗族与宗谱[M].上海：汉语大词典出版社,2002.

徐建华.中国的家谱[M].天津：百花文艺出版社,2002.

吴强华.家谱[M].重庆：重庆出版社,2006.

邢铁.宋代家庭研究[M].上海：上海人民出版社,2004.

林正秋.宋代生活风俗研究[M].北京：中国商业出版社,1997.

赵沛.两汉宗族研究[M].济南：山东大学出版社,2002.

李卿.秦汉魏晋南北朝家族、宗族关系研究[M].上海：上海人民出版社,2005.

常建华.明代宗族研究[M].上海：上海人民出版社,2005.

常建华.清代的国家与社会研究[M].北京：人民出版社,2006.

王日根.明清民间社会的秩序[M].长沙：岳麓书社,2003.

冯尔康.18世纪以来中国中国家族的现代转向[M].上海：上海人民出版社,2005.

张华侨.拯救乡土文明[M].武汉：湖北人民出版社,2008.

李小云等主编.乡村文化与新农村建设[M].北京：社会科学文献出版社,2008.

陈江.明清中后期的江南社会与社会生活[M].上海：上海社会科学院出版社,2006.

[加]大卫·切尔 著,彭铟旎译.家庭生活的社会学[M].北京：中华书局,2005.

[美]明恩溥著,陈午晴、唐军译.中国乡村生活[M].上海：中

华书局,2006.

[美]费正清,赖肖尔著.中国：传统与变革[M].南京：江苏人民出版社,1992.

侯外庐.中国古代社会史论[M].石家庄：河北教育出版社,2003.

冯尔康.去古人的庭院散步：古代社会生活图记[M].北京：中华书局,2005.

王其钧.中国古建筑语言[M].北京：机械工业出版社,2007.

马晓.中国古代木楼阁[M].北京：中华书局,2007.

华德韩.东阳木雕[M].杭州：浙江摄影出版社,2000.

毕诚.中国古代家庭教育[M].上海：商务印书馆,1997.

阎爱民.中国古代的家教[M].北京：商务印书馆国际有限公司,1997.

方光华.宗族文化的标本——江村[M].合肥：合肥工业大学出版社,2005.

[日]滋贺秀三著.张建国,李力译.中国家族法原理[M].北京：法律出版社,2003.

李秋香.中国村居[M].天津：百花文艺出版社,2002.

周晓红.传统与变迁——江浙农民的社会心理及其近代以来的嬗变[M].北京：三联书店,1998.

徐扬杰.中国家族制度史[M].北京：人民出版社,1992.

徐扬杰.宋明家族制度史论[M].北京：中华书局,1995.

肖唐镖等.村治中的宗族[M].上海：上海书店出版社,2001.

赵秀玲.中国乡里制度[M].北京：社会科学出版社,1998.

王玉波.历史上的家长制[M].北京：人民出版社,1984.

费孝通.乡土中国生育制度[M].北京：北京大学出版社,1998.

吕思勉.中国制度史[M].上海：上海教育出版社,1985.

钱杭.中国宗族制度新探[M].香港：香港中华书局,1994.

405

麻国庆.家与中国社会结构[M].北京：文物出版社,1991.

王沪宁.当代中国村落家族文化——对中国社会现代化的一项探索[M].上海：上海人民出版社,1999.

内田智雄.中国农村的家族与信仰[M].岩波,1956.

加藤常贤.支那古代家族制度研究[M].岩波,1940.

清水盛光.支那家族的构造[M].岩波,1942.

清水盛光.中国族产制度考[M].岩波,1949.

多贺秋五郎.宗谱的研究(资料篇)[M].东洋文库,1960.

牧野巽.近世中国宗族研究[M].日光书院,1949.

中根千枝.家族的构造[M].东京大学出版会,1970.

濑川昌久著.钱杭译.族谱：华南汉族的宗教·风水·移居[M].上海：上海书店出版社,1999.

赵华富.徽州宗族研究[M].合肥：安徽大学出版社,2004.

叶显恩.明清徽州农村社会与佃仆制[M].合肥：安徽人民出版社,1983.

唐力行.徽州宗族社会[M].合肥：安徽人民出版社,2004.

黄宗智主编.中国乡村研究(第三辑)[M].北京：社会科学文献出版社,2005.

冯尔康.中国社会结构的演变[M].郑州：河南人民出版社,1994.

史凤仪.中国古代的家族与身份[M].北京：中国社会科学文献出版社,1999.

唐力行.商人与文化的双重变奏——徽商与宗族社会的历史考察[M].武汉：华中理工大学出版社,1997.

吕红平.农村家族问题与现代化[M].保定：河北大学出版社,2001.

国风.中国农村的历史变迁[M].北京：经济科学出版社,2006.

郑振满.明清福建家族组织与社会变迁[M].长沙：湖南教育

出版社,1992.

陈支平.近500年来福建的家族社会与文化[M].上海：上海三联书店,1991.

杨方泉.塘村纠纷：一个南方村落的土地、宗族与社会[M].北京：中国社会科学出版社,2006.

冯尔康.清人社会生活[M].天津：天津人民出版社,1990.

常建华.中华文化通志·宗族志[M],上海：上海人民出版社,1998.

梁思成.中国建筑史[M],天津：白花文艺出版社,1998.

江源.婺州家谱总汇(第一辑)[M],中国戏剧出版社,2007.

陈建亮.诸葛村楹联诗词选[M],2002.(内部印制)

金东区政协文史资料编辑委员会.金东区古建筑遗存[M],2005.(内部印制)

毛泽东.毛泽东选集[M],北京：人民出版社,1991.

五、论文

左云鹏.祠堂族长族权的形成及其作用试说[J].历史研究,1964,(5、6).

谢长法.祠堂：家族文化的中心[J].华夏文化,1994,(4).

宋志坚.关于宗谱与宗祠[J].寻根,2000,(1).

罗艳春.祠堂与宗族社会[J].史林,2004,(5).

李新才.中国家族文化博物馆——祠堂[J].南方文物,2005,(2).

苗运长.祠堂的重建[D].北京：中央民族大学,2006.

常建华.明代宗族祠庙祭祖礼制及其演变[J].南开学报,2001,(3).

常建华.明代墓祠祭祖述论[J].天津师范大学学报(社会科学版),2003,(4).

科大卫.祠堂与家庙——从宋末到明中叶宗族礼仪的演变[J].历史人类学学刊,2003,(2).5.

科大卫.国家与礼仪——宋至清中叶珠江三角洲地方社会的国家认同[J].中山大学学报,1999,(5).

科大卫,刘志伟.宗族与地方社会的国家认同—明清华南地区宗族发展的意识形态基础[J].历史研究,2000,(3).

游彪.宋代的宗族祠堂、祭祀及其它[J].安徽师范大学学报(人文社科版),2006,(3).

傅谨.祠堂与庙宇:民间演剧的空间阐释[J].民族艺术,2006,(2).

刘汉杰.宗祠:神圣的纪念堂[J].百科知识,2007,(6).

汪燕鸣.浙江明、清宗祠的构造特点及雕饰艺术——浙江宗祠建筑文化初探[J].华中建筑,1997,(1).

薛林平.浙江传统祠堂戏场建筑研究[J].华中建筑,2008,(6).

章立,章海君.浙中的祠堂建筑[J].寻根,2007,(2).

冯宝英.浙西宗族祠堂之探析[J].东方博物,2006,(1).

陈凌广.浙西古民居人文特色——霞山祠堂建筑文化略论[J].家具与室内装饰,2006,(12).

杜晓波,陈建中.浙中陈姓村落"带木取名"习俗探析[J].寻根,2008,(4).

周祝伟.中国传统乡村的社会特性及其价值取向——以近代浙江省兰溪县三泉村为个案[J].浙江学刊,2005,(3).

丁凯.俞源与郭洞:两个古村的历史记忆[J].民族论坛,2007,(5).

朱印华.探访浙中"古村落"寺平村[J].上海消防,2006,(10).

蒋金治,卢萍.金华明清建筑中的礼乐文化[J].东方博物,2007,(1).

傅瑾启.江南第一家 联匾辉天下[J].对联(民间对联故事),2007,(3).

雨蔚.天年俞源星象吉村[J].度假旅游,2006,(4).

王小波,宣建华.浦江郑宅的家族文化与建筑[J].小城镇建设,2004,(2).

本刊记者.俞源：耕读文明最后的"圣地"[J].观察与思考,2000,(11).

刘淑婷.泰顺祠堂宫庙遍布的景观特色分析[J].华中建筑,2007,(8).

李士明.苍南：给宗祠加点文化娱乐[J].浙江画报,2007,(5).

张世颖.郑宅镇:"江南第一家"[J].城乡建设,2004,(6).

陈凌广.浙西祠堂门楼的建筑装饰艺术[J].文艺研究,2008,(6).

刘淼.传统农村社会的宗子法与祠堂祭祀制度——兼论徽州农村宗族的整合[J].中国农史,2002,(3).

赵华富.徽州宗族祠堂的几个问题[C].95 年国际徽学学术研讨会论文集,安徽大学出版社,1997.

赵华富.徽州宗族祠堂三论[J].安徽大学学报(哲学社会科学版),1998,(4).

赵华富.关于徽州宗族制度的三个问题[J].安徽史学,2003,(2).

赵华富.论徽州宗族祠堂[J].安徽大学学报(哲学社会科学版),1999,(2).

赵华富.徽州宗族族规家法[C].首届国际徽州学术讨论会文集,黄山书社,1996.

常建华.宋元时期徽州祠庙祭祖的形式及其变化[J].徽学,2000,(1).

常建华.明代宗族祠庙祭祖的发展——以明代地方志资料和徽州地区为中心[J].中国社会历史评论,2000,(2).

常建华.明代徽州宗祠的特点[J].南开学报(哲学社会科学版),2003,(5).

彭超.歙县唐模村许荫祠文书研究[J].中国社会经济史研究,1985,(2).

409

陈柯云.明清徽州的修谱建祠活动[J].徽州社会科学,1993,(4).

姚光钰.古徽祠堂建筑风格浅谈[J].古建园林技术,1998,(2).

姚邦藻,每文.徽州古祠堂特色初探[J].黄山学院学报,2005,(1).

臧丽娜.论徽州宗祠的遗存情况与民俗文化特征[J].民俗研究,2007,(3).

卞利.徽州的古祠堂[J].寻根,2004,(2).

王国键.徽州宗族立祠修谱活动及其文书[J].中国典籍与文化,2004,(3).

潘小平.徽州老祠堂[J].江淮文史,2005,(1).

王韡.权力空间的象征——徽州的宗族、宗祠与牌坊[J].城市建筑,2006,(4).

季欣."礼"——徽州祠堂之"伦理"理性[J].美与时代,2006,(1).

齐琨.徽州乡村祠堂礼俗音乐——古筑村和彭龙村的个案调查与研究[D].北京:中央艺术研究院,2001.

陈瑞.明清时期徽州宗族祠堂的控制功能[J].中国社会经济史研究,2007,(1).

毕民智.徽州女祠初考[J].安徽大学学报,1996,(2).

李忆南.徽州女仆棠樾女祠[J].妇女研究论丛,1995,(2).

洪树林.绩溪龙川胡氏宗祠的审美价值[J].徽州社会科学,1996,(4).

洪树林.论龙川胡氏宗祠的审美价值——传统观念与美的创造[J].规划师,1996,(4).

洪树林.胡氏宗祠木雕构件的艺术特色[J].徽州社会科学,2002,(6).

洪树林."国保"古祠龙川[J].徽州社会科学,2003,(4).

徐子超.绩溪龙川祠宇牌坊文化漫话[J].安徽档案,2003,(4).

潘小平.龙川胡氏宗祠[J].文化时空,2003,(1).

江嘉健,江东欣.中国古祠一绝——龙川古祠木雕[J].工程建设与档案,2001,(1).

汪嘉健,汪东欣. 龙川古祠木雕[J].城建档案,2001,(6).

志成.古祠一绝——绩溪龙川胡氏宗祠[J].安徽税务,1997,(6).

方玉良.龙川胡氏宗祠的建筑艺术[J].规划师,1995,(1).

胡祖育,胡时宾.古黟西递祠堂楹联诠释[J].徽州师专学报,1997,(2).

张兴华.呈坎罗氏宗祠[J].黄山,1998,(4).

曹天生.安徽泾县丁家桥丁姓宗祠碑记[J].历史档案,2000,(2).

朱永春.黟县宏村汪氏宗祠[J].古建园林技术,2004,(3).

(韩)朴元熇.明清时代徽州真应庙之统宗祠转化与宗族组织——以歙县柳山方氏为中心[J]. 中国史研究,1998,(3).

(日)牧野巽.明代同族的社祭记录之一例——关于《休宁茗洲吴氏家记·社会记》[J].东方学报,1940,(3).

孙红梅,赵彤梅.从闵氏宗祠看豫南穿斗建筑特点[J].中原文物,2004,(1).

余维君.池州市宗族祠堂的建筑美学思考——以青阳太平山房为例[J]. 安徽文学,2008,(4).

方力军.潜山杨氏宗祠的传统建筑理念[J].安徽建筑工业学院学报(自然科学版),2004,(6).

王泉根. 中国民间姓氏堂号堂联的文化透视[J].中国文化研究, 1994,(04).

陈博.利川大水井李氏宗祠及城堡的由来[J].湖北民族学院学报(哲学社会科学版),2003,(1).

王莉,吴凡.鄂西大水井古建筑群考察报告[J].华中建筑,2004,(1).

张枫.湖北利川市大水井古建筑群——李氏宗祠[J].文物春秋,2007,(3).

陈飞,方国剑.鄂西地域宗法中枢堡垒——大水井李氏宗祠[J].文博,2006,(5).

徐靓.湖北阳新祠堂建筑及文化特征初探[J].中南论坛：综合版,2008,(1).

王炎松,徐靓,朱锋.鄂东杰构——阳新县祠堂建筑及文化特征初探[J].华中建筑,2006,(11).

李晓峰,邓晓红.鄂东祠堂[J].室内设计与装修,2005,(9).

张飞.鄂东南家族祠堂研究[D].华中科技大学,2005.

杨国安.空间与秩序：明清以来鄂东南地区的村落、祠堂与家族社会[J].中国社会历史评论,2008,(1).

袁登春.湖北宜昌夷陵区望家祠堂[J].江汉考古,2002,(3).

鲁兴勇.和顺的寺庙与宗祠[J].保山师专学报,2006,(4).

黄海妍.论广州陈氏书院的性质与功能[J].广东史志,1998,(4).

关溪莹.民俗变迁与族群发展——广州世居满族的宗祠祭祀[J].华南农业大学学报(社会科学版),2006,(1).

黄英,陈男.中山市陈家祠旅游开发的 SWOT 分析及对策[J].特区经济,2005,(2).

邹鹏煌.东莞黎氏大宗祠修缮施工方案[J].广东土木与建筑,2006,(4).

过伟敏,吴钰,史明.惠山祠堂建筑的装饰艺术[J].美术大观,2005,(9).

林晓平.客家祠堂与客家文化[J].赣南师范学院学报,1997,(4).

林晓平.赣南的客家祠堂——以赣县夏府戚氏祠堂为例[J].赣南师范学院学报,1997,(5).

车文明,郭文顺.江西东部宗祠剧场举隅[J].中华戏曲,2003,(29).

黄爱华.明清宗族演剧活动特征简论[J].江西社会科学,2007,(3).

江西省文物考古研究所等.江西乐安县流坑大宗祠发掘简报[J].南方文物,2005,(1).

殷剑,吴娜.试论乐安流坑祠堂祭祖风俗中的宗法问题[J].

江西教育学院学报,2003,(4).

赵奕.消失的宗祠[J].小康,2004,(3).

丘桓兴.祖先崇拜和客家公祠[J].人民中国,2001,(7).

李小燕.客家祠堂文化[J].嘉应大学学报,2003,(2).

李文放.从堂号、堂联看客家人的祖宗情结[J].寻根,2007,(5).

徐和达.略述客家祠堂的文化特征[J].岭南文史,1997,(1).

赖雨桐.客家堂号溯源[J].岭南文史,1995,(1).

林晓平,李一兵.客家祠堂楹联的文化内涵探析[J].赣南师范学院学报,1999,(5).

过伟敏,吴钰,史明.惠山祠堂建筑的装饰艺术[J].美术大观,2005,(9).

陈东有,曹雪稚.中国传统建筑文化中的规定与通变——以江西景德镇瑶里镇程氏宗祠为例[J].江西财经大学学报,2004,(3).

钟畅.尹氏宗祠寻迹[J].家具与室内装饰,2005,(10).

朱文国.朱熹及四川朱熹宗祠[J].巴蜀史志,2005,(5).

王斌.学界泰斗与朱熹宗祠[J].中华文化论坛,2004,(1).

许碧晏.清末民初滇南宗祠建筑的历史文化考略——以云南第一个历史文化名村郑营的宗祠建筑为例[J].淮南师范学院学报,2005,(6).

谢惠钧.复苏的洞口民间祠堂文化[J].艺海,2005,(3).

王兆燕.四川省宗祠旅游资源分析及其开发利用研究[J].资源开发与市场,2007,(3).

梁颖.广西壮族民间宗祠述论[J].桂林市教育学院学报,1996,(1).

梁宝渭.广西宗祠救济探微[J].广西右江民族师专学报,1997,(4)

池晗.从符号学视角探寻廉村陈氏支祠装饰图案的观察模式[D].福建师范大学,2007.

李木生.李氏宗祠[J].客家大文化,2000,(1).

谢华章.南靖宗祠与台湾[J].炎黄纵横,2007,(4).

李在清,刘秉娟.晋溪书院与王氏宗祠[J].古建园林技术,1996,(4).

耿玉儒.徐世昌祖茔与宗祠考略[J].河南师范大学学报(哲学社会科学版),1997,(6).

后　记

　　承蒙浙江省社会科学联合会的关爱,《浙中地区传统宗祠研究》被立项为 2007 年度浙江省哲学社会科学规划重点课题(浙江文化研究工程项目),并给予经费资助。课题的立项是令人兴奋和鼓舞的,但之后的调查和研究过程则异常艰难。随着田野调查的展开,课题组发现浙中地区的传统宗祠远远超过课题设计时的粗略估计,为此,课题组不得不申请延期结题时间。在三年多的时间里,课题组成员几乎走遍了浙中地区每个建有宗祠的村落,查阅并收集了大量的原始资料,实地了解了许多宗祠的真实存在情况,拍摄了数万张宗祠建筑的相关照片,整理编成浙中地区主要宗祠一览表。本书的完稿,让我们感到如释重负,辛劳了多少个日日夜夜,终于可以松一口气了。同时又觉得忐忑不安,由于我们的学识有限、研究基础薄弱,虽然按照课题设计的要求基本完成了研究任务,但无论研究的广度和深度都还是远远不够的。可以说,对浙中地区传统宗祠的研究,我们只是开了个头,有待今后进一步展开深入而全面的研究。

　　拙稿的撰写和出版得到了有关领导和诸多师友的大力支持与热心帮助。浙江省社会科学联合会副主席曾骅女士、浙江师范大学方如金等老师在课题研究和书稿写作过程中给予了很多指导与帮助;南开大学社会史研究中心王昊老师帮忙复印冯先生的书《中国古代的宗族与祠堂》;上海图书馆谱牒研究中心陈乐民、太平天国侍王府纪念馆施冠荣、沈刚健等朋友在百忙中抽出时间,帮忙查找资料;浦江地名办黄红明主任提供了浦江居民点信息;师范学院初教5051班、初教06级、初教07级、语教07级的丁卓慧、汤磊、傅桢智、叶乾莹、杨颖、任俊俏、王晓燕、祝睿、竺海姣等一大批学生协助做了大量的调查研究工作;许多淳朴的乡村长者不厌其烦地解说与口述有关宗祠的往事,并乐心地提供珍贵的资料,在此一并表示衷心的感谢。书中吸收和借鉴了许多学者的相关研究成果,有的已经随文注明,有些可能还未列出,在此我们同样致以深深的谢意。

金华职业技术学院的领导,科技处、人事处、严济慈图书馆等处室的许多同志也为本书的出版提供了很多支持,他们多年来的鼓励和帮助是我难以忘怀的,也是我应该衷心感谢的。

浙江师范大学陈国灿教授,同事蒋天衡、斯德斌、罗巧英、梅振宝等课题组成员,在课题研究和成果撰写过程中倾注了大量的时间和精力,没有他们的支持与协作,就不可能完成此项工作,因此,拙稿可以说是课题组成员共同劳动的结果。

这几年,一方面忙于学校的各种事务,同时,又要挤出业余的时间开展调查和研究工作,对于父母、妻儿以及家人关心不够,反而是他们在不断地鼓励和支持我,内心的歉疚和感激无法用言语表达,只有靠今后的实际行动来弥补。

由于笔者才疏学浅,对宗祠的研究又是刚刚起步,书稿难免存在种种不足和缺点,敬请专家学者和广大读者不吝批评指正。

本书还得到金华职业技术学院专著出版基金的资助。

著　者

2010 年 1 月 23 日

图书在版编目(CIP)数据

浙中地区传统宗祠研究/邵建东著. —杭州：浙江大学出版社，2011.5

ISBN 978-7-308-08585-4

I.①浙… II.①邵… III.①祠堂—研究—浙江省 IV.①K928.75

中国版本图书馆 CIP 数据核字(2011)第 067205 号

浙中地区传统宗祠研究

邵建东　著

责任编辑	宋旭华
封面设计	刘依群
出版发行	浙江大学出版社
	（杭州市天目山路 148 号　邮政编码 310007）
	（网址：http://www.zjupress.com）
排　版	杭州大漠照排印刷有限公司
印　刷	杭州丰源印刷有限公司
开　本	880mm×1230mm　1/32
印　张	13.5
字　数	351 千
版 印 次	2011 年 5 月第 1 版　2011 年 5 月第 1 次印刷
书　号	ISBN 978-7-308-08585-4
定　价	38.00 元